水浒小说研究

宋金民　朱秀敏　著

哈尔滨工业大学出版社

内 容 简 介

本书将水浒题材的小说作品的研究视为对同类题材的不同处理,是完整意义上的以水浒故事为题材的小说研究。本书是在继承前人研究成果的基础上的研究视角的新转换,通过分析不同时代不同水浒小说思想与艺术上的继承与创新,探讨水浒故事自身的魅力及其演变的规律性。本书共分七章,主要包括绪论、水浒小说概述、水浒小说的题材、水浒小说的救世主旨、水浒小说的人物形象、水浒小说的结构、水浒小说的情节。

本书供古代文学与文化的科研工作者和水浒文学的爱好者参考使用。

图书在版编目(CIP)数据

水浒小说研究/宋金民,朱秀敏著.—哈尔滨:哈尔滨工业大学出版社,2019.12
 ISBN 978-7-5603-7500-7

Ⅰ.①水… Ⅱ.①宋… ②朱… Ⅲ.①《水浒》研究 Ⅳ.①I207.412

中国版本图书馆 CIP 数据核字(2019)第 277385 号

策划编辑　闻　竹
责任编辑　马　媛　那兰兰
封面设计　崔晓晨
出版发行　哈尔滨工业大学出版社
社　　址　哈尔滨市南岗区复华四道街 10 号　邮编 150006
传　　真　0451-86414749
网　　址　http://hitpress.hit.edu.cn
印　　刷　哈尔滨市圣铂印刷有限公司
开　　本　787mm×1092mm　1/16　印张 18.75　字数 305 千字
版　　次　2019 年 12 月第 1 版　2024 年 6 月第 2 次印刷
书　　号　ISBN 978-7-5603-7500-7
定　　价　128.00 元

(如因印装质量问题影响阅读,我社负责调换)

前　言

　　水浒小说是指以水浒故事为题材的小说作品。水浒小说是不同时代的作者对水浒故事的加工与创造,水浒小说的代表作是《水浒传》。由于《水浒传》的巨大魅力,研究者往往把《水浒传》以后的水浒小说看作是《水浒传》的续书。因此,以往的水浒题材小说研究实际分为两块,即《水浒传》研究和《水浒传》续书研究。与以往水浒小说研究相比,本书把水浒题材的小说作品视为对同类题材的不同处理,并做整体的把握,是完整意义上的以水浒故事为题材的小说研究。这是在继承前人研究成果的基础上的研究视角的新转换。本书通过分析不同时代不同水浒小说思想与艺术上的继承与创新,探讨水浒故事自身的魅力及演变的规律性。本书共分为七章,主要内容如下:

　　第一章绪论,内容主要包括水浒小说释义、水浒小说研究的历史与现状以及本书研究的内容、意义与方法等。

　　第二章为水浒小说概述,简要介绍水浒小说的发展史及特点。水浒小说有其产生、发展的过程,在成熟后,也没有停止发展的步伐,而是表现得异彩纷呈,并最终走向衰变;水浒小说作为一类小说,具备类型化的特征,在内容上紧扣时代的脉搏,体现出末世色彩,是乱世英雄题材的小说。

　　第三章为水浒小说题材研究,重点考察水浒小说题材的来源、类型、特点,探讨水浒小说题材经久不衰的魅力所在。历史记载、民间传说、水浒戏等都是水浒小说重要的题材来源。水浒小说题材的类型更是宽泛,历史演义、英雄传奇、神魔、世情、公案侠义一样也不少,基本包含了小说题材的所有类型。因此,水浒小说题材具备类型多样化、内涵多元化、审美多重性等特点。而水浒故事不断地为文人所演绎,并成为一个著名的文学母题,就在于水浒小说的题材具有可生发性、政治特性以及侠义色彩等魅力。

　　第四章为水浒小说主旨研究,指出水浒小说以救世为宗旨。首先探讨了古代文人救世情结的由来、传承以及在明清小说中的体现。在此基础上,进一步认定水浒小说实际上是对古代文人救世情结的传承,水浒小说也以救世为宗旨。尽管水浒小说都是以救世为宗旨,但在救世道路的选择上,由于作者以及时代的不同,水浒小说表现出不同的救世道路设计。《大宋宣和遗事》只是表露出救世的倾向性,并没有提出具体的救世之路;《水浒传》表达的是理学家的救世之路;《水浒后传》表达的是布衣文人的救世之路;《后水浒传》表达的是草泽英雄的救世之路;《荡寇志》表达的是封建卫道者的救世之路;两部《新水浒》表达的是维新改良者的救世之路。

第五章为水浒小说人物形象研究。水浒小说中英雄侠士无疑是作者用笔最勤也最为光彩动人的部分。但以往的人物形象研究,宋江备受重视但对他的认识并不准确:《水浒传》中的宋江实际上是坚持士人追求的孤独的殉道者,《后水浒传》中的宋江是毫无瑕疵的完美者,而《荡寇志》《新水浒》中的宋江却成了一个阴险狡诈的小人;对燕青缺乏重视,以至于在《水浒传》中燕青成为一个被人轻视的英雄,只有到了《水浒后传》,这种情况才得到改观,燕青也终于实至名归,成为一个完美的英雄。水浒小说人物形象以男性英雄的塑造为主,但由于作者与作品的互动、传统与时代的交融,女性形象的塑造却完整体现了作者女性态度的改变与发展,而这正是整个水浒小说人物形象演变的动因。

第六章为水浒小说结构研究。首先分析了当前水浒小说结构研究的现状,指出唯有站在中国传统文化的立场上,用历史的、发展的观点进行分析研究,才能正确认识水浒小说具有的中国古代长篇章回小说双构性结构特点的事实。水浒小说的结构在叙述层面上体现了小说的整体构思,表现出更多带有人类对世界构造理解的共同性特点,这更接近于结构之道;在情节层面上,体现了对小说局部谋篇布局的艺术追求,更多带有作者本人的个性特征,这更接近于结构之技。与之相适应,水浒小说的结构具有诠释、形成叙事张力、增强作品的圆融性等功能。

第七章为水浒小说情节研究。水浒小说的情节主要以曲、巧、险、幻为特点,追求常外之奇的审美特征。但是随着人们审美观念的变化,水浒小说的情节又转而倾向于常人常事、常言常行、常理常情等内容,表现出常内之奇的审美特征的新变。在水浒小说情节的艺术功能上,首先,水浒小说的情节具有审美价值,要满足读者的审美期待;其次,水浒小说的情节突出了水浒小说救世的主旨,情节的设置要为主题服务;最后,情节的设置多层次、全方位地表现了人物性格,展现了人物性格的发展与变化。

结语部分总结了水浒小说研究的内容与意义:通过对水浒小说题材、主旨、人物、情节、结构等内容的研究,我们看清了不同时代不同水浒小说思想与艺术上的继承与创新,认识到水浒故事的魅力所在及其对当前小说研究的积极意义。

目　　录

第一章　绪　论 …………………………………………………… 1

第二章　水浒小说概述 …………………………………………… 19
 第一节　水浒小说的历史 ………………………………… 19
 第二节　水浒小说的特点 ………………………………… 31

第三章　水浒小说的题材 ………………………………………… 42
 第一节　题材研究综述 …………………………………… 42
 第二节　水浒小说题材的来源、类型 …………………… 46
 第三节　水浒小说题材的特点 …………………………… 56

第四章　水浒小说的救世主旨 …………………………………… 74
 第一节　古代文人救世情结综述 ………………………… 74
 第二节　水浒小说以救世为主旨 ………………………… 83
 第三节　水浒小说救世道路的探究 ……………………… 119

第五章　水浒小说的人物形象 …………………………………… 152
 第一节　水浒小说人物形象研究综述 …………………… 152
 第二节　宋江形象的演变 ………………………………… 162
 第三节　燕青形象的演变 ………………………………… 179
 第四节　女性形象的演变 ………………………………… 188
 第五节　人物形象演变的动因 …………………………… 207

第六章　水浒小说的结构 ………………………………………… 220
 第一节　水浒小说结构研究综述 ………………………… 220

第二节　水浒小说结构的双构性 …………………………………… 225
　　第三节　水浒小说结构的功能 ……………………………………… 238

第七章　水浒小说的情节 ………………………………………………… 245
　　第一节　水浒小说情节研究综述 …………………………………… 245
　　第二节　水浒小说情节的"常外之奇" ……………………………… 253
　　第三节　水浒小说情节的"常内之奇" ……………………………… 264
　　第四节　水浒小说情节的艺术功能 ………………………………… 271

结　　语 …………………………………………………………………… 279
参考文献 …………………………………………………………………… 280

第一章 绪 论

一、"水浒小说"释义

(一)"水浒小说"的出处与意义

"水浒小说"一词最早见于康熙年间的《寿张县志·方舆志》:"凡天下山川,以史乘所纪为据。小说诬民,在所必禁。梁山为寿张治属,其山周围可十里。水浒小说乃云'周围八百里',即宋江寨,山冈上一小垣耳。说中张皇其言,使天下愚民不至其地者,信以为然。长奸萌乱,莫此为甚。因拈出之,以告司治君子,并使天下之人知之,小说之不可信也如此。"①显然,这里的"水浒小说"指的是《水浒传》一书。

在古代,"水浒小说"专指《水浒传》的例子比较多。如清朝昭梿在《啸亭杂录》中说:"水浒小说言戴宗善使甲马,日行千里之语,固属妄诞。然金史载金将乌谷与突合补征宋,遇步军转战,突合补欲令军士下马,乌谷云闻宋人有妖术,画马缚于足下,疾甚奔马,我军岂可步战之语。是当时有此术,非耐庵之妄造也。"②方濬师在《蕉轩续录》中说:"吴梅村《绥寇纪略》不加核实,王横云明史稿亦不加厘正,遂以一丈青、摇天动、不沾泥等形之纪传,以正史而同水浒小说,谓之鄙倍,是亦谬论。"③宜鼎在《正续夜雨秋灯录》中说:"生本善谈,因演说水浒小说,眉飞色舞,能为英雄长身价。众皆乐于听,听者愈多,团团趺坐,斗室几不能容。"④在这几本书中,"水浒小说"就是指《水浒传》。同时,"水浒小说"还可以指一类书。刘銮《五石瓠》列有"水浒小说之为祸"条目,并进一步解释道:"献忠之狡也,日使人说三国、水浒诸书,其埋伏攻袭咸效之。八大王老本管队杨兴吾尝语孔尚

---

① 朱一玄,刘毓忱.水浒传资料汇编[G]//天津:南开大学出版社,2002:94.
② (清)昭梿.啸亭杂录(卷五)[M].北京:中华书局,1980:519.
③ (清)方濬师.蕉轩续录(卷一)[M].台北:文海出版社,1982:1417.
④ (清)宜鼎.正续夜雨秋灯录(下)[M].长春:时代文艺出版社,1987:220.

大如此。"①用"水浒小说"概指"三国、水浒诸书",显然,他认为《三国》《水浒》等以军事斗争为题材,对农民起义军有所借鉴的小说作品都可以泛指为"水浒小说"。在这里"水浒小说"又是一个宽泛的概念。

在现代,今人对于"水浒小说"的能指与所指有所继承也有所发展。"水浒小说"一如既往地可以专指《水浒传》,如戴不凡认为:"把南北二派水浒故事统一起来写成为一大部《水浒传》小说的,是不是元朝末年那个所谓施耐庵呢?我的答案是否定的。然而,这是一个异常繁复的问题。要弄清楚答案,首先就牵涉到水浒小说的版本问题。"②戴敦邦说:"说新奇也不新奇,相传《水浒传》的作者施耐庵在动手写水浒小说前也是先在壁上绘制了一百零八条好汉,朝夕审视启迪灵感而完成传世佳作。"③在这两个例证中,"水浒小说"指的就是《水浒传》一书。

"水浒小说"同样还可以指一类作品,不过不再是指《三国演义》《水浒传》等以军事斗争为题材的作品,而是指《水浒传》成书前的以水浒故事为题材的小说和《水浒传》成书后受《水浒传》影响产生的小说。如指《水浒传》成书前的话本小说:胡士莹说:"水浒故事,大部原是单行的宋元短篇'小说',经过前人的贯串整理,特别是施耐庵的'集撰',把大量的水浒'小说'和北宋农民起义的历史背景相结合,做了极大的集中、概括、丰富、提高,形成了保留'小说'特点又具讲史规模的长篇章回小说。"④袁行霈说:"罗烨的《醉翁谈录》已著录了如'石头孙立'、'青面兽'、'花和尚'、'武行者'等说话名目。这显然是一些独立的水浒'小说'。"⑤杨义说:"民间激情和智慧,以及其后的民族冲突中的战争经验和计谋,在三百年间汇集和凝结成三国戏和三国平话,伴随着的还有水浒戏和水浒小说,并最终产生具有民间史诗性质的章回小说《三国演义》和《水浒传》。"⑥杨飞说:"史实经南宋说话人润色加工,形成众多水浒'小说'。著名的一部是《大宋宣和

---

① 刘銮.五石瓠[M]//上海书店出版社编.丛书集成续编.上海:上海书店,1994:331.
② 戴不凡.疑施耐庵即郭勋[G]//沈伯俊.水浒研究论文集.北京:中华书局,1994:17.
③ 戴敦邦.戴敦邦艺术随笔[M].杭州:浙江文艺出版社,2000:245.
④ 胡士莹.话本小说概论[M].北京:中华书局,1980:732.
⑤ 袁行霈.中国文学史(第四卷)[M].北京:高等教育出版社,1999:46.
⑥ 杨义.中国古典文学图志(10~14世纪)[M].北京:生活·读书·新知三联书店,2006:533.

遗事》,这里已展现了《水浒传》的原始面貌。"①。指《水浒传》成书后的小说:陈永昊说:"凡在《水浒传》之后,为它续书或直接取材于它的小说,都可称为'水浒'小说。"②无论是《水浒传》成书前还是成书后的"水浒小说",它们都直接或间接地从水浒故事取材,认定这些小说是"水浒小说",这就说明研究者已经认识到水浒故事对于判断"水浒小说"依据的重要性。

从古今"水浒小说"概念的发展可以看出,对于《水浒传》是"水浒小说",众人并无异议,恰恰是在除《水浒传》外还有哪些小说是"水浒小说"上一直众说纷纭,没有统一的说法。尽管人们逐步认识到水浒故事对于界定"水浒小说"的重要性,从而不再把与水浒故事毫无关系的《三国演义》等算作"水浒小说",但对于一个独立的概念,"水浒小说"的内涵、外延仍然不明确,实有进一步界定的必要。

(二)"水浒小说"的新义

实际上,"水浒小说"是不同时代的作者对水浒故事的加工与创造,凡是以水浒故事为题材的小说都是"水浒小说",《水浒传》只是"水浒小说"其中的一部,是最有代表性的一部。

由于《水浒传》具有的巨大魅力,与"水浒小说"的概念相比,研究者尤其是续书研究者把《水浒传》以后的以水浒故事为题材的小说看作是《水浒传》的续书。这样,这些小说实际上被分为两部分:一是《水浒传》,二是《水浒传》的续书。事实上,以续书指称《水浒传》以后的这些小说以及续书的概念本身一直存有争议,用"水浒小说"指称以水浒故事为题材的小说作品以及进行研究才更为恰当。

首先,用"水浒小说"指称这些小说更加客观公正。有的作者明确表示不希望别人把自己的作品当作《水浒传》续书看待。《水浒别传》的作者王中文直接声称"譬之如《金瓶梅》……干连水浒,又非续水浒;余之别传亦然""余写别传,非为续书"③,不仅直接称自己的作品不是《水浒传》的续书,而且也不同意把《金瓶梅》当作《水浒传》的续书。一些研究者也不

---

① 杨飞.图说中国文学[M].北京:华文出版社,2009:163.
② 陈永昊.茅盾"水浒"小说散论[J].湖州师专学报,1987(3):10.
③ 王中文.水浒别传·方腊反[M].长春:吉林文史出版社,1986:10.

同意把这些作品一概以续书视之。文华在《读〈水浒后传〉杂识》①一文中就对《水浒后传》续书的性质产生了怀疑,并表达了《水浒后传》不应视为《水浒传》续书的观点。杨志平在《陈忱研究》中认为:"作品(《水浒后传》)貌似仿作(续作)实则蕴含了创作者的高度主体性,所谓'借他人之酒杯、浇自己之块垒'。"②意识到"水浒小说"是不同的作者对水浒故事的新创造,蕴含了高度的自觉性,体现了个体的独特性,不应该以续书视之。

其次,"水浒小说"的概念更加规范与明确,能够结束续书概念、时间界定不统一造成的对《水浒传》续书各执一词、众说纷纭的局面。

从续书概念上讲,当前学术界一直存在两种续书观:"广义续书观"和"狭义续书观"。"广义续书观"认为:"续书是对前书(包括前期短帙作品及传说)的增删、加工、改写和补撰,从而使得前书或前作得以提高、扩展、充实和完美。"③

林辰以余邵鱼的《列国志传》到冯梦龙的《新列国志》,再到蔡元放的《东周列国志》的演进为例,指出广义的续书包含两层意思:"一是重写前书,使之提高;一是学步名著,摹拟仿作。"显然,"广义续书观"概念过于宽泛。按照"广义续书观"的概念,《水浒传》应该是《大宋宣和遗事》的续书了。同时,按照"广义续书观"的概念,续书又易于把"改编""仿作"混淆。而"狭义续书观"则认为仅有两种类型的作品能称为续书。"一种类型是就前书中的有悬念的人物或情节,进行引申或演义。如陈忱的《水浒后传》等,另一种类型则是对前书立意之反动(全部的或局部的),意不在续,而在于抒发与前书相反的观点。如《后西游记》。"④

概念不同,《水浒传》续书的划分就会不同,例如,按照"狭义续书观",《金瓶梅》是不能算作《水浒传》续书的,但是按照"广义续书观",王旭川则认为《金瓶梅》是有"强烈的独创性"⑤的《水浒传》的续书。实际上,概念的不统一常常迫使研究者在具体的研究过程中各取所需,从而陷入两难的境地。如高玉海在其《明清小说续书研究》中认为:"'广义续书观'范围太

---

① 文华.读《水浒后传》杂识[J].晨报副刊,1924(92).
② 杨志平.陈忱研究[D].上海:华东师范大学,2005:44.
③ 林辰.明末清初小说述录[M].沈阳:春风文艺出版社,1988:117.
④ 同②.
⑤ 王旭川.中国小说续书研究[M].上海:学林出版社,2004:58.

广,衡量一个作品是否为原著续书的根本标准应该主要是看作品是否与原著的人物具有某种联系,故事情节是否对原著有所发展和补充。"①按照他的观点,是不应该把晚清"翻新小说"②当作原著续书的,但高玉海还是把晚清的两部《新水浒》当作《水浒传》的续书,并列专节进行了介绍。

"水浒小说"以水浒故事为标志,这就避免了"广义续书"的空泛与"狭义续书"的狭窄,但又同时抓住了两者的共同之处,也就是水浒人物、水浒故事。例如,根据"水浒小说"的定义,可以轻松地把按照"广义续书"的概念算作《水浒传》续书,但实质上与水浒故事毫无关系的一类作品,如谷斯范的《新水浒》等排除在外;又理所当然地把按照"狭义续书"的概念不能算作《水浒传》续书,但实质上又没脱离"水浒"旨趣的作品,如晚清"翻新小说"《新水浒》等容纳在内。同时,"水浒小说"概念的提出也把无论按照"广义续书"还是"狭义续书"都无法涉及、无从解释的以水浒故事或水浒人物进行演义的作品,如清代的《阎婆惜艳史》,当代的《武松演义》《林冲演义》《水浒三烈女》等包含在内,避免研究中的趋利避害行为,从而使研究更有说服力。

续书不仅概念不统一,续书的时间界定也存在分歧。王旭川认为"小说续书滥觞于东晋南北朝,在唐宋时期较为兴盛。至宋代已形成文言小说续书的稳定特征"③"在清末西方文学思潮对我国文学思想产生日益强大影响的情况下,小说续书失去了传统的文化基础,脱离了传统的续书轨道,从而使这一文学形态趋于终结"④。意思是小说续书虽然产生的时间很早,但至清末续书就结束了。而高玉海认为,真正意义上的小说续书是章回小说成熟后才涌现的,而且小说续书作为一种文化现象,一直延续至今,"小说名著作为一种文化现象,从纵向来说,不仅古代有之,直至今天有些名著续书仍然有它的市场"⑤。也就是说续书不仅没在清末终结,还会随着时代发展,一直延续下去。

续书起止时间上的分歧关系到以下小说的归属问题:20世纪30年代

---

① 高玉海.明清小说续书研究[M].北京:中国社会科学出版社,2004:5.
② 欧阳健.晚清小说史[M].杭州:浙江古籍出版社,1997:143.
③ 王旭川.中国小说续书研究[M].上海:学林出版社,2004:14.
④ 同③23.
⑤ 同①6.

以"水浒"命名的小说,梅寄鹤的一百二十回《古本水浒》、程善之的《残水浒》、姜鸿飞的《水浒中传》、张青山的《水浒拾遗》,谷斯范的《新水浒》、张恨水的《水浒新传》、刘盛亚的《水浒外传》七部。当代产生的以"水浒"为母题的小说,有王中文的《水浒别传》、褚同庆的《水浒新传》、刘操南的《水浒梁山》等。如果按照高玉海对续书时间的界定,以上"水浒"小说仍然是《水浒传》的续书,而按照王旭川的观点则不是。

因此,《水浒传》续书究竟有多少到现在为止一直是个未知数,郑公盾认为有六种,马蹄疾认为有十种,王旭川认为有十三种,李忠昌则认为有十四种。研究者在哪些小说是《水浒传》续书、《水浒传》续书究竟有多少诸如此类问题上还在争论不休、分歧不断。

最后,"水浒小说"的研究视角更加合理。以水浒故事为题材的小说,的确是《水浒传》产生后才绵延不绝、层出不穷的。续书研究者认为《水浒传》以后的小说受到《水浒传》的影响,这自然是合理的。但是《水浒传》续书研究无暇顾及《水浒传》产生以前水浒戏曲产生且经久不衰的原因,以及水浒戏曲与水浒小说在产生与流传上的区别与联系,包括《水浒传》自身产生的原因等。而"水浒小说"研究是以水浒故事为题材的小说研究,显然,"水浒小说"研究包含《水浒传》续书研究,并在续书研究基础上,更加强调"水浒"母题的意义、其演变的过程与特点,便于研究同一母题小说的共性和各自的独创性。

尽管《水浒传》续书研究取得了相当大的成绩,但是以联系的、发展的观点系统地分析与研究各部水浒小说思想与艺术上的创新,发现、总结同题小说演变的规律性与特殊性,探讨水浒题材的独特魅力,这一系统性的研究至今无人涉及。

(三)本书所研究的主要"水浒小说"

"水浒小说"虽因《水浒传》而大显,《水浒传》成为"水浒小说"的代表作,但"水浒小说"的产生并不是始于《水浒传》,《水浒传》之前我们所能见到的就有《大宋宣和遗事》一书,今见"水浒"一词指梁山泊也最早出现于戏剧。另外,据有的学者研究,《水浒传》之前应该有一个类似《三国志平话》的水浒话本①。所以,"水浒故事"为"水浒小说"概念涉及的主要内容,也是判断"水浒小说"的主要依据。"水浒小说"研究是水浒题材的小说研究,是水浒母题系列小说的研究。

实际上,"就大的结构而言,比较完整的'水浒故事'大概在元代已经基本定型"②,而以"水浒故事"为题材的小说自宋江起义发生后,便已产生。如宋人罗烨著《醉翁谈录》"小说开辟"一节记载的"公案"类的话本小说《石头孙立》,"朴刀"类的《青面兽》,"杆棒类"的《花和尚》《武行者》等,宋元之际又有《大宋宣和遗事》。自从被誉为"从南宋初年到明中叶这四百年的'梁山泊故事'的结晶"③的《水浒传》问世,水浒小说便达到高潮的阶段,此后更是绵延不绝,层出不穷。《水浒传》之后有《金瓶梅》;清代有陈忱的《水浒后传》、署名为"青莲室主人"的《后水浒传》、俞万春的《荡寇志》;晚清时,水浒题材同样成为"翻新小说"家的热门选择,至少有两种以"新水浒"命名的"水浒小说":一是题"西泠冬青演义,谢亭亭长评论"的《新水浒传》,二是陆士谔的《新水浒》,另外还有一部在内容上几与《大宋宣和遗事》相同的《艮岳峰》,一部《阎婆惜艳史》;民国时期,尤其是20世纪30年代,"水浒小说"写作尤其兴盛,先后有多部作品问世,它们是梅寄鹤的一百二十回《古本水浒》、程善之的《残水浒》、姜鸿飞的《水浒中传》、张青山的《水浒拾遗》、张恨水的《水浒新传》、刘盛亚的《水浒外传》;即使在当代,"水浒小说"的创作仍然充满活力,产生了王中文的《水浒别传》(由《少水浒》《忠义梦》《将军舞》《英雄泪》《方腊反》五部组成)、褚同庆的《水浒新传》、刘操南的《水泊梁山》等。

需要指出的是,尽管本人也认为《金瓶梅》《阎婆惜艳史》两部小说同样属于"水浒小说"的范畴,但是两部书是借水浒题材,准确地说是借个别水浒人物演绎世情,更重要的是两部小说实质上已经开拓了新的话语系统,改变了水浒旨趣,脱离了"水浒小说"的主流,属于特殊的"水浒小说",因此,本书所研究的"水浒小说"就暂不把这两部书包括在内,同时把研究的时间截至晚清。也就是说,本书所研究的"水浒小说"为《大宋宣和遗

---

① 蒋文钦.《三国演义》和《水浒》主题思维的演化[J].温州师院学报(哲学社会科学版),1988(1).
② 陈松柏.水浒传源流考论[M].北京:人民文学出版社,2006:7.
③ 胡适.中国章回小说考证·水浒传考证[M].上海:上海书店,1980:9.

事》《水浒传》《水浒后传》《后水浒传》《荡寇志》《新水浒》(两部)、《艮岳峰》,共八部。

二、水浒小说研究的历史与现状

水浒小说研究包括《水浒传》研究及《水浒传》续书研究、个别书的个案研究及其与其他水浒小说的比较研究,不仅如此,它还包括通观所有水浒小说整体的研究,并且主要是指把水浒小说作为一个整体的研究。在此,水浒小说研究的历史与现状把个案研究排除在外,主要是指从整体意识出发,以联系与发展的角度,探讨水浒小说之间区别与联系的比较研究。

认识到水浒小说之间的区别与联系,并有意识地对不同小说进行分析比较,实从《水浒传》诞生后就已经开始。因为《水浒传》的魅力巨大,这种渊源颇早的分析、比较,无一例外地围绕《水浒传》展开,并且一直相沿至今。

(一)水浒小说研究的历史

1.《水浒传》诞生后,明清时期文人首先注意到《大宋宣和遗事》与《水浒传》的区别与联系

《少室山房笔丛》卷四十一《庄岳委谈下》中,胡应麟认为《水浒传》事本自《大宋宣和遗事》,《大宋宣和遗事》产生的时间比《水浒传》早;两书不同之处在于"世所传《宣和遗事》极鄙俚,然亦是胜国时间阎俗说。中有南儒及省元等字面;又所记宋江三十六人,卢俊义作李俊义,杨雄作王雄,关胜作关必胜……"①。惠康野叟在《识馀》中也有近似表述。焦循在《剧说》卷五中同样认为《大宋宣和遗事》的内容来源于《水浒传》,"《义侠》、《水浒》二传,本施耐庵《水浒》小说,而施耐庵则本《宣和遗事》"②。显然两书的比较多立足于内容上的依存关系。

随着《水浒后传》《后水浒传》《荡寇志》等多部水浒小说的诞生,明清文人把研究重心转移到这几部书与《水浒传》的比较上,研究成果多集中在小说的序、跋中。陈忱在《水浒后传序》中说:

---

① 胡应麟.庄岳委谈下[G]//朱一玄,刘毓忱.水浒传资料汇编.天津:南开大学出版社,2002:78.
② 焦循.剧说[G]//朱一玄,刘毓忱.水浒传资料汇编.天津:南开大学出版社,2002:95.

"苏端明云：'我文如万斛泉，是也。《水浒》便似之。其序英雄，举事实，有排山倒海之势……岂意复有《后传》，机局更翻，章句不袭；大而图王定霸，小而巷事里谈，文人之舌，慧而不穷；世道之隆替，人心之险易，靡不各极其致；绘云汉则热，图峨嵋则寒；非一味铜将军，铁绰板，提唱梁山泊人物已也！"①

意思是《后传》继承《水浒传》描写逼真、细腻的优点的同时，构思更加出人意料，与《水浒传》相比，在某些方面有过之而无不及。这尽管有夸大之辞，但从局部看，作者的说法也算属实，可惜的是没有进一步展开论述。在《水浒后传论略》中，陈忱认为"《水浒》愤书也""《后传》为泄愤之书"，两部书在发愤著书的传统上是一脉相承的；而且：

"《后传》有难于《前传》处……我亦嫌《前传》中好汉被陷，除梁山泊救兵，更无别法也。"②

陈忱指出，因为有了《前传》，而要把《后传》写出新意实属不易，并具体分析了困难之处。尽管如此，无论是影响还是局部的艺术，陈忱自认为《后传》的写作还是成功的。另外，陈忱还对两部书之间的衔接、故事的发展、人物的演变进行了简单论述。蔡元放在《评刻水浒后传序》中，首先论述了《水浒后传》的主旨。认为《水浒后传》"其人则犹是《前传》之人，而其事则全非《前传》之事可同年而语矣"，因为时代的变迁，《后传》主要是宣扬"仁义忠信之天良"，英雄"后之身都富贵、安享尊荣"是"正其材力之所应得"，英雄"开基徼外，海国称王"是"爱君报国，立德而兼立功"③。在《水浒后传读法》中，认为《后传》的创作动机是由于前传梁山好汉的凄惨结局实乃"天道人事之不平，孰过于此"，因此"想到李俊既可去外国为王……以大快人心"④。其次论者强调《后传》与《前传》在故事、人物、情节等方面的关系问题。"本传既名《水浒后传》，则传中之事，自应从前传

---

① 陈忱.水浒后传序[G]//朱一玄,刘毓忱.水浒传资料汇编.天津：南开大学出版社,2002：488.
② 陈忱.水浒后传论略[G]//朱一玄,刘毓忱.水浒传资料汇编.天津：南开大学出版社,2002：495.
③ 蔡元放.评刻水浒后传序[G]//朱一玄,刘毓忱.水浒传资料汇编.天津：南开大学出版社,2002：497.
④ 蔡昇.水浒后传读法[G]//朱一玄,刘毓忱.水浒传资料汇编.天津：南开大学出版社,2002：498.

生来",但是"叙过之事,既不应重赘";《前传》诸人不过是盗,"即好煞亦不足为重轻",而《后传》中为了与在海外建国的事业相称,为了与"天上星辰,自有高出凡人之处"相符,人必须"抬高身分……写作最上一等","平平常常,便为削色"①。最后,论者比较了《前传》与《后传》的相同与不同之处,并重点论述了《后传》对《前传》在文字、构思等方面的创新之处。

《荡寇志》的作者俞万春认为《水浒传》实由两个人写成,前七十回是施耐庵作的,后三十回是罗贯中后续的,并交代《荡寇志》写作的初衷是否定《水浒传》后半部,"使天下后世,深明盗贼忠义之辨,丝毫不容假借"②。古月老人、陈奂、徐佩珂在各自的《荡寇志序》、东篱山人在《重刻荡寇志序》、俞焕在《荡寇志续序》、钱湘在《续刻荡寇志序》、半月老人在《荡寇志续序》、镜水湖边老渔在《荡寇志跋》中基本上都认可了俞万春的写作初衷之论。《霞外捃屑》卷九《梁山泊》中,平步青认为"《荡寇志》之拓张侈大其事,则亦一时游戏之笔,未曾考之舆志及地之有无,与耐庵同,尤不得信以为实也"③。指出两部书都是虚构的。

另外,刘廷玑与黄人还把《水浒后传》《荡寇志》放到一块与《水浒传》进行了比较。在《在园杂志》卷三中刘廷玑认为,《后水浒》二书对《前水浒》"不独不能加于其上,即求媲美并观,亦不可得",是"狗尾续貂",甚至"尚狗尾之不若也"④。黄人在《小说小话》中认为:"《水浒后传》处处模仿前传,而失之毫厘,缪以千里",而"《荡寇志》警绝处几欲驾耐庵而上之"⑤。否定了《水浒后传》,肯定了《荡寇志》。因为立场的不同,评价不一,对错暂且不论,两位论者都没有在自己论断的基础上进行详细论述,没有拿出合理的论据。

---

① 蔡元放.水浒后传读法[G]//朱一玄,刘毓忱.水浒传资料汇编.天津:南开大学出版社,2002:498-507.
② 俞万春.荡寇志[G]//朱一玄,刘毓忱.水浒传资料汇编.天津:南开大学出版社,2002:501.
③ 平步青.霞外捃屑.卷九.梁山泊[G]//朱一玄,刘毓忱.水浒传资料汇编.天津:南开大学出版社,2002:332.
④ 刘廷玑.在园杂志[G]//朱一玄,刘毓忱.水浒传资料汇编.天津:南开大学出版社,2002:508-509.
⑤ 黄人.小说小话[G]//朱一玄,刘毓忱.水浒传资料汇编.天津:南开大学出版社,2002:522.

清末,署名谢亭亭长的在《新水浒序》中认为,"冬青乃承耐公之志,作《新水浒》"①,指出两部书在创作主旨上是相承的。陆士谔在《新水浒序》中认为《新水浒》虽然创作时代是盛世,但是《新水浒》与《水浒传》一样,都是"为愤而作"②,尽管所处时代不同,但是创作主旨是一样的。

从以上的分析中可以看出,明清人把各部小说与《水浒传》的比较多集中在创作主旨上,两者在写作章法、人物塑造、情节结构等方面的区别与联系偶有论及但也属蜻蜓点水,带有随意性,其中虽不乏真知灼见,但多以主观感悟为主。

2. 20世纪迄今,水浒小说的研究得到快速发展

由明清文人在序、跋中的评述变为现代意义论文中的论证,研究的范围逐步扩大,水浒小说的某些深层隐义也逐渐昭显。可惜仍是把《水浒传》放在比较、对比的中心,除《水浒传》以外的水浒小说在联系、比较中实质上已经失去了独立的地位,研究者并没有意识到各部水浒小说是不同的作者对同一水浒母题的新创造。纵观20世纪以来的水浒小说研究,可分为三个阶段:80年代前的《水浒传》与《荡寇志》比较研究;80年代至90年代的水浒小说比较研究;90年代后的《水浒传》续书研究。

第一阶段:中国现代学院派学术的创立,始自胡适,但是一直到20世纪70年代前后,有意识地对水浒小说进行联系与比较的研究才初具规模。由于时代的原因及《荡寇志》的特性,这一阶段的研究无一例外地都集中于《水浒传》与《荡寇志》的比较上。20世纪70年代前的文章有三篇:一篇是吴龙术的《〈荡寇志〉与〈水浒传〉》③,一篇是周煦良的《〈水浒传〉与〈荡寇志〉》④,一篇是马蹄疾的《略谈金批〈水浒〉的流传及其与〈荡寇志〉的关系》。值得注意的是马蹄疾的这篇文章认为"反动小说《荡寇志》是在金批《水浒传》的反动观点的影响和指导下写成的,是金批《水浒传》的反动观点的继续和发展","他们两个人地地道道是一个篮子里的反动货色"⑤。

---

① 谢亭亭长.新水浒序[M]//高玉海.古代小说续书序跋释论.北京:中国社会科学出版社,2007:293.
② 陆士谔.新水浒序[M]//高玉海.古代小说续书序跋释论.北京:中国社会科学出版社,2007:296.
③ 吴龙术.《荡寇志》与《水浒传》[J].西北风,1936(6).
④ 周煦良.《水浒传》与《荡寇志》[J].新中华,1946(8).
⑤ 马蹄疾.略谈金批《水浒》的流传及其与《荡寇志》的关系[J].新建设,1965(7):63.

这种观点完全被20世纪70年代的研究者继承,唯一变动之处是把对小说作者的评价改换成对小说主要人物的评价。在《论〈水浒〉与〈荡寇志〉》①中,武渝认为从表面看两部书完全对立,但是反动的政治倾向实质上是一样的,区别就在于一个用的是"牧师的软刀子",一个用的是"刽子手的钢刀"。另外作者认为"《荡寇志》中的主要人物形象多是《水浒》人物的翻板",特别是宋江与陈希真,都是封建阶级的奴才。吴调公在《一根黑藤两个毒瓜——〈水浒〉与〈荡寇志〉》②《一个政治目的,两种艺术标本——谈〈水浒〉与〈荡寇志〉》③、魏永征在《〈水浒〉与〈荡寇志〉》④、郑谦在《从〈水浒传〉与〈荡寇志〉的比较看看投降派的危害性》⑤中,都表达了相似观点。

这一阶段的研究虽然采用了现代意义的论文的形式,研究内容也较为现代,但总体上说,研究的思想倾向比较单一,比较的范围仅局限于《水浒传》与《荡寇志》,比较狭窄。而且,这一阶段尽管时间漫长,但无论是研究内容还是方法,并没有实质性的突破。

第二阶段:进入20世纪80年代后,人们观念发生了翻天覆地的变化,思想空前活跃,研究更加科学与细致,水浒小说研究出现了新的局面。刁云展在《关于两种〈后水浒〉的现实主义》中,一改前人观点,对青莲室主人的《后水浒》做出了充分肯定的评价,认为"这部《后水浒》尽管在人物故事上有摹拟前传的痕迹",艺术上也存在缺陷,但是,"决不是像有人诬蔑的,它是'一片邪污之谈,文词乖谬,尚狗尾之不若也'的作品"⑥,而且要"恢复小说的本来面目:这部《后水浒》乃是一部正确地描写农民起义的现实主义作品"。指出在人物形象塑造、思想上,两部《后水浒》对前传都有很好的继承和发展。较为难得的是作者还把两部《水浒》进行了比较,认为两部书在思想上是统一的,两部书的作者世界观同样都是进步的。尽管比较的结果并不是大家所期望的多姿多彩,仅仅谈论了两书的共性,但这实为除与《水浒传》比较外,其他水浒小说互相比较的开始。徐公持在《怎样读

---

① 武渝.论《水浒》与《荡寇志》[J].开封师范学院学报,1975(3):54-59.
② 吴调公.一根黑藤两个毒瓜——《水浒》与《荡寇志》[J].南京师院学报,1975(4).
③ 吴调公.一个政治目的,两种艺术标本——谈《水浒》与《荡寇志》[N].光明日报,1975-11-22.
④ 魏永征.《水浒》与《荡寇志》[J].朝霞,1975(10).
⑤ 郑谦.从《水浒》与《荡寇志》的比较看看投降派的危害性[J].云南文艺,1976(6).
⑥ 刁云展.关于两种《后水浒》的现实主义[J].社会科学辑刊,1981(1):141.

〈水浒传〉与〈荡寇志〉》中认为两部书相提并论的唯一原因是"它们都以梁山泊故事作为描写的题材","思想倾向上,则它们取着完全相反的态度"①,这与此前的研究者在思想倾向上异口同声持否定态度截然相反。周克良在《两副面孔,一种心肠:〈水浒传〉与〈荡寇志〉之比较》②中,又回归到第一阶段研究者的观点。高明阁在《荡寇志对水浒传的反扑》③中,从人物、情节、结构出发,探讨《荡寇志》对《水浒传》的改写,但并没有具体分析《荡寇志》的作者对《水浒传》做出如此大改动的原因。

总体来看,这一阶段由于思想的解放,该时期的研究摆脱了唯政治是瞻的倾向,开始对作品的内容、艺术进行研究,比较的范围进一步扩大,涉及《水浒后传》《后水浒传》《荡寇志》三部,甚至出现把两种《后水浒》共同与《水浒传》做比较的新气象,观点也不再异口同声,出现了截然相反的声音。虽然如此,这一阶段的研究仍然显得支离破碎,比较的范围依然不够宽广,研究更谈不上系统性。

第三阶段:20世纪80年代末90年代初,续书研究蔚然兴起。在这种形式的研究中,除《水浒传》外的各部水浒小说被看作是《水浒传》的续书,《水浒传》成为其他小说产生的根源。其实早在20世纪20年代,就有关于《水浒传》续书的文章,一是胡适的《水浒续集两种》,一是郑振铎的《〈水浒传〉的续书》④。胡适虽以《水浒传》的续书为名,但没有把续书与《水浒传》进行比较,而是把两部续书彼此对比,认为"俞万春的《荡寇志》,其立意与情境都与《水浒后传》不同"⑤。文中也提到《后水浒传》,可惜作者因当时没看到,只是简单一提。没把三部书进行比较,实为一大遗憾。鲁迅在《中国小说史略》中也仅仅认为《水浒后传》与《荡寇志》是《水浒传》的两部续书。概括地说,这一阶段的研究可大体分为两种类型:

第一种是从续书角度进行研究的单篇文章。刁云展在《〈水浒〉续书中的两种倾向》⑥中,根据政治倾向,把续书分作歌颂与反对农民起义两

---

① 徐公持.怎样读《水浒传》与《荡寇志》[J].文史知识,1984(11).
② 周克良.两副面孔,一种心肠:《水浒传》与《荡寇志》之比较[J].中国古代、近代文学研究,1988(6).
③ 高明阁.荡寇志对水浒传的反扑[J].明清小说研究,1985(2).
④ 郑振铎.《水浒传》的续书[J].文学周报,1929(9).
⑤ 胡适.胡适文存[M].北京:华文出版社,2013:493.
⑥ 刁云展.《水浒》续书中的两种倾向[J].水浒争鸣(第二辑),1983.

派,指出《宣和谱》(实为水浒戏曲)也是《水浒传》的续书,把水浒小说分析、比较的范围进一步扩大。随后发表的关于续书研究的论文,如王若的《浅谈明清小说的续书问题》[①]、李忠昌的《名著续书多与寡的背后》[②]《名著续书探因》[③],在谈到水浒续书时,都侧重于研究水浒续书产生的原因。

在《简析〈水浒〉两种续书——〈水浒后传〉和〈荡寇志〉比较研究》[④]中,龚维英比较了两部续书在主旨、写作手法上的继承与发展。《〈水浒传〉续书的叙事重构和接受批评》中,刘海燕承认:"他们采用基本相同的水浒人物和水浒题材,创作出了不同风格特色的续书作品。"[⑤]对水浒续书的故事题材的剪裁、小说情节的变化、人物形象的演变做了分析论证。在《凸显接受差异性的续书创作——以〈水浒传〉的三部续书为例》[⑥]中,许小红从对原著接受的差异性出发,探讨了续书产生的原因。由于采用了新的视角与方法,这几篇论文颇有新意。

在这种类型的研究中,研究者把单个的作品当作《水浒传》的续书,从与《水浒传》比较的角度对作品进行解读,使得水浒小说之间的联系有理有据。但是,联系比较的范围仍然狭窄,受单篇论文篇幅的限制,并没有完整指出水浒续书有哪些,只是侧重于某部或者是几部与《水浒传》进行比较。

第二种是续书研究的学位论文和专著。段春旭的《中国古代长篇小说续书研究》[⑦],重点论述了《水浒后传》《后水浒传》《荡寇志》三部书在思想与人物形象上的继承与发展。储江的《〈水浒传〉续书与王派水浒研究》[⑧],分析了它们的共性,比较了人物形象与构成的不同,指出了艺术上的得失,并把水浒小说的时间延伸到了现代。张同胜的《〈水浒传〉诠释史论》[⑨],也

---

① 王若.浅谈明清小说的续书问题[J].辽宁师范大学学报,1990(5).
② 李忠昌.名著续书多与寡的背后[J].中国典籍与文化,1994(4).
③ 李忠昌.名著续书探因[J].中国典籍与文化,1994(1).
④ 龚维英.简析《水浒》两种续书——《水浒后传》和《荡寇志》比较研究[J].贵州社会科学,1998(3).
⑤ 刘海燕.《水浒传》续书的叙事重构和接受批评[J].明清小说研究,2001(4):220.
⑥ 许小红.凸显接受差异性的续书创作——以《水浒传》的三部续书为例[J].卫生职业教育,2008(23).
⑦ 段春旭.中国古代长篇小说续书研究[D].福建师范大学博士学位论文,2004.
⑧ 储江.《水浒传》续书与王派水浒研究[D].扬州大学硕士论文,2006.
⑨ 张同胜.《水浒传》诠释史论[D].山东大学博士论文,2007.

用一节的篇幅对这些小说进行了介绍。唐海宏的《〈水浒传〉续书研究》①，把水浒小说的范围进一步扩大、时代进一步延伸，对它们的作者、基本情况进行了简单介绍，对作者的创作心态及小说的价值进行了论述。

林辰的《明末清初小说述录》对《后水浒传》的思想与艺术方面进行了分析。齐裕焜的《中国古代小说演变史》②在对《水浒后传》《后水浒传》《荡寇志》全面分析的基础上，得出这三部书不是抄袭前传、模仿原著的平庸之作，无论是思想内容还是艺术成就都有可取之处的结论。何满子的《水浒概说》③第七部分"《水浒传》的续书和仿作"，对《水浒传》的续作和仿作进行了评价，并且把《水浒传》的续作与仿作分作五个类别，并认为南宋历史演义《说岳全传》和武侠公案小说《三侠五义》，以及《金瓶梅》等都是《水浒传》的续书或仿作。高玉海的《明清小说续书研究》④，对《水浒传》后的水浒小说产生的原因、思想倾向、人物形象的变化以及续书对于原著的价值进行了研究。王旭川的《中国小说续书研究》⑤也对这些小说列专章进行了介绍，共分为三节，分别从水浒续书的思想与演变、人物构成比较、艺术创造上的关系三个方面进行了研究。

这种类型的研究范围更为广泛，同时又把《水浒传》后的水浒小说当作一个整体进行研究，虽然有续书的前提限制，仍然摆脱不了与《水浒传》进行比较，但明显比第一种形式的研究有了进步，使我们更大范围地窥视到以水浒为母题的小说的共性与个性，以及有限范围内的水浒母题的特质，这可看作是在第一种类型研究基础上的进步与提高。

(二) 水浒小说研究的现状

从研究历史来看，水浒小说研究仍然处于续书研究的模式，把除《水浒传》以外的水浒小说统统看作是《水浒传》的续书，《水浒传》成了水浒小说比较与衡量的标准。当前，水浒小说研究侧重于以下几个方面。

首先，思想的比较。与《水浒传》相联系，探讨其他水浒小说思想内容的继承与演变。如王旭川认为，虽然水浒小说产生的时代背景相似，都产

---

① 唐海宏.《水浒传》续书研究[D].青海师范大学硕士学位论文,2009.
② 齐裕焜.中国古代小说演变史[M].兰州:敦煌文艺出版社,2002.
③ 何满子.水浒概说[M].上海:上海古籍出版社,1993.
④ 高玉海.明清小说续书研究[M].北京:中国社会科学出版社,2004.
⑤ 王旭川.中国小说续书研究[M].上海:学林出版社,2004.

生于末世,但是,"《水浒传》续书与其他小说续书相比,有其自己鲜明的特点""在思想内容上各自具有明确的政治立场与观点"①,王旭川还认为,《水浒传》的"续书的思想内容与艺术创作与《水浒传》评论与评点的关系密切"②。

其次,人物的比较。与《水浒传》相较,探讨其他水浒小说人物的结构、形象的演变及原因:在人物构成的结构上与《水浒传》相比,其他水浒小说有什么变化,为什么有这样的变化。在人物形象的变化方面,一般都集中分析《后水浒传》中作为《水浒传》中宋江转世的杨幺、《水浒后传》中的燕青,与《水浒传》相比,在人物外貌、能力、性格等方面有什么变化;《水浒传》中是排斥女性的,女性形象在随后的小说中的变化;这些人物形象变化的原因等。

最后,艺术的比较。与《水浒传》相比,探讨其他水浒小说在情节、结构上的发展与演变。认为其他水浒小说在情节、结构上都受到《水浒传》的影响,且为了突出艺术的进步,在情节、结构的设置上有意识地犯而不犯,在相似中写出相异、在模仿中写出新意等。

尽管《水浒传》续书研究取得了相当大的成绩,但是《水浒传》续书研究毕竟只是水浒小说研究的一个方面,有其局限性。以联系的、发展的观点系统地分析与研究各部水浒小说思想与艺术上的创新,发现总结同题小说演变的规律性与特殊性,探讨水浒题材的独特魅力,这一系统性的研究即全面的水浒小说研究至今鲜有人涉及。

三、本书研究的内容、意义与方法

(一) 研究的内容

水浒小说作为以水浒故事为题材的小说,其研究内容主要有三个方面。

第一,文献研究:要明白小说的真实隐义,必须尽可能地还原作品产生的时代,让文献研究成为研究的基础。"我们总是习惯于一再地重复古人

---

① 王旭川. 中国小说续书研究[M]. 上海:学林出版社,2004:216.
② 同①223.

的各种语言,而它们原来的含义跟后来附加在它们身上的含义却又绝然不同"①。因此,对于水浒小说研究来说,就是要根据水浒小说的概念,界定水浒小说的范围,详细考察水浒小说有哪些,各部水浒小说的作者、版本、内容以及产生的时代背景。

第二,文本研究:在文献研究的基础上,在宏观、整体研究思路的指导下,注重以水浒故事为题材的水浒小说的发展变化,细致分析水浒小说的主旨、人物、情节、结构,发现并归纳演变的规律,指出演变过程中的共性与个性。

第三,文化研究:水浒小说之所以层出不穷、经久不衰,一个重要的原因就是水浒题材能够被不同时代的不同作者加工改造,而水浒故事之所以得到众多作者青睐,原因则是水浒故事的内涵与民族传统精神文化的暗合。因此,从文化研究的角度分析水浒故事的深刻内涵、探讨水浒故事的独特魅力,既有助于我们对水浒小说的正确理解,也有助于新时期的文学建设。

(二)研究的意义

水浒小说研究是完整意义上以水浒故事为题材的小说研究,这是在继承前人研究成果的基础上的研究视角的新转换。通过对水浒故事下所有水浒小说的研究,分析不同时代不同水浒小说思想与艺术上的继承与创新及其所肯定、遵循的文化内涵和精神内核。

通过深入研究以期得出让人信服的结论:一是规律性方面的,即水浒故事自身的魅力以及不同水浒小说演变的共性;二是特殊性方面的,即某一作品对前人有哪些超越,为什么会有这种超越。这势必要从母题学的角度全面、系统、深入地研究水浒故事,而要解答水浒故事的独特魅力,又势必要深入到中国传统文化的内核,从中国传统文化的角度回答上述疑问。因此,水浒小说研究在《水浒传》续书研究的基础上已经开拓了新的学术增长点,进而影响新时期的文学研究与建设,这恰恰是《水浒传》续书研究达不到的高度。

(三)研究的方法

求真的原则:水浒小说既包括令人惊叹、拊掌叫绝,堪称达到中国古代

---

① 歌德.格言和感想集[M]//伍蠡甫.西方古今文论选.上海:复旦大学出版社,1984:105.

小说艺术顶峰的作品,也包括贬多褒少,甚至被称为狗尾续貂的作品。即使同一部作品,历来也众说纷纭,甚至论点针锋相对,互不相让。不管情况多么复杂,水浒小说研究一定要实事求是,以作者、作品、时代为依据。在对文本认真阅读、体会中,形成并不断检验和反思自己的观点与认识。章学诚在《文史通义·文德》中说:"不知古人之世,不可妄论古人之辞也。知其世矣,不知古人之身处,亦不可以遽论其文也。"①作品是作者的艺术创作,而作者又是特定社会的个体,了解当时的社会环境是理解作者创作的前提,而认识作者又是理解作品的前提。因此,水浒小说研究也要做到知人论世,把各部小说还原到各自的历史情境、时代氛围中,争取获得正确的认识。

比较分析法:所谓比较分析,就是将两个或多个相同、相近或者有联系的事物,进行比较,寻找它们的同与异,并根据比较的结果来总结归纳变化的规律,探讨变化的原因,点明变化给人们的启迪。因此,比较的前提是找到事物之间的联系,关于联系的重要性,正如列宁所说:"如果从事实的全部总和、从事实的联系去掌握事实,那么,事实不仅是'胜于雄辩的东西',而且是证据确凿的东西。如果不是从全部总和、不是从联系中去掌握事实,而是片断的和随便挑出来的,那么,事实就只能是一种儿戏,或者甚至连儿戏也不如。"②水浒小说研究就是要按照客观事物自身的运动与发展规律来认识事物,找出它们的联系,然后用发展、对立统一的观点,通过各部水浒小说之间的比较分析,描述变化的轨迹,揭示演变的共性与个性,指导同题小说的研究。

文化视角的切入:文学研究重在文学,而要从根本上解释文学现象,则必须回归到传统文化这片沃土。本书从文化视角切入,从传统文化的角度解释水浒故事之所以被不同时代的作者反复运用的原因,探讨水浒故事的独特魅力。

---

① 章学诚.文史通义·文德[M].沈阳:辽宁教育出版社,1998:56.
② 列宁.列宁全集[M].北京:人民出版社,1958:279.

第二章 水浒小说概述

水浒小说作为我国古代小说大家族中的一员,紧扣时代的步伐,逐步形成、发展、成熟、演进、衰变,至今已走过了近千年的历程,表现出多姿多彩的特点。

第一节 水浒小说的历史

一、水浒小说的形成

宋江起义发生在北宋末年。《宋史·侯蒙传》说:"江以三十六人横行齐魏,官军数万,无敢抗者。"①《宋史·张叔夜传》说:"宋江起河朔,转略十郡,官军莫敢婴其锋。"②从历史的记载来看,宋江起义实际上规模并不大,持续时间并不长。但与北宋其他几次农民起义相比,唯独宋江起义引起了民间说话艺人加工创作的热情。我们现在看到的有关水浒故事最早而较为系统的记录是龚开的《宋江三十六赞》。序言说:"宋江事见于街谈巷语,不足采著。虽有高如李嵩辈传写,士大夫亦不见黜。余年少时壮其人,欲存之画赞,以未见信书载事实,不敢轻为。"③李嵩做过宋光宗、宁宗、理宗(1190—1264)三朝的画院待诏,龚开在宋景定(1260—1264)年间为两淮制置司监官,龚开"年少时"自然应在此之前。可见南宋中叶水浒故事已经"见于街谈巷语",广泛流传并引起了士大夫的注意。因此,可以推测宋江起义发生后不久,水浒故事就在社会上流传,并被不断加工创造。

最早对水浒故事进行加工创造的自然是"说话"人,也即所谓的"街谈

---

① (元)脱脱等.侯蒙传[M]//宋史(卷三百五十一).上海:上海古籍出版社,1986.
② (元)脱脱等.张叔夜传[M]//宋史(卷三百五十三).上海:上海古籍出版社,1986.
③ (宋)周密.癸辛杂识续集[G]//朱一玄,刘毓忱.水浒传资料汇编.天津:南开大学出版社,2002:19.

巷语""史实经南宋说话人润色加工,形成众多水浒'小说'"①。宋人罗烨所著《醉翁谈录》②"小说开辟"一节中,记载"公案"类小说话本有《石头孙立》,"朴刀"类有《青面兽》,"杆棒类"有《花和尚》《武行者》,名称与后来《水浒传》中的梁山英雄名称完全一致。现在我们一般认为这些话本中的人物就是后来水浒故事中的人物,这些话本就是最早的以水浒故事为题材的小说。如有研究者认为:"同时代罗烨的《醉翁谈录》已著录了如'石头孙立'、'青面兽'、'花和尚'、'武行者'等说话名目。这显然是一些独立的水浒'小说'。"③《醉翁谈录》是宋末元初的作品,也就是说,至迟宋末元初,水浒小说就已经产生。

　　值得指出的是,除此之外还有一些话本,如《醉翁谈录》所列"公案"类的"戴嗣宗"、"灵怪"类的"李逵道"等长期以来一直被我们忽略。在《醉翁谈录》中"戴嗣宗"被列入"公案"类,"李逵道"被列入"灵怪"类,在《水浒传》中,戴宗是江州两院押牢节级,在元代水浒戏,甚至《水浒传》中,李逵又略带有滑稽的形象,相信水浒戏、《水浒传》中这两个人的塑造应该有所依据。事实上,从龚开的《宋江三十六人赞》到《大宋宣和遗事》,再到《水浒传》都存在梁山英雄名称变化的事实,因此,尽管"戴嗣宗""李逵道"与后来水浒故事中梁山英雄的名称并不一致,但从这些方面考虑,我们未尝不可以认为《戴嗣宗》《李逵道》的主人公就是后来水浒故事中的戴宗与李逵。

　　古代说书艺人为了生存,在讲说水浒故事的时候为了吸引更多的听众,自然要不同程度地夸大、渲染,使情节更为丰富多彩、故事更加绘声绘色。因此,从性质上讲,这些话本就是纯粹的娱乐性质的英雄传奇。但谈凤樑根据南宋初年起义军首领邵青接受招安的故事被编成话本,并得到皇帝赏识,以及当时有些说书艺人直接为皇帝效劳的事实,认为"有关宋江等三十六人的'话本',也免不了被贯注'忠义''报国'之类的毒汁"④,觉得这些话本是当时统治者宣传教化的工具。从龚开的《宋江三十六赞》看,三十六人应该各有故事,也就是说,当时水浒小说的数量应该很庞大,可惜

---

① 于海娣.中国文化全知道[M].北京:华文出版社,2010:40.
② (宋)罗烨.醉翁谈录[M].上海:古典文学出版社,1957:4-6.
③ 袁行霈.中国文学史(第四卷)[M].北京:高等教育出版社,1999:46.
④ 谈凤樑.《水浒》的演变[J].南京师大学报(社会科学版),1975(4):57.

这些话本都已亡佚，要揭示这些话本内容与倾向的真相，只能寄希望于新的史料的发现。这些话本的性质也许我们永远无法确定，但有一个确定无疑的事实就是，宋江起义发生不久水浒小说便已经产生。

二、水浒小说的发展

《大宋宣和遗事》的出现标志着水浒小说的第一步发展。水浒故事的内容得到进一步的发展。《大宋宣和遗事》中，水浒故事不再以单个的英雄人物为中心，而是始终强调水浒英雄这个集体。水浒英雄主要是由三支不同的队伍凑合起来，三路人马来自不同地区，人物身份也不同。第一路是朝廷中押送花石纲的指使孙立、杨志、李进义等十二人，在太行山落草；第二路是晁盖、吴加亮劫北京留守梁师宝十万贯金珠宝贝，"不免邀约杨志等十二人，共有二十个结为兄弟，前往太行山梁山泊落草为盗"；第三路是宋江报信救了晁盖等人，杀奸夫淫妇后带朱同、雷横等衙役九人直奔梁山泊落草。不仅人物不再以个体为主，而且水浒故事也出现不同程度结合的状况，如聂绀弩认为："《宣和遗事》是一部政治性的书，它把关于《水浒》的三个原来也许各不相干的故事结合在一块儿了：即杨志卖刀，晁盖等劫生辰纲，宋江杀惜。"①也就是说，到了《大宋宣和遗事》，作者已经有意对原先互不相干的水浒故事进行联合，组合成一个集体。而且在《大宋宣和遗事》中，不仅说到水浒英雄人物起义的经过，还明确提到他们的结局，"朝廷无可奈何，只得招安宋江"。宋江一伙最终被招安，水浒故事成为一个有始有终的过程。

水浒故事的主题倾向也表现得越来越明显。水浒故事被安排到主昏臣奸、内忧不断、外患频繁的时代氛围中。宋江杀惜后为逃避追捕而躲入九天玄女庙，在香案上看到一卷天书，上写三十六人姓名。末后有一行字写道："天书付天罡院三十六员猛将，使'呼保义'宋江为帅，广行忠义，殄灭奸邪。"到宋江上山时，晁盖已死，吴加亮和那几个弟兄共推宋江做了头领。这里的"三十六员猛将"，应是后来《水浒传》中三十六天罡的由来，可见，水浒故事的内容正在逐步扩大。更重要的是，《大宋宣和遗事》中，宋江上梁山开始以上天的名义被赋予"广行忠义，殄灭奸邪"与"助行忠义，

---

① 聂绀弩.中国古典小说论集[M].上海：上海古籍出版社,1981:69.

卫护国家"的神圣使命,武装起义的色彩越来越淡化。这种倾向的演变还可以从宋江故事的安排上体现出来。在《大宋宣和遗事》中,宋江的故事可大致分为三个部分:第一部分主要表现宋江的忠义,第二部分主要写宋江起义的经过,第三部分写宋江接受招安。张锦池认为:"《宣和遗事》始则赋于宋江以'忠义'之心,继则讥弹宋江的'略州劫县',终则赞扬宋江接受张叔夜的'招诱',这种三部曲表明:作者所真正赞颂的,实际上并不是反抗官府的草泽英雄,而是草泽英雄的出山匡扶宋室——'助行忠义,卫护国家'。"①

陈松柏认为:"《宣和遗事》中有关宋江及36将这一段文字很可能是据一种专门讲述宋江及36将故事的书摘编的,而这本书肯定要比《宣和遗事》的文字要详尽的多,其比《宣和遗事》更有资格被称为《水浒传》的原始'底本'。"②无论这个"底本"是否真的存在,我们都不能否认这个事实,那就是《大宋宣和遗事》中的水浒故事虽为概略,如佐竹靖彦所说《大宋宣和遗事》中:"讨方腊故事与其他水浒故事没有互动关系,这表明它的结构还未成熟。"③但是,无论从水浒故事局部内容的描述,还是从故事整体性的构思上说,《大宋宣和遗事》都超越了单篇话本小说的阶段,标志着水浒小说的进一步发展。

三、水浒小说的成熟

水浒小说真正成熟是《水浒传》的成书,《大宋宣和遗事》只是为《水浒传》拟定了基本的故事框架、主要人物形象和故事情节。如严敦易指出:"在《宣和遗事》这相当简略的几千字记述中,梁山故事的骨干轮廓,中心结构,都已屹然明朗地矗立着,有了它宏伟的基础。"④陈中凡也说:"《宣和遗事》确定了水浒根据地,提出了'天书'和重要人物'公孙胜'和'林冲',使整个故事和《水浒传》更加接近。"⑤丘振声还补充说,《大宋宣和遗事》

---

① 张锦池.中国古典小说心解[M].哈尔滨:黑龙江人民出版社,2000:143.
② 陈松柏.水浒传源流考论[M].北京:人民文学出版社,2006:8.
③ (日)佐竹靖彦.梁山泊——《水浒传》一〇八名豪杰[M].韩玉萍,译.北京:中华书局,2005:34.
④ 严敦易.水浒传的演变[M].北京:作家出版社,1957:93-97.
⑤ 陈中凡.试论《水浒传》的著者及其创作时代[J].南京大学学报,1956:27.

"勾勒了《水浒传》人物形象的初步面貌"①。《大宋宣和遗事》中水浒人物的塑造比较简单,水浒故事描述也比较简略,水浒故事的主题还只是一种倾向性的流露,直至《水浒传》出现,其凭借其思想性、艺术性及作品的影响力,水浒故事才得以最大限度地发展,《水浒传》标志着水浒小说的成熟。

无论是篇幅、主题、人物、结构、语言,还是社会影响,《水浒传》对《大宋宣和遗事》都有大大的超越。我们不妨以两书中都重点描写的杨志故事与宋江杀惜故事为例做一下对比。

在《大宋宣和遗事》与《水浒传》中,杨志的故事大体都可分为卖刀、杀牛二、上梁山三个部分。

卖刀部分:《大宋宣和遗事》中杨志因为风雪所阻,盘缠用尽,所以要卖掉身上仅剩的值钱的物品——宝刀。这是很自然的事情,英雄也难免有困顿之时,为了填饱肚子,变卖宝刀暂时做一下救济也未尝不可。可是《水浒传》中,杨志一出场却是有"一担钱物"在身,杨志利用他这一担钱物,"买上告下,再要捕殿司府制使职役。把许多东西都使尽了",钱财用尽却也只落得"难以委用"的结局。在这种情况下,杨志回想王伦以反上梁山自由自在对他进行的诱惑,着实"烦恼了一回",但是杨志"只为洒家清白姓字,不肯将父母遗体来点污了。指望把一身本事,边庭上一枪一刀,博个封妻荫子,也与祖宗争口气"的愿望并没有动摇,在盘缠用尽的情况下,也没有想到上梁山。在这种情况下,才不得不卖刀"好做盘缠,投往他处安身"。《大宋宣和遗事》杨志卖刀并没有特殊之处,可《水浒传》杨志卖刀却透露出官府的黑暗与压迫,表达出英雄无用武之地的愤慨,体现出作者有意的经营与设置。

杀牛二部分:杨志卖刀却偏偏遇到了泼皮,这在《大宋宣和遗事》和《水浒传》中内容是一样的,可都是杀泼皮,过程却大不相同。《大宋宣和遗事》中杨志与泼皮"交口厮争,那后生被杨志挥刀一斫,只见颈随刀落",泼皮就这样死了,过程简单,作者的叙述也简洁明了。而《水浒传》中杨志杀泼皮的过程可谓千曲百折。开始先写众人见到泼皮牛二后跑入河下巷内去躲,用众人见到牛二的反应衬托出牛二的本色,对其形象做一下铺垫,

---

① 丘振声.水浒传纵横谈[M].桂林:广西教育出版社,1992:6.

然后再描述牛二的具体形象,证实牛二确实是一个典型的泼皮。接着两人围绕宝刀能够"砍铜剁铁,刀口不卷""吹毛得过""杀人刀上没血"三件事产生纷争,前两件事进行得非常顺利,最后一件事却偏偏因为无法验证,再加上牛二的胡搅蛮缠,一下子两个人的关系僵化起来,在这种情况下,杨志仍是忍气吞声,单纯地固守一手交钱一手卖刀这样简单的商业逻辑。虽然《水浒传》中的杨志最后还是与《大宋宣和遗事》中的杨志一样杀掉了牛二,但《水浒传》中杨志杀牛二是在牛二先"揪住杨志",再"钻入杨志怀里",最后"挥起右手,一拳打来",步步紧逼,迫不得已的情况下不得不杀死了牛二。经过《水浒传》作者的加工,杨志就不再是《大宋宣和遗事》中具有火爆脾气的杨志了,而是既有脾气火爆的一面,也有隐忍的一面,变得更加真实可信。同时,杀牛二的过程更加曲折,吸引力进一步得到提高,作品的艺术性实非《大宋宣和遗事》所能比拟。

上梁山部分:《大宋宣和遗事》中杨志因杀人被发配卫州城,在途中遇到结义兄弟,于是将防送军人杀死,一起落草为寇。《水浒传》中,杨志出场自报家门:"洒家是三代将门之后,五侯杨令公之孙,姓杨名志。"我们可以看出杨志的名门意识与光宗耀祖的决心非常强烈。失陷花石纲成为逃犯,他认为这是"时乖运蹇",先后被先他造反的梁山好汉逼、被高俅逼、被牛二逼,杨志仍念念不忘为朝廷建功立业,"博个封妻荫子"的愿望。即使身陷牢狱,受到梁中书赏识后,杨志仍忠心于统治阶级,有所作为的壮志复燃,"今日蒙恩相抬举,如拨云见日一般。杨志若得寸进,当效衔环背鞍之报"。但就是这样严于律己,一心想在朝廷为官,忠心耿耿的杨志,虽赔尽小心,结果还是事事落空,最后只能落草安身。杨志的结局揭示了当时黑暗的社会现实,把批判的矛头对准了朝廷的腐败和黑暗,深化了官逼民反的感情倾向。与《大宋宣和遗事》相比,作品的主题进一步得到提升。

宋江的故事同样包括三个部分:私放晁盖、杀阎婆惜、上梁山。

私放晁盖部分在两部书中只有详略的区别,在思想倾向上并没有质的差异,都是突出宋江因"义"为晁盖几人通风报信,从而私放晁盖。而杀阎婆惜与上梁山两个故事在两本书中表现出明显的不同。《大宋宣和遗事》宋江杀阎婆惜,是因为宋江归家省亲后回郓城县任职,"却见故人阎婆惜与吴伟打暖,更不采着。宋江一见了吴伟两个,正在偎依,便一条忿气,怒发冲冠,将起一柄刀,把阎婆惜、吴伟两个杀了"。可见,《大宋宣和遗事》中阎婆惜被杀主要是因为宋江的争风吃醋,与梁山无关。《水浒传》中宋江杀阎婆惜的过程变得曲折,两个人之间有争执,也有和解,在时间上更是漫长。杀阎婆惜也完全是为了自己通梁山的事实不被泄露出去,"若要还时,在郓城县还你",受到阎婆惜威胁,而两个人的协商又得不到合理解决,为此出现武力抢夺的情况,宋江情急之下,这才杀了阎婆惜。经过作者这样改编,一方面,宋江杀阎婆惜的故事就成了宋江上梁山过程中很重要的一环,不像《大宋宣和遗事》那样彼此无联系、前后不统一,故事也更加圆满。另一方面,作者这样一加工,宋江的形象得到质的提高。《大宋宣和遗事》中阎婆惜并非宋江之妾,而是宋江长期包占的娼妓,宋江是因争风吃醋一怒之下才杀死阎婆惜与吴伟二人的。《水浒传》中宋江则成了一个"于女色上不十分要紧"的英雄,脾气也不再暴躁,能够忍气吞声,进一步儒雅化。总之,《水浒传》中宋江杀惜故事,故事本身不再独立,而是与后文相互关联,故事内容更加复杂,人物形象更加丰满、真实。

　　再看一下宋江上梁山的故事。《大宋宣和遗事》中宋江杀掉阎婆惜后,毅然走向梁山,"杀了阎婆惜,寰中显姓名。要捉凶身者,梁山泺上寻",从宋江写的诗看,宋江是以杀掉阎婆惜自傲的,坦然承认自己是凶手,上梁山,也没有表现出勉强。而《水浒传》中,宋江杀阎婆惜后首先想到的不是上梁山,而是想通过官府减轻自己的罪责,事发后,想出去避难,首先想到的也是三个好朋友的家,不是梁山。虽然宋江最终还是上了梁山,但过程真是一波三折,《水浒传》把宋江不愿上梁山,但是又不得不上梁山的心理矛盾刻画得惟妙惟肖,这样写就把宋江的忠义进一步深化了。

　　尽管聂绀弩指出,《大宋宣和遗事》"把关于《水浒》的三个原来也许各不相干的故事结合在一块儿了:即杨志卖刀,晁盖等劫生辰纲,宋江杀惜"。[①] 但是真正把这三个故事结合得天衣无缝的仍是《水浒传》。在《水浒传》塑造的官逼民反的大背景下,即使杨志这样的名门之后,也只能空有报国之志,而无用武之地,最后只能反上梁山。名门之后如此,像宋江这样的无名小吏,也更是难脱这样的命运。尽管宋江内心对上梁山有多么抵制,但只能和杨志一样,改变不了上梁山的结局。只有在《水浒传》中,人们才体会到众英雄的选择并不是机缘巧合,也不是英雄的自由选择,是官

---

① 聂绀弩.中国古典小说论集[M].上海:上海古籍出版社,1981:69.

逼民反的结果,是社会形势使然。同时,晁盖等人劫生辰纲,事发后宋江为义私放晁盖,在受到阎婆惜威胁时又只能杀人灭口,因杀人又不得不外出逃难,最后几经周转,这才上了梁山。整个上梁山的过程环环相扣,结合为一个不可分割的整体。

因此,《水浒传》是在继承《大宋宣和遗事》内容的基础上,对其进行了大刀阔斧的改造。在两者的关系上,鲁迅说得比较确切,《大宋宣和遗事》仅仅是开《水浒传》之先河[①],只有到了《水浒传》,无论是其内容、艺术,才达到了前所未有的高度,水浒小说的发展达到顶峰。

四、水浒小说的演进

《水浒传》的诞生标志着水浒小说的成熟,宋江故事包括相关的小说也因《水浒传》定名为"水浒",并使其人物大都成为不朽的艺术典型,使其故事愈传愈远、家喻户晓,使水浒小说成为古代小说作品中最优秀的一支。毫无疑问,《水浒传》的成功带动了水浒小说的创作,但这在根本上仍是水浒题材生命力的延续,《水浒后传》《后水浒传》《荡寇志》的出现则标志着水浒小说生命力新的演进。

《水浒后传》《后水浒传》《荡寇志》三部书的作者在对水浒故事进一步的思考过程中有坚持也有变化。他们都赞扬了打击贪官污吏的行为,肯定了英雄选择的反抗道路,继承了水浒故事官逼民反的思想倾向。王村在论及水浒故事忠奸斗争时认为这种斗争实质上就是一种"曲折的忠君道路,犹如'曲线救国'的方式一般,表现出了在封建时代,因奸臣当道导致国家运行失常以及有志之士的一种忧国忧民、无可奈何的行动"[②]。这可以说是在不同社会条件下,仁人志士选择救世道路所具有的共同性的特点。但他们在怎样才能做到忠义,如何与奸臣做斗争以及英雄归宿的选择上表现出自己独特的思考,体现了对水浒故事不同的理解。

首先,在对忠义的理解上。《水浒后传》中,水浒英雄对于大宋皇帝尽管也怀着崇敬之心,对大宋王朝的忠心一如既往,如宋徽宗被困金营时,燕青冒着生命危险去探视;宋高宗被金兵赶下海,被围牡蛎滩时,李俊等人赶

---

① 鲁迅.鲁迅全集第九卷[M].北京:人民文学出版社,1981.
② 王村.试论《水浒》系列中忠奸斗争的主题[J].西北第二民族学院学报,2001(2):33.

来"救驾";甚至李俊在海外建国还要"原奉宋朝正朔,一切文移俱用绍兴年号"。但是《水浒后传》中的忠,已经不再是《水浒传》中宋江那样坚信"皇上至圣至明,只被奸臣闭塞,暂时昏昧",直到喝下朝廷送来的毒酒,仍然坚持着"宁肯朝廷负我,我忠心不负朝廷"的愚忠,而是认识到"那道君皇帝闻着蔡京的屁也是香的","总是朝廷昏暗,奸党专权,我们的旧日兄弟一个也容不得。宋公明一生忠义,日望招安,血战多年,功高不赏,反赍鸩酒药死了他"。认识到正是皇帝的昏庸,而不是《水浒传》中皇帝的"暂时昏昧"才使奸臣得以猖獗。于是,第三十四回作者借燕青之口表达了"天下者,天下之天下,非一人之天下"的君主观念,表达了对统治阶级不能抱有任何幻想的思考。这与《水浒传》中宋江无条件地拜倒在昏君脚下,在军事连连取得胜利的情况下欣然接受招安,满口皇上至圣至明,不敢对皇上抱有任何非议的狭隘忠君观念相比,无疑有了明显的进步。与《水浒后传》相比,《后水浒传》的忠君观念进一步发生变化。杨幺占据洞庭,兵力雄厚时,立排众人拥戴自己为王的建议,主动去了解情况,即使在得知皇帝被秦桧及献媚之人所蛊惑"只图苟安""忘仇寻乐"时也未按照临行前的打算,立即返回洞庭,"安心成鼎足",而是潜入宫中直谏君非,提出"愿为良臣"的愿望,劝皇帝"远谗去佞,近贤用能,恢复宋室"。可以说,《后水浒传》中的英雄仍然秉持着忠君之心,与《水浒后传》无异。同时,作者也意识到"主昏"是造成天下不国的原因,"杨幺向来心志,以为国家丧亡,实因主昏。主昏则奸佞生;若主不昏,满朝尽是忠良,虽有天意亦可挽回",否定了《水浒传》中宋江不分青红皂白、盲目忠君的行为,这又与《水浒后传》中的观念相同。《后水浒传》中作者在我不负朝廷,朝廷也不能负我,"戮佞扶忠",忠君的前提是奸臣得到全部消灭的基础上又前行了一步,那就是在朝廷的所作所为让英雄心灰意冷的情况下,英雄没必要退缩,乱世出霸业,英雄完全可以发出"有志图王"的呼声。第二十回,作者借袁武之口表达了乱世成就事业的想法:"昔年求取功名去到汴京,不意权奸用事,落第在京,不胜抑郁……因思不得为王者师,亦当与豪杰佐,图此事业,才不虚生。"第四十回写到众兄弟要求杨幺"早正年号","哥哥莫若自立,以成鼎足,然后提师,扫除数处凶恶。俟金、宋有隙,徐徐进取,亦未然不可",杨幺听了大喜,说:"二位兄弟之言,亦近于理。"可见杨幺是有心要成"王者之事"的。后来英雄们在无望的情况下与朝廷兵戈相见也证实了这一点,显然这是《水浒传》与《水浒后传》所做不到的。《荡寇志》的作者作为统治阶级的一员,同时又看到遍布各地的农民起义对国家政权、对人民生活的破坏,认为"忠义必不作强盗,作强盗肯定不忠义"。在《荡寇志》的引言中,俞万春认为《水浒传》是"邪说淫辞,坏人心术,贻害无穷",为了打破《水浒传》伪言,"使天下后世,深明盗贼忠义之辨,丝毫不容假借",于是他撰写了《荡寇志》,因此从创作初衷上讲,俞万春创作《荡寇志》本身就是忠君的体现。为了阐明"盗贼忠义之辨",俞万春创作出与《水浒传》中的宋江有着类似经历的陈希真,用陈希真与宋江不同的忠义道路选择,让世人得知"忠义之不容假借蒙混"。真正的忠义就是在被逼为寇的情况下,也誓不与朝廷为敌,作者尤其痛恨有组织地与朝廷武力对抗。在《荡寇志》中,官逼民反的"官"绝不是皇帝,而是奸佞权臣,皇帝永远是至圣至明的。至于在官逼民反的道路选择上,《荡寇志》中,在猿臂寨苟氏兄弟以死相逼劝陈希真坐第一把交椅的情况下,其是一推再推,最后实在没办法,而是望东京遥拜道:"微臣今日在此暂避冤仇,区区之心实不敢忘陛下也。"随后马上在山顶"建盖一座万岁亭,供奉大宋皇帝牌位,朔望率领众头领朝贺。凡议大事,必到万岁亭上"。并且誓不与朝廷为敌,自力更生,不扰民不害民,最后与官府派来的张叔夜一道横扫梁山,消灭起义军。从陈希真与宋江不同人生道路的选择上,体现出作者对忠义的不同理解。

  其次,在与奸臣的斗争上。《水浒后传》《后水浒传》《荡寇志》的作者都承认奸邪势力祸国殃民的罪行。《水浒后传》中,贪官污吏要把梁山剩余英雄"尽要收管甘结","朝廷昏暗,奸党专权,我们旧日弟兄一个也容不得",英雄已经完全认识到"朝廷不明,奸佞得政,纵有忠心也无处用"。《后水浒传》中也这样认为:"贺太尉不夺地造阡,则杨幺何由刺配;黑恶不逆首开封,则孙本岂致报仇;邰元之杀人,黄金奸月仙之所致也;谢公墩之被兵,王豹欺配军所致也。种种祸端,实起于贪秽之夫,不良之宵小,酝火于邓林之木,捋须于猛虎之额,一时冤鸣若雷,怨积成党,突而噬肉焚林,岂不令鳌足难支,天给触折哉!请一思之,是谁之过欤?"《荡寇志》中陈丽卿一出场就被高俅逼得弃家出走,同为朝廷命官的祝永清面对奸邪之人的公然索贿,也被逼得走投无路。同时,由于时代的不同,《水浒后传》《后水浒传》的作者,面对山河破碎的现实,不仅把蔡京、高俅等奸臣当作迫害百姓,把人民"逼上梁山"的元凶,还把他们看作使国家沦亡,葬送大好河山的罪魁祸首。"这四个奸贼,不要说把我一百单八个兄弟弄得四星五散,你只看那锦绣般江山,都被他们弄坏,遍山豺狼,满地尸骸,二百年相传的大宋,瓦败冰消,成了什么世界"。于是,《水浒后传》《后水浒传》充分肯定了水浒英雄与奸臣斗争的正义性,让他们同举《水浒传》中"替天行道"的大旗,承担起打击权奸、救国图存的双重任务。因此,《水浒后传》《后水浒传》中,梁山英雄再也不会像《水浒传》中的宋江那样,为了招安,为了做"生当鼎食死封侯"的忠臣要对高俅前迎后送,又磕又拜,甚至卑躬屈膝,而是坚决斩草除根,即使奸臣已经被削职发配也不能放过,坚决把他们送上不归路,使这些人再无机会祸国殃民。《荡寇志》的作者同样看到奸臣的罪行,但与此前诸书主张贪官污吏"人人可杀之"不同,并不主张个人手刃奸臣,认为普通百姓不能反抗官府,更不能与朝廷对抗。小说第一一九回,知县徐槐说:"天子圣明,官员治事,如尔等奉公守法,岂有不罪而诛?就是偶有微冤,希图逃避,也不过深山穷谷,敛迹埋名,何敢啸聚匪徒,大张旗鼓,悖伦逆理,何说之辞?"因此,对那些贪官污吏,百姓是无权过问的。正如小说第九十八回所说:"贪官污吏干你何甚事?刑赏黜陟,天子之职也;弹劾奏闻,台臣之职也;廉访纠察,司道之职也。义士现居何职,乃思越俎而谋?"只能借助皇帝的英明,让他们的罪行难以遮掩,以朝廷的名义把他们正法。《荡寇志》中,恰恰是因为皇帝的圣明,识破奸佞祸国殃民的罪行,才使这些贪官污吏得以正法。

最后,在英雄出路的选择上。《水浒传》中,宋江忠义一生,"宁肯朝廷负我,我绝不负朝廷",但到头来众英雄饮恨而亡。兔死狗烹的结局深深震撼着后来者,是继续重复宋江的老路,还是与朝廷势不两立,还是在两者之间折中,后来者不得不努力地思考着。《水浒后传》中,李俊向部下说:"我等在中国耐不得奸党的气,要寻一个海岛安身。"选择了在海外建国,并在朝廷有难的时候积极救援的道路。《后水浒传》的作者吸取《水浒传》中接受招安,"被宋江害得零落"的教训,英雄积极图谋事业,只要奸佞当朝,绝不受招安,走上了与朝廷对抗的道路。但是最终也没有与朝廷拼个你死我活,而是选择了入轩辕井,悄然而逝。在道路的选择上,《荡寇志》与《水浒后传》和《后水浒传》相反,《荡寇志》的作者反对与朝廷对抗,为此甚至不惜创造了一些与水浒英雄有相似遭遇、经历的人物与水浒英雄相对照,如王进、闻达与林冲、杨志对照,通过对比证明水浒英雄所选道路的错误性,借助皇上的圣明,把起义军杀净,让奸臣伏法,从而出现了一个君明臣贤、人民安居乐业的盛世结局。

从上面的分析可以看出,水浒故事完全成了不同时代的作者表达自己心态的符号,面对类似的水浒故事,作品的人物、情节、结局都表现出了很大的不同,但正是这不同,才表达出作者对国家、社会的思考,体现出时代的最强音。

五、水浒小说的衰变

康有为、梁启超、谭嗣同等人维新变法的失败,意味着在当时的社会背景下,依靠统治阶级自上而下的政治变革是根本不可能的。一些知识分子便退而求其次,在政治变革上行不通,转而追求思想文化的变革,想通过思想文化的变革带动政治的变革,走一条曲线的政治变革之路。在当时,大多数作家都认为:"除掉兴办男女学校,创实业,反一切迷信习俗,和反官僚,反帝国主义,实无其他根本救国之道。"①作为思想文化表现形式的小说很荣幸地承担了这样的重任。梁启超正式提出"小说界革命"的主张,将小说的地位提高到"文学最上乘"的地步,说:"今日欲改良群治,必自小说界革命始;欲新民,必自新小说始!"②水浒小说紧跟时代的步伐,真实再现了当时的社会现实。于是,两部以"新水浒"命名的水浒小说的内容不再是官逼民反,杀贪官污吏,在作品中没有了攻城陷地、腥风血雨,而是直面社会现实,具有了现代气息,但也因此改变了水浒小说的传统,篇幅、内容及艺术上都大不如前,至此,水浒小说从根本上衰变了。

陆士谔的《新水浒》反映的是清政府开始实行九年预备立宪后的社会情况。英雄们摇身一变,办公司的办公司、开银行的开银行……经营起各种实业,梁山泊改造成梁山会,成为一个创业的经济实体,总而言之有三种取财之道:一是贪赃枉法、以权谋私。如宋江做议员后,借赈灾之机,挪移公款、中饱私囊。花荣卖铁路给洋人、时迁做侦探,收取贿赂。另有孟康做船政差使,造船浮支银两高达四十万。二是从事低级情趣的娱乐业。如陶宗旺开设妓女院,扈三娘办女总会,张青和孙二娘经营夜花园。三是兴办、

---

① 阿英.晚清小说史[M].北京:人民文学出版社,1980:16.
② 梁启超.论小说与群治之关系[M]//梁启超文集.北京:北京燕山出版社,1997:287.

经营实业。如汤隆、刘唐办铁路，李立、穆弘办矿，三阮经营渔业公司等。最后评比以孟康、扈三娘为胜，说明作者对当时一系列的革新并不持乐观态度。西泠冬青的《新水浒》，对如何革新、实业救国做了切实的探讨，对各行各业的未来进行了积极尝试。在西泠冬青《新水浒》的第一回中，梁山泊众好汉听说国家预备立宪，于是等待招安。作者借吴用之口评论道："'立宪'两字，原是泰西推行过来的治体，但有共和、专制两种……如今我中国国民程度尚低，'立宪'二字，恐怕还够不上。那些激烈改进的新党，只想三脚两步推翻'专制'，定要闹到民主革命地步，殊不知今日中国，实非君民共主不可。"作者认为当前社会有改革的必要，但又不赞成革命激变，认为改良社会最好的出路是君主立宪。对于君主立宪的社会改革，作者提出要重实业的想法。

在两部《新水浒》中，小说的内容焕然一新，颇具现代气息，但由于小说沦为政治的传声筒，其在艺术上难与成熟后的其他水浒小说比较，水浒小说已经衰变了。

第二节　水浒小说的特点

水浒小说在其产生、发展的过程中，不同的作者对类似的水浒故事进行了不同程度的演绎，致使水浒小说有同也有异。纵观整个水浒小说的发展过程以及仔细审视每部水浒小说，可以说，水浒小说在发展中慢慢具备了水浒小说类的特征，体现出整体性的特点。具体说，有以下几个方面：

一、水浒小说是末世小说

末世，最早见于先秦典籍中。《易·系辞下》云："易之兴也，其当殷之末世，周之盛德邪？"末世也称季世，《左传·昭公三年》云："叔向曰：'齐其何如？'晏子曰：'此季世也。'……叔向曰：'然。虽吾公室，今亦季世也'。"末世，或说季世，都是指朝代之末，社会动荡不安的意思。在中国封建社会，每当社会动荡剧烈的时候，文人往往会发出"末世"的感慨。水浒小说作为作者心声的表达，我们可以深深体会出它们共同的末世特征。

（一）写作时间

水浒小说多诞生于末世，这是水浒小说在产生时间上最明显的特点。

《水浒传》现在一般认为是产生于元末明初的。此时,从诞生之日起就羸弱的大宋王朝遭受到靖康之变的奇耻大辱,饱经战争烈火的淬炼,落得一个被异族统治的结局,中原人民内受贪官剥削和压迫,外受异族蹂躏,备受亡国奴役之苦。《水浒后传》的作者陈忱生于万历四十一年前后,康熙初年还活着,是由明入清的遗民,现在也一般认为《水浒后传》产生于明末清初。《后水浒传》也差不多与其同时。两部书虽与《水浒传》不同时,但这三部书的作者面对的是同样的山河巨变、同样的异族入侵,几乎是一样的末世光景。《荡寇志》产生于"海内升平日久,人心思乱,患气方深"①的时代,清政府的统治已由强盛走向衰亡,农民起义已经风起云涌,民众造反此起彼伏,如影响较大的就有天地会、哥老会、白莲教等,而规模最大的太平天国起义,也已怀胎十月,分娩在即。国外列强也虎视眈眈,屡次撞击着国门,清朝统治已经是摇摇欲坠。《新水浒》产生的时代同样是如此,正值世纪之交,人民已经是苦难深重。

(二)作品内容

水浒小说描述的就是纷纷扰扰、杂乱无序、摇摇欲坠的末世光景,《大宋宣和遗事》还直接描写了宋朝的灭亡。《水浒传》梁山英雄中甚至有帝王将相的子孙,有读圣贤书的文人。《新水浒》描述的英雄尽管没有与政府刀对刀、枪对枪地武装较量,而是适应形势发展,积极投入到社会改革的潮流中,但仔细观察英雄的所作所为,我们可以发现,这基本上就是坑蒙拐骗、尔虞我诈,文明面目下,掩盖的是强盗的心肠,这也正是典型末世才会出现的光景。

黑格尔说:"每种艺术作品都属于它的时代和它的民族,各有特殊的环境,依存于特殊的历史和其他的观念和目的。"②水浒小说也是时代的产物,水浒小说尽管大多产生于末世,但作者并没有在末世社会黑暗腐朽、统治政权分崩离析的类似社会弊端中麻醉,甚至人云亦云,而是以敏感的神经真切体会各自所处末世社会的最痛处。水浒小说紧扣时代的脉搏,抒发了时代的最强音。

---

① (清)俞蟾:荡寇志续序[G]//朱一玄,刘毓忱.水浒传资料汇编.天津:南开大学出版社,2002:515.

② 黑格尔.美学[M].朱光潜,译.北京:商务印书馆,1979:39.

理学在其诞生的宋代便受到统治阶级的青睐,在元代被奉为官学,在明代建国之初又受到皇帝朱元璋的大力提倡,《大宋宣和遗事》与《水浒传》明显受到理学的影响。理学家把治天下的希望完全寄托于君主一人,朱熹说:"天下之事千变万化,其端无穷,而无一不本于人君之心者,此自然之理也。"①也就是说君正则国家定,君心出现偏差则国家就有可能出现混乱。因此,《大宋宣和遗事》中说:"看破治乱两途,不出阴阳一理。中国也,君子也,天理也,皆是阳类;夷狄也,小人也,人欲也,皆是阴类。阳明用事底时节,中国奠安,君子在位,在天便有甘露庆云之瑞,在地便有醴泉芝草之祥,天下百姓享太平之治。阴浊用事底时节,夷狄陆梁,小人得志,在天便有慧孛日蚀之灾,在地便有蝗虫饥馑之变,天下百姓有游离之厄。这个阴阳,都关系着皇帝一人心术之邪正也。"北宋的儒学复兴,一开始便提出了三代之治。受其影响,《大宋宣和遗事》也是以"尧、舜、禹"三王之治作为内容的开始,整部书的内容也紧紧围绕"阴阳一理"与时局的关系展开。

《水浒传》中,作者同样反复强调正是因为宋徽宗"君之心"被奸臣蒙蔽,才导致人心思乱、强盗遍地、民不聊生,社会得不到有效治理的。"忠义堂石碣受天文,梁山泊英雄排座次"中,宋江认为:"皇上至圣至明,只被奸臣闭塞,暂时昏昧。"为了使社会更加健康,程颐主张:"治道亦有从本而言,亦有从事而言。从本而言,惟从格君心之非,正心以正朝廷,正朝廷以正百官。"②强调治理国家要从"本"出发,要"格君心之非",要正本清源,排除奸邪的干扰,让民情畅通,使皇帝诚心诚意地投入到治理社会的丰功伟业之中,力求社会的长治久安。"格君心之非"需要皇帝的自省自察,也要君臣共治。"夫以海宇之广,亿兆之众,一人不可以独治,必赖辅弼之贤,然后能成天下之务,自古圣王,未有不以求任贤为先者也"③。因此,《水浒传》中作者就把宋江的形象定位于臣,于是宋江坚决不肯上梁山,即使上了梁山也不以与皇上争天下为斗争目的。宋江实际上就是一个臣,一个帮助皇上平定内乱、消灭外患的臣。为了使宋江从匪到臣,必须有招安这个环

---

① 竹杰人.朱子全书[M].上海:上海古籍出版社,2002:590.
② (宋)程颢,程颐.二程集[M].北京:中华书局,1981:165.
③ 同②522.

节。从这些方面我们可以看出理学对《大宋宣和遗事》《水浒传》的影响。《水浒传》写招安也是当时形势必有之意。当时政府对义军镇压无力,对异族侵略打击乏术,招安是当时社会的潮流。因此,《水浒传》写招安实在是应有之意。《水浒传》写战争直接模仿当时的农民起义,如两胜童贯、三败高俅与南宋初年邵青起义相似①,征方腊之役,实际上就是历史中朱元璋征讨张士诚战争的翻版②。敬晓庆在《千古蓼洼埋玉地,落花啼鸟总关愁——论〈水浒传〉英雄人物悲剧结局的必然性》③一文中所附征方腊与征张士诚之役以及史实对照简表,让我们明显看出《水浒传》中所写战争对当时农民起义的模仿。

《水浒后传》与《后水浒传》两部书成书于明清之际。汉族人又一次臣服于少数民族,这种不愿承认又不得不接受的事实,迫使小说的创作者进一步思考造成这种结果的原因,于是在《水浒后传》与《后水浒传》中,贪官污吏不仅是殃民的祸首,还是误国的罪魁。水浒英雄在一如既往地打击这些贪官污吏的同时,还要承担起抵御外敌保护百姓利益的重任。于是就有人认为:"书中的诛杀蔡京等情节,便是陈忱痛恨马士英等奸臣误国投敌思想感情的集中爆发。"④陈忱在《水浒后传论略》中说《水浒后传》为"泄愤之书"⑤,那么,陈忱所"愤"者,未尝不是明代的积弊、明朝统治者的昏庸无能。另外,随着时代的进步以及王学左派的兴起,《水浒后传》的作者发出"天下者非一人之天下"的呼喊。在《后水浒传》中,虽然没有写杨幺义军直接与金兵作战,但整个故事就放在金兵南侵的大背景下展开。也正为此,作者才不敢对岳飞这样的抗金英雄不敬,所以小说写到杨幺对岳飞的尊敬,并表示愿向岳飞投降,从这些方面我们也可以看出小说与现实结合得十分紧密。

《荡寇志》与之前水浒小说不同,作者要对梁山英雄赶尽杀绝。一方面是因为作者俞万春本身就是统治阶级中的一员,要为所处的阶级服务,

---

① 傅惠生.宋明之际的社会心理与小说[M].上海:东方出版社,1997:62.
② 马成生.水浒通论[M].杭州:浙江古籍出版社,1994:24-27.
③ 敬晓庆.千古蓼洼埋玉地,落花啼鸟总关愁——论《水浒传》英雄人物悲剧结局的必然性[J].中国古代小说戏剧研究丛刊第一辑,2003:176-178.
④ 唐海宏,刘小红.试论陈忱的续书创作理论及成因[J].怀化学院学报,2008(2):46.
⑤ 陈忱.水浒后传论略[G]//朱一玄,刘毓忱.水浒传资料汇编.天津:南开大学出版社,2002:489.

但更为直接的一点却是作者真切地看到、体会到当时遍地开花的农民起义对国家政权的破坏,对老百姓日常生活的影响。曾在事局中的黄宗羲,记其所知充当义军的"陆寇""水寇","桀骜不听节制,白昼杀人市中,悬其肠于官府之门,莫敢向问"①。农民起义有一定的合理性,但是巨大的破坏性也不会让人熟视无睹。难怪有人说,义军的破坏性大于贼。另外,西方列强的长处也深深震撼着国人,当时一些开明人士便主张"师夷长技以制夷",在《荡寇志》中,作者在写与梁山斗争的过程中表现出对先进技术的倚重。

  清末,随着社会的发展、民族危机的加深,清政府也认识到自己的弊端,认为"习兵战不如习商战"②,开始重视工商业。1901年9月14日,清政府下兴学诏,同年11月15日,清政府谕政务处将袁世凯所奏山东学堂事宜及试办章程通行各省仿照举办,"政府还把劝学、办学作为考核地方官员的重要指标"③,杨国明认为:"晚清最后十年兴起了一股办学热潮。"④此外,清廷还进行了多方面的变革,包括废除科举、奖励留学、扩展新军、兴建铁路、发展实业、改革法制以及推行地方自治和立宪政治等涉及中国的政治、经济、社会、文化、教育、军事、法律等广阔领域的社会改革活动,那么《新水浒》中,建女学、修铁路、建新军等内容正是当时社会改革思潮的反映。

  对于水浒小说的时代性,还是胡适总结得最为准确:"不懂得南宋的时代,便不懂得宋江等三十六人的故事何以发生。不懂得宋元之际的时代……不懂得明末流贼的大乱,便不懂得金圣叹的《水浒》见解何以那样迂腐。不懂得明末清初的历史,便不懂得雁宕山樵的水浒后传。不懂得嘉庆道光间的遍地匪乱,便不懂得俞仲华的《荡寇志》。"⑤水浒小说都带有末世的特征,但就在类似的末世背景中,水浒小说的作者却是紧扣各自的社会现实,真实再现了时代的场景,抒发了时代的最强音。

---

① 黄宗羲. 黄宗羲全集[M]. 杭州:浙江古籍出版社,2005:124.
② 郑观应. 盛世危言[M]. 沈阳:辽宁人民出版社,1994:138.
③ 田正平. 中国教育史研究·晚清分卷[M]. 上海:华东师范大学出版社,2000:175.
④ 杨国明. 晚清小说与社会经济转型[M]. 上海:东方出版中心,2005:26.
⑤ 胡适. 中国章回小说考证[M]. 上海:上海书店,1980:61-62.

二、水浒小说是政治小说

1898年12月,梁启超在日本横滨创办《清议报》,发表了《译印政治小说序》一文,第一次把"政治小说"概念引入中国文学界:"政治小说者,著者欲借以吐露其所怀抱之政治思想也。其立论皆以中国为主,事实全由于幻想。"①按梁启超的界定,政治小说主要是"专欲发表区区政见"②。现在一般认为中国的第一部政治小说是1902年由梁启超创作的《新中国未来记》。实际上,从性质上讲,水浒小说就是政治小说。也就是说,最晚至宋末元初中国已有政治小说了。

对于水浒小说是政治小说,已经得到很多研究者的认同。如聂绀弩就指出,"《宣和遗事》是一部政治性的书"③;王钟麒《中国三大家小说论赞》一文中,认为《水浒传》"其一切组织,无不完备,则政治小说也"④;燕南尚生认为《水浒传》"平等而不失泛滥,自由而各守范围,则政治小说也"⑤;美籍研究者王德威则直接称"《荡寇志》很可以被视为中国现代政治小说的先声"⑥;胡全章在《作为小说类型的晚清翻新小说》一文中称晚清翻新小说带有"政治小说"⑦的文体特征。水浒小说作为政治小说的特征如下:

(1)描写政治斗争。

水浒小说中充满了各种各样的斗争,按不同的分类标准,可以分为个体、群体之间的斗争;集团内部、集团外部的斗争;政治、军事之间的斗争;等等。水浒小说的内容以描写政治斗争为主。

《大宋宣和遗事》中,作者认为"看破治乱两途,不出阴阳一理",而小人、夷狄恰是阴类,正因为当时社会"夷狄陆梁,小人得志",所以社会才会

---

① 梁启超.中国唯一之文学报《新小说》[M]//陈平原,夏晓虹.二十世纪中国小说理论资料(第一卷).北京:北京大学出版社,1997:61.
② 转引自阿英:晚清文学丛钞·小说一卷(上册)[M].北京:中华书局,1980:1.
③ 聂绀弩.中国古典小说论集[M].上海:上海古籍出版社,1981:69.
④ 朱一玄.明清小说资料选编(上)[Z].济南:齐鲁书社,1990:371.
⑤ 同④378.
⑥ (美)王德威.被压抑的现代性——晚清小说新论[M].宋伟杰,译.北京:北京大学出版社,2005:146.
⑦ 胡全章.作为小说类型的晚清翻新小说[J].南阳师范学院学报(社会科学版),2006(5):96.

混乱。因此,小说的内容主要是围绕朝廷上忠、奸之间,朝廷外中原与夷狄之间的斗争而展开,这无疑都是针锋相对的政治斗争。

《水浒传》中,尽管宋江在浔阳酒楼题诗在先,但是黄文炳从蔡九知府那里得知太史院司天监的天象预言后,趁机递上宋江题的诗,在知府认为"量这个配军,做得什么"后,黄文炳还是一步步为知府详加解释,把宋江造反硬是说成了似乎无可辩驳的事实。因此,宋江造反在开始就渗透着政治的考量。随着队伍的发展壮大,在刀光剑影中起义队伍已经摆脱了个人的恩怨情仇,本来势不两立的人可以同桌共饮,甚至不惜又磕又拜,而所有的这一切又都是为了换取政治上能够招安为臣。所以,小说中种种斗争都是以政治为旨归。

《水浒后传》与《后水浒传》中,英雄无法忍受贪官污吏、土豪劣绅的欺凌压迫,走向反抗之路。《水浒后传》中的英雄在打击贪官恶霸的同时,还要抗击金兵,斗争的结果则是在海外建立基业,尽管受到宋朝的册封,但完全是独立的政权。《后水浒传》中的英雄更是蓄意谋反,目的就是建立新政权。《荡寇志》中梁山成了朝廷的死对头,目的就是要推翻当时的政权,而猿臂寨的英雄在陈希真的带领下就是要消灭梁山造反者,于是,巩固政权与推翻政权之间的斗争成为全书的主要内容。

在两部《新水浒》中,因为政治环境的变化,朝廷要改革体制,实行立宪,英雄走下梁山,投入到新的生活。梁山英雄们无论从事哪一行业,无论是对前途充满信心还是灰心丧气,都是在直接或间接说明政治体制改革是否可行,这都与政治相关。

(2)发表政见。

《大宋宣和遗事》中,作者把水浒故事的产生放在皇帝昏庸、奸臣得宠、主仆狼狈为奸、内乱不断、外患频繁的背景中。《大宋宣和遗事》先赋予宋江以"忠义"之心,然后却讥弹宋江的"略州劫县",最后则赞扬宋江接受张叔夜的"招诱"。这就是说,作者写作的目的是对当时的政治现实发表看法,而不是表现轰轰烈烈的起义斗争。

《水浒传》中,作者的写作重心同样不是为了表现农民起义。梁山英雄绝大多数不想反上梁山,即使走上了反抗道路,也一心想招安。于是,起义军与官府军队的对抗总是点到为止,绝不赶尽杀绝。108位英雄好汉的首领宋江更是匪气全无,"宁肯朝廷负我,我绝不负朝廷",招安后一听到要被派去征辽,宋江便喜形于色,"正欲与国家出力,立功立业,以为忠臣",显然一个忠臣的模样。从本质上说,正如有研究所说:"《水浒传》实际上反映了复杂的社会政治矛盾以及作者对引起社会政治动乱的原因的探讨,表明了作者的社会政治观,却是毋庸置疑的。"①

《水浒后传》的作者面对山河破碎的现实,为了发泄心中的愤懑,于是幻想剩余的梁山英雄救驾立功,开基创业,诛戮奸佞之臣。值得一提的是第二十七回"渡黄河叛臣显戮,赠鸩酒奸党凶终"中,叙李应、燕青等杀蔡京等四奸贼,李应的责问:"太祖皇帝一条杆棒打尽四百军州,挣得万里江山,传之列圣。道君皇帝叨登宝位,即拜太师为首相,燮理阴阳,掌军国重事,怎么一旦汴京失守,二帝蒙尘,两河尽皆陷没,万姓俱受灾殃,是谁之过?""若留得宋公明、卢俊义在此,目今金兵犯界,差我们去拒敌,岂至封疆失守,宗社丘墟?今日忠臣良将俱已销亡,遂至半壁丧倾,万民涂炭,是谁之咎?"这是在替统治阶级总结亡国之思。二十四回描写燕青深入敌营,向当了阶下囚的宋徽宗献青果、黄柑,取苦尽甘来之意。宋徽宗悔悟道:"可见天下贤才杰士,原不在近臣勋戚。"用统治阶级的自悟说明亡国的原因,表现了作者对政治的极大热情。因此,《水浒后传》"乃是很沉痛地寄托他亡国之思,种族之感的书"②,目的也不在写农民起义。

《后水浒传》可以说是反抗性最为强烈的一部书,作者认识到身处末世,英雄就应该相时而动,图谋一番事业,但是英雄杨幺同样没有彻底否定封建制度,仍然存在着忠君思想,特别在金兵入侵时,把希望寄托在宋高宗的"中兴"上。在了解皇帝昏庸的事实后,他潜入宫中直谏君非,劝他"远谗去佞,近贤用能,恢复宋室",同时提出了有条件投降的主张,最后悄然而逝。

《荡寇志》的作者俞万春,身处农民起义风起云涌的时候,亲眼看到农民起义的破坏性,因此,他主张杀尽起义英雄,着眼点仍是为了"助国家殄灭妖氛",为了国家政权的稳固。李忠昌认为俞万春作《荡寇志》是"有着深刻的政治原因的"③。

---

① 王齐洲. 四大奇书与中国大众文化[M]. 武汉:湖北教育出版社,1991:155.
② 胡适. 中国章回小说考证[M]. 上海:上海书店,1980:76.
③ 李忠昌. 古代小说续书漫话[M]. 沈阳:辽宁教育出版社,1993:65.

到了晚清的《新水浒》,水浒小说政治特性的表现更是一目了然。《新水浒》实质上成了当时政治的传声筒,无论是革新还是革命,无不以政治作为切入点。在西泠冬青《新水浒》的第一回中,梁山泊众好汉听说国家预备立宪,于是等待招安。作者借吴用之口评论道:"'立宪'两字,原是泰西推行过来的治体,但有共和、专制两种……如今我中国国民程度尚低,'立宪'二字,恐怕还够不上。那些激烈改进的新党,只想三脚两步推翻'专制',定要闹到民主革命地步,殊不知今日中国,实非君民共主不可。"作者不赞成革命激变,认为当前社会最好的出路是君主立宪。于是,政治上讲重视工商,小说当中就着重强调实体经济;政治上重视实业,小说便修铁路、办公司;政治上倡新学,于是小说中便办女学,提倡留学;等等。汤哲声认为每一部"翻新小说"都是"故事新编","几乎每一部'故事新编'都表达了作家的政治思想理念,或个人或群体,小说中都有作家政治思想理念的代言人"①。

(3)具有政治影响力。

水浒小说的影响较为广泛。水浒小说的代表作《水浒传》一书,对后来的小说、戏曲、民间艺术等,都产生了很大的影响。例如杨家埠的水浒年画就一改过去我们对民间艺术朴拙、质朴、原发性的印象,水浒年画的色彩搭配、艺术手法的运用、题材的选择等方面完全体现了民间艺术高雅的一面,让我们认识到民间艺术也完全可以登上大雅之堂。但统观整个水浒小说,水浒小说的政治影响力还是最为持久、最具有渗透力的。

《水浒传》成书后,书中体现出的反抗意识像洪水猛兽一样让统治阶级害怕,明末就发生严禁并烧毁《水浒传》的事件,一些封建士大夫、知识分子更是诬蔑《水浒传》是"诲盗"②之书。而许多被压迫者从《水浒传》中得到启发,把它当作一种学习的教科书,对《水浒传》全方位模仿。例如在战术上学习《水浒传》:清刘銮在《五石瓠》中说:"张献忠之狡也,日使人说《三国》、《水浒》诸书,凡埋伏攻击咸效之。"张德坚在《贼情汇纂》中说:"贼之诡计,果何所依据?盖由二三黠贼,采稗官野史中军情,仿而行之,往

---

① 汤哲声.故事新编:中国现代小说的一种文体存在——兼论陆士谔的《新水浒》《新三国》《新野叟曝言》[J].明清小说研究,2001(1):89.

② 袁中道.游居杮录[G]//朱一玄,刘毓忱.水浒传资料汇编.天津:南开大学出版社,2002:198.

往有效,遂宝为不传之秘诀,其取裁《三国演义》《水浒传》为尤多。"①还有在军事思想方面学习《水浒传》:宋景诗"黑旗军"发出了"替天行道""劫富济贫"的号召;太平天国、义和团要么以"顺天行道"为口号,要么以"替天行道"为口号;天地会成员聚会的地方也叫作"忠义堂"。另外,一些农民起义的领袖更是直接以水浒英雄的姓名或者绰号命名,如有的农民起义的领袖被呼为"宋大哥",太平天国领袖之一翼王石达开曾自号"小宋公明"。从这些方面都可以看出《水浒传》对政治的影响。

  清代的半月老人在《荡寇志续序》中说:"盖以此书(《水浒传》)流传,凡斯世之敢行悖逆者,无不藉梁山之鸱张跋扈为词,反自以为任侠而无所畏惧。其害人心术,以流毒于乡国天下者,殊非浅鲜!"②正因为《水浒传》对政治的影响如此恶劣,身为统治阶级的俞万春坐不住了,他写了《荡寇志》,要结《水浒传》,要维护摇摇欲坠的世道人心。正因为《荡寇志》对政治的巨大影响,在作者死之次年,南京的清政府官员便开始酝酿刻印《荡寇志》,事实上《荡寇志》一刻再刻。太平军攻下南京,清政府官员竟然带着《荡寇志》版片逃至苏州,在苏州也努力大量印行,赢得了与《水浒传》不一样的命运。同样是因为它的巨大政治影响力,太平军忠王李秀成攻下苏州后,把《荡寇志》当作反革命的宣传品,把它的版片付之一炬。

  即使在现代某一时期,随着《水浒传》"农民起义"说的风行和《水浒传》研究的日益政治化,《荡寇志》便成为"反动文学的代表"。郑公盾的《关于〈荡寇志〉》③、谈凤梁的《论〈荡寇志〉的反动性》④,甚至游国恩等人主编的《中国文学史》(人民文学出版社,1963年版)⑤都可以算作这种说法的代表。20世纪80年代后,随着学术思想的解放,学术研究更加理性化,研究者在对这两部书性质的认识上有继承,也有发展。但是,仍有一部分研究者始终未能跳出庸俗社会学的怪圈,"革命与反革命"始终是绷在他们心中的弦。足见其政治影响力。

---

  ① 张德坚.贼情汇纂[G]//朱一玄,刘毓忱.水浒传资料汇编.天津:南开大学出版社,2002:465.
  ② 半月老人.荡寇志续序[G]//朱一玄,刘毓忱.水浒传资料汇编.天津:南开大学出版社,2002:518.
  ③ 郑公盾.关于《荡寇志》[J].学术月刊,1962(12):19-24.
  ④ 谈凤梁.论《荡寇志》的反动性[J].南京师范学院学报,1963(1):72-76.
  ⑤ 游国恩.中国文学史[M].北京:人民文学出版社,1963:389.

因此,对于水浒小说的性质,我们不能看它所采用的题材,而要看它用这些题材主要是为了表现什么。詹姆逊认为:"在第三世界的情况下,知识分子永远是政治知识分子。"①在水浒小说中,不同的作者选用水浒故事题材,主要目的还是反映政治时局,表现作者对国家政治的关心,体现为一种事后的总结。所以说,水浒小说的性质倾向于政治小说。

---

① (美)詹姆逊.处于跨国资本主义时代中的第三世界文学[J].张京媛,译.当代电影,1989(6):51.

第三章 水浒小说的题材

水浒小说以水浒故事为题材,对水浒小说题材的研究,也就是对水浒故事的研究。水浒故事的原型是北宋末年宋江领导的一次武装起义,经过不同作者的加工创造,水浒故事的来源更加广泛、类型更加齐全,在发展壮大中形成自己的特点,具有恒久的魅力,成为著名的文学母题。

第一节 题材研究综述

在现代最早关注水浒故事的是胡适和鲁迅,他们在谈到《水浒传》成书的时候,意识到水浒故事的演变对于《水浒传》成书的重要性。胡适认为《水浒传》是"南宋初年到明朝中叶这四百年的'梁山泊故事'的结晶"[1]。鲁迅认为水浒故事经历了民间传说到话本到杂剧到小说的演化,《水浒传》是后人"荟萃取舍之,缀为巨帙"[2]。在胡适、鲁迅等人认识的基础上,研究者一般从水浒故事的内容、倾向等方面进行研究与总结。但研究者关注的只是《水浒传》一部水浒小说的题材,对于整个水浒小说题材的内容与性质则鲜有人论述。

一、题材内容研究综述

随着水浒故事研究的深化,研究者把水浒故事内容的演变进行了分期。最早对水浒故事内容演变进行分期的是李玄伯,他把水浒故事内容的演变分为四个时期:一是北宋末年至南宋末年,从口传变成笔记水浒故事阶段;二是约在元明之间,由许多短篇笔记连贯成长篇章回体的水浒故事阶段;三是约在明代,将分散的多个水浒长篇故事联合成单一的《水浒传》

---

[1] 胡适.中国章回小说考证[M].上海:上海书店,1980:9.
[2] 鲁迅.中国小说史略[M].济南:齐鲁书社,1997:113.

阶段;四是清代的七十回本。① 之后,严敦易提出水浒故事演化的三期理论,即萌芽苗发期、融合炼铸期和凝固定型期。时间跨度从宋室南渡直到元代。② 赵聪把水浒故事的演变分为五个阶段:传说—说话—话本小说—元杂剧—章回小说。③ 到20世纪90年代,夏梦菊把从宋代说话到金圣叹腰斩水浒这一全过程分为萌芽期、发育期、发展期、成熟期和定型期。④

从对水浒故事演变的分期可以看出,研究者关注的只是《水浒传》以及《水浒传》成书前的水浒故事。即使如此,对于水浒故事何时定型仍存有争议,而争议的焦点就是水浒故事在元代是否已经定型。具体来说,围绕此争议,存在着水浒故事在元代没有定型、已经定型、半定型、元代中期定型四种观点。⑤ 胡适最先提出元代水浒故事已经比较发达,但还是处在自由创造阶段⑥,赵景深、何心、刘靖之等人都以元杂剧作为判断的依据,与胡适持一样的观点;郑振铎认为南宋即有《水浒传》底本,元杂剧中水浒故事与今本《水浒传》相去甚远,是它们取舍不同、想象各异的缘故,实际上水浒故事在元代就已经定型⑦,严敦易也持此说;徐朔方认为水浒故事在元代已经基本定型,只是某些重要情节可能还没最后定型⑧;洪克夷认为水浒故事大约在元代中期就形成了有招安、征方腊、征辽等内容的长篇故事,也就是说在元代中期水浒故事就已经定型⑨。造成众多争议的原因一是史料的缺乏,我们很难对水浒故事的发展脉络做出详尽的描述;二是对故事定型认识的分歧,在断定水浒故事定型的标准上各执一词,难以达成共识。

水浒故事是口头艺人、士大夫、杂剧家、小说家对宋江起义逐步增删、充实的结果,显然是主观加工改造的产物。人们对宋江起义的加工改造会在某一时期达到高潮,并且产生让人叹为观止的影响力,水浒故事可以达

---

① 李玄伯.《水浒传》故事的演变[J].猛进周刊,1925.
② 严敦易.水浒传的演变[M].北京:作家出版社,1957:26-41.
③ 赵聪.中国五大小说之研究[M].台北:时报文化出版事业公司,1983:2-7.
④ 夏梦菊.水浒演变史新论(下)[J].新疆师范大学学报,1990(1).
⑤ 王丽娟.20世纪水浒故事源流研究述评[J].中州学刊,2003(3).
⑥ 胡适.中国章回小说考证[M].合肥:安徽教育出版社,1999:9-24.
⑦ 郑振铎.郑振铎全集(第4卷)[M].石家庄:花山文艺出版社,1998:89-98.
⑧ 徐朔方.小说考信编·从宋江起义到《水浒传》成书[M].上海:上海古籍出版社,1997:37-39.
⑨ 洪克夷.宋元时代的水浒故事[J].杭州大学学报,1978(3).

到最大蕴意,甚至无以复加的地步,在读者心中形成明确、稳定的水浒旨趣。但是,作为主观活动,人们对水浒故事加工改造的步伐有可能在某一时期驻足不前,但绝不会因为水浒故事高潮的到来而停止,水浒故事的内容应该是一直发展的。

到了包含"征辽""讨田虎""征王庆"故事的《水浒传》创作的完成与传播时期,水浒故事从内容上讲达到了发展的高潮,但是水浒故事发展的步伐一直没有停止过。在随后的戏曲、小说等文体的创作中,有的作者根据个人的需要,对之前就已经存在的水浒故事进行加工改造,也有的则直接另创新的水浒故事,如此种种都完全属于水浒故事的范畴,而把它们划为"水浒故事发展演变的另一支流"[①]显然不妥。

二、题材主题倾向研究综述

与注重水浒故事内容的发展相对应,水浒故事的主题倾向也是研究者较为注重的一个方面。概括地说,当前对水浒小说题材主题倾向的研究存在三种有代表性的观点:

一种观点认为水浒故事本身包含着忠义思想。潘运告在《宋元〈水浒〉故事与〈水浒〉——试论〈水浒〉的忠君思想》中认为:"这些水浒故事讲忠君,是跟反元、爱国、爱民联系在一起的,或者说,忠君的主要含义,是爱国爱民思想。"[②]佘大平在《元人水浒杂剧的忠义思想》一文中认为:"水浒故事从一开始便存在的忠义思想。"[③]张锦池在《"乱世忠义"的颂歌——论〈水浒〉故事的思想倾向》中说水浒故事是"特定时代一曲昂入云天的'乱世忠义'的颂歌"[④]。以上研究者一致认为水浒故事包含着忠义思想。

一种观点认为水浒故事具有传奇与忠义两种主题倾向。郭振勤在《从生成史略论〈水浒传〉的主题》[⑤]一文中指出梁山故事在流传过程中不断出

---

① 王婧之.延续·超越——论明代水浒戏曲对小说《水浒传》的改编[D].华东师范大学硕士论文,2004:4.

② 潘运告.宋元《水浒》故事与《水浒》——试论《水浒》的忠君思想[J].武汉大学学报,1981(6):74.

③ 佘大平.元人水浒杂剧的忠义思想[J].江汉大学学报,1991(1):52.

④ 张锦池."乱世忠义"的颂歌——论《水浒》故事的思想倾向[J].社会科学战线,1983(4):286.

⑤ 郭振勤.从生成史略论《水浒传》的主题[J].汕头大学学报(人文科学版),1993(3):22.

现传奇色彩和归正倾向：从宋江起义的规模和头领的人数、梁山好汉身份和故事的传奇性、人物的思想性格等方面体现出宋江等起义故事在流传中所表现出来的"归正"（龚开《宋江三十六人赞·序》语）倾向；同时，水浒故事在传播时除了突出英雄们被奸邪逼迫而万不得已反抗之外，又赋予他们忠义的精神，"忠厚"（《宋江三十六人赞·序》语）的气质，尽量把他们塑造成"正人"的形象。在这里"义的精神，'忠厚'的气质"实质上就是指的"忠义"。

还有一种观点是水浒故事倾向多重说。徐海宁在《古代水浒故事的主题演变探析》中以《大宋宣和遗事》、元杂剧和小说《水浒传》为代表把水浒故事的发展分为三个阶段，并且认为每个阶段水浒故事的倾向都不尽相同。《大宋宣和遗事》体现的是水浒故事的兄弟豪侠之义，元代水浒戏体现的是水浒故事的"替天行道"，小说《水浒传》则体现的是水浒故事"忠义双全"①。

上述研究者探讨了水浒故事演化过程中其倾向的变与不变，意见并不统一。事实上，随着水浒故事的演变，水浒故事的倾向应该同内容一样，是一直发展的。

宋江起义是水浒故事主题倾向的源头，在宋江起义发生后，水浒故事包含的"忠义""官逼民反""拯时救世"等思想倾向就开始萌芽。在元明两代的水浒戏曲中，水浒故事的某一主题倾向被极度地放大，表现出极端化的倾向；在明代，为了巩固国家政权，统治者对戏曲采取了强有力的控制手段，在这种情况下，水浒戏曲已经沦落为政治的宣传品，水浒故事纯粹成为忠于皇帝、忠于朝廷，"忠义"的教化工具，成为奴化人民思想的枷锁。在水浒小说中，作者从一厢情愿的天地里走出来，不再像元代的水浒戏那样，幻想水浒英雄成为救国救民的英雄，也不像明代的水浒戏那样，把水浒故事当作治国安邦的麻醉剂，而是直面现实，把水浒故事当成抨击不合理政治秩序的工具，在内心的千回百折中冷静地思考封建社会的出路。因此，正如本书在水浒小说主旨研究一章中所言，水浒故事体现出救世的倾向。

---

① 徐海宁.古代水浒故事的主题演变探析[J].东岳论丛,1998(4):106.

第二节　水浒小说题材的来源、类型

水浒小说以水浒故事为题材,但是如果加以细分,水浒故事作为水浒小说的题材,经历了从历史到现实、口头传说到书面创作、从古到今的传承与发展,其来源是复杂的,其类型又是多样的,体现出水浒小说题材独有的特点。

一、来源

(一)历史记载

宋江起义的故事在史书中有明确的记载:《宋史》卷二十二《徽宗本纪》载:

"宣和三年,二月……方腊陷处州,淮南盗宋江等犯淮阳军,遣将讨捕;又犯京东、江北,入楚、海州界,命知州张叔夜招讨之。"①

又《宋史》卷三百五十一《侯蒙传》载:

"宋江寇京东。蒙上书言:'江以三十六人横行齐、魏,官军数万无敢抗者。其才必过人。今清溪盗起,不若赦江,使讨方腊以自赎。'帝曰:'蒙居外不忘君,忠臣也。'命知东平府,未赴而卒。"②

又《宋史》卷三百五十三《张叔夜传》载:

"(张叔夜)以徽猷阁待制再知海州。宋江起河朔,转略十郡,官军莫敢婴其锋。声言将至,叔夜使间者觇所向。贼径趋海濒,劫巨舟十余,载卤获。于是募死士得千人,设伏近城,而出轻兵踞海诱之战。先匿壮卒海旁,伺兵合,举火焚其舟。贼闻之,皆无斗志。伏兵乘之,禽其副贼,江乃降。"③

宋人所撰史书中关于宋江起义的记载:徐梦莘《三朝北盟会编》卷五十二引《中兴姓氏奸邪录》载:

"宣和二年,方腊反睦州,陷温、台、婺、处、杭、秀等州,东南震动;以

---

① (元)脱脱. 徽宗本纪[M]//宋史(卷二十二). 上海:上海古籍出版社,1986.
② (元)脱脱. 侯蒙传[M]//宋史(卷三百五十一). 上海:上海古籍出版社,1986.
③ (元)脱脱. 张叔夜传[M]//宋史(卷三百五十三). 上海:上海古籍出版社,1986.

(童)贯为江浙宣抚使,领刘延庆、刘光世、辛企宗、宋江等军二十余万往讨之。"①

又卷八十八载:

"张叔夜,字嵇仲,开封人,侍中徐国公耆之后,通经史,善属文,习兵法,长于诗咏,有文武大材。……后起知海州,破群盗宋江有功。"

又卷二百十二引《林泉野记》载:

"(刘)光世,字平叔,延庆次子也,能骑射,有胆勇,稍通书、史、庄、老、孙、吴之学。……宣和二年,方腊反于睦州。光世别将一军,自饶趋衢、婺,出贼不意,战多捷。……腊败走,入清溪洞。光世遣谍察知其要险难易。光世遣宋江并进,擒其伪将相,送阙下,迁团练使。"②

另外,王偁撰《东都事略》卷十一《徽宗本纪》、《东都事略》卷一百零三《侯蒙传》、《东都事略》卷一百零八《张叔夜传》;李燾撰《续宋编年资治通鉴》卷十八;杨仲良《续资治通鉴长编纪事本末》卷一百四十一;方勺《泊宅编》卷五等都对宋江起义有所记载。因此,历史记载是《水浒传》重要的题材来源。

《水浒后传》第二十二回"困汴京奸臣远窜"叙太学生陈东进言:"蔡京父子为宰相二十余年,妒贤嫉能,贪婪无厌,误国欺君;高俅、童贯皆一介小人,攀附蔡京,致身显爵,朋党弄权;王黼、杨戬扰乱朝纲,擅开边衅;梁师成结怨于北,朱勔贻祸于南。此数贼者,同流合污,败坏国政。"要求"将此数贼即加显戮"。钦宗将此数人贬黜远方,李纲与府尹聂昌商议,暗中派勇士王铁杖,至驿站刺杀王黼、杨戬、梁师成。这一故事也有一定史实根据,据《宋史》记载:

"金兵入汴,不俟命,载其孥以东。诏贬为崇信军节度副使,籍其家。吴敏、李纲请诛黼,事下开封尹聂山,山方挟宿怨,遣武士蹑及于雍丘南辅固村,戕之,民家取其首以献。帝以初即位,难于诛大臣,托言为盗所杀。议者不以诛黼为过,而以天讨不正为失刑矣。

(梁师成)太学生陈东、布衣张炳力疏其罪……帝迫于公议,犹未诵言

---

① (宋)徐梦莘.三朝北盟会编(卷五十二)[G]//朱一玄,刘毓忱.水浒传资料汇编.天津:南开大学出版社,2002:4.
② (宋)徐梦莘.三朝北盟会编(卷二百十二)[G]//朱一玄,刘毓忱.水浒传资料汇编.天津:南开大学出版社,2002:5.

逐之……会郑望之使金营还,帝命师成及望之以宣和殿珠玉器玩复往。先令望之诣中书谕宰相,至则留之,始诏暴其罪,责为彰化军节度副使。开封吏护至贬所,行次八角镇,缢杀之,以暴死闻,籍其家。

杨戬,死后赠太师、吴国公。"①

同样,《荡寇志》也写到陈东伏阙上书,诛六贼事。尽管俞万春对史实进行了改动,把陈东伏阙上书,请诛六贼一事的时间由宣和七年十二月提前到宣和三年正月,并让蔡京、童贯在此之前就被天子所诛,并让天子在陈东上书即传旨时将梁师成、李彦、朱勔、王黼正法,但这无法掩盖《荡寇志》向历史取材的事实。

《后水浒传》中杨幺起义在历史中实有其事,杨幺也实有其人,杨幺和钟相农民起义在湖南鼎州爆发,在短期时间内起义人数就达到四十多万人,洞庭湖四周的十九个县城就曾被起义军占领过,起义军的最终结局是被朝廷镇压,钟相父子被俘。之后,杨幺继续高举"等贵贱,均贫富"的旗帜战斗,最后被岳飞镇压。杨幺起义的结局在《宋史》中有如此记载:

"幺负固不服,方浮舟湖中,以轮激水,其行如飞,旁置撞竿,官舟迎之辄碎。飞伐君山木为巨筏,塞诸港汊,又以腐木乱草浮上流而下,择水浅处,遣善骂者挑之,且行且骂。贼怒来追,则草木壅积,舟轮碍不行。飞亟遣兵击之,贼奔港中,为筏所拒。官军乘筏,张牛革以蔽矢石,举巨木撞其舟,尽坏。幺投水,牛皋擒斩之。"②

袁无涯说《水浒传》"立言者必有所本","姓名人数,实有可征"③,实际上所有水浒小说都是如此,其内容都有历史的影子。水浒小说以历史为其主要题材来源的特点体现了水浒小说据史以书的特性。

(二) 说话艺术

自宋江起义发生之后,水浒故事的传说就见于街谈巷语,而且绵延不断。说话是当时水浒故事重要的传播形式,野史、笔记、诗文等文人作品中也有说话艺术的影子。从话本小说的盛行,以及话本小说与其后来的水浒小说的关系上,我们还是能够看出说话艺术应该是水浒小说的题材来源

---

① (元)脱脱. 王黼传[M]//宋史(卷四百七〇). 上海:上海古籍出版社,1986.
② (元)脱脱. 岳飞传[M]//宋史(卷三百六十五). 上海:上海古籍出版社,1986.
③ 袁无涯. 忠义水浒全书发凡[G]//朱一玄,刘毓忱. 水浒传资料汇编. 天津:南开大学出版社,2002:134.

之一。

  罗烨所著《醉翁谈录》中的"小说开辟"一节内,录有话本一百零七种,分为八类。其中公案类有"石头孙立"一种,朴刀类有"青面兽"一种,杆棒类有"花和尚""武行者"两种,应该都是由"说书艺人"向市民们说讲的,而这一切很可能只是其中的一部分。在胡士莹看来,《青面兽》《花和尚》《武行者》等说话中的故事就是后来《水浒传》的题材来源之一。如谈到《青面兽》时,胡士莹认为:"此当是讲说当时民间流传的杨志卖刀的故事。为后来《水浒传》中杨志故事所从出。"①现在我们所能见到的最早的水浒小说《大宋宣和遗事》中有关宋江起义故事的记载详略不均,很可能就是对当时水浒故事的说话取材多源之故。

  在《水浒传》的引首词中,提到了"书林"与"儒流",书中有两处还讲到了"书会"的作用。一是第四十六回石秀杀死和尚裴如海。"后来蓟州城里书会们备知了这件事,拿起笔来,又做了这只《临江仙》词"。一是九十四回有段言语:"看官听说,这回话都是散沙一般,先人书会留传,一个个都要说到,只是难做一时说,慢慢敷演关目,下来便见。看官只牢记关目头行,便知衷曲奥妙。"从接近《水浒传》古本原貌的百回本来看,有九十三个章回都以"话说"开头。至于"且说""再说""却说""话休絮繁""话中不说""话分两头""且把闲话休题,只说正话"等"说话"用语,在《水浒传》中比比皆是。此外,《水浒传》回目讲究对偶,概括全回的情节和内容,既便于说话讲叙,又可使人提纲挈领,一目了然,这很可能就是"说话"向"话本"演变的痕迹。小说的每一个章回又可以作为一个独立的故事成篇,如果以人物论,《水浒传》完全可以分出《鲁智深传》《武松传》《宋江传》《杨志传》等。水浒故事最初有时,《水浒传》中的英雄,如孙立、鲁智深、武松、杨志就是自成一种说话题材,分为"公案""朴刀""杆棒"类,由"说书艺人"向市民们说讲。

  因此,说话艺术作为水浒小说的题材来源之一并非妄说。这些都可作为水浒小说向民间说话取材的依据。

(三)水浒戏曲

  水浒戏曲与水浒小说同样是以水浒故事为题材,但是水浒小说的成熟

---

① 胡士莹.话本小说概论[M].北京:中华书局,1980:253.

晚于水浒戏曲,在水浒小说的发展过程中,从理论上讲水浒小说(主要指《水浒传》)应该曾从水浒戏曲中取材。但在20世纪50年代,严敦易却提出《水浒传》没有从杂剧中取材,首开否认元水浒杂剧是《水浒传》来源之说的先河①;80年代,曲家源从《水浒传》与元杂剧的仔细对比中也得出元水浒杂剧并非《水浒传》来源的结论②;杨绍萱在谈到元水浒杂剧的取材问题时,认为元杂剧水浒故事大都根据口传的梁山泊故事写成,并非直接向《大宋宣和遗事》取材③,认为水浒戏曲与水浒小说在题材的选取上互不相干。但我们还是能够看到,水浒戏曲中的某些故事情节在水浒小说中有所体现,参考作品创作时间先后及其相互影响的规律,我们还是认为水浒戏曲是水浒小说题材的来源之一。

其实,水浒戏曲产生的时代颇早,在元朝以前我国就已经出现了扮演水浒故事的戏曲金院本。在元陶宗仪《南村辍耕录》里保留了大量的金院本的名目,在"诸杂大小院本"条目下载有描写卢俊义故事的院本《闹元宵》,在"拴搐艳段"条目下还记载了一部院本《打虎艳》,这很有可能是描写武松打虎故事的。可惜这些院本已佚,我们只能做此猜测。

在某些水浒戏曲中,从情节上我们很容易看出其与水浒小说,特别是《水浒传》的同与异。如《梁山泊李逵负荆》与《水浒传》中的"黑旋风巧捉鬼,梁山泊双献头"一节有相似处;《宋公明排九宫八卦阵》对应《水浒传》中的"吴加亮布四斗五方旗,宋公明排九宫八卦阵",只不过《水浒传》中是对战童贯,而在《宋公明排九宫八卦阵》戏曲中是对战辽将兀颜受。

另外,从剧文已佚,仅存剧目的戏曲看,我们也能看出有些水浒戏曲与《水浒传》之间的关系。如《折担儿武松打虎》对应《水浒传》中的"景阳冈武松打虎";《双献头武松大报仇》对应"武松斗杀西门庆";《黑旋风巧断案》对应"李逵寿张乔坐衙";《黑旋风斗鸡会》对应"李逵异境遇仙翁"。《小李广大闹元宵夜》对应"花荣大闹清风寨";《张顺水里报冤》对应"浪里白跳水上报冤";《燕青射雁》对应"双林渡燕青射雁";《病杨雄》对应"病关索大闹翠屏山";《宋公明劫法场》对应"梁山好汉劫法场";《一丈青

---

① 何心. 水浒研究[M]. 上海:上海古籍出版社,1985:396-398.
② 赵景深. 中国古典小说戏曲论集[M]. 上海:上海古籍出版社,1985:23-37.
③ 杨绍萱. 论水浒传与水浒戏[G]//沈伯俊. 水浒研究论文集. 北京:作家出版社,1957:353.

闹元宵》对应"时迁火烧翠云楼,吴用智取大明府"。

因此,正是从创作时间的先后、内容的同异,戚珊珊认为:"这些元杂剧中一半以上都可能是《水浒传》的原始材料,被作为小说的蓝本。"①

二、类型

对于水浒小说题材的归类,历来众说纷纭。鲁迅在《中国小说史略》中把它划为"元明传来之讲史"②;严敦易认为水浒故事最先隶属于"小说"类中的说铁骑儿和朴刀、杆棒等目,后与讲史合流③;徐朔方认为一部完整的水浒说话属于"演史"的范围④;张锦池认为龚赞并序所体现的水浒故事源于"说铁骑儿"⑤;夏梦菊认为水浒故事成型后仍属于四家数中的"小说",并非小说与讲史合流⑥,如此等等。各位研究者都有一定道理,但水浒小说题材也就是水浒故事的类型,既不仅指某一部书如《水浒传》中的故事类型,也不专指故事中某一题材类型,水浒故事是多种题材的复合体。可以分为以下几类:

(一)历史演义

相同的历史内容在不同的作者那里可能会有不同的意义,但国人头脑中强烈的历史意识,曾一致被认为是古代历史小说出现和繁荣的主要原因之一。实际上,国人这种历史意识不仅仅在历史小说中才有所表现,在政治小说如水浒小说中也有所体现。在水浒小说中表现为把向历史取材作为水浒小说重要的题材来源之一。

《大宋宣和遗事》所记主要是徽宗一朝之事,从内容上讲属于正宗"讲史"的王朝兴废故事,大致可分为以下几个部分:第一,历代帝王的荒淫;第二,王安石变法;第三,蔡京等奸臣坏政;第四,宋江、方腊诸英雄起义;第五,宋徽宗与妓女李师师事;第六,林灵素道士祸国;第七,宋金之战与汴京

---

① 戚珊珊.试论元代水浒戏与《水浒传》之间的相承关系——以宋江形象为例[D].中国海洋大学硕士论文,2008:17.
② 鲁迅.中国小说史略[M].上海:上海古籍出版社,1998:94-95.
③ 严敦易.《水浒传》的演变[M].北京:作家出版社,1957:271.
④ 徐朔方.小说考信编·从宋江起义到《水浒传》成书[M].上海:上海古籍出版社,1997:41.
⑤ 张锦池.中国四大古典小说论稿[M].北京:华艺出版社,1993:98-132.
⑥ 夏梦菊.水浒演变史新论(下)[J].新疆师范大学学报,1990(1):49.

失陷；第八，徽、钦二帝被掳；第九，宋高宗建都临安。从中我们可以看出，每一部分都有历史的影子，正如鲁迅在《中国小说史略》中说《大宋宣和遗事》："近讲史而非口谈，似小说而无捏合……虽亦有词有说，而非全出于说话人，乃由作者掇拾故事，而精彩遂逊。"①因此，无论《大宋宣和遗事》是自作还是抄袭其他书，都无法改变《大宋宣和遗事》正是借历史进行演义的性质。

《水浒传》写梁山起义和宋江等少数人物，历史中确有记载，本来是极简略且多有矛盾之处。但是在《水浒传》中，作者却塑造了一批形象丰满而且人生经历完整的英雄，他们最大的特点是武功高强、行侠仗义、打抱不平、忠义双全，显然作者意不在反映历史，为历史中的英雄树碑立传、歌功颂德，但这并不能掩盖作者仍是借历史进行演义的性质，《水浒传》曾一度被视为历史小说就很好地反映了这一问题。

《水浒后传》中，王黼与梁师成遭武士屠戮在《宋史》中实有记载，然而在历史中奸臣杨戬得以善终，这与《水浒后传》中的描述并不一致，实际上，把杨戬一块也拉上，被众英雄处以极刑，是作者借历史进行演义，表达要诛尽天下奸臣的愤懑。另外，围绕与金兵战还是和的问题，全国上下掀起了一番大讨论，朝廷上下内外也进行了一场场忠奸之间的斗争，这些都是借历史的影子表现作者的思想。

《后水浒传》中杨幺起义同样是历史上实有之事，但小说中杨幺起义的原因、过程、结局与历史上截然不同，显然，作者是以"转世托生"为名，将杨幺起义写成宋江起义的延续，以此用一个传统的故事表达自己的所思所悟。

《荡寇志》中，作者把宣和七年十二月钦宗即位时陈东伏阙上书，请诛六贼一事改为宣和三年正月，把宣和七年方用事的蔡京、童贯处理成早已为天子所诛，梁师成等被正法，高俅也已被发配。天子也不是历史上的天子，而是本人多次悔过自新，成了"圣明神武，睿断严明的天子"。

《新水浒》与以上水浒小说相比，历史成分大为减少，但它仍是以历史上实有的宋江起义为基础的水浒故事为小说的题材，更何况水浒故事在各朝代作家的反复利用下，早已具备了史的特性，因此，说水浒小说的题材本

---

① 鲁迅.中国小说史略[M].上海：上海古籍出版社，2004：102.

身都具有历史演义的性质,并不是无中生有。

(二) 英雄传奇

所谓英雄传奇是指小说对其描述的英雄的特征及行为进行夸张渲染,使这些英雄既有传奇的一面又有现实的一面,在真实合理的环境中,这些英雄可亲可近。

《水浒传》中,塑造了一批绿林好汉的形象,例如写鲁智深、林冲、杨志、武松等人的内容,近似各人的传记,完整而自成体系。如武松的故事就整整占了十回,鲁智深占了六回,林冲占了六回。金圣叹曾说:"《水浒传》一个人出来,分明便是一篇列传。"[①]作者就是这样集中笔墨,用夸大的笔法,铺排渲染英雄的神奇、怪异,力图塑造心目中理想的英雄形象,表现出强烈的传奇色彩。如鲁智深大闹五台山、倒拔垂杨柳;武松大闹飞云浦、血溅鸳鸯楼;李逵杀虎等故事就是塑造传奇英雄的最好题材。

《水浒后传》中,"燕青献青子草莽全忠,赎难人石交仗义",表现的是燕青的忠与义;花逢春射鲸鱼正中鱼的眼睛;渡黄河众英雄杀戮奸臣,以及众英雄造反道路的选择都是各位英雄的传奇。

《后水浒传》一个明显的特点就是对宋江形象的重塑,小说中的杨幺与《水浒传》中的宋江有了根本的不同,杨幺外貌形象得到美化,而且号称"全义勇",夸张一点说,一部《后水浒传》,就相当于一部杨幺的英雄传奇,另外,王摩、马霷等众英雄的故事也都富有传奇色彩。

《荡寇志》塑造了一系列的传奇英雄,陈丽卿、刘慧娘两人一文一武,塑造得尤为成功。陈丽卿武艺高强,冲锋陷阵不甘为后,梁山众首领多是她的手下败将,同时陈丽卿又英雄多情,自然率直,陈丽卿"单枪刺双虎""斗箭射花荣"等故事都富有传奇色彩。刘慧娘则是军队的军师,是梁山智多星吴用的克星,"破奔雷车""为烧新泰""活捉白瓦尔罕"等都是刘慧娘的杰作。

《新水浒》中,虽然与此前的水浒小说相比,水浒英雄勇与力的方面大为减弱,但在新的社会中,英雄疾恶如仇的气概并没有丧失,在恶势力面前,英雄还是该出手时就出手,对世间的不平绝不手软,如时迁更是发挥自

---

① 金圣叹.读第五才子书法[G]//朱一玄,刘毓忱.水浒传资料汇编.天津:南开大学出版社,2002:220.

己的专长,与偷盗、欺骗等社会丑恶现象做斗争,演绎了英雄的别样传奇。

(三) 神魔

《大宋宣和遗事》中,唐明宗有感于"万民遭涂炭之灾,百姓受倒悬之苦",为此,夜焚香祝曰:"我乃胡人,不能整治天下,愿天下早生圣人,抚安黎庶",为此而感得火德星君霹雳火仙下界降生,也就是宋太祖赵匡胤;陈希夷能预知宋朝的后事;康节先生对王安石拜相的预测;王安石变法,死去的儿子王雱灵魂现世力劝王安石停止变法;宋徽宗第九子诞生时所做异梦;朝廷众官员听林灵素讲经时,吕洞宾下凡等,充满了神魔色彩。

《水浒传》中,众英雄是天罡地煞星下凡,在神魔的世界里,纸马可以幻化成"豺狼虎豹、怪兽毒虫",成了战场上的主力,妖法可以使朗朗乾坤立即"黑气冲天,狂风大作,飞砂走石,播土扬尘",而妖法一遇到公孙胜,可谓走入穷途,公孙胜的法术总是技高一筹。在小说内容中,九天玄女两次下凡,在宋江有难的时候及时给予帮助,为宋江指明前进的方向,更是为整部小说都笼罩上了神魔的色彩。

《水浒后传》中,郭京演六甲以致京城失陷;郭京的法术无论如何高明与千变万化,在樊瑞面前总能露出原形;姚平仲兵败看破世情,被下凡的钟离权度脱等这些故事都属于神魔题材。

《后水浒传》中,作者借助了转世这一虚幻的形式,袁武是《水浒传》中的公孙胜转世,他的故事富有神魔色彩,如用奇门遁甲隐身、狂沙退兵;妖蜃变幻吃人竟成每年固定不变的规律,引得众人趋之若鹜;杨幺在梦中得到九天玄女传授的武功,短时间内就能判若两人等。

《荡寇志》中,陈希真、云天彪、陈丽卿等人都是奉玉帝旨意下凡辅佐朝廷,殄灭梁山妖魔,由陈丽卿监管、收服魔君,印证张天师"惟那伙妖魔身虽就戮,而业魂冤障未平,终需百年而后,方就收服"的预言。同时,作为小说的主要人物陈丽卿在父亲的点化下,最终看破红尘,辞官去爵,走上修道成仙的道路,因此,《荡寇志》又可看作悟道成仙的故事。

(四) 世情

水浒小说是英雄的传奇,但也不凡世情的内容。《大宋宣和遗事》中,宋江与阎婆惜、吴伟之间的故事,徽宗与李师师、贾奕之间的故事,是典型的世情内容。

《水浒传》作为主要描写草莽英雄的小说,但也不乏描写世态人情的内容，真实地反映了当时社会、家庭、爱情生活，堪称社会的风俗画。宋江与阎婆惜的故事是对英雄情与理的描绘，"王婆贪贿说风情，郓哥不忿闹茶肆"，则是对下层人物人生百态的尽情刻画，妓女白秀英与雷横的故事则让我们深深感到世态的炎凉。

《水浒后传》以英雄或者百姓的视角，勾勒出一幅战乱的社会背景图，真实描绘了入侵的残暴、老百姓遭受的苦难，让人体会到战乱下人的无奈与无助。例如卢二安人和小姐被俘，下雨天道路泥泞难行时，还要被押解赶路，赎身钱也是随意改变，自己的身体不能自主。如果赵玉娥与管营李焕、冯舍人之间的情欲纠葛是当时社会畸形爱情观的反映的话，那么在小说最后"金銮殿四美结良缘"，两相情愿，异族通婚，则是一首作者理想爱情婚姻的畅想曲。

《后水浒传》中，邰元与月仙、黄金以及殷尚赤与张瑶琴、董敬泉之间的故事属于英雄、奸佞、妓女之间的是是非非；屠金刚阵前招婿，屠俏吃醋，两口子拳脚相向，而不明真情的杨幺两头和事，却引得自己成众矢之的，写得花枝烂漫，却合情合理；至于"无知婢暗偷情碎玉杯，坏心奴巧逃生首家主"，写孙本家因婢女织锦与黑儿偷情引起的祸患，则是直接写家庭故事了。

《荡寇志》中，祝永清与陈丽卿在演武厅比武、饮酒、作诗，这是英雄两情相悦的爱情故事。而"凤鸣楼纪明设局，莺歌巷孙婆诱奸"则是用女性骗取钱财的俗套故事。

《新水浒》中，因家庭贫困，李福两次去舅家借钱度日都未果，既反映了世态炎凉，也反映了当时普通百姓生活的贫困。而李福妻与武三勾搭，设计害他的故事则反映了当时社会的人情世态。

（五）公案侠义

《大宋宣和遗事》中晁盖、吴加亮劫生辰纲，宋江私放晁盖，宋江杀阎婆惜应该属于公案故事。

鲁提辖拳打镇关西，杀瓦罐寺崔道成、丘小乙，野猪林救林冲，武松打蒋门神等故事则让我们深切感到打抱不平、济危扶困等侠义精神的再现。

《水浒后传》中扈成的海货被毛孔目私扣，顾大嫂、孙新、阮小七等人为义杀毛孔目一家，杜兴为报管营之恩而杀玉娥等属于侠义题材；巴山蛇截湖征重税，众英雄奋起反抗，重新踏上造反之路这样的故事又属于公案类题材。

《后水浒传》中杨幺为村人利益用武力强行阻挠贺太尉丧事,从而被刺配及经历一系列的官司;孙节级私放狱中囚犯殷尚赤属于公案故事。而杨幺痛打恶霸王豹,义救许蕙娘,众英雄劫秦饷则显然属于侠义故事。

《荡寇志》中蔡京与宋公明的勾结、刘广被高封迫害无端被革以及杨腾蛟杀刘世让等故事属于公案;陈丽卿飞龙岭除盗等故事则属于侠义故事。

《新水浒》中豹子和尚林冲为李亭良打抱不平,"手刃高衙内",为义出钱力救李福全。鲁智深愤慨于大相国寺智清长老以僧学堂为幌子,行聚众赌博之实,于是棒打众僧,最后火烧了寺庙。这些都属于侠义故事。鼓上蚤时迁在新社会中成为一名侦探,由他侦办的单聘仁等连环骗的案子显然属于公案故事。

第三节 水浒小说题材的特点

宋江起义作为一次农民起义,史书中的记载语焉不详,却激发了千百年来无数文人骚客的创作灵感。起义发生不久便成为艺人说话的题材,而后以水浒故事为题材的文学作品更是绵延不绝,无论是话本、小说还是戏曲,各种文学样式中都有宋江的影子。宋江已经从历史人物逐渐转化为文学人物。水浒故事不断地为人们所演绎,已经成为一个著名的文学母题。那么,水浒小说的题材也就是水浒故事究竟有什么特点呢?

一、多样性

(一)类型的多样性

水浒小说题材的第一个特点就是类型的多样性。水浒小说题材的多样性可以说是研究者的共识。陈文新在谈到《水浒传》的题材时,认为:"《水浒传》的题材不是单一的,而是可以用丰富多彩来形容。"[①]还有研究者认为,《水浒传》作为承话本小说发展而来的长篇章回小说,全书中有诗、词、曲等多种文体,可以说是众体兼备,在体裁上已经具备了"文备众

---

① 陈文新.论《水浒传》题材及价值内涵的多元性[J].菏泽学院学报,2006(3):44.

体"的特征,"《水浒传》也有一个明显的特征,那就是'文备众题'(题,指题材)"①。《水浒传》的题材已经是多样化的,那么水浒小说的题材自然就是丰富多彩的。其实早在南宋罗烨《醉翁谈录》著录的水浒故事中,在"小说"总名目下,"青面兽"归于朴刀类,"石头孙立"归于公案类,"花和尚""武行者"归于杆棒类。显然,"石头孙立"属于公案故事,"花和尚""武行者""青面兽"属于侠义故事,由此已经看出,在水浒小说的源头,水浒小说的题材就是类型多样的。

水浒小说的题材几乎涵盖了小说题材的所有类型:历史演义、英雄传奇、世情、神魔、公案侠义。水浒小说题材的每一类型都有独立的故事群,有完整的情节。即使其中有不尽人意之处,但也不乏精彩的描写,具有可观之处。更重要的是,水浒小说的题材并不是简单地堆积、罗列,而是有序地、交叉地进行综合性整合,使这些不同类型的题材得到完美融合,使各种题材相得益彰。打开每部水浒小说,既有刀光剑影,也有丝竹琴韵;既有阳春白雪,也有下里巴人。水浒小说,呈现给大家的是一幅幅历朝历代社会风情画,城市风貌、人情风俗、世间百态……因此,水浒小说就有了社会风俗史的意义。

水浒小说的题材是现实生活在作家头脑里的反映,生活的多样性决定了其所反映的社会生活是多样的,水浒小说题材类型的多样性也在情理之中。

(二)内涵的多样性

不同的题材类型,其内涵侧重点是不同的。水浒小说题材的类型是多样的,同时,水浒小说题材的内涵也是多元的。

历史演义题材。如《水浒后传》中,作者改变《宋史》的记载把奸臣统统处以极刑,表现了对天下衰败根由的认识,表达了作者要诛尽天下奸佞的愤懑;《后水浒传》把杨幺起义失败被杀的事实改为入轩辕井,悄然而退的结局,则是体现了作者在朝廷与草野、义勇与精忠上的两难选择。

英雄传奇题材。通过一个个传奇英雄形象的塑造,表达了作者对自由的渴望、对生命力热情绽放的崇拜。于是,水浒小说的英雄武艺高强、该出

---

① 杜志娟.试论《水浒传》对中国传统文学题材的整合[J].内蒙古民族大学学报,2008(1):7.

手时就出手,在英雄面前,一切不公无所遁形,英雄成为社会公平与合理的维护者,成为理想社会的希望。

世情题材。通过爱情与肉欲的描摹,人与人之间的市井生活、邻里关系和矛盾纠葛等世间民风被异常详尽地展现,体现了作者心中情与礼的斗争、爱情观的变化。

公案侠义题材。通过一个个传奇英雄打抱不平、济危扶困的故事,表达了作者对天下是非颠倒、以强欺弱的不合理现实的愤慨,表达了作者想通过武力扭转乾坤的渴望。

(三)审美的多样性

小说的题材作为主旨表达的载体,从选择到融合,都是作者主观精神的产物,因此,题材是作者主体心灵世界的展示。吕幼安认为,题材"也是一种饱含着审美理想的审美情景,在这个虚构的审美情景中,无不体现着创作主体的审美个性。"[①]水浒小说的题材也体现着创作主体的审美个性,并且水浒小说题材的审美特性还是多重的。

从发生学的角度来看,南宋罗烨《醉翁谈录》著录的"小说"话本名目中,《青面兽》《石头孙立》《花和尚》《武行者》这些话本分属于宋元说话中"小说"的几个支目,这些好汉的故事是由不同的说话人分别创造出来的,它们是民间的产物。尽管也有研究者认为在最早的话本中,就包含着忠义的教化意义,即使这种说法成立,也不能否定民间艺术家创作故事的最主要目标,那就是追求有趣,追求最大的感官娱乐,非此无以能吸引听众。因此,从源头上讲,水浒小说就具备了感性美的特色。

水浒小说中,水浒英雄杀人放火、拦路抢劫、惩奸除恶,旨在追求规范之外的乐趣。我们从鲁智深倒拔垂杨柳、拳打镇关西,武松打虎、醉打蒋门神的故事中,感受到的是生命力自由释放的酣畅淋漓。如"武松醉打蒋门神",作者首先极力渲染之前饮酒的兴会,武松"无三不过望",一路吃了三十五六碗酒,"酒人""酒风""酒赞""酒题"一一写来,笔飞墨舞、淋漓尽致,让人真切体会到生命力的恣肆、豪宕、超凡脱俗,给人感官的刺激。

同时,"题材就是艺术家在观察体验生活的过程中形成,根据一定的创

---

① 吕幼安.论小说题材中的审美个性[J].江汉大学学报(人文科学版),2004(5):39.

作意图进行选择以至虚构,而进入艺术作品的一定生活方面、生活现象"①。因此,小说题材作为生活方面、生活现象的反映,贯穿着作者"创作意图",所以,小说题材应该具有理性美。也就是说,小说的题材在给人感性美的同时也应该给人启示与思考,体现出理性美。

例如从《大宋宣和遗事》开始,宋江起义就不再仅仅是历史中的农民起义故事。在《大宋宣和遗事》中,虽然也直接记写宋江等人的强盗行径,但是作者却先写宋徽宗的荒淫,再写方腊造反;先写皇帝重用童贯等人,再写宋江等人落草;同时又反复说明宋江等人是"不得已而落草",即使落草也主要是为了"广行忠义,殄灭奸邪""助行忠义,卫护国家"。这样就会引起读者对宋江起义的思考,体现了作者对社会现实的看法。

《水浒后传》中,第二十七回"渡黄河叛臣显戮,赠鸩酒奸党凶终"写蔡京、高俅等奸贼被削职发配,途中与李应等英雄相遇,被请入大营后,李应责问:"太祖皇帝一条杆棒打尽四百军州,挣得万里江山,传之列圣。道君皇帝初登宝位,即拜太师为首相,燮理阴阳,掌军国重事,怎么一旦汴京失守,二帝蒙尘,两河尽皆失陷没,万姓俱受灾殃,是谁之过?"从中我们可以看出,这一情节的设置并不主要是为了表达诛杀的痛快淋漓,对奸臣痛恨只是其次,作者更是想让人们认识到正是这些奸臣,"那般锦绣江山都被他弄坏。遍天豺虎,满地尸骸,二百年相传的大宋瓦败冰消",这些奸臣才是社会凋零的根本原因。

《荡寇志》尽情刻画梁山群盗祸国殃民的同时,也塑造了一系列与梁山相对立的忠臣义士的形象,如陈希真、云天彪等人。一方面,为了国家的安定、政权的稳固,作者让他们冲锋陷阵,甚至不惜让他们捐躯报国;而另一方面,作者又让他们功成身退,适时退隐。这未尝不是作者对中国历史上"狡兔死走狗烹"的故事周而复始上演反思的结果,作者意图为历史上的贤人、功臣指出一条君臣相安的道路。其他如小说中的重科技、军备等思想也都有现实的借鉴意义。因此,水浒小说的题材体现的是感性美与理性美的融合。

---

① 王朝闻.美学概论[M].北京:人民出版社,1982:208-209.

二、可生发性

李辰冬在《三国水浒与西游》①一书中认为这是文人为了使作品能够得到读者的同情与喜爱而进行的有意识的加工;聂绀弩在《论水浒的思想性和艺术性是逐渐提高的》②一文中认为宋江具备忠义的形象是一个逐渐提高的过程。但是这些都不足以解释为什么文人偏偏对宋江起义进行加工,如果是因为宋江接受招安并参加了平定内乱的话,那么在脸上刺了"赤心报国誓杀金贼"八个字的"忠义八字军"的领袖王彦是不是更应该被加工成忠义的类型?更何况,在宋代,这样忠义的类型不在少数。于是,戴云波、葛传彬两人认为:"《水浒》故事最初的渊源,选宋江作为一领袖式的代表,可能并不与抗金有关,而且也不会是文人士大夫有意美化与增饰的结果。宋江首先在民间一定是有了一些特别的气质与品格,并因此放射出夺目的光华,成为了一部大书的核心与故事发展的源动力。是民间的选择,民间艺人的铺衍深入人心,树立起了宋江的形象。非如此我们无法解释宋江何以成为主角,宋江起义又何以成为一部大书。"③而宋江之所以"在民间一定是有了一些特别的气质与品格",那一定是以宋江为首的农民起义在发生之初就与其他农民起义有所不同,而不单单因为历史记载的"勇悍狂侠"。因此,水浒题材的魅力之一就在于它具备了可生发性的特点。

(一)非常之经历

《宋史·侯蒙传》说:"江以三十六人横行齐魏,官军数万,无敢抗者。"④《宋史·张叔夜传》说:"宋江起河朔,转掠十郡,官军莫敢婴其锋。"⑤从这些记载中可以看出,这次农民起义,虽然人数不多,只有三十六人,但取得了不小的战果,能够转战多地,使"官军莫敢婴其锋",对北宋王朝的统治应该震动很大。

(二)非常之结局

关于这次起义的结局,各种史书及其他书籍的记载很不一致。《宋

---

① 李辰冬.三国水浒与西游[M].重庆:大道出版社,1945.
② 聂绀弩.论水浒的思想性和艺术性是逐渐提高的[M]//水浒研究论集.沈阳:东北人民大学研究部教材出版社,1955.
③ 戴云波,葛传彬.《水浒》故事演变与农民起义[J].复旦学报,2001(3):134.
④ (元)脱脱.侯蒙传[M]//宋史(卷三百五十一).上海:上海古籍出版社,1986.
⑤ (元)脱脱.张叔夜传[M]//宋史(卷三百五十三).上海:上海古籍出版社,1986.

史》载:"宣和三年二月,淮南盗宋江等犯淮阳军,遣将讨捕,又犯京东、江北,入楚、海州界,命知州张叔夜招降之。"①"设伏近城,而出轻兵距海诱之……伏兵乘之,擒其副贼,江乃降。"②认为宋江在军事上失利的情况下,向张叔夜投降了;至于投降以后,有人认为,宋江参与了镇压方腊起义的军事行动,《宋史·侯蒙传》记载,侯蒙曾经向皇帝上书,建议:"不若赦江,使讨方腊以自赎。"③《十朝纲要》《三朝北盟会编》等也说宋江曾参加过围剿方腊的战斗;还有人认为,宋江等人投降以后,被封建统治者所杀,洪迈《夷坚乙志》说,宣和六年,户部侍郎蔡居厚"帅郓时,有梁山泺贼五百人受降,既而悉诛之"④。另外还有被镇压说、降而复叛说等。

(三)非常之主张

龚开《宋江三十六赞·序》值得我们重视:

"宋江事见于街谈巷语,不足采著。虽有高如李嵩辈传写,士大夫亦不见黜,余年少时壮其人欲存之画赞,以未见信书载事实,不敢轻为……余尝以江之所为,虽不得自齿,然其识性超卓,有过人者。立号既不僭侈,名称俨然,犹循轨辙,虽托之记载可也……"⑤

龚开认为宋江"识性超卓,有过人者"的原因是宋江"立号既不僭侈,名称俨然",说得浅显一点就是,宋江起义并不是为了做皇帝。宋江起义的这个特点还可以从史书中得到验证。《宋史·张叔夜传》:"宋江起河朔,转略十郡,官军莫敢婴其锋。"⑥《宋史·侯蒙传》:"江以三十六人横行齐、魏,官军数万无敢抗者。"⑦显然宋江一伙是流窜作案,并不是步步为营,并不以攻城略地,与宋室争夺江山为目的。另外,根据民间传说的内容,龚开还对梁山一伙三十六人分别写了赞语,从宋江"不假称王,而呼保义。岂若狂卓,专犯忌讳"、张顺"雪浪如山,汝能白跳。愿随忠魂,来驾怒潮"、史进

---

① (元)脱脱等.徽宗本纪[M]//宋史(卷二十二).上海:上海古籍出版社,1986.
② (元)脱脱等.张叔夜传[M]//宋史(卷三百五十三).上海:上海古籍出版社,1986.
③ (元)脱脱等.侯蒙传[M]//宋史(卷三百五十一).上海:上海古籍出版社,1986.
④ (宋)洪迈.夷坚乙志[G]//朱一玄,刘毓忱.水浒传资料汇编.天津:南开大学出版社,2002:18.
⑤ (宋)周密.癸辛杂识续集[G]//朱一玄,刘毓忱.水浒传资料汇编.天津:南开大学出版社,2002:19-20.
⑥ 同②.
⑦ 同③.

"龙数肖九,汝有九文。盍从东皇,驾五色云"、花荣"中心慕汉,夺马而归。汝能慕广,何忧数奇"的赞语中,我们也能看出在当时起义英雄的身上,确实带有"忠义"的色彩。而且,如果招安、讨方腊等内容属实的话,那么宋江一伙的"忠义"思想更是确定无疑的。但是,讨方腊充其量是平定内乱,远没有"忠义八字军"的王彦在民族危亡之时主动投靠岳飞共同抗击异族入侵那样激动人心,远没有王彦的"忠义"思想能够激发老百姓的爱国热忱。因此,宋江起义除了"忠义"思想外,还应该有其他"识性超卓"之处,这样才有充足的理由唯独使宋江起义"士大夫也不见黜",并"见于街谈巷语"。

宋江起义的另一个"识性超卓"之处应该是他们的斗争原则——"殄灭奸邪"。宋江起义志不在推翻朝廷,同时作为农民暴动,宋江一伙把贪官污吏这些"奸邪"作为斗争对象,在外患频繁、内患不断的情况下,宋江一伙对贪官污吏的打击对处于水深火热的老百姓来说是深入人心的。在当时,宋徽宗与蔡京一伙"君臣逸豫,相为诞谩,怠弃国政,目行无稽"(《宋史·徽宗本纪》)。以赵佶、蔡京为首的极端腐朽集团则利用他们手中的权力大肆搜刮民脂民膏,"蔡京坏乱于前,梁师成阴谋于后,李彦结怨于西北,朱缅结怨于东南,王黼、童贯又结怨于辽金"(《宋史·陈东传》)。于是,宋江一伙"殄灭"各地的"奸邪",把斗争的矛头对准贪官污吏,这足以让他们惶惶不可终日,打击了他们的嚣张气焰,让百姓看到了生活的希望,在客观上起到拯救天下平民百姓的作用。"殄灭奸邪"的内容在龚开的赞语中虽没有涉及,但在与其差不多同时的《大宋宣和遗事》中就有了这方面的内容。玄女娘娘交给宋江的天书末附有一行字"天书付天罡院三十六员猛将,使呼保义宋江为帅,广行忠义,殄灭奸邪",晁盖的梦中也有"须是助行忠义,卫护国家"之言。《大宋宣和遗事》应如鲁迅先生说"由钞撮旧籍而成"[①],但从性质上讲,高明阁说得也没错,《大宋宣和遗事》"尽管文白夹杂,但它不同于文人的杂记,主要来自民间传说"[②]。这就说明,"殄灭奸邪"与"立号既不僭侈"一样,都是宋江起义的"识性超卓""过人"

---

① 鲁迅.中国小说史略[M].济南:齐鲁书社,1997:113.
② 高明阁.《水浒传》与《宣和遗事》——口头文学所奠定的《水浒》基础之一[M]//水浒争鸣(第一辑).武汉:长江文艺出版社,1982.

之处。

宋江起义并不与皇帝争天下,但终究是农民暴动,因此,宋江起义是"官逼民反"的结果;宋江一伙造反主要是打击贪官污吏、"殄灭奸邪",这又注定宋江起义"只反贪官,不反皇帝"。在斗争的客观效果上,拯救了天下百姓,维护了社会秩序,巩固了国家政权,这实在是"替天行道",因此,宋江起义又包含救国救民、拯时救世的色彩。

无论宋江起义的过程、结局,还是其倾向性都有着巨大的生发价值,对后人来说存在着巨大的生发以及补充的空间,"于经传所言者数十言耳,彼则演成万千言""于史籍无其事,彼则肆为出入"①,不同的作者都可以从这里找到属于自己的那份心灵释放地,这是水浒题材具有魅力的重要原因之一。

三、与文人政治性的暗合

水浒题材本身就以武装反抗现实政治体制的农民起义为基础,尽管文人不会像张献忠之流把水浒当作造反的教科书,但未尝不可以用来表现对不合理的社会政治秩序的抗议,以及对君明臣贤的憧憬;未尝不可以用来表达社会动荡、民不聊生、内乱频仍的现实下,人们普遍盼望有英雄出世来挽救危局,让忠义之士发挥应有政治作用的时代需求;未尝不能用来展现改良社会政治,使政府清正廉明、人民安居乐业,使贪官污吏成为人人喊打的过街老鼠,实现古往今来一切仁人志士政治追求的心声。

文人从诞生的那一刻起就以天下为己任,建功立业已经成为古代文人的集体无意识。水浒题材的政治特性与文人"学而优则仕"的参与政治的热情便有几分不谋而合,因此,水浒题材不时成为文人的热选,以致屡屡撞击出激情的火花。

文人总与政治有着千丝万缕的关系,尽管可能在其一生的某个阶段也曾徘徊于"入世"与"出世"之间,但古代的文人热衷于政治,其人生经历都带有很强的政治色彩却是无疑的事实。屈原十分自负地想成为楚王政治上的领路人,"忽奔走以先后兮,及前王之踵武"②,不仅有政治的热情,而

---

① (宋)郑樵.通志上册[M].王树民,点校.北京:中华书局,1995:911.
② 朱东润.中国历代文学作品选(上编第一册)[M].上海:上海古籍出版社,2002:229.

且有明确的政治主张：改革内政，修明法度，任用贤能。贾谊盛世发危言，感觉到太平盛世下潜藏的危险，于是多次上疏陈述对时政的看法，主张削弱地方权力，巩固中央集权；发展农业，巩固国家根本；抗击怨怒，消除外患。

陶渊明、李白、孟浩然三人内心的政治热情也曾炽热过，陶渊明少年时代就有大济苍生之志，但当时处于门阀制的高峰期，陶渊明也自知仕途的无望，可他还是在参军、祭酒之类小官之间一遍遍上演仕与隐的两难割舍；李白的政治热情更是空前高涨，总幻想着一鸣惊人，一飞冲天，尽管不屑于科举，但皇帝召见的一道命令足以让他得意忘形，瞬时便以非蓬蒿人自居；孟浩然按捺不住政治情怀，竟写信给张九龄做自我推荐，求仕无门，应举落第后，更是把牢骚发到了朋友头上。

爱国诗人陆游、词人辛弃疾，以天下为己任，面对宋朝积贫积弱的局面，忧国忧民，深怀赤诚的爱国之心，积极主张抗金复国。清代的蒲松龄更有毅力，屡败屡战，从十几岁一直考到七十一岁，真有把科举考穿的决心。

中国传统哲学思想、中国传统伦理思想和中国传统政治思想是中国传统思想的主体，而这些思想的中心点是"究天人之际，明修己之道，述治世宗旨，即从哲学的高度认识宇宙，以伦理规范体察人生，最后归结为封建社会的治国安邦"①。中国古代的知识分子就把政治仕途看作自我实现的根本途径，对政治的疯狂热情也在情理之中。

另外，中国古代就有"三不朽"的说法："太上有立德，其次有立功，其次有立言，虽久不废，此之谓之不朽。""三不朽"之说也促进了他们对仕途政治、建功立业、一展宏图追求的执着，希冀在造福百姓、为民请命的同时，实现自己的价值，使自己得到社会的承认，并且留名青史。然而，"立德""立功"毕竟是圣人才能达到的目标，对大多数文人来说，"立德""立功"的政治之路并不顺畅。

屈原正踌躇满志地要实现他的"美政"理想时，先是遭到贵族势力的中伤，进而被楚怀王疏远，自己培养的弟子都背叛他，最终怀揣理想身投汨罗江；贾谊即使得到皇帝召见，皇帝也是"不问苍生问鬼神"②，一生未受到

---

① 曹德本.中国传统思想探索[M].沈阳：辽宁大学出版社，1988：3.
② 朱东润.中国历代文学作品选(中编第一册)[M].上海：上海古籍出版社，2002：243.

重用,最后是在郁郁寡欢中三十岁便早早离开了人世;晁错建议削藩,却被当作平息七国之乱的政治筹码而被腰斩;司马迁因实事求是地上书却被当作替李陵辩解而惨遭宫刑;孟浩然虽有诗坛盛誉,但一句"不才明主弃"的诗句,长安都住不得,更何谈政治上有所收获;李白高调入京,却终究避免不了被放逐的结果,后还获罪入狱,被流放;李贺因名讳就轻而易举地被否定了入仕的权利;柳永被仁宗的一句"且去填词"的批语就被挡在了仕门之外。大多数文人在政治这条路上,并没有实现他们心中的理想,遭受诽谤、打击,甚至生命的威胁,热情与现实总是存在这么大的反差。

当仕途受阻,报国无门时,文人们就把政治的热情完全寄托在"立言"上,学术成为政治的手段。其实,孔子就是这样做的。孔子的家族虽是宋国的贵族,但到了孔子时已经衰败,且"孔子少年丧父,家境凄凉……"①。为了改变自己的社会地位,孔子立志苦学,想通过个人的努力奋斗,尤其是政治上的成功来改变一切。为此,他问礼于老子,但不为老子的无为思想所染;为此,即使为委吏,为乘田,但一直兢兢业业;为此,他周游列国,矢志不渝。但一生为仕途奔波而无效之后,已经68岁的他便于晚年返回鲁国,他清楚地认识到政治上继续努力的无望,但他并没有意志消沉,而是以"不知老之将至"的勤勉态度教书育人、整理古代文献。正因为如此,"孔子的学术关怀并不是为学术而学术,而是带有深厚的政治气息和政治色彩,在一定程度上可以说,这是孔子借助于学术手段而延续其政治生命"②。

可以说,孔子此举实为后世的儒者找到了政治情怀的释放口,借助学术谈政治,文学也逐渐成为承载文人政治热情的最主要形式。他们在文学作品里或直言,或隐喻,无不以积极的心态用学术关心着政治。如小说中,冯梦龙的《三言》便以"醒世""喻世""警世"为题;蒲松龄的《聊斋志异》、吴敬梓的《儒林外史》直斥科举制度的罪恶;李伯元的《官场现形记》等晚清小说则把批判的矛头对准了毫无希望的统治阶级。小说家们正是借助学术谈政治,通过小说创作来批判现实政治的不如意处,表达自己建构理想清明政治的决心与信心。而水浒题材本身具有的政治特性更是让借助

---

① 庞朴.中国儒学(第一册)[M].上海:东方出版中心,1997:27.
② 景云.论孔子的政治情怀和他对中国传统士人的影响[J].漳州师范学院学报(哲学社会科学版),2005(4):91.

学术谈政治的文人们如鱼得水,以致水浒文学经久不衰。

四、侠义色彩

鲁迅认为《水浒传》中的英雄"反对的是奸臣,不是天子,他们所打劫的是平民,不是将相"①,因为奴性的增强,这些英雄只是"侠之流"。事实上,在先进的民主革命思想出现之前,要求侠具备革命者的特质确实有点强人所难,至于把李逵"抡起板斧来排头砍去,而所砍的是看客"作为论据更是对作品理解的偏差。作为文人笔下的侠,他们关注的重心不是政权究竟掌握在谁的手中,而是如何让政权变得更加合理。"侠的形象是中华民族理想人格的象征,侠之精神是中华民族高尚情操和生命意志的自然流露"②,作为"中国文化的独特产品"③的侠,已经成为中国人精神的偶像与寄托,这也正是水浒故事的永久魅力之一。

(一)理想政治秩序的重建

侠最初产生于"士",而中国的"士"从诞生起就以天下为己任,一方面是社会政治秩序的承担者与维护者,另一方面又是以"道"议政的批判者。作为"士"分支的侠,从与"士"分离之始就延续了"士"拯时救世的政治情怀。韩非子认为"儒以文乱法,侠以武犯禁",这也一直被后人认为是侠对社会道德规范、法律制度构成挑战的定论。但是无论是"以文乱法"还是"以武犯禁",其实只是方法上的差异,种种努力的最终指向仍然是他们心中理想的政治秩序。事实上,每当封建政权陷入摇摇欲坠的险境时,侠便从中国文人的笔尖一跃而出,试图用热血重新点燃构建理想政治秩序的火花。

水浒故事中,梁山好汉惩奸除恶、打抱不平,在生命原欲支配下,其个性的伸张对现存政治秩序提出了疑问,在梁山好汉侠义个性酣畅淋漓展现的背后,我们可以看出,以侠义为武器进行批判的作者们试图改良社会政治秩序的人生抱负。水浒英雄被逼造反、替天行道的故事,正是作者向统治者敲响的"诛国蠹,去贪残,重建清平世界,恢复正常的统治秩序"④的

---

① 鲁迅.三闲集[M].北京:人民出版社,1973:144.
② 罗立群.中国武侠小说史[M].沈阳:辽宁人民出版社,1990:31-33.
③ 余英时.现代儒学的回顾与展望[M].北京:三联书店,2004:320.
④ 纪德君.《水浒传》写"心"说综析[J].海南大学学报(人文社会科学版),2001(1):91.

警钟。

例如《水浒传》中，梁山好汉大多数并不情愿反上梁山，"指望把一身本事，边庭上一枪一刀，博个封妻荫子，也与祖宗争口气"，可以说是他们共同的心愿。即使粗鲁如鲁智深，也不乏上进之心，"洒家不管菜园，杀也要做都寺、监寺"。像秦明这样的朝廷将领，更是不惜拿生命与造反的道路选择相抗衡，"生是大宋人，死为大宋鬼！朝廷教我做到兵马总管，兼受统制使官职，又不曾亏了秦明，我如何肯做强人，背反朝廷？你们众位要杀时，便杀了我"。但是，"朝廷奸臣当道，谗佞专权，非亲不用，非财不取"的黑暗政治只能使英雄无用武之地，"天下大力大贤而尽纳之水浒"①，而"吹弹歌舞，刺枪便棒，相扑顽耍，亦胡乱学诗书词赋；若论仁义礼智，信行忠良，却是不会"的高俅，虽然既不容于董生药家，又不容于小苏学士家，却偏在小王都尉处，"出入如同家人一般"，得到皇帝赏识后更是飞黄腾达。两相对比，更是衬托出当时政治秩序的混乱不堪。因此，梁山好汉们的斗争"只是希望在等级制度的前提下建立起一种理想的等级秩序，使个人的等级地位与他们的道德水平和实际能力相一致"②。例如宋江，他事亲至孝，济危扶困，乐善好施，称得上"仁、义、礼、智、信"五德俱全，素有"孝义黑三郎""山东及时雨"的美誉，按照传统思想，宋江不仅可以修身、齐家，完全可以治国平天下了。但事实上，在当时做吏最难的时代，"刀笔精通""怀扫除四海之心机"的宋江年过三旬才混到一个小吏的位置，而且在陷害良善、投机钻营的黄文炳和昏聩无能、贪酷害民的蔡九知府这些奸邪之辈的迫害下，宋江竟然成了一名造反的罪犯。宋江在浔阳江酒楼墙壁上所写的那首七绝："心在山东身在吴，飘蓬江海漫嗟吁。他时若遂凌云志，敢笑黄巢不丈夫。"这不是黄文炳所污蔑的造反宣言，而是对上下失序、错勘贤愚、不辨好歹的社会政治秩序的强烈控诉，表达了宋江"要狠狠打击贪官污吏、改变现存社会秩序的政治憧憬"③。

在宋江的带领下，梁山好汉们投入到轰轰烈烈地运用各种手段包括暴力行动在内的一切有效途径破坏和改造政治秩序的斗争中。值得一提

---

① （明）李贽.忠义水浒传序[G]∥朱一玄，刘毓忱.水浒传资料汇编.天津：南开大学出版社，2002：172.
② 王齐洲.四大奇书与中国大众文化[M].武汉：湖北教育出版社，1991：177.
③ 王齐洲.四大奇书纵横谈[M].济南：济南出版社，2004：140.

是,他们斗争的矛头并不是封建制度本身,而是现实的政治秩序。因此,他们斗争的对象主要是他们自认为的理想政治秩序的破坏者——贪官污吏,"为官贪婪,非理害民"的四大奸贼及其狐群狗党。而对于封建制度代表的皇帝虽然不无微词,但宋江形象的塑造及水浒英雄悲剧结局的安排,使我们清醒地认识到,即使是对这样的昏君,也得无条件地拜伏在他脚下。宋江领导的梁山好汉的斗争只能是一场"反贪官,不反皇帝",意在重构社会政治秩序的特殊的政治斗争。王振星认为:"梁山好汉所执行的'替天行道'的路线,就是试图为失去民心的官僚统治恢复秩序,实现王道与仁政。"[1]因此,梁山好汉要在军事优势的高潮中主动接受招安,在招安后要积极投入到消除外患、平定内乱、巩固封建政权的大业中去。在招安之前,"替天行道"的内容是除暴安良,打击贪官污吏;招安之后,"替天行道"的内容是"保国""安民",无论招安前还是招安后,梁山好汉"替天行道"的核心始终是代君行道,管理天下苍生。

《水浒传》中的宋江,在小说中虽然被描述为"爱习枪棒,学得武艺多般",但从小说描写的实际效果看,宋江与吴用一样,都是饱读诗书的文人。作者让宋江、吴用这样的文人投身于绿林,成为侠中的一员,还让文人承担起领导绿林好汉正确地整顿社会秩序的工作,并且让文人领导的重构社会政治秩序的工作得到老百姓的一致认可,所到之处,"乡村百姓,扶老挈幼,烧香罗拜迎接""百姓香花灯烛,络绎道路,拜谢宋江等剪除贼寇"。蔡翔认为:"这或许意味着,知识分子在对侠与江湖的一种'内模仿'中,亦同时进行着直接的'角色替代'。正是在这艺术的虚构中,知识分子获得了一种'弘道'的虚拟性满足。"[2]古代的文人正是因为对现实政治秩序不满,所以才让侠承担起知识分子"兼济天下"的重任,借助侠的力量试图扭转不公正的社会形态,表达重构理想政治秩序的愿望。

(二)铲尽世间不平的渴望

在封建专制时期,追求公平、公正显得更为迫切。"一般民众,在受了极端的暴政的压迫之时,满肚子填塞着不平与愤怒,却又因为力量不足,不能反抗,于是在他们幼稚的心理上,乃悬盼着一类'超人'的侠客出来,来

---

[1] 王振星.《水浒传》神话解读[J].大庆高等专科学校学报,1998(3):52.
[2] 蔡翔.侠与义——中国武侠小说与中国文化[M].北京:北京十月文艺出版社,1993:303.

无踪,去无迹,为他们雪不平,除强暴"①。梁山好汉就是这样的侠士,他们凭借自己超凡的个人力量,以武行世,手执正义之剑,志除世间不平。他们敢于同朝廷抗衡,与贪官污吏、地痞恶霸势不两立,成为恶势力的"克星"与老百姓的"救星",对饱受欺凌与迫害的老百姓来说,这无疑是对他们心灵的安慰以及使他们在艰难困苦中继续生活下去的勇气。对文人来说,在侠战胜邪恶、铲尽世间不平的斗争中也有他们的影子,铲尽世间不平、追求自由平等的渴望通过侠得到快慰的实现,由此,他们也获得了精神上的满足。

宋室沦陷,中原人民完全陷入异族统治之下。尽管"蒙古人和满人征服了中国的时候,他们早已在很大程度接受了中国文化"②,但是,军事上的不堪一击,也许颇让这些统治者认为中原文化不值一提,元朝马上得天下,也基本上是马上治天下,元蒙统治者把人分四等,汉人地位低下,科举中止。仕途无望,进取无门,"治国平天下"无路,沉抑下僚的士子儒生,为了抒发内心的愤懑,便有一部分人流连于勾栏瓦舍,出入于青楼妓院,对现实的绝望让他们与杂剧结缘。"士人'治国齐家平天下'的内心渴慕"③在侠"替天行道"、铲尽世间不平的行动中得到补偿与安慰,于是水浒故事又成了他们的寄托。在水浒杂剧幻化的天地里,梁山成为正义的审判厅,水浒好汉成为惩奸除恶、匡扶正义,维护社会公平、正义的唯一希望所在。

在《梁山泊黑旋风负荆》《争报恩三虎下山》等水浒戏中,"替天行道"的"杏黄旗"已经插上了水泊梁山,"强盗"山寨也变成了"替天行道救生民"的"忠义堂"。关于"天道"的意义,《古今小说》中说得比较明白,"阎君,你说奉天行道,天道以爱人为心,以劝善惩恶为公。如今世人有等悭吝的,偏教他财积如山;有等肯做好事的,偏教他手中空乏;有等刻薄害人的,偏教他处富贵之位,得肆其恶;有等忠厚肯扶持人的,偏教他吃亏受辱,不遂其愿。作善者常被作恶者欺瞒,有才者反为无才者凌压。有冤无诉,有屈无伸,皆由你阎君判断不公之故"④。因此,"替天行道"就是要铲尽世间的不平,使社会公平、公正。在这些水浒戏剧本中,梁山好汉就被赋予了

---

① 郑振铎.郑振铎文集(第六卷)[M].北京:人民文学出版社,1988:124.
② 冯友兰.中国哲学简史[M].北京:北京大学出版社,1996:162.
③ 陈建平.水浒戏与中国侠义文化[M].北京:文化艺术出版社,2008:45.
④ 冯梦龙.古今小说[M].北京:人民文学出版社,1958:491-492.

"替天行道救生民"的正义色彩。如《李逵负荆》中写道"杏黄旗上七个字,替天行道救生民""宋公明行道替天,众英雄聚义林泉";《争报恩三虎下山》中说"忠义堂高搠杏黄旗一面,上写着'替天行道宋公明'";《双献功》中说"宋公明替天行道,到今日庆赏开筵";《还牢末》中说"俺梁山泊远近驰名,要替天行道公平";《黄花峪》中也说"虽落草替天行道"。

在水浒杂剧中,梁山好汉的"替天行道",就是要打击所有的恶霸奸邪,审判社会的一切不公与丑恶,"除暴安良,扶困济危,杀恶棍,救百姓"①。《黄花峪》中,秀才刘庆甫在妻子被蔡衙内抢走后说:"我别处告,近不的他,直往梁山上告宋江哥哥走一遭去。"老百姓有冤不是找官府而是找强盗解决,乾坤的颠倒也正说明了官吏权豪的嚣张跋扈,社会的公平与正义面临前所未有的困境。最终,宋江抓获蔡衙内后,除将之处以死刑外,还特别宣布:"虽落草替天行道,明罪犯斩首街前。"正是梁山好汉主动承担起铲除世间不平的责任,才让黑暗中的老百姓看到了一丝光明的希望。

同样,《还牢末》中,赵令史和萧娥两个歹人同样是在梁山被宋江下令"剖腹剜心",李孔目最终得以脱离牢狱之灾,并血债血偿。剧后有唱词:"俺梁山泊远近驰名,要替天行道公平。"《黑旋风双献功》中,孙孔目状告白衙内,反被"借这大衙门坐三日"的白衙内打入狱中,正是得力于梁山好汉李逵,才被从狱中救出,白衙内等人也被李逵杀死。宋江说:"白衙内倚势挟权,泼贼妇暗合团圆,孙孔目反遭缧绁,有品也怎得伸冤。黑旋风拔刀相助,双献头号令山前。宋公明替天行道,到今日庆赏开筵。"显然,梁山泊、梁山好汉成了与一手遮天的统治阶级相对抗,为普天下平民百姓除害,维持社会公平正义的寄托所在。

近人江子厚说:"世何以重游侠?世无公道。民抑无所告诉,乃归之侠也。侠者以其抑强扶弱之风倾动天下。赏罚黜陟,柄在天子。侠之所为,类侵其权。僭乎?抑为上者自弃之,乃起而代之乎?世之达者,有定论矣!"②在元代,既然没有足以与非理性的政治势力相抗衡的力量,那么梁山泊、梁山好汉就成了人间正义的主持与维护者,承担起文人"兼济天下"的责任,于是,在梁山泊的上空,"替天行道"的大旗始终飘扬。

---

① 徐海宁.古代水浒故事的主题演变探析[J].东岳论丛,1998(4):106.
② 冷风.武侠丛谈[M].上海:上海书店,1989:185.

(三) 生命力的自由绽放

人类是大自然的一部分,人的自然属性决定了人必须受到时间与空间的制约;而社会性又是人的本质属性,人的社会属性决定了人不能不受到道德、法律等的限制。正因为如此,具有能动特性的人类必然会在精神上产生摆脱自身局限及种种限制的需求,从而让生命力得到自由的绽放。"在西方,这种心理上的自由态,主要是通过哲学、艺术与宗教体验获得的,而中国的民间社会却用世俗化的方式"①。侠就是中国民间世俗化方式的一种,且"侠义故事的核心之一是对生命力的崇拜"②。正是借助水浒故事中的侠,他们的生命才绽放得如此酣畅淋漓。

水浒故事中的好汉恩怨分明,有仇必报,富有强烈的复仇思想。可以说,复仇是好汉的精神支柱与力量来源,并成为生命的闪光点与他们之所以成为英雄的依据。水浒杂剧《还牢末》中,刘唐认为:"冤仇若不分明报,枉作堂堂大丈夫""恨消非君子,无毒不丈夫。"③《水浒传》中的复仇思想更是"并非只是局限于某人某事,而是基本笼罩全书,成为一种鲜明的政治倾向"④。实际上,水浒故事中,梁山好汉或为自己复仇,或为他人复仇,梁山好汉斗争的历史就是他们复仇的历史。如水浒杂剧《同乐院燕青博鱼》中,双目失明的燕青被杨衙内毒打后,就立志要报仇,"我去那前街后巷里便寻他。若见了他呵!我一只手揪住那厮黄头发,把那厮昆靶牢揞,我可敢滴溜扑活铸在那厮那马直下"⑤。果然,燕青再次遇到杨衙内时,三拳两脚就把他打了个半死。《争报恩三虎下山》中,李千娇被二夫人王腊梅诬陷与人通奸而入狱,消息传到梁山,花荣等梁山好汉发誓要替李千娇复仇,报其梁山好汉落难时的相救之恩,"舍一腔热血。搭千娇姐姐";关胜怒曰:"知恩不报非为人也……则我这大杆刀劈碎鸟男女天灵盖";徐宁也说:"我这点钢枪可塔搠透他那三思台。"⑥《水浒传》中,武松为报张都监、张团练和蒋门神害己之仇,只身一人夜闯鸳鸯楼,将他们三人全部杀死。

---

① 陈山.中国武侠史[M].上海:上海三联书店,1992:296.
② 陈文新,鲁小俊,王同舟.明清章回小说流派研究[M].武汉:武汉大学出版社,2003:40.
③ 傅惜华.水浒戏曲集(第一集)[M].上海:上海古籍出版社,1985:48,52.
④ 汪远平.水浒复仇主题及其美学意义[J].郑州大学学报,1987(1):91.
⑤ 同④22.
⑥ 傅惜华.水浒戏曲集(第一集)[M].上海:上海古籍出版社,1985:75.

林冲为报高俅等人对自己的步步逼迫之仇，终于在忍无可忍的情况下，手刃仇人，从而奔上梁山。金翠莲被恶霸镇关西肆意欺凌，受尽磨难，鲁智深为替金翠莲报仇，尽情戏弄后，挥拳痛打镇关西。

  水浒故事不仅包含广泛丰富的复仇内容，而且梁山好汉的复仇行为本身又是野蛮、残忍、血腥的。水浒杂剧《还牢末》中，刘唐因李孔目不为自己讲情便与之结怨，抓住机会后，对狱中的李孔目严刑逼供，并对前往狱中送饭的李孔目的一对儿女打骂不已；在收受李孔目之妾的银子后，更是在狱中就要勒死李孔目，一定要置李孔目于死地。《水浒传》中，武松为给哥哥报仇，竟将潘金莲剖腹挖心，"两只脚踏住她两只胳膊，扯开胸脯衣裳。说时迟，那时快，把尖刀去胸前只一剜，口里衔着刀，双手去挖开胸脯，抠出心肝五脏，供养在灵前；胳察一刀便割下那妇人头来，血流满地"。杨雄为报妻子潘巧云偷养奸夫、诬陷结义兄弟之仇，亲手将潘巧云杀死在翠屏山上，"把刀先挖出舌头，一刀便割了……"。梁山好汉采用暴风骤雨式的暴烈方式进行复仇，以最快的速度达到最为痛快的效果，场面野蛮血腥，令人触目惊心。

  在水浒故事中，梁山好汉的行为也是不受羁勒、狂放不羁的。在好汉的这种行为中，酒常常是其催化剂，正是在酒的作用下，好汉的生命力得已恣肆不羁，富有传奇色彩。宋江平时小心谨慎，但在酒的作用下，屈沉下僚的压抑与不甘平庸的豪情便喷涌而出，让我们看到一个真实的宋江。鲁智深尽管一直比较豪爽，不拘小节，身在佛门却不打坐，"每到晚便放翻身体，横罗十字，倒在禅床上睡；夜间鼻如雷响，如要起来净手，大惊小怪，只在佛殿后撒尿撒屎，遍地都是"，但毕竟有所节制。在酒后，鲁智深便把清规戒律抛到脑后，任性而为，"打折亭子，损坏金刚"。"倒拔垂杨柳"也是"乘着酒兴"。武松打蒋门神同样是在酒后，"酒人""酒风""酒赞""酒题"一路写来，生命力的恣肆、豪宕得以淋漓尽致地体现。

  正是梁山好汉原始野性的复仇意绪与其不受羁勒、任性而为的自由精神相结合，英雄的生命力才得以自由绽放，并展示出熠熠光彩。

  总而言之，水浒故事中的侠，自掌正义之柄、行侠仗义、抑强扶弱、独立不羁，已经成为普通百姓渴望拯救与回归的寄托，这足以使他们艳羡不已并心驰神往。同时，对一定程度上丧失了行动的勇气与能力，作为思想者的知识分子来说，水浒故事中的侠，又何尝不是他们思想与行动的完美合一,生命绝对自由的心理渴望与崇拜。因此,水浒故事的侠暗合了当时民众的心理期盼,这是水浒故事中侠的魅力所在,又是水浒故事生命之树长青的一个捷径。

第四章 水浒小说的救世主旨

水浒小说以救世为主旨。尽管水浒小说都以救世为主旨,但因为时代不同,不同的作者在救世道路的探索上表现各不相同。

第一节 古代文人救世情结综述

学术界公认中国的知识阶层始于春秋、战国之交的孔子时代,但究竟用"士"还是用"知识分子"指称这些最早的知识阶层却一直众说纷纭。亚里士多德曾经指出,事物的本质须由其属性见之。为了更好地探究中国最早知识阶层的本质,我们不妨从其以文载道的属性入手,一概以文人称之。中国古代的文人与西方所说的知识分子有相同之处,那就是都在掌握一定知识或者技能的同时,还悲天悯人,以天下为情怀,"君子之为学,以明道也,以救世也"①。

一、救世情结的产生

中国最早的文人,"自其产生之日起就是讲'救世'和'淑世'的"②。也就是说,中国文人从登上舞台的那一刻起,就以超世间的精神来关心世间的事,以文载道,以道济世、救世。

中国最早的文人,也就是周秦诸子,诞生于一个"礼坏乐崩"的时代。刘向在《战国策》中如此描述:"(春秋战国)道德大废,上下失序……贪饕无耻,竞进无厌;国异政教,各自制断;上无天子,下无方伯;力功争强,胜者为右;兵革不休,诈伪并起。"③对社会现实,诸子都有清醒的认识,在他们笔下社会就是这副模样。孟子云:"世衰道微,邪说暴行有作,臣弑其君者

---

① 顾炎武.日知录(上)[M].上海:上海古籍出版社,1984:28.
② 刘宝村.为学、议政与救世——晚明东林党人的议政之风及其治学精神[J].江淮论坛,2004(1):88.
③ 刘向.战国策[M].上海:上海古籍出版社,1978:1196.

有之,子弑其父者有之。"(《孟子·滕文公下》)庄子云:"与接为构,日以心斗""一受其成形,不亡以待尽。与物相刃相靡,其行进如驰而莫之能止,不亦悲乎!终身役役而不见成功,苶然疲役而不知其所归,可不哀邪!"(《庄子·齐物论》)老子云:"出生入死,生之徒,十有三;死之徒,十有三;人之生,动之于死地,亦十有三。"面对武力代替德治,强权代替仁义,社会分崩离析,人民正在遭受战乱的现实,周秦诸子中"尽管也有消沉者,但更多的是积极探索'救世'之道,挽狂澜于既倒,扶大厦之已倾"①,正如《淮南子·要略》中所说:"诸子之学皆起于救世之弊,应时而兴。"②

最能体现时代忧患的是儒家,孔子说:"人无远虑,必有近忧""君子忧道不忧贫"(《论语·卫灵公》)"不患无位,患所以立"(《论语·里仁》)。他又说:"不患人之不知己,患其不能也。"(《论语·宪问》)正是从这些忧患意识出发,孔子才以宗教般的精神践行着救世的追求,也因而终于把自己成就为一位"匡时救世主义者"③。孔子积极奔走于各诸侯国之间,栖栖惶惶、席不暇暖,为了自己政治主张的实行而努力。在屡屡碰壁,参政梦想得不到实现的情况下,孔子退而求其次,试图通过培养健全的人开始,达到"仁",最终使社会上下有序、协调和睦,社会秩序不受颠覆。孟子则提出了"仁政王道"的思想,进一步将"仁"政治化。而"仁"的本质就是"爱人"(《论语·颜渊》),根据记载,孔子与子贡曾有这样一段对话:"子贡曰:'如有博施于民而能济众,何如?可谓仁乎?'子曰:'何事于仁,必也圣乎!尧、舜其犹病诸!夫仁者,己欲立而立人,己欲达而达人。'"(《论语·雍也》)我们可以得知,儒家说的"仁"也就是"爱人",是"博施于民而能济众",是对天下的拯救,如孟子所说:"思天下之民,匹夫匹妇,有不与被尧舜之泽者,若己推而内之沟中。其自任以天下之重也。"(《孟子·万章下》)而培养健全的人的目的也是"己欲立而立人,己欲达而达人",是"修己以安人""修己以安百姓"(《论语·宪问》)。也就是《大学》里所说:"古之欲明明德于天下者,先治其国;欲治其国者,先齐其家;欲齐其家者,先修其

---

① 王保国.周秦诸子的救世精神和当代文人的学术使命[J].华北水利水电学院学报(社科版),2008(3):9.
② 胡适.中国哲学史大纲[M].北京:东方出版社,1996:354.
③ 苗春德,程凯.孔子的忧患意识、参政意识和教育救世思想[J].湖南大学学报,1996(4):30.

身;欲修其身者,先正其心;欲正其心者,先诚其意;欲诚其意者,先致其知;致知在格物,物格而后知致,知致而后意诚,意诚而后心正,心正而后身修,身修而后家齐,家齐而后国治,国治而后天下平。"而这种"修齐治平"的观念在王保国看来就体现了"儒家高尚的社会责任感和救世精神"①。

道家的代表作《老子》与《庄子》也一直被认为是救世之作。晋代的郭象最早发现庄子的救世思想,他在《庄子注·序》中认为庄子:"通天地之统,序万物之性,达死生之变,而明内圣外王之道。"②清人王先谦在《庄子集解》中对此有相同认识。魏源则直接称《老子》是一部"救世之书"③。按照道家的观点:"民之饥以其上食税之多,是以饥。民之难治以其上之有为,是以难治。民之轻死以其求生之厚,是以轻死。"(《道德经》)正是因为"嗜欲"太深,才导致人心浮躁,世道丧乱,民不聊生。因此道家主张"无为",使人们摆脱锦裘之利、口腹之欲这些外界诱惑,促进人性与道德的回归。老子以"无为"为救世手段,目的是完成"对作为'个人'的先知先觉者的救赎和对作为一个'群体'的众生的救赎"④;庄子以"无为"为救世手段,"其根本目的是希望实现天下大治,回归到上古时代的淳朴"⑤,罗彦民也认为庄子的"无为"主张,"归根结底是为了救世"⑥。

儒家"发愤忘食,乐以忘忧,不知老之将至"(《论语·述而》),以决绝的态度积极入世,屡战屡败、屡败屡战,真正做到了所谓"朝闻道,夕死可矣"(《论语·里仁》)。而道家则主张"无为",达到物我两忘"逍遥游"的境界,通过"无为"而"有为",在救世的方法上两家体现出明显的不同。但是两家都注重人的道德、内心的修养,"志士仁人,无求生以害仁,有杀生以成仁"(《论语·卫灵公》)、"今之成人者何必然,见利思义,见危授命,久要不忘平生之言,亦可以为成人矣"(《论语·宪问》);"道生之,德畜之,物形之,势成之。是以万物莫不遵道而贵德。道之尊,德之贵,夫莫之命而常自然"(《老子》)、"失道而后德,失德而后仁,失仁而后义,失义而后礼"(《庄

---

① 王保国.周秦诸子的救世精神和当代文人的学术使命[J].华北水利水电学院学报,2008(3):9.
② 转引自郭庆藩.庄子集释[M].北京:中华书局,2004:3.
③ 魏源.老子本义[M].北京:中华书局,1986:3.
④ 李兵.老子思想中的救世情结及其实现途径[J].重庆交通学院学报,2001(1):9.
⑤ 王先谦.庄子集解·序[A].郭庆藩.庄子集释[M].上海:上海书店,1986.
⑥ 罗彦民.救世:庄子"无为"思想的终极目标[J].船山学刊,2008(2):114.

子·知北游》)。如果说儒家和道家主张救世是以"内圣"为特色的话,那么墨家和法家多有"外王"的性质。

墨子出身于贫苦家庭,体会到劳动的艰辛与下层人民生活的疾苦,为此,墨子与儒家分道扬镳,自立门户,真正代表下层之庶民,"墨家的理论学说和墨家子弟的行为举动体现了一种强烈的爱民、助民、利民的救世济民精神"①。墨家主张"兼爱""非攻",目睹百姓"饥即不食,寒即不衣,疾病不侍养,死丧不葬埋"(《墨子·兼爱》)的社会现实,认为一切皆起于"不相爱",起于战乱,解决问题的唯一途径是在"自爱"的同时还要"兼爱",要"视人之国若视其国,视人之家若视其家,视人之身若视其身"(《墨子·兼爱》)。这样,人与人之间就不会争权夺利,诸侯之间就不会有战争。墨家是这样说的,也是这样做的。在行动上,身体力行,努力实践自己的理论。为止楚攻宋,墨子亲至楚都,与公输盘唇枪舌剑,并大义凛然地对楚王说:"虽杀臣,不能绝也。"(《墨子·公输》)墨子及其后学,曾集百八十余人为楚阳君死难。墨家这种为民舍生、无私奉献的精神,朱宏达认为这就是:"以奉献为核心的救世精神。"②

法家更是现实主义者,他们认为要改变当时物欲横流、恶性循环的现实,只能恩威并重,用法律规范,以利益引导,注重用实实在在的力量救世。韩非认为"申不害言术,而公孙鞅为法"都是各执一端,"君无术则弊于上,臣无法则乱于下",君主要"法"与"术"并用。另外,"治世不一道,便国不必法古"(《商君书·更法》),韩非在《五蠹》篇中明确主张"不期修古,不法常可",要着眼于现实,立足于当今,"世异则事异""事异则备变",要用实际的力量救世。于是,他把学者、言谈者、带剑者、患御者、工商五种人称为社会的蠹虫,为了社会的安定与和谐,要大力发展农业,加强军队建设。

中国古代文人"虽各持己见,争鸣不休,但百家殊途同归,都是'务为治'的"③。他们谋道不谋食,忧道不忧贫,自觉地把自我价值或者说使命定位于拯救天下苍生。

---

① 李军波,徐拥军.墨家救世济民精神研究[J].经济与社会发展,2008(8):25.
② 朱宏达.论墨家精神[J].杭州大学学报,1992(3):15.
③ 刘宝村.为学、议政与救世——晚明东林党人的议政之风及其治学精神[J].江淮论坛,2004(1):88.

二、救世情结的传承

救世情结形成以后,就深深刻印在中国古代文人的心中,尽管所处朝代有别,救世形态各异,但是救世的初衷却代代相承。

在汉代,汉武帝"罢黜百家,独尊儒术",先秦百家争鸣、众说纷纭的局面虽然终结,但是,读经与为官相连在政治制度上的确立,反而使中国古代文人救世情结的在野性、理想化、学术性减弱,变得更加有目的,更加实用。在制度上为读书人以文救世做了保证。于是,为了国家的长治久安、社会的安定和谐,汉代文人第一次以统治阶级的身份,积极且诚恳地针砭时弊,摸索、总结治国经验。在汉初思想家里面,贾谊的忧患意识是最浓厚的,他指出了藩国之忧、匈奴之乱、经济失本无序等一系列重大问题。如果说,贾谊的盛世危言还较容易理解的话,那么在魏晋时期阮籍、嵇康身上也保持着中国古代文人的救世情结则会让人费解。实际上,两人在最初的玄学讨论中也表达了救世之志。阮籍在《达庄论》中,糅合儒道以创造理想社会的思想非常明确:"彼六经之言,分处之教也,庄周之云,致意之辞也。大而临之,则至极无外,小而理之,则物有其制。"①嵇康在《卜疑集》中也列举了多种济世之途。他们最终没有选择仕途,是因为社会政治现实环境的恶化,迫使他们走向今人看来荒诞玄幻的道路,非汤武而薄周孔、越名教而任自然。嵇康之归于自然,是基于一种对社会背离大道的深深的忧患意识,现实是丑恶的,政治是残忍的,但他们并没有选择逃避,而是要返归自然,寻求那失落了的大道。嵇康"在静心'修行'中体道悟道,启蒙自我,是为了再以此道启蒙众生、'普度众生',拯救这多灾多难的现实社会"②;"阮籍的济世志,并不仅是少年雄心,而是贯穿其一生的不懈追求,尽管这种追求充满了矛盾和痛苦,但他始终没有放弃济世之志"③。

面对经学的中衰,初唐孔颖达在《毛诗正义》里就提出"诗人救世"说:"变风所陈,多说奸淫之状者,男淫女奔,伤化败俗,诗人所陈者,皆乱状淫形,时政之疾病也,所言者,皆忠规切谏,救世之针药也。《尚书》之三风十

---

① 阮籍.达庄论[M]//陈伯君阮籍集校注.北京:中华书局,1987:142.
② 刘思刚.嵇康:拯救的人生[J].四川师范学院学报,1999(1):93.
③ 张仲慧.论阮籍的济世志[J].河南大学学报,2003(5):82.

怨,疾病也。诗人之四始六义,救药也。若夫疾病尚轻,有可生之道,则医之治也用心锐。扁鹊之疗太子,知其必可生也。疾病已重,有将死之势,则医之治也用心缓。秦和之祝平公,知其不可为也。诗人救世,亦犹是矣。"①在这里,"诗"指《诗经》,"诗人救世"说还体现了唐代文人以文救世的自信。"'诗人救世'说,是初唐儒者自信的张扬。"②正是这种自信,初唐的边塞诗人不仅仅满足于以文救世,甚至做出投笔从戎的举动;为了达到救世的目的,杜甫"济时敢爱死,寂寞壮心惊"(杜甫《岁暮》),为了挽救危亡,不惜自己的性命,在以诗救世上,表现得勇敢无畏;白居易百折不挠,兼济思想整整贯穿了一生。正是因为中国古代文人的这种救世情结,纵观整个唐代,尽管作诗已经成为一种群体性的行为,诗人却不愿以职业的诗人自居,他们自觉承担了救世的重负,正如吴相洲所说:"在他们的诗中可以真切地感受到对父母、子女、兄弟、友朋、君主、天下的责任感,感受到悲天悯人的圣者情怀、拯救危难的积极热情、冰清玉洁的高尚人格和对人生意义的深入思考。"③

宋代统治者已经感到天变不足畏,随着统治阶级的肆无忌惮,知识在权力面前越发显得软弱无力,以文救世遇到前所未有的挑战。于是,文人创造出"天理",并让"天理"凌驾于万事万物之上,当然也主要是凌驾于皇权之上,为以文救世做最后的挣扎。尽管他们也认为天下的兴衰在于皇帝的仁与不仁,但是,"夫以海宇之广,亿兆之众,一人不可以独治,必赖辅弼之贤,然后能成天下之务,自古圣王,未有不以求任贤为先者也"④,天下如此之广,人口如此之多,仅仅依靠皇帝一人治理是不可能的,历代的圣王也都是把任用贤臣作为治国之先。因此,他们主张让贤臣、贤相与君主共治天下,最终达到社会秩序的重建。随着理学受重视,理学家身份有所变化,其救世精神在一段时间内也确实激励了一批又一批的文人投入到积极救世的洪流中。但是随着理学的僵化,王阳明在正德元年(1506)被"去衣"受廷杖、"既绝复苏"⑤之后,在"仕"途之外发现了另外一条"平治天下"的

---

① 李学勤.十三经注疏[M].北京:北京大学出版社,1999.
② 韩宏韬.初唐儒者的"诗人救世"思想[J].重庆文理学院学报,2009(6):80.
③ 吴相洲.唐诗繁荣原因重述[J].北京大学学报(哲学社会科学版),2009(5):66.
④ (宋)程颢,程颐.二程集[M].王孝鱼,校点.北京:中华书局,1981:522.
⑤ (明)王阳明.王阳明全集(下册)[M].上海:上海古籍出版社,1992:1227.

大道,这就是用"良知"两字来达到"治天下"的目标。可是"阳明心学"仍然"是一种具有强烈救世理想的学说"①,因此并没有改变文人救世的初衷。

明清之际,顾炎武从总结明亡的教训出发,指出"君子之为学,以明道也,以救世也"②,明确提出"明道救世"的治学宗旨。嘉道之际,随着外患内忧的加剧,文人匡济天下的救世热情空前高涨,龚自珍、魏源、林则徐、陶澍、贺长龄、包世臣、姚莹、方东树、鲁一同等人无不忧心忡忡,对只知迂谈性理的宋学和埋首烦琐考据的汉学十分鄙视,经世致用的社会思潮在嘉道之际再度兴起。如《海国图志叙》中,魏源强调要"以实事程实功,以实功程实事""毋冯河""毋画饼",要求重视西方科学,提出"师夷长技以制夷"③,希冀体制的自我完善,能够化解危机,促进社会的安定。

到了晚清,救世言论经少数仁人志士之口,逐渐漫延至整个社会。康有为称"日日以救世为心,刻刻以救世为事,舍生命而为之"④、梁启超说自己"志在救世,不顾身家而为之"⑤,徐义君认为"谭嗣同及其维新人士,都是以'救世主'自任的"⑥。守旧派亦强调道德救世,认为"不托之救世,则无以息天下之争"⑦,义和团运动以"劫难""救世"为号召,相信只有靠自身近乎苦行的禁欲主义,才能挽回天心与人心,实现救世心愿。另外在媒体业、小说界等各行各业中,救世之声同样不绝于耳。晚清的文人在继承前人的基础上,还提出了以革命救世的新路。如陈天华就视革命为救世的圣药,邹容、章太炎、刘师培也不乏类似思想。有革命就有牺牲,但不仅仅是革命失败后才出现牺牲,晚清时人还表现出自动赴义的情怀。如北洋舰队全军覆没,丁汝昌自杀;杨村失守,直隶总督裕禄自杀;义和团运动失败后,清朝官吏自杀更是层出不穷。维新者康有为为了救世时时刻刻准备着起义;谭嗣同更是为了中国的变法自愿牺牲;叛君爱国的革命者,如吴稚

---

① 唐安.阳明心学与明代中期的社会生活[J].贵州社会科学,2007(5):101.
② 顾炎武.亭林文集·与人书三[M]//续修四库全书.上海:上海古籍出版社,2006:108.
③ 魏源.魏源集[M].北京:中华书局,1976:207-208.
④ 陈少峰.生命的尊严——近代人道主义思想研究[M].上海:上海人民出版社,1994:117-118.
⑤ 梁启超.梁启超全集(二十一卷)[M].北京:北京出版社,1999:36.
⑥ 徐义君.谭嗣同思想研究[M].长沙:湖南人民出版社,1981:122.
⑦ 沈云龙.近代中国史料丛刊[M].台北:文海出版社,1996:302.

晖、冯夏威、殷次伊、陈天华等皆自杀而亡。赵炎才认为这些人"视死节、无畏、献身等自动赴义为特殊道德救世途径"①。

三、救世情结在明清小说中的体现

救世已经成为中国古代文人的一种情结,挥之不去,不招自来,无论是在诗、词、曲还是小说中,文人在抒发自己真实感情时,救世的情怀就自然而然地表露出来。在明清小说中,从三个方面我们可以看出文人救世情怀的表达:

(一)消除灾害

人类自始就体会到生的艰难,人民少而禽兽众,为了战胜自然灾害,为了生存,古人发明了火,学会了建造房屋等,经历过各种艰难的尝试。可能太过于感同身受,大禹治水三过家门不入的奉献精神,以及女娲用自己补天的献身精神一直激励着文人,成为文人歌颂的对象。与灾害做坚决的斗争,摆脱灾害的威胁,使人民免于流离失所,自然就是文人救世情结的体现。

《北游记》《女仙外史》《西游记》等小说中有大量祈雨解旱、扫蝗救灾、制伏水祸等化解自然灾害的故事。灾害不仅仅包括自然灾害,还包括瘟疫、妖魔等。在《咒枣记》《韩湘子全传》中,有为了还健康于民而驱除瘟疫的内容。在《北游记》《西游记》以及《斩鬼传》《平鬼传》等小说中,有通过神仙制伏妖魔作祟来救世的内容。神仙以法力驱除疫病,苟波认为:"这也是大多数'神魔小说'主人公的'救世济人'方式。"②

(二)重建政治秩序

中国古代文人的救世情结决定了他们都有积极入世的精神,他们对政治秩序的重建表现出极大的热情,这可以说是其救世情结最好的外在体现。

在明清小说中,作者直接或间接地表达了参与政治斗争、匡扶正义、重建政治秩序的理想。如《女仙外史》就是一部典型的神仙参与政治斗争、扶正祛邪的小说。《封神演义》中诸仙都参与了商、周两大政治力量的争

---

① 赵炎才.清末时人自动赴义的道德救世情怀[J].天府新论,2006(1):123.
② 苟波.道教与神魔小说[J].世界宗教研究,2005(2):126.

斗,虽是奉天承运,但无不是为各自心目中的理想政治秩序而战。《说岳全传》中因为赤须龙下界后侵犯中原,搅乱宋室江山,使万民受兵革之灾,所以岳飞转世要为保宋室江山而战。《水浒传》中,作者有感于奸臣当道,世道凌替,让宋江打着"替天行道"的旗号,积极招安,平定外患,消除内乱。《三国演义》中,作者有感于邪恶战胜正义、奸猾压倒忠贞的社会现实,把自己的救世情怀寄托于字里行间,一吐胸中之块垒,既表达了对导致天下大乱的昏君贼臣的痛恨,又表达了对创造太平盛世的圣明君主的渴求,真心希望社会政治秩序能恢复到正常的轨道,作者实际上是"以儒家的政治道德观念为核心,表现一种士人式的救世情怀"①。"神魔小说"《西游记》《三遂平妖传》等也有许多表现神仙佐国扶命、参与人间政治斗争、扶持正义的内容。

(三)规劝迷途者

社会的腐朽黑暗、诱惑力的增多,很容易让人眼花缭乱、迷失本性,从而坠入堕落的深渊,救世要从救人开始。为了匡时救世,让迷途者知返,塑造健全的人就成了救世之重。

《聊斋志异》的作者蒲松龄担心《聊斋志异》的某些篇章不能为普通人所懂,达不到救世的目的,就把这些篇章编成了俚曲,以便普通群众易于接受。诚如其子蒲箬所言:"《志异》八卷,渔搜闻见,抒写襟怀,积数年而成,总以为学士大夫之针砭,而犹恨不如晨钟暮鼓,可参破村庸之迷,而大醒市媪之梦也。又演为通俗杂曲,使街衢里巷之中,见者歌,而闻者亦泣。其救世婆心,直将使男之雅者、俗者,女之悍者、妒者,尽举而匋于一编之中。呜呼!意良苦矣!"②从内容上讲,虽然《聊斋志异》多写因果报应,花妖狐魅,但是嬉笑怒骂皆具救世婆心,蒲松龄以圣人徒自居,劝诫世人弃恶从善,迷途知返,使人成为仁、义、礼、智、信的圣人。蒲松龄规劝迷途者的意识从作品第一篇《考城隍》中"有心为善虽善不赏,无心为恶虽恶不罚"这句话就能体现出来。在人情小说如《金瓶梅》与《红楼梦》中,郓哥与宝玉分别在点破与参破红尘后脱离尘世,回归到他们本来的身份,蔡翔认为这种"归

---

① 于立强.《三国演义》蕴涵的人文情怀[J].内蒙古电大学刊,2007(8):15.
② 蒲箬.柳泉公行述[M]//路大荒辑.蒲松龄集.北京:中华书局,1962:1807.

位"模式:"透露出一种对此岸的肯定,一种积极入世的'救世'态度。"①在一些道教小说中,他们认为神仙度脱凡人这种宗教性的救济方式,是最根本、最彻底的拯救世人的形式。小说《韩湘子全传》《飞剑记》《东游记》等都是通过神仙不畏艰难,引导凡人修道,脱离尘世,从而获得永恒幸福的故事来赞扬神仙救世济人的伟大精神。

当然,上面的划分并不绝对,多数作品中还出现了三个方面内容的联合。如《西游记》②,一方面有通过消除灾害体现作者救世精神的内容,如"火焰山"一节,虽然孙悟空要用芭蕉扇是为了过火焰山去西天取经,但因为火焰山的存在,周围寸草不生,为了生存,当地人要"十年拜求一度。四猪四羊,花红表里,异香时果,鸡鹅美酒,沐浴虔诚,拜到那仙山"(第五十九回)。在芭蕉扇到手后,孙悟空最终想到的还是"拯救这方生民"(第六十一回),因此要连扇四十九扇,断绝火根;另一方面,唐僧降生于东土,是因为"那南赡部州,贪淫乐祸,多杀多争"(第八回),唐僧师徒西天取经,最终目的还是"祈保我王江山永固"(第十二回),从出发点上就含有政治的内容;最后,唐僧因被贬真灵,降生于东土;猪八戒本是天蓬元帅,因酒后调戏嫦娥而下界投胎;沙和尚则是卷帘大将,也因蟠桃会上失手打碎琉璃盏,贬入下界流沙河;孙悟空和白龙马也是因为某种过失而一被压五行山,一困鹰愁涧,西天取经的过程,使他们历经磨难,从而成佛做祖。因此,只有自我先得救,作者救世的目的才得以达到,这也就是为什么《西游记》被看作"不仅是一部歌颂救世的书,同时是一部鼓励自救的书"③。

第二节　水浒小说以救世为主旨

一、救世的倾向性流露——《大宋宣和遗事》

《大宋宣和遗事》的内容相当丰富,但因为它是杂抄野史笔记和旧话本而成,如鲁迅所说:"惟节录成书,未加融会,故先后文体,致为参差,灼然

---

① 蔡翔.救世与厌世——中国文学中的"归位"模式[J].文艺评论,1991(5):23.
② (明)吴承恩.西游记[M].济南:齐鲁书社,1991.
③ 杜贵晨.《西游记》的迷踪与密谛[J].济宁学院学报,2007(4):9.

可见。"①只是资料的辑录。因此,《大宋宣和遗事》在中国文学史上往往仅被看作《水浒传》较原始的资料。实际上,作者在辑录材料的取舍与组合上并不是随意的。作为我们所能看到的第一部水浒小说,无论是从作品思想内容、叙事结构,还是编撰形式上,《大宋宣和遗事》都能流露出水浒小说救世的主旨。

(一)思想内容

《大宋宣和遗事》一开始的议论就说:"看破治乱两途,不出阴阳一理。""这个阴阳,都关系着皇帝一人心术之邪正是也。"这两句话可以看作书的中心思想,接下来,整部小说就是论证皇帝一人之心术对国家的影响。"君主不明,自乱天下",正是因为宋徽宗信用小人,荒淫无度,以致金人入侵,毁了祖宗创造的基业,造成父子"将身北去"的奇耻大辱。作者详细描写了奸臣当道导致的人民的苦难以及以宋徽宗为符号的国家所遭受的屈辱,这些情节可谓一字一泪,如泣如诉,令人不忍卒读。在徽、钦二帝北去途中,作者写他们并没有反思自己的过错,思考如何救民于水火,重整河山,报仇雪耻。但是在贞集开头,却插入赵妃不忘雪耻救宋,斥金主为"北方小胡奴",因而被杀的一段小故事。胡士莹认为这样写是"作为对照,目的在激发人民的民族感情。但这部分只是抄撮野史,绝无话本气息,或许正是作者特意编写成书,给说话人提供说唱的新资料以激励民心士气的"②。另外,陈师道、陈东等人扶大厦于将倾的力挽狂澜,宗泽等抗金将领力图恢复中原的凛然气节,也都体现着作者强烈的民族意识,以及对宋王朝走向不归路的愤恨。

(二)叙事结构

《大宋宣和遗事》开门见山提出了作者的观点,说国家之治乱,完全在于皇帝正邪一心。接着,作者先从尧舜明君说起,再一一列举历朝历代的昏君,用正反两面的例子证明自己的观点,同时作为引子,引出宋徽宗。这就说明:"《大宋宣和遗事》无论是叙事还是其结构,都是关于'皇帝'的,都是反思国家朝廷之兴亡与皇帝的关系的。这也表明作者的写作意图乃是

---

① 鲁迅.中国小说史略[M].济南:齐鲁书社,1997:99.
② 胡士莹.话本小说概论[M].北京:中华书局,1980:716.

反思北宋何以灭亡的原因。"①

在引出宋徽宗后,作者对他的不满立刻喷涌而出:"今日话说的,也说一个无道的君王,信用小人,荒淫无度,把那祖宗混沌的世界坏了,父子将身投北去也,全不思量祖宗创造基业时,真不是容易也!"然后就用具体内容写宋徽宗是如何远贤臣,亲小人,提倡道教妖术,纵情声色,大肆挥霍人民血汗,造成了这场历史悲剧的。引用谏议大夫张商英的奏表所说:"今陛下惑佞臣之言,恣骄奢之欲,起万岁之山,运太湖之石,建宝箓之宫,修同乐之园,役天下农工,大兴土木,赋繁役重,民不聊生。固宜频年旱蝗,日月薄蚀,妖星示变,风雨不调。不能严恭寅畏,以谨天戒;方且与君臣溺意游欢,留情声色,忘祖宗创造基业之根,使生灵各罹涂炭之苦。"宋徽宗这样做的结果就是国破家亡。为了强调总结宋亡的前车之鉴,作者还特意摘取了吕中《皇朝大事记讲义》中的一段话做结论:"世之儒者,谓高宗失恢复中原之机会者有二焉;建炎之祸,失其机者,潜善、伯彦偷安于目前误之也;绍兴之后,失其机者,秦桧为房用间误之也。失此二机,而中原之境土未复,君父之大仇未报,国家之大耻不能雪。此忠臣义士之所以扼腕,恨不食贼臣之肉而寝其皮也欤!"作者意在反思宋朝灭亡的历史,探讨救世之路的主旨已非常明显。

《大宋宣和遗事》正面提出论点,然后从三皇圣贤时代写起,写历史贤君忠臣,也写各代奸臣。引出宋徽宗这一朝后,就详细写宋徽宗一朝是如何走向衰亡,内乱不息,外患频繁,直至被金消灭的。卢明认为:"这样的框架,谁能不说是替统治者总结教训,为社会呼唤正义呢?"②

(三)编撰形式

《大宋宣和遗事》由"元、亨、利、贞"四集构成,即以《周易》的"乾"卦来结撰。对于乾卦之四德"元亨利贞"的解释,可谓众说纷纭,但众说都或隐或显地认为"元亨利贞"可以描述事物始、长、遂、成的过程。结合作品实际来看,元集写宋徽宗君心不正,因此蔡京等奸臣、道士林灵素、盗贼等纷纷登场,这可以算作乱之始;亨集中,宋徽宗在奸臣的诱惑下,大兴土木,留情声色,以致赋繁役重,民不聊生,盗贼蜂起,可谓乱之长;利集,金兵入

---

① 张同胜.论《大宋宣和遗事》在思想和结构上的民族特色[J].菏泽学院学报,2010(1):29.

② 卢明.《水浒传》主题正气论[J].菏泽学院学报,2006(6):65.

汴、北宋皇帝北狩,可谓祸之遂;贞集,徽宗、钦宗北狩,康王南渡中兴,可谓祸乱之成。作者完整地描写这一过程,是否就是在事过境迁之后,反思宋朝灭亡原因,积极总结经验教训呢?无独有偶,聂世美整理《偶斋诗草》①,在其《前言》中说:"中国社科院文学所图书馆藏有一钞本《竹坡诗草》,亦分四集,集名依次为元、亨、利、贞。显然,此本集名乃取义于《周易·革卦》卦辞:已日乃孚。元亨,利贞,悔亡。据孔颖达《正义》云云(略),不管所钞者是否已有'改制革命'意识,其以'元亨利贞'名集而蕴含的'悔亡'意义是一目了然的。"因此,联系《大宋宣和遗事》的实际内容,我们同样有理由相信作者是有"悔亡"的意思的。

另外,王利器在《〈宣和遗事〉解题》一文中,说《大宋宣和遗事》四卷本"虽称四卷,其实是二卷,其卷一、卷三都有入回诗,而卷二、卷四却没有,这是原书本是二卷的确证"②。也就是说,《大宋宣和遗事》原来为两卷,后来才分为四集,集名依次为元、亨、利、贞。显然,根据《周易·革卦》卦辞"已日乃孚。元亨,利贞,悔亡"来看,两卷本能更好地表达作者"悔亡"的写作初衷。

我们也必须承认,《大宋宣和遗事》的文字不统一,文言、白话间杂,体例并不一致,结构也不甚完整。更主要的是作者虽然认识到治乱两途都在皇帝一心,但即使在痛定思痛之后,作者也没有找出让皇帝心正的措施。因此,我们只能说这只是作者救世的倾向性流露。

二、救世的寓意式表达——《水浒传》

以往《水浒传》主题的研究,存在两种思路:一种侧重于作品的题材与内容,如"农民起义说""投降说"等;另一种侧重于作品中人物的感情倾向,如"忠义说"等。但是在中国古代文学中,作者思想的表达往往借助于"寄寓"③传统,也就是说,题材与内容、人物的感情倾向只是表达作品寓意的媒介,而这个寓意恰恰才是作品的主题。正是因为对"寄寓"传统的忽略,以往关于《水浒传》主题的研究,虽各有一定道理,实质上并没有到达

---

① 齐廷.偶斋诗草[M].上海:上海古籍出版社,2005.
② 王利器.《宣和遗事》解题[J].文学评论.1991(2):57.
③ 王鸿卿.《水浒》主题新论[J].明清小说研究,2005(2):44.

《水浒传》的深层。

对于《西游记》《金瓶梅》两部写作风格截然不同的作品,我们都承认其主题含有深刻的寓意。例如,世德堂本刊《西游记》陈元之序称"此其书直寓言者哉"①,《金瓶梅词话》上廿公所作《金瓶梅跋》也称"《金瓶梅传》,为世庙时一巨公寓言"②。张竹坡评点《金瓶梅》时还特意作了一篇《金瓶梅寓意说》。因此,我们相信《水浒传》也是含有寓意的。其实,陈忱在《水浒后传论略》中就直接称《水浒传》:"假宋江之纵横,而成此书,盖多寓言也。"③《水浒传》是一部寓言,其寓意就是要表达作者作为一个下层知识分子"治国平天下"、挽颓救弊的救世情怀,《水浒传》是以"救世"为宗旨的,这可以从小说的神话构思、谋篇布局、形象塑造三个方面来看。

(一) 神话构思

《水浒传》共涉及两个神话,石头神话与玄女神话。石头神话在第一回、第七十一回出现;玄女神话在第四十二回、第八十八回出现,仅各有两次。但是,石碣与玄女意象却时隐时现,贯穿小说的始终,不仅在情节结构上起着统摄全书的作用,而且在深层上寓示着作者的写作意旨。

从源头上讲,石头神话可追溯到《淮南子·览冥训·女娲补天》:

"往古之时,四极废,九州裂,天不兼覆,地不周载。火爁炎而不灭,水浩洋而不息。猛兽食颛民,鸷鸟攫老弱。于是女娲炼五色石以补苍天,断鳌足以立四极,杀黑龙以济冀州,积芦灰以止淫水。苍天补,四极正,淫水涸,冀州平,狡虫死,颛民生。"④

女娲用五色石补天,自然界才得以恢复正常秩序,人民才得以生存,石头作为神话意象显然带有救世的象征。《水浒传》第一回"张天师祈禳瘟疫、洪太尉误走妖魔",一百零八位天罡、地煞出世,结果是"掀翻天地""戳破苍穹",祸国——"社稷从今云扰扰,兵戈到处闹垓垓";殃民——"必恼下方生灵"。天罡、地煞成为乱世的象征,造成这种情形的直接原因是刻有"龙章凤篆,天书符箓",作为压制天罡、地煞的碑碣被推倒了,石碣的作用

---

① 刘荫柏.西游记研究资料[M].上海:上海古籍出版社,1990:555.
② 侯忠义,王汝梅.金瓶梅资料汇编[G].北京:北京大学出版社,1985:216.
③ 陈忱.水浒后传论略[G]//朱一玄,刘毓忱.水浒传资料汇编.天津:南开大学出版社,2002:488.
④ 陈广忠.淮南子译注[M].吉林:吉林文史出版社,1990:289-290.

是阻止天罡、地煞扰乱社会、残害生灵的。显然,《水浒传》中的石碣延续着石头神话中石头救世的寓意。

从文本来看,天罡、地煞摆脱石碣的压制,来到世间的原因被解释为"一来天罡星合当出世,二来宋朝必显忠良",丛彬彬、俞挺二人认为作品如此描述,本身就"具体地肯定了水浒英雄后来的救世精神"①。"国家混乱,有忠臣",英雄出世是为拯救大宋王朝而来。天罡、地煞踏入人世,"直使宛子城中藏虎豹,蓼儿洼内聚神蛟",意味着他们的相聚,而聚由石碣村开始,"一百八人之入水浒,断自此始"②。村为石碣村,石头又带有救世的色彩,作者安排天罡、地煞聚由石碣村开始,这是否也意味着他们救世的开始呢?在聚的过程中,他们打抱不平、除暴安良,尤其是"替天行道"口号的提出,"不仅是梁山好汉企图依靠自己的力量来自我解救的一种表现,也流露出他们改变大宋帝国不合理现实、匡时救世的强烈愿望"③,进一步证实了我们的猜想。一百零八位魔君来到世间,乱世的初衷带来的却是匡时救世的结果。梁山好汉愈聚愈齐,队伍越来越壮大,在救世的道路上越走越远。在七十一回,天罡、地煞重新回到带有救世色彩的石碣,"人间善恶皆招报,天眼何时不大开",这既是对回归必然性的肯定,又是对斩断"魔心""去邪归正"、积极救世的赞许。随着梁山英雄按照石碣的指示,"天罡地煞星辰,都已分定次序,众头领各守其位",聚义厅改为忠义堂,"替天行道"的杏黄大旗被竖起,具有救世象征的石碣则又预示着天罡、地煞新的救世之路的开始,文中随后就有了消除外患、平定内乱的内容。因此,石碣不仅是一百零八位天罡、地煞从散到聚的凝聚力的象征,同时又承担着石头神话救世的旨意。石碣—石碣村—石碣的情节设计,更是突出了作者改良不合理社会、削除社会不公、匡时救世的寓意。

在《水浒传》中,如果说石头神话是梁山好汉救世的倾向性流露,那么,玄女神话则是梁山好汉救世的具体行动指南。

在中国神话谱系中,玄女一般承担着"房中术神""战神""丹药神""术数神"等角色。《水浒传》中,玄女第一次出现时送给宋江三卷天书,并

---

① 丛彬彬,俞挺.浅谈《水浒传》的忠义观念与道释思想[J].丽水师范专科学校学报,2004(3):37.
② 施耐庵.水浒传[M].济南:齐鲁书社,1991:272.
③ 王振星.《水浒传》神话解读[J].大庆高等专科学校学报,1998(3):51.

没有说明天书的性质,但是在第五十二回"李逵打死殷天锡、柴进失陷高唐州"中,宋江与高廉交战,"打开天书看时,第三卷上有回风返火破阵之法",便用天书上的战法与高廉交战。且玄女第二次出现时,曾亲自传授宋江破"混天象阵"的方法,因此,玄女在《水浒传》中是作为"战神"存在的。而玄女作为"战神"的角色要追溯到黄帝与蚩尤之战,最早记载这一事件的是《山海经》,在《山海经》中,帮助黄帝战胜蚩尤的是女魃。而自从汉代的纬书《龙鱼河图》出现后,帮助黄帝战胜蚩尤的功劳一般都记到了九天玄女名下,玄女帮助黄帝战胜蚩尤的唯一原因是蚩尤"诛杀无道,不慈仁","黄帝以仁义,不能禁止蚩尤"[①]。因此,从源头上讲,作为"战神"的玄女神话与石头神话一样带有救世的象征色彩。

《水浒传》中,宋江在第十八回才迟迟出场,又历经百转千回,在第四十一回终于上了梁山,随后,第四十二回中,九天玄女传给宋江三卷天书,告诫宋江要"替天行道为主,全忠仗义为臣,辅国安民,去邪归正"。实际上是以天命的形式暗示梁山新的头领的诞生,事实上,自此宋江自己都认为"这娘娘呼我做星主,想我前生非等闲人也"。同时也意味着九天玄女为新头领领导下的梁山英雄以后的行动指明了道路,那就是"替天行道"与"辅国安民",在救世的道路上完成自己的历练,由魔成神。至此,宋江的人生理想与现实才得到统一,梁山注定会出现翻天覆地的变化,这也与后来的"外夷及内寇,几处见奇功"遥相呼应。第八十八回中,九天玄女第二次出场,"吾传天书与汝,不觉又早数年矣!汝能忠义坚守,未尝少怠"。这是对宋江领导下的梁山英雄的救世之路做出了肯定,"保国安民,勿生退悔。天凡有限,从此永别",勉励宋江在救世的道路上继续前行的同时,也意味着梁山好汉的"功成果满"之路已经为时不远。在《水浒传》中两次出现九天玄女,体现作者的意图正如尊师杜贵晨先生所言:"指一条朝野相安,上下妥协的化'盗'为'良'、治国安邦之路,作为拯乱救世的良方妙药。"[②]

因此,在《水浒传》中,石头神话和玄女神话在结构上起着统摄全书的作用,也寄寓着梁山好汉扫除人间不平、改良社会政治、救国救民的救世

[①] 孙毅.纬书集成[M].上海:上海古籍出版社,1994:372-373.
[②] 杜贵晨."九天玄女"与《水浒传》[J].济宁师范专科学校学报,2006(5):17.

旨意。

(二) 谋篇布局

《水浒传》第一部分最大的特点就是"乱",讲述在当权者统治下,社会变得千疮百孔,奸佞横行、人心思乱、民不聊生。

首先表现为统治阶级的腐朽。作品从高俅发迹写起,写高俅因踢得一脚好球而受皇帝赏识,并在宋徽宗亲自扶持下,"浮浪破落户子弟"转身成为"执掌军事大权的殿帅府太尉"。而宋徽宗本人也是"浮浪子弟门风,帮闲之事,无一般不晓,无一般不会,更无一般不爱。更兼琴棋书画,儒释道教,无所不通;踢球打弹,品竹调丝,吹弹歌舞,自不必说"。可以说是王者无威,臣者非臣。在这样的情况下,当权者拉拢亲信、狼狈为奸、不恤民瘼、民怨沸腾。当高俅的养子高衙内看中八十万禁军教头林冲的妻子时,高俅不是以国事为念,化干戈为玉帛,同心辅助朝廷,而是助纣为虐,最后以十两黄金,定要置林冲于死地而后快;高俅的堂弟高廉,为高唐州知府,兼管该州兵马,他倚仗堂兄的势力,无所不为;他的小舅子殷天锡,为自己的所好竟视"丹书铁券"为无物;青州知府慕容彦达,是徽宗天子慕容贵妃之兄,"倚托妹子的势要,在青州横行,残害良民,欺罔僚友,无所不为";梁中书是太师蔡京的女婿,每年都要搜刮民脂民膏十万两纹银买金珠宝贝,为蔡京祝寿;江州知府蔡得章,是蔡京的第九个儿子,这人也是"为官贪婪,作事骄夺奢"。当权者如此,社会自然乌烟瘴气,"宋室不竞,冠屦倒施,大贤处下,不肖处上"①。因此,社会无序,人民无望,英雄难有立足之地。

其次表现为社会动荡不安的现状。桃花山有周通、李忠;清风山有燕顺、王英、郑天寿;对影山有吕方、郭盛;黄门山有欧鹏、蒋敬、马麟、陶宗旺;饮马川有邓飞、孟康、裴宣;白虎山有孔明、孔亮;芒砀山有樊瑞、项充、李衮结;枯树山有鲍旭;二龙山有邓龙;梁山泊有王伦、杜迁、宋万、朱贵。匪窝遍地,众位首领来自四面八方,身份各异,如李忠原是江湖上使枪棒卖药的;燕顺原是贩羊马的商人;郑天寿原是打银的手工艺人;吕方、郭盛是小商;蒋敬、王伦是落第的秀才;陶宗旺是农民;孟康是杀人犯;裴宣是小吏。他们少则三五百人,多则几千人,均设聚义厅,雄霸一方,干的是打家劫舍、谋财害命的勾当。

---

① 施耐庵.水浒传[M].济南:齐鲁书社,1991:1282.

最后表现为人心思乱。已经举起聚义大旗的,正过着"不怕天,不怕地,不怕官司,论秤分金银,异样穿绸锦,成瓮吃酒,大块吃肉"的生活,这就吸引着阮氏三兄弟一般走投无路的下层人民,"人生一世,草生一秋。我们只管打鱼营生,学得他们过一日也好",因此,"我弟兄们几遍商量,要去入夥"。下层人民如此,那些稍有社会地位、生活比较稳定的人,仕途无望,报国无门,对自己的将来同样悲观绝望,同时他们又在固守中时刻准备着,默默聚积力量。如宋江,空有一身本事,只能"恰如猛虎卧荒丘,潜伏爪牙忍受",在隐忍中等待。同时宋江又积极经营,结交四方豪杰,扶贫济困,时时刻刻为将来准备着。并事先让父母"告了忤逆",并有执凭文贴存照;又在家中事先挖好地窖,以备急难时躲用。大周柴世宗嫡派子孙柴进,也"专一招接天下往来的好汉,三五十个养在家中","便杀了朝廷的命官,劫了府库的财物,柴进也敢藏在庄里",柴进与几个山寨多有联系,并不时推荐别人上山。实际上,"江湖文化表面上是粗鲁的,大大咧咧,一副不要命的样子,其实它是有着根深蒂固的算计的,它的最大的算计就是顽强地指向政治"①。宋江在上梁山前做的最后一次总动员中说:"小可不才,自小学吏。初世为人,便是要结识天下好汉。奈缘力薄才疏家贫不能接待,以遂平生之愿。"只有上了梁山自己的心愿才会实现,这"平生之愿"从诞生的那一刻起也许就包含着政治的考量。

身处乱世,英雄无用武之地,但是对于反上梁山造反,众英雄苦苦抗争并极力排斥。朱武劝史进入伙时,史进道:"我是个清白好汉,如何肯把父母遗体玷污了!你劝我落草,再也休提。"王伦劝杨志落草时,杨志认为:"只为清白姓字,不肯将父母遗体玷污。"卢俊义、秦明更加坚决,"生为大宋人,死为大宋鬼!"宋江上梁山之路更是一波三折,最后被认为题了反诗,梁山好汉劫法场,在生与死的抉择中,才迫不得已上了梁山。英雄不愿意与朝廷为敌,但梁山却是英雄的唯一归宿,这是乱世使然,乱世的出路又在哪儿?作者这样描述,也应该指出乱世的出路。实际上,在作品第一回,作者历数宋朝皇帝,却重点写宋仁宗朝,无非因为"文有文曲,武有武曲",当时有文武贤才帮助皇帝治理国家。"三登之世"尚且需要贤才的辅佐,那乱世不就更应该积极改变吗?这样的布局就内含着作者在乱世要积极救

---

① 红苇.体验江湖[M].上海:上海三联书店,2003:50.

世的思考。

因此,《水浒传》的第二部分就主要写"治"。写一群特殊的人——强盗,在特殊的社会条件下——末世,是如何人尽其职,各尽其能,惨淡地经营,修齐治平,拯救当时社会的。这也就是所谓的"持世心肠"①吧,鲁迅将金本《水浒》称为"断尾巴蜻蜓",笔者认为鲁迅取意正是在此。

当然,在一个古代文人看来,要救世,除了依附于封建王权外不会再有别的出路。为此,大多数英雄绝不肯轻易上梁山与朝廷为敌;为此,即使上了梁山也普遍存在着"朝廷招安了,早晚都做个官人"的梦想。《水浒传》写招安实在是必然。于是,偏离了封建正统甚远的一伙强盗为了官方的认同就不遗余力地谋划着招安,甚至不惜走李师师的门路。"权贵满朝多旧识,可无一个荐贤人",这是作者继英雄无用武之地的悲愤后,又一次对满朝文武在其位不谋其政的愤慨,在这悲愤背后隐含的是作者的忧患意识、天下情怀,同时这也预示着一个下层知识分子"治国平天下"之路的曲折与艰辛。

招安成功,梁山英雄获得救世的许可证,于是马上打出"护国""安民"来替换"替天行道"的旗帜,理直气壮地走上救世的大道。"辽国郎主,起兵前来,侵占山后九州边界,兵分四路而入,劫掳山东、山西,抢掠河南、河北"。如果说征辽是因为国家主权受到威胁,是外患,那么接着灭方腊则是因为殃民,是内乱。"百姓日夜惊恐,城外居民,四散的逃窜""掳掠淫杀,惨毒不忍言说""累被方腊不时科敛。但有不从者,全家杀害""累被方腊残害,无处逃躲此间百姓,俱被方腊残害,无一个不怨恨他"。结果辽国被打得俯首称臣,方腊则被完全消灭,一次次的胜利无不向人们证实作者救民的寓意并非空想,"宋室其所以衰微,并不是国家无人可用,实由于朝政失修……"②。只要用人得当,我们完全有能力把乱世治理好。

(三)形象塑造

《水浒传》中,尽管宋江到第十八回才出场,但是宋江却是其他一百零七位英雄的轴心,宋江规定着梁山的发展方向、决定着梁山的结局,可以说

---

① (明)怀林.批评水浒传述语[G]//朱一玄,刘毓忱.水浒传资料汇编.天津:南开大学出版社,2002:184.
② 张锦池.中国古典小说心解[M].哈尔滨:黑龙江人民出版社,2000:153.

主宰着全局。因此,说《水浒传》重在塑造宋江也不为过,在明代就有人把《水浒传》称为《宋江传》,可以说明同一问题。于是,在宋江人物形象的定位与人生经历的设计上便不能不体现作者的用意。

首先看宋江的形象定位。《水浒传》中的宋江已经与历史记载、民间传说不同,与《大宋宣和遗事》中的宋江也不同。《水浒传》中的宋江"仁义礼智信皆备",仗义疏财,被称为"及时雨",不劫来往客商,不害人性命,此为仁;勇救晁盖,与梁山好汉亲如兄弟,此为义;身陷囹圄,待朝廷命官以谦,待差拨、牢头以和,此为礼;"智取无为军""三打祝家庄""攻打曾头市""三败高太尉",此为智;每许人财物,从不失信,此为信。同时,宋江还饱读诗书,胸有大志,"自幼曾攻经史,长成亦有权谋",又能身怀天下,心有"扫除四海之心机",能够"恰如猛虎卧荒丘,潜伏爪牙忍受",知道在隐忍中等待时机。在作者的描绘下,宋江成了仁义礼智信的化身,完全符合儒家圣贤的人格标准。而"理学家、仁者、圣贤的人格理想之设定,本就出自一种救世情怀"①。因此,从宋江人物形象定位上就可以看出作者救世旨意的倾向性。

其次从宋江的人生历程来看。《水浒传》中宋江的人生历程可分为五个阶段:第十八回到第四十一回是第一阶段,写宋江遭受挫折——逼上梁山;第四十二回到第七十一回是第二阶段,写宋江曲线救国——替天行道;第七十二回到第八十二回是第三阶段,写宋江人生理想的追求——招安为臣;第八十三回到第九十九回是第四阶段,写宋江人生理想的实现——"护国""安民";第一百回是第五阶段,写宋江人生结局——饮酒而亡。

宋江"自幼曾攻经史,长成亦有权谋""刀笔敢欺萧相国",并怀有"扫除四海之心机",渴望效忠朝廷,护国安民,可以说既有能力又有理想。正如小说前十七回铺垫的那样,身处乱世,英雄无用武之地,宋江只能"猛虎卧荒丘,潜伏爪牙忍受"。但是身怀大志的宋江并不是在消极中度日,而是以积极的心态济危扶困,广交四海豪杰,扩大自己的影响,等待时机的到来。但是,乐观的心态、良好的期望并没有带来相应的结果,反而变得连保持现状都难,英雄走投无路,在生命受到威胁的情况下,迫不得已,被逼上梁山成了强盗,人生理想随之成为泡影,此为第一阶段。

---

① 卢子震.理学基本理论概说[M].石家庄:河北教育出版社,2005:134.

第二阶段,成了强盗的宋江并没有气馁,而是选择了与强盗身份不符的行为方式,"不劫来往客商,不伤害人性命",专门打击豪强、消灭奸邪、"替天行道",在"天子恩泽不能到达的地方尽自己所能以救朝廷之失了。差别只不过在于'居庙堂之高'与'处江湖之远'而已,其心未尝一日忘君,一日不忧天下"①。

　　要经世,必须依附于封建王权,此外别无他途。因此,宋江迟迟不肯上梁山,上了梁山也不止一次地诉说自己是"暂居水泊""权借梁山水泊避难",一心等待招安,因为这是唯一能使"生当封侯,死当庙食""光宗耀祖""封妻荫子"这些古代文人的梦想成为可能的选择。虽历经千辛万苦,招安终成。这就是第三阶段的内容。

　　第四阶段,招安后,宋江又回到了封建正统的道路,取得了作为臣的资格,随后,便迫不及待地走上经时济世的实现理想之路,征辽,灭方腊,在消除外患、平定内乱的一次次胜利中充分满足着自己的经世梦想,为此,作者甚至不免俗套,也让宋江过了一把衣锦还乡的瘾。

　　最后一个阶段,在那样一个时代,对于一个曾经与封建王权分道扬镳的下层知识分子而言,能够实现自己的人生理想吗?或者说这种曲线的经世之路可能吗?也许梦醒时刻,连作者本人都感觉勉强,于是便有一个树倒猢狲散、溘然而逝的结局,用一回的篇幅匆匆结束了宋江的南柯一梦。

　　从宋江的人生经历我们可以看出,宋江身上深深寄托着作者的天下意识、救世情怀。身处乱世,"不怨天,不尤人",以自己的所能,济危扶困;即使遭受再大的挫折,不气馁,不放弃,心忧天下,"下学而上达";为了理想的实现,排除万难,上下求索,"虽九死其犹未悔"。因此,作者借宋江之纵横,实在是想表达自己积极入世、救世的情怀。

　　《水浒传》作为特定历史情境下的话语,在其背后深深隐藏着创作主体的主旨。一个下层知识分子,在这样一个黑暗不见天日的社会,基本上等于脱离了封建王权的正统道路,在报国无门、救世无路的情况下,如何选择自己的人生道路,实现一个读书人拯时救世的抱负?于是作者便借宋江、借梁山、借《水浒传》,为自己,也为天下的读书人编织了一个虚无缥缈的幻梦,借以抒发经时救世的痴情。这在小说的神话构思、谋篇布局、形象

---

① 孙争春,兰保民.痴情与梦幻——《水浒传》新解[J].烟台师范学院学报,1999(4):51.

塑造中都得到了很好的体现。因此,我们完全可以说,《水浒传》的寓意是表达作者的救世情怀。

三、救世的乌托邦——《水浒后传》

对于《水浒后传》的创作目的,汪曰桢在《南浔镇志》卷三十五《志余三》中云:

"《南浔备志》,陈雁宕忱,前明遗老,韩纯玉《近诗兼逸集》以'身名俱隐'称之。生平著述并佚。惟《后水浒》一书,乃游戏之作,托宋遗民刊行。"①

认为《水浒后传》的创作纯粹是为了"游戏",俞樾在《茶香室续钞》中据此也认为《水浒后传》是"游戏之作":

"沈登瀛《南浔备志》云:'陈雁宕忱,前明遗老,生平著述并佚,惟《后水浒》一书乃游戏之作,托宋遗民刊行。按此书余曾见之,不知为陈雁宕作也。'"②

其实,《水浒后传》的作者陈忱本人在《水浒后传论略》中早已对此书的创作目的说得非常明白,《水浒后传》是"泄愤之书":

"《后传》为泄愤之书:愤宋江之忠义,而见鸩于奸党,故复聚余人,而救驾立功,开基创业;愤六贼之误国,而加之以流贬诛戮;愤诸贵幸之全身远害,而特表草野孤臣,重围冒险;愤官宦之嚼民饱壑,而故使其倾倒宦囊,倍偿民利;愤释道之淫奢诳诞,而有万庆寺之烧,还道村之斩也。"③

既然作者本人都承认《水浒后传》是"泄愤"之书,那么,《水浒后传》是"游戏之作"的说法仅是昙花一现,而《水浒后传》"泄愤"说逐渐成为人们的共识。

至于陈忱借《水浒后传》"泄愤"的具体内容,自胡适乃至当代的学者,无一例外地从陈忱遗民的身份出发,从小说海外建国的情节设计出发,认为《水浒后传》"寄托亡国之思,种族之感"④"为南明朝廷的不思进取和腐

---

① (清)汪曰桢.南浔镇志[M].清同治二年.1863:23.
② 孔另境.中国小说史料[M].上海:上海古籍出版社,1982:139.
③ 陈忱.水浒后传论略[G]//朱一玄,刘毓忱.水浒传资料汇编.天津:南开大学出版社,2002:489.
④ 胡适.中国章回小说考证[M].上海:上海书店,1980:158.

化堕落感到深深痛惜"①"寄寓了作者亡明之痛和抗清意识"②。也就是说,作者是借《水浒后传》表达自己的遗民情怀。

但是,"儒家的最大关怀是人间秩序的整体,也就是'天下有道'"③,而且,《水浒后传》的作者陈忱颇通经史,在小说中更是借燕青之口喊出了"天下者非一人之天下"的心声,这都说明作者已经摆脱了一姓之家国的困扰。因此,作者借《水浒后传》感慨世态乱离、抒发故国之思的真正目的,不是沉溺于一姓之家国颠覆的悲痛中不能自拔,而是要表达痛定之痛后的反思,寻求末世社会与人生的出路,这实际上还是中国古代文人与生俱来的救世情结使然。也就是说,《水浒后传》也是以救世为宗旨的。

(一)遗民的别样追求

《水浒后传》第一回开篇是一首长诗,其中"黄冠故乡不可期,大宋正统才绝此。六陵冬青叫杜鹃,行人回首望断烟。千秋万世恨无极,白发孤灯续旧编"可以看出陈忱以宋为正统,并以宋朝的遗民自居。在《水浒后传》卷首序言中:"嗟乎!我知古宋遗民之心矣。穷愁潦倒,满腹牢骚,胸中块磊,无酒可浇,故借此残局而著成之也。"④陈忱直接称自己为遗民,对自己的遗民身份表得可谓简单明了。因为是遗民,陈忱自然具备遗民的共性,会不由自主地陷入遗民语境,抒发亡国之思,感慨世态乱离,不可避免地要接受"夷狄非我族类"的思想。但是,陈忱的遗民身份不同于倾心于家国恢复的顾炎武,也不同于终身服先朝之服的屈大均,他们两个人把故国的恢复当成终生的使命。我们从陈忱"天下者非一人之天下"的呼声中就可以断定陈忱的遗民情绪仅仅是一种对前朝乡恋式的精神认同,这也就是为什么作者在《水浒后传》中对君主、权贵极尽挖苦、讽刺之能事,"那道君皇帝闻着蔡京的屁也是香的",这已经与《水浒传》中宋江对宋徽宗不无微词,但实际上却是恨铁不成钢式的规劝不同,相信这样的话更是顾炎武、屈大均这样的遗民万万说不出口的。杨志平所说:"在陈忱平民趋向的背后则又闪耀着士人傲视精神的光芒,内蕴着士人济救苍生的铮铮风

---

① 袁秋实.陈忱遗民思想研究[D].华东师范大学硕士论文,2008:32.
② 高玉海.明清小说续书研究[M].北京:中国社会科学出版社,2004:23.
③ 余英时.宋明理学与政治文化[M].桂林:广西师范大学出版社,2006:311.
④ 陈忱.水浒后传序[G]//朱一玄,刘毓忱.水浒传资料汇编.天津:南开大学出版社,2002:488.

骨。"① 作为布衣文人的陈忱关注最多的与其说是朝代的更替，还不如说是世态乱离下的天下苍生，正是对身处乱世之中底层百姓不幸遭遇的感同身受，作者才以悲天悯人的情怀表达了对贤明政治下人民安定生活的向往。

在《水浒后传》中，作者以寻常百姓的视角，通过亲眼所见、亲身经历，冷静客观地勾勒出战乱社会背景下，入侵者也就是金兵的残暴以及兵荒马乱中老百姓遭受的苦难。当燕青、杨林见过道君皇帝从金营里出来时，走在路上"只听得一片哭声。一队兵押着男男女女二三百的难民，都是蓬头垢面，衣衫褴褛，号咷的哭来。走得慢的，那兵丁拿藤条劈脚便打"，金兵所占之地百姓颠沛流离，房屋尽被烧毁，"万户萧条，行人稀少，市肆不开，风景凄惨……见房子已被火焚，一片瓦砾之场。邻人大半逃散，又增一番悲切"。从作品第十九回"纳平州王黼招兵，逐强徒徐晟夺甲"至第三十回"聚登云两寨朝宗，同泛海群雄辟地"，再加上第三十七回"金鳌岛仙客题诗，牡蛎滩忠臣救驾"，作者用整整十三回的篇幅直接反映金兵奸杀掳掠的暴行、人民遭受的苦难。虽然作者并没有对暴行进行大肆的铺张渲染，以及对此进行义愤填膺的批判、揭露，但作者的叙述越是客观，描绘越是冷静，我们越能体会出作者内心愤恨的强烈，作者心忧天下、济救苍生情怀的急切。实际上，梁山英雄再次起义的原因与目的都是末世下走投无路的人民。李俊再次聚义是因为巴山蛇不爱惜百姓，横征暴敛，禁止打鱼，夺了老百姓的饭碗，李俊气不过，"偏要去过界与他消遣一消遣"，斗争的目的也是要求丁自燮将做官贪的财物替百姓完纳入官，分散仓中米与附近百姓；不许霸占太湖、禁止渔民打鱼；抽过的税要还给老百姓。这足以说明作者关注的是兵荒马乱下遭受苦难的人民，所要表达的则是拯救人民于水火的渴望。

（二）对教训的深刻反思

现在研究者一般认为，《水浒后传》中燕青探主、李应等人杀贼两个故事情节的设置主要是为了表现梁山英雄的忠义思想，抒发作者的亡国之恨。实际上，作者设置这两个情节的主要目的还是反思国破家亡教训，总结拯时救世之道。

燕青冒死深入金营探视宋徽宗，金营布阵：

---

① 杨志平.陈忱研究[D].华东师范大学硕士论文,2005:30.

刀枪密密，戈戟重重。皂雕旗，闪万片乌云；黄皮帐，映千山紫雾。如山马粪，大堤上消尽无数莺花；遍地人头，汴渠中流出有声膏血。悲笳吹起，惨动鬼神；呐喊声齐，振摇山岳。石人见了也生愁，铁汉到来多丧胆。

这种阵式，就连平日杀人不眨眼的魔头杨林"见了不觉毛发直竖，身子寒抖不定"。燕青为什么冒如此大的险来探视宋徽宗？用燕青本人的话就是："我已完了这件心事了。当初宋公明望着招安，我到李师师家，却好御驾到来。我乘机唱曲，乞了这道恩诏，实是感激圣德。可怜被奸臣所误，国破身羁，我中心不忍，故冒险来朝见一面，以尽一点微衷。"当然，我们也许不愿简单地认为燕青就是为了"完了这件心事""尽一点微衷"，才冒险来探视宋徽宗的，但我们也没必要从燕青探主的行为中硬要分析出燕青有多么忠义，因为，"完了这件心事""尽一点微衷"的话语本身仅能表明燕青探主的行为实际上是一种还愿的程式化行为，即使行为本身体现了燕青的忠义，但是，作者设置这一情节的意图也不在此。因为当宋徽宗还抱着回朝的梦想时，燕青事后却冷静地说："他还想着回朝，这是金人哄他的说话，恐永世不能再见了。"燕青可谓世事洞明，但洞明背后越是体现出燕青忠义之心的淡漠，如果此时的燕青换作《水浒传》中的宋江，那么一定是要与金兵拼个你死我活，甚至以身殉宋徽宗的。宋徽宗被囚，燕青回想起昔日在李师师处与皇帝第一次见面的情景，心中难免有感伤的一面，但作者让燕青既入乎其中，又能出乎其外，用燕青的洞明表明事实的真相，更要借宋徽宗自我的反思总结拯时救世的教训。宋徽宗从自己在危难之际只有燕青冒险来探视自己这件事中，终于认识到："朝内文武官僚，世受国恩，拖金曳紫，一朝变起，尽皆保惜性命，眷恋妻子，谁肯来这里省视？不料卿这般忠义！可见天下贤才杰士，原不在近臣勋戚中，朕失于简用，以致如此。"借宋徽宗的悔悟让人们认识到，真正能够护国安民的不是"朝内文武官僚"，而是"不在近臣勋戚中"的"天下贤才杰士"，正因为未简用天下贤才杰士，才导致了宋徽宗今天的结局，任用天下贤才杰士才是国家与社会的唯一出路。

如果燕青探主一节主要是从皇帝不用贤人的角度总结教训的话，那李应等人杀蔡京众奸臣一节则是从奸臣不容贤人的角度总结天下分崩离析的教训：

我等一百八人，上应天星，同心协力，智勇俱备；受了招安，北伐大辽，南征方腊,为朝廷建立功业。一大半弟兄为着王事死于沙场;天子要加显职,屡次被你们遏住。除了散职,又容不得;把药酒鸩死宋江、卢俊义,使他们负屈含冤而死;又多方寻事,梁山泊余党尽皆甘结收管,因此激出事来。若留得宋公明、卢俊义在此,目今金兵犯界,差我们会拒敌,岂至封疆失守、宗社邱墟?今日忠臣良将俱已销亡,遂至半壁丧倾,万民涂炭,是谁之咎?你今日讨饶,当初你饶得我们过么?还有一说:蔡京若不受贿赂,梁中书也不寻十万贯金珠进献生辰纲,以致豪杰们道是不义之财,取之无碍,劫了去上梁山。高俅不纵侄儿强奸良家妇女,也不致把林武师逼上梁山泊;不因受了进润,批坏花石纲,杨统制也不上梁山泊。童贯不纳赵良嗣进言去夹攻辽国,金人无衅可乘,哪见得国破家亡?今尔等不思主忧臣辱,主辱臣死,二帝六宫俱陷沙漠,天日难睹,还想腼颜求活!

这一节之所以感人至深,关键在于能够让人真切地认识到正是因为奸臣不容贤人在朝,才导致"金兵犯界"之时,无人"拒敌",以致"封疆失守、宗社邱墟""半壁丧倾,万民涂炭""二帝六宫俱陷沙漠,天日难睹"。因此,作者设置这一节的真正目的不是激发人的斗志,以图故国的恢复,而是让人在感慨奸佞祸国殃民之余,反思"国破家亡"的教训,总结容贤人、用贤人的拯时救世之路的思考。

(三)盛世的渴望

李俊之所以到海外图发展,是为了躲避吕太守、丁廉访的复仇;李应等出海则是因为国内难容正人君子,而"金鳌岛石城坚固,五谷丰熟,人民富庶""强如在中国东奔西走,受尽腌臜的气",这都说明梁山英雄去海外建国的主要目的并不是像有些研究者从陈忱的遗民身份出发设想的那样,众英雄海外建国是为了保留实力,以图故国的恢复,实际上梁山英雄海外建国的真正目的是逃避黑暗的统治,寻求安定康乐的生活。

牡蛎滩救驾事实上也是偶然之举。在阿黑麻为首的一万雄兵追击下,宋朝皇帝才慌不择路到了牡蛎滩,梁山英雄才偶遇这个机会。在谈到救驾的原因时,柴进、燕青道:"我等原以忠义为心,亲见中原陆沉,二帝蒙尘,只为越在草莽,不操兵权,无可奈何。今康王中兴,又一旦颠蹶,到了这里,岂可坐视不救?"按照两人的说法,过去只能眼睁睁看着"中原陆沉,二帝蒙尘",是因为没有兵权,今天有兵权,有军队了,才能救驾,如果此时仍如"越在草莽,不操兵权,无可奈何"之时,他们仍然不会救驾的。也就相当于说忠义是有条件的,不具备条件的时候,只能旁观,这与《水浒传》中宋江即使身在草莽,但心在朝廷,积极为国经营之忠义有别,显然,作者意不在表现梁山英雄的忠义。在护送高宗回国,众英雄在吴山顶上向下观看时:

  前江后潮,山川秀丽。遥望万松岭上,龙楼凤阙,缥缈参差,十分壮丽。俯瞰城中六街三市,繁华无比。萧让指道:"钱塘江外,白茫茫的是海,亏这鳖子门一锁,成了门户,所以临安建都还可偏安。"乐和道:"我还有杞人之忧:看那西湖之水,钱塘门一带几与城平,倘一时用起兵来,湖中水满,引来灌城,恐怕不浸者三版。"李应道:"你这远虑倒也不差。"柴进回头向北道:"可惜锦绣江山,只剩得东南半壁,家乡何处?祖宗坟墓远隔风烟。如今看起来,赵家的宗室比柴家的子孙也差不多了。对此茫茫,只多得今日一番叹息。"燕青道:"譬如没有这东南半壁,伤心更当何如?"

  面对锦绣江山被分隔成两半的现实,众英雄伤今吊古,在指点"赵家的宗室"与"柴家的子孙"中,这已经明显与朝廷拉开了距离。无论感慨是多还是少,透露出更多的是众英雄绝望后的冷漠,世代更替历来如此,伤心又如何呢。既然作者意不在表现梁山英雄的忠义,那么主要表现什么呢?从海外建国的真正目的来看,作品重点描写的是全国上下一齐努力,把暹罗国建成了理想中的文明礼乐世界,人民过着自足自乐、幸福安定的生活,虽然"每隔数年,到临安贡献一次",但终于与宋朝廷的精神式认同渐行渐远,简简单单以"直至宋朝变国。方才与中国断了往来"做了了断,在情感上自始至终与朝廷保持着一定距离。这样的安排,杨志平就认为表达了作者"已经超越了一时的具体的底层生活而是对历史上类似苦难的底层生活的本质寄寓"[①]。也就是说,作者意在为"历史上类似苦难的底层生活"的人们寻找彻底的出路。

  总之,作为布衣文人的陈忱,感慨于末世的横征暴敛、兵荒马乱,感受到末世平民百姓的"四海永无家"(《赠燕中韩石耕》)、"家亡何所依"(《仲春二十四日为四十九岁初度》),从而致力于理想政治秩序下普通老百姓日常生活的渴求,体现了一个古代文人胸怀天下、拯时救世的情怀。

---

① 杨志平.陈忱研究[D].华东师范大学硕士论文,2005:33.

四、救世的挽歌——《后水浒传》

在《后水浒传》中,众英雄吸取《水浒传》宋江"没主见,带累弟兄遭人谋害"的教训,同时也摆脱了《水浒后传》李俊等人"在中国耐不得奸党的气",逃避现实,海外建国的乌托邦理想,而是以坚定的信念与切实的行动投入到拯时救世、重构政治秩序的宏伟大业中。由于时代的局限,众英雄尽管可以把斗争的矛头直接对准皇帝,但是,"他们动摇或推翻某一王朝之后,也只能寄希望于明君贤相来建造太平盛世,使人民过上安居乐业的生活"①。因此,英雄救世实难走出必定以失败收场的怪圈。所以,《后水浒传》的作者实际上是谱写了一曲英雄救世的挽歌。

从杨幺的形象塑造看。仗义疏财、济危扶困可以说是水浒小说中梁山英雄的共性,但《后水浒传》中的杨幺与《水浒传》《水浒后传》中的英雄相比,明显有所不同。《水浒传》中的宋江为了赚卢俊义上山,结果是"城内百姓黎民,一个个鼠撺狼奔""家家神号鬼哭""民间被杀死者五千余人。中伤者不计其数",等到蔡福建议救一城百姓时,"城中将及损伤一半",全城的老百姓也不及卢俊义一人重要。《水浒后传》第十回"墨吏赔钱受辱,豪绅敛贿倾家"中,李俊有感于巴山蛇一伙对老百姓的压榨,与之进行了针锋相对的斗争,但斗争的结果却是约法三章,"饶便饶你,却要依我们三件事",一是用赃银代交秋粮;二是散粮于民;第三是不许霸占太湖。随即众英雄为了躲避吕志球、丁自燮的复仇,决定要到海外去寻事业,一走了之。这就使我们对李俊等人这次斗争的意义产生了怀疑,在没有武力作为后盾的情况下,与贪官污吏约法三章有什么意义呢?而《后水浒传》中,英雄杨幺第一次切切实实站在老百姓的角度,主动地为民惩奸除暴,自觉地维护人民的利益,自始至终是作为人民利益的维护者存在的。杨幺外出时错把老虎当成别人家遗失的牛,马上想到的是"若被人牵去,也值百十贯文,又没了耕种替力";杨幺见老百姓的猪被夺后痛哭的情景,"便忍不住""遂走上阶头听了老人话后,十分为他可怜,便又十分恼怒",于是打算一定要为老百姓把猪夺回来;因杨幺的缘故,岳阳府要派兵剿灭柳壤村,"村人闻信,尽皆逃窜",杨幺得知后,"跌脚恼恨道:'不能荫庇居民,反使人父母兄弟妻子离散,我之过也。若不早除民害,何以慰众!'"为报冤仇,冲州撞府,

---

① 段春旭.中国古代长篇小说续书研究[D].福建师范大学博士论文,2004:83.

未免惊骇人民,杨幺"心甚觉不安",为此设法"草木无惊,缚取仇人",捉住了夏不求,并应广大人民要求,当众处决以泄大家心中的愤恨;当贺太尉横行无忌,一定要占杨幺家乡的土地葬坟时,还是杨幺挺身而出,把贺省一伙打得落花流水,可以说杨幺起义的最终原因也是为了老百姓。在流放途中,杨幺痛打王豹,在得知他是当地人民的一害时,还非常后悔把王豹放了,"恁不早说,方才若再一拳便结果了他,除了你们乡村大害也好";在看到董敬泉强娶孙惠娘后,杨幺又不顾危险,拔刀相助,虽被捕,却因为能使一位有骨气的义军的妻子免受侮辱而感到欣慰。从这些实例就可以看出杨幺与农民群众的血肉联系以及自觉地为民除害、拯救人民于水火的精神。

从杨幺起义的目的看。在《后水浒传》中,杨幺不止一次说过要"做一番事业",即使被判流放后,他之所以没有选择逃脱,按他的意思还是为了实现"兼看宋室如何,以图日后事业"的目的。那么,杨幺所说的事业是什么呢?是不是就是与皇帝争夺天下?实际上,杨幺所说的"做一番事业"是"杀奸戮佞",使皇帝"警悟悔过",从而使社会和谐安定,老百姓能够过上太平日子,对政权的争夺杨幺并没在意。

在作品第一回,罗真人说道:"弄兵水浒,终属强梁。"彩虹桥上客也认为:"名教攸关,谁敢逾越前后?曰妖曰魔,作者之微意见矣。"①显然,作者并不同意武装反抗。但是在主昏臣奸的情况下,如果武力的形式能够使"昏者新其德",能够改变千疮百孔的社会,那么,起义也不失为一种方法。杨幺起义的目的主要还是使社会秩序更加合理、人民生活更加安定与幸福。在作品第三十九回,众英雄占领全楚,君山根据地初具规模,何能、袁武力劝杨幺"称王定号,然后统领六师,长驱席卷,全收九有,事未可料。即或不然,亦可瓜分鼎足",但杨幺并不同意马上"称王定号":

大富大贵,孰不愿为?亦必见有可为而为,焉敢遽称王号。我自上山以来,只因报仇二字横于心胸,故不曾与众兄弟言及。杨幺向来心志,以为国家丧亡,实因主昏。主昏则奸佞生;主若不昏,满朝尽是忠良,虽有天意亦可挽回。又思古来忠良皆遭奸佞之手。不是献谗,便是暗害,不可胜数……可知当初徽宗昏德,信用童、蔡、高、杨,引祸自害。钦宗听信梁、王、

---

① 高玉海.中国古代小说续书序跋释论[M].中国社会科学出版社,2007:67.

朱、李,竭尽库藏,搜括民间,终不免于丧亡。今我据此湖中,实欲杀奸戮佞,为忠良气吐,再能使昏者能新其德,才是杨幺本念……我疑外有谋臣良将,内有忠良,不复徽、钦之昏暗……

杨幺的这段话有两层意思:一是"称王定号"这样"大富大贵"的事,杨幺不是不想为,而是可为的时候才能为,现在不为是时机不到,"疑外有谋臣良将,内有忠良,不复徽、钦之昏暗",如果朝廷有救的时候,还是要尽可能地扶助朝廷;另外一层意思是,即使朝廷没有希望了,主昏臣奸,祸国殃民,众英雄要起义反抗,但是杨幺的"本念"还是为了使"昏者能新其德",从而惩奸除恶,拯救社会。也就是说,杨幺起义并不是为了皇帝的位子,而是为了天下的安宁。杨幺到临安去打探情况,在临行前向众兄弟进一步解释为什么不愿早"称王定号"时,说:

听言当领语意。众兄弟休似马霍一般躁烈轻浮。我今去临安打听,正要行吾大志,岂肯受制于人。昔日世民曾扫七十二处烟尘,匡胤也打过八百座军州,方才称王定号。迩来国乱民愁,盗贼蜂起,到处害民伤众。最恶最毒者,是汉中秦嚚,淫人妻女;粤东怀衮,劫掳嗜杀;蒲牢立邪教于江西;毛姥姥拥众于闽福,比奸佞者更甚。我杨幺不急早除,救民倒悬,是绝民望矣。焉得使人称我阳春,称我义勇?若是僭称王号,岂不自耻?

明确指出有比"称王定号"更重要的事,那就是"救民倒悬"。因此,杨幺起义是以救民为旨归的。

从杨幺起义的道路选择看。在作品第三十九回,众英雄劝杨幺"称王定号"时,杨幺不同意,执意要去临安打听情况,到临安后,当他知道高宗被秦桧一伙蛊惑,"只图苟安""忘仇寻乐"时,杨幺听后马上感到"无能为矣""江山半属他人,既不能恢复,亦宜作偏安计。怎还是这般闲游,奢华靡费,使民间效尤,将来东南岂得安枕",对偏安的小朝廷表达了深深的忧虑。按照临行前的打算,他本来应该立即返回洞庭,"安心成鼎足",但是,杨幺还是"莫若停此数日,再细细探听一番。人患局迷,怎得遇巧,陈其过失,使其悔悟从听,我心始快",还是想皇帝能够悔悟,痛改前非。不仅如此,他还冒险进宫,试图以当面直谏的形式促使皇帝醒悟。易永姣认为:"这些情节无不彰显出杨幺所作所为皆是以救民为旨归的。"[①]

---

① 易永姣.《水浒传》三种主要续书的思想文化意蕴[D].湖南师范大学硕士论文,2007:58.

从作品的结局看。以杨幺为首的众英雄已经举起反抗的大旗,但是作者并没有让这些英雄再向前走一步,改朝换代,同时也没有完全按照史实来写:

"幺负固不服,方浮舟湖中,以轮激水,其行如飞,旁置撞竿,官舟迎之,辄碎。飞伐君山木为巨筏,塞诸港汊,又以腐木乱草,浮上流而下,择水浅处,遣善骂者挑之,且行且骂。贼怒来追,则草木壅积,舟轮碍不行。飞亟遣兵击之,贼奔港中,为筏所拒。官军乘筏,张牛革以蔽矢石,举巨木撞其舟,尽坏。幺中,牛皋擒斩之。"①

《宋史》中起义军被残酷镇压,杨幺英勇就义,而《后水浒传》则是给众英雄安排了步入轩辕井,悄然而逝的结局,从杨幺起义结局的安排上,也体现了作者英雄救世的思考。黄佐降而复叛,但作者并没有因为黄佐立场上的摇摆不定而对其有任何非议,黄佐被描述成"素性纯孝""技勇超人",背叛杨幺追随岳飞后,作者还补充"后来黄佐为宋室功臣,皆岳飞今日之力",对黄佐一直是赞美之声。杨幺邀请黄佐入伙,共同"作锄奸去佞之举",连黄佐的父亲也认为这是"拨乱救民,成得事业,前人有为之事",为此,黄佐降杨幺;但是"未闻据水而成帝业,未闻坐舟而治天下,未闻刺配而成贤宰,既不若是,是遗臭名千载以下之贼",正是因为作者对英雄救世自信心的不足以及出路的难觅,在第四十五回"岳少保收服幺摩,众星宿各安缠次"中,黄佐又被岳飞"字字忠君,言言爱国爱民"的言语感动,而又转投岳飞。虽然岳飞神谋智勇、孝义忠良,而且也符合杨幺归降的标准,但是杨幺清醒地认识到"主昏臣奸","奸人在位,将来少保亦自不能保全,焉能庇我众人",众英雄也绝不像宋江那样没主见,再重复投降朝廷的老路。

杨幺起义没有像《水浒传》中宋江那样,愚蠢地效忠于主昏臣奸的朝廷,以致断送了梁山正势如中天的革命队伍,连累众兄弟灰飞烟灭,也没有因"耐不得奸党的气",就与《水浒后传》中李俊等人那样,扬帆过海,一走了之,而是直面现实,勇敢地以武力实现救世的目的。但是在革命的尽头,他们实在没有勇气迎接革命最为灿烂的果实。因此,无论结局多么冠冕堂皇,《后水浒传》也只能注定是一曲乱世英雄救世的挽歌。

---

① (元)脱脱. 岳飞传[M]//宋史(卷三百六十五). 上海:上海古籍出版社,1986.

五、救世的同工异曲——《荡寇志》

从《荡寇志》的内容看,"官逼民反""替天行道"被作者完全否定,梁山英雄被全方位地诋毁,因此,在很长的一段时期内,《荡寇志》"反动说"几成定论。进入20世纪80年代以后,研究者开始摆脱阶级论的政治思维,在《荡寇志》的人物、叙事艺术、认识价值等方面的研究都取得了一定成绩,但是对作品的主旨却往往避而不谈。立足于文本,联系作品的写作背景以及作者的身份,实际上,《荡寇志》与其他水浒小说一样,都是要表达古代士人的救世情怀,《荡寇志》的写作初衷是为了救世。

(一)救世的时代召唤

俞万春一生经历了乾隆、嘉庆、道光三朝,见证了清朝由盛到衰的历史。清康熙、雍正、乾隆时,政府采取了一些有利于社会生产的政治经济措施,农业生产、商品经济都有了一定的发展,社会也日趋稳定,这与明末"苛政纷起,筹捐增饷,民穷财困"①相较,老百姓享受到盛世带来的安定与幸福,人们从思想上开始认同清政府。清政府为了进一步控制人民,积极推行以八股文为内容的科举考试,又另开博学宏词科,以功名利禄笼络文人,全国各地的名儒,几乎被网罗殆尽。为了牢笼士人,朝廷公开表示尊孔崇孟,承认儒学的正统地位,不断组织编纂大型图书,试图把读书人转化为御用文人。与此同时,统治者又大力提倡程朱理学,禁锢文人思想,加强文化专制,并严禁文人结社,大力查毁有违碍字样的书籍,制造一系列的文字狱,大多数知识分子都被牢牢束缚在封建正统思想的桎梏之中。随着经济的发展,统治阶级的恩威并用,清政府已经被认为是华夏的正统,异族入侵的遗民耻辱感以及鱼死网破的复国斗争精神已经荡然无存,文人的前途与国家的长治久安得到了前所未有的融合。

但是从嘉庆开始,清政府进入从盛到衰的转折时期。一方面因为前期社会的稳定,人口持续增加。另一方面因为土地兼并的加剧,封建地主阶级生活奢靡腐烂,统治阶级对人民的压迫剥削日益加重,越来越多的人陷于饥饿、贫穷和死亡的绝境,再加上这一时期自然灾害频繁,于是各地农民不堪重负,农民起义风起云涌。从嘉庆元年(1796年)开始,白莲教、天地

---

① 赵尔巽.清史稿[M].北京:中华书局,1998:933.

会、哥老会起义等此起彼伏,遍及半个中国,而规模最大的太平天国起义,也日渐成熟。"承乾隆六十载太平之盛,人心惯于泰侈,风俗习于游荡,京师其尤甚者。自京师始,概乎四方,大抵富户变贫户,贫户变饿者,四民之首,奔走下贱,各省大局,岌岌乎皆不可以支月日,奚暇问年岁"①。与内乱相比,清政府面临的外患更加严峻酷烈。嘉庆时,西方列强还只是偷运鸦片,进行经济上的侵略,武力压境,进行政治上的窥探,但是到了道光二十年(1840年),英军就凭着强大的炮火直接轰开了清帝国的大门。俞万春生活的时代的确是"海内升平日久,人心思乱,患气方深"②的时代。胡适在《中国章回小说考证》中说:"俞仲华生于嘉庆、道光的时代,洪秀全虽未起来,贼盗已遍地皆是……俞仲华的父兄都经过匪乱,故他有'熟知罗贯中之害至于此极耶'的话。"又说:"不懂得嘉庆、道光间的遍地匪乱,便不懂得俞仲华的《荡寇志》。"③

虽然当时仍有抗清组织举着反清复明的旗帜,但在心理上,汉族士人已经完全接受清朝为华夏正统。因此,面对农民起义此起彼伏,社会动荡不安的现实,文人们首先想到的不再是排满,而是重塑君明臣贤,盗贼不起,社会能够重新安定的理想社会。于是,大批有见识、有作为的文人,如林则徐、龚自珍、魏源、周济、姚莹、包世臣等都出于文人的责任感,积极地投入到拯救乱世的洪流中,他们或参与政治革新,对朝政提出可供借鉴的策略;或介绍引进西学,提高科学技术水平;或著书立说,提升人们思想等不一而足。如林则徐、魏源、龚自珍等从经世致用的实学出发,主张中学为体、西学为用,提出师夷之长技以制夷的主张。与俞万春同时代的包世臣曾说:"世臣生乾隆中,比及成童,见百为废弛,贿赂公行,吏治污而民气郁,殆将有变,思所以禁暴除乱,于是学兵家。又见民生日蹙……思所以劝本厚生,于是学农家。又见……思所以饬邪禁非,于是学法家……"④从中看出士人为了拯救当时的社会所做的各种努力。正如鲁迅先生所说:"清初,流寇悉平,遗民未忘旧君,遂渐念草泽英雄之为明宣力者,故陈忱作《后水

---

① 转引自李泽厚.中国近代思想史论[M].合肥:安徽文艺出版社,1994:37.
② (清)俞蠡.荡寇志续序[G]//朱一玄,刘毓忱.水浒传资料汇编.天津:南开大学出版社,2002:515.
③ 胡适.中国章回小说考证[M].上海:上海书店,1980:62.
④ 包世臣.再与杨季子书[M]//陈维昭.带血的挽歌.石家庄:河北教育出版社,2001:199.

浒传》，则使李俊去国而王于暹罗。历康熙至乾隆百三十余年，威力广被，人民慑服，即士人亦无贰心，故道光时俞万春作《结水浒传》，则使一百八人无一幸免，然此尚为僚佐之见也。"①因此，俞万春作《荡寇志》也是在当时士人上下求索、寻求补救弥缝之良方的社会背景下对混乱之世的思考，对和平、安定的社会道路的寻求，是时代的召唤。

（二）救世的写作动机

从出身和经历来看，俞万春创作《荡寇志》并不是偶然的。他出身于官僚地主家庭，勤奋好学，文武皆通，而且胸怀宿志，一心想报效朝廷。远在嘉庆中叶，俞万春就跟随其父所率领的官军参加了镇压广东珠崖城的黎族人民起义，"获首要百余人"，把起义首领梁得宽、罗帼瑞"立毙杖下，毁其器械，夷其巢穴，除其强梗"②。接着他又参加了对南方以赵金龙为首的瑶族人民起义的镇压，被清廷大加赞赏，为此还得了功名。他不仅有丰厚的文学修养，而且有镇压农民起义的实践经验，作为一名出身官僚家庭的封建士大夫，由于自己的生活经历，出于对现实和历史的反思，于是俞万春写成了《荡寇志》。俞灥在《荡寇志续序》中说，俞万春于道光六年与其弟夜间静坐，三更后见满天星斗尽坠向西北角，一会儿，一颗大星复起，而许多星星尾随环绕。俞万春认为"太白侵斗，乱将作矣"③，第二天，他把这件事告诉父亲，父亲因此命其作《荡寇志》，可见他的创作目的非常明确，书取名为《荡寇志》，顾名思义，也就是为了荡平天下的盗贼。《荡寇志》一开始，作者自己就交代了《荡寇志》的写作动机：

这一部书，名唤作《荡寇志》。看官，你道这书为何而作？缘施耐庵先生《水浒传》，并不以宋江为忠义。众位只须看他一路笔意，无一字不描写宋江的奸恶。其所以称他忠义者，正为口里忠义，心里强盗，愈形出大奸大恶也……从此天下后世，做强盗的，无不看了宋江的样，心里强盗，口里忠义。杀人放火也叫忠义，打家劫舍也叫忠义。戕官拒捕、攻城陷邑也叫忠义。看官你想，这唤做甚么说话？真是邪说淫词，坏人心术，贻害无穷。

在他看来，当时"人心"所以"败坏"，农民起义此起彼伏，是由《水浒

---

① 鲁迅.中国小说史略[M].济南：齐鲁书社，1997：225.
② （清）俞灥.荡寇志续序[G]//朱一玄，刘毓忱.水浒传资料汇编.天津：南开大学出版社，2002：515-516.
③ 同②516.

传》的"邪说淫词,坏人心术"所致,认为"此书若容他存留人间,成何事体"。但是,此书已刊刻行世,"茶坊酒肆,灯前月下,人人喜悦,个个爱听",并"不能禁止","禁之未尝不严,而卒不能禁止者,盖禁之于其售者之人,而未尝禁之于其阅者之人;即使其能禁之于阅者之人,而未能禁之于阅者之人之心"①。于是,俞万春呕心沥血,调动自己的生活经历与文学修养,经二十余年,三易其稿,写成这部《荡寇志》,"使天下后世深明盗贼忠义之辨",以消除《水浒传》的不良影响。

俞万春之所以这么恨《水浒传》,是因为《水浒传》对历史上许多的农民起义都有着巨大的影响。《灵台小补·梨园粗论》中写道:"《水浒传》下诱强梁,实起祸之端倪,招邪之领袖,其害曷胜言哉?此观剧之患也。"②《五石瓠》卷五记载明末张献忠起义说:"献忠之狡也,日使人说《三国》《水浒》诸书。其埋伏攻袭咸效之。"③清道光年间,桂阳梁得宽结合广西、湖南两省举行起义,也曾以《水浒传》梁山起义为榜样,推生员罗国瑞为宋大哥。而在俞万春生活的年代也正是人民起义风起云涌之时。半月老人所作的《荡寇志续序》中写《水浒传》:"此书流传,凡斯世之敢行悖逆者,无不藉梁山之鸱张跋扈为词,反自以为任侠而无所畏惧""近世以来,盗贼蜂起……非由于拜盟结党之徒,托诸《水浒》一百八人以酿成之耶。"④清俞蟲的《荡寇志续序》中也指出:"嘉庆中叶,珠崖黎民起义,曾以《水浒》一书煽惑于众,遂成斯变。"⑤

俞万春之所以这么恨农民起义,有阶级立场的原因,遍布各地的农民起义可能动摇清政府的统治,这是作为统治阶级一员的俞万春不愿看到的。还有一个更实际的原因就是农民起义没有先进理论的指导,用武力摧毁一切,并不能解决任何问题,只能影响社会的稳定,加深人民的苦难,让人民苦不堪言。我们并不是刻意否定农民起义,但是在当时,农民起义确

---

① 钱湘.续刻荡寇志序[G]//朱一玄,刘毓忱.水浒传资料汇编.天津:南开大学出版社,2002:518.
② 转引自郑公盾.《水浒传》论文集[G].宁夏:宁夏人民出版社,1983:71.
③ 刘銮.五石瓠[G]//朱一玄,刘毓忱.水浒传资料汇编.天津:南开大学出版社,2002:452.
④ 半月老人.荡寇志续序[G]//朱一玄,刘毓忱.水浒传资料汇编.天津:南开大学出版社,2002:518.
⑤ (清)俞蟲.荡寇志续序//朱一玄,刘毓忱.水浒传资料汇编.天津:南开大学出版社,2002:515.

实不是大家心目中所想的受苦受难者的出路,骗财聚财、改善个人生活是他们起义的共性,对老百姓无益却有害。江西石城县的熊毛等结拜广义会的原因是"因贫难度,起意骗钱,在吴狗家招得邱耀祖"①。据胡珠生先生对天地会资料汇编中的134件拜会案的统计中,为了骗取钱财的占41件,抢劫的占53件②。可见,骗钱、抢劫是他们主要的目的,普通老百姓才是最大的受害者。再看一下文人眼中的农民起义,黄宗羲视之为"陆寇""水寇""桀骜不听节制,白昼杀人市中,悬其肠于官府之门,莫敢向问"③。

《荡寇志》又名《结水浒传》,俞万春试图通过《荡寇志》的创作结束《水浒传》的影响,也就是试图结束农民起义的危害。半月老人的《荡寇志续序》说:"仲华先生之《荡寇志》救害非浅,俱已见之于实事矣。"④林昌彝的《海天琴思录》也说:"此书虽系小说,颇有关人心世道。华樵云太守廷杰为之镌板刊行。"⑤正因为如此,与清政府一贯奉行的"禁毁小说"的做法相反,苏州、广州当局出资大量刊行《荡寇志》。文人士大夫们对其思想更是褒奖有加,他们争相作序,赞颂此书的出版功德无量。其他如钱湘以至学者陈奂等也都赞赏不止,将俞万春比作是"息邪说,距诐行,放淫词"的孟子。在他们眼里,《水浒传》是一部"害人心术,以流毒于邻国天下"的书,而《荡寇志》却"救害非浅"⑥。他们欣欣然奔走相告,出钱刊行《荡寇志》。

俞万春受时代和阶级局限,无法洞察农民起义的真正根源,只能把社会动荡简单地归结于《水浒传》的影响和农民起义的作乱。另外,尽管他带着拯救时弊的无限热情,潜心于时政、军备研究,但是在腐朽衰败、内外交困的清朝,他经世致用的理想只能寄托于小说。也就是说,俞万春创作《荡寇志》的最终目的也就是希望天下太平,人民安居乐业。其实在作品

---

① 中国人民大学清史所,中国第一历史档案馆合编.天地会[M].北京:中国人民大学出版社,1987:194.
② 胡珠生.清代洪门史[M].沈阳:辽宁人民出版社,1996:570.
③ 黄宗羲.黄宗羲全集[M].杭州:浙江古籍出版社,2005:124.
④ 半月老人.荡寇志续序[G]//朱一玄,刘毓忱.水浒传资料汇编.天津:南开大学出版社,2002:519.
⑤ 林昌彝.海天琴思录[G]//朱一玄,刘毓忱.水浒传资料汇编.天津:南开大学出版社,2002:521.
⑥ 同④518-519.

的开始与结束都体现了作者的理想。作品第一回,卢俊义的梦中就现出"天下太平"四个青字。戴、周二人混入城中观兵时,强调"一面大红猩猩旗上面写着'天下太平'四个大金字,将台上下画角吹动,一齐奏那四海升平的乐",这些描写表达了作者心中的理想——渴望太平。而要获得天下太平,正如作品最后所说,"天遣魔君杀不平,不平人杀不平人。不平又杀不平者,杀尽不平方太平",必须把天下不平的根源——农民起义根除。

(三) 救世的内容体现

在《荡寇志》中,以宋江为首的梁山起义也确实成了祸乱社会的根源,起义头领形象与之前水浒小说不同,一个个形象卑琐、无恶不作,后来加入梁山的好汉也都是祸害百姓的歹徒。如施威,"本来是个私商头脑,因醉后强奸他嫂子,他哥哥叫人拿他,他索性把哥哥都做手了,逃来落草"。冷艳山的飞天元帅邝金龙和摄魂将军沙摩海则是"屡次烦恼村坊""依仗着山东梁山的大伙,无恶不作,几处市镇,被他搅乱得都散了"。宋江也变成了虚伪、有野心、假忠假义的人。第七十一回中"忠义堂失火",宋江不顾众人劝说而将三十二名失职部下斩首示众,对自己弟兄丝毫没有了怜悯之心,"及时雨"成了一个阴险毒辣的奸诈小人;宋江在"外面做出忠义相貌,心内却十分险恶",为与卢俊义争位,与吴用谋划,让金大坚、萧让伪造天降石碣;挂在嘴上的受招安原只是为拉拢弟兄,等到皇帝真来招安时,他却从中阻拦并嫁祸于陈希真,实际内心想与皇帝争天下,"宋江这猾贼,包藏祸心,其志不小。朝廷首辅,草野渠魁,皆不足以满其愿";他也不再爱民惜民,而是随意杀戮。梁山队伍也已经改变了过去不与官府抗衡的行为,而是主动与皇帝争天下,梁山"连次分投下山,打破了定陶县;又渡过魏河,破了濮州;又攻破了南旺营、嘉祥县;又渡过汶水,破了兖州府、济宁州、汶上县,宋江又自引兵破了东阿县张秋镇、阳谷县。各处仓库钱粮,都打劫一空,抢掳子女头口,不计其数,都搬回梁山泊"。对待老百姓也是心狠手辣,"呼延灼便传军令,尽洗嘉祥、南旺两处的百姓,以报昔日背叛之仇。可怜那两处的军民,不论老幼男女,直杀得鸡犬不留一个","火光影里,已望见'替天行道'的杏黄旗",但事实是"众百姓抛儿弃女,自相践踏,各逃性命,哭声震天""只见满地男女老少的尸骸纵横,血流成渠"。

因此,军民要一心,同仇敌忾,共同铲除盗贼。杨龟山因为奸臣当道,本来立志不出山,但是蔡京信中"先生无意功名,独不哀山东数十万生灵之命乎"一句话,杨龟山便"当时应允"。施威被擒后,"看的人无千无万,都说道:'害人强贼,今番吃拿了。这厮一身横肉,正好喂猪狗'";杨腾蛟被"众百姓撺掇小人为头,小人暗地里集下四五千人,约定时候,是小人刺杀这两贼,杀了他二千多人"。从祝永清、万年杀杜兴、石秀两人的残忍上可以看出俞万春对梁山盗贼的憎恨程度有多深。但是等梁山一伙被杀尽后,作者便认为"从此百姓安居,万民乐业,恭承天命,永享太平"。从描写倾向我们就可以看出,作者的写作目的还是社会的安定与和谐。

另外,俞万春把《荡寇志》的整个故事放在一个济世降妖的结构中。在小说的开始,忠义堂遭火灾,为梁山破解火灾的何道士带来了山下流传的童谣:"山东纵横三十六,天上下来三十六,两边三十六,狠斗厮相扑。待到东京面圣君,却是八月三十六。"开篇即规定了全书的内容、结局。到第一百三十八回"献俘馘君臣宴太平,溯降生雷霆彰神化"中,如张天师昔日所言:"此番命将,皆上天敕令降生之雷部神将,出师必然大捷。"原来陈希真、云天彪、陈丽卿、刘慧娘等都是奉玉帝旨意降生来辅佐朝廷、珍灭妖魔的雷部神将。随着三十六天罡、七十二地煞被消灭殆尽,这些雷部神将也回归本位。"一班魔君尚未收伏"时,陈丽卿还必须"留在牛渚山监管他们",但是在这些天罡、地煞被石碣镇压后,陈丽卿也随即"升迁离恨天宫"。蔡翔认为这是文学中的一种"归位"模式,而"归位"模式"显然含有中国文化特具的神道色彩,但在这些神怪传说中,又顽强透露出一种对此岸的肯定,一种积极入世的'救世'态度"①。正如作品结子中的童谣:"天遣魔君杀不平,不平人杀不平人。不平又杀不平者,杀尽不平方太平。"天罡、地煞是为了不平才尽情杀戮,但是只有"不平又杀不平者",这样才能杀尽不平,天下才能太平,因此,最终目的还是拯救乱世,天下太平。

六、救世的传声筒——《新水浒》

对于翻新小说《新水浒》的创作动机,历来众说纷纭。有以娱乐读者为目的的"娱乐说"②、在对前传批评基础上追求进步的"批评与修正

---

① 蔡翔.救世与厌世——中国文学中的"归位"模式[J].文艺评论,1991(4):23.
② 吴趼人.吴趼人全集[M].哈尔滨:北方文艺出版社,1998:37.

说"①、表达改革社会的政治理想及对美好生活憧憬的"理想与憧憬说"②，另外还有"新民说"③"救国说"④等。众说虽各有一定的道理，但也存在不确切之处。实际上，在当时救亡图存的时代背景下，《新水浒》已经成为救世呼声的传声筒，《新水浒》是以"救世"为主旨的。

（一）救世的不二选择

在西方船坚炮利铁的事实面前，一直以"泱泱大国"自居的清廷，终于低下头来，决定向西方学习，要"师夷长技以制夷""中学为体，西学为用"。但是技术的进步以及体制内的革新丝毫没有改变清政府的内忧外患，社会的千疮百孔反而日甚一日，"四十日之间，失地失权之事已二十见"⑤。全民族面临的灭亡危机，促使慈禧、光绪等最高统治者也意识到进行政体内的改革以求富强的重要性与迫切性，光绪在一道谕旨中回顾四年多来的改革说："方今时局艰难，百端待理。朝廷屡下明诏，力图变法，锐意振兴。数年以来，规模虽具，而实效未彰，总由承办人员向无讲求，未能洞达原委。似此因循敷衍，何由起衰弱而救颠危。"⑥于是，光绪三十一年（1905年）十二月，清政府派载泽、尚其亨、李盛铎、戴鸿慈、端方五大臣分赴东西洋各国考察，为改革政体做准备。光绪三十二年（1906年），根据考察大臣的意见，清政府宣布预备立宪，到了宣统元年（1909年）十月，各省相继成立了咨议局。"到了清末变法时期，中国人才正式承认政治制度落伍了"⑦，因此，"今者立宪之声，洋洋遍全国矣。上自勋戚大臣，下逮校舍学子，靡不曰立宪立宪，一唱百和，异口同声。"⑧，政府适时的改革也由此得到全民的拥护，"今政府预备立宪之诏颁矣，四民莫不庆祝，举国若狂"⑨。

政府的改革除了迫于当时的国际形势，为了摆脱帝国主义列强的侵略外，还有一个重要原因，就是国内风起云涌的政治运动，为了政权不被颠

---

① 吴泽泉.晚清翻新小说创作动因探析[J].云南社会科学,2008(6):148.
② 田若虹.陆士谔小说考论[D].华东师范大学博士论文,2003:57.
③ 朱秀梅."新小说"研究[D].河南大学博士论文,2006:109.
④ 林骅."小说救国"的时代潮音——清末民初古典小说名著续书述评[J].厦门教育学院学报,2006(1):5.
⑤ 李绿原.歧路灯[M].郑州:中州书画出版社,1980:330.
⑥ 欧阳健.晚清小说简史[M].沈阳:辽宁教育出版社,1993:14.
⑦ 余英时.现代儒学的回顾与展望[M].北京:三联书店,2004:55.
⑧ 闵暗.中国未立宪以前当以法律遍教国民论[J].东方杂志,第2年,(11):221.
⑨ 娲石女氏.吊国民庆祝满政府之立宪[J].辛亥革命,第二册:185.

覆,统治阶级也意识到包括政体在内的改革的重要性。据宋师亮在《黑暗中的追寻——论晚清政治小说的兴起》一文对当时政治运动的整理,我们得知:

"这时期,较大规模的政治运动有:1900年,唐才常发动自立军起义;与此同时,孙中山派郑士良发动惠州起义;1902年4月26日,章太炎在东京举办'"支那"亡国二百四十二年纪念会',打破了留日学界'倡言革命,而讳言排满'的局面;1903年4月29日,为抗议沙俄图占东北,留日学生宣布成立'拒俄义勇队'。(由于清政府的阻挠,义勇军被强令解散,遂秘密改为军国民教育会)4月30日下午,上海爱国人士成立中国国民总会,邹容等1 600多人先后签名入会,掀起了声势浩大的拒俄运动;同时,为反对广西巡抚王之春借法兵'清剿'农民起义军,全国各界发起拒法驱王运动;1905年,为抗议美国虐待华工,又爆发了反美华工禁约运动。在此起彼伏的政治运动中,也出现了许多政治团体。如1900年,留日学生在东京建立第一个爱国团体——励志会;1902年4月,蔡元培、蒋自由等人在上海成立中国教育会;1903年,留日女学生发起成立'共爱会';1904年2月,黄兴等成立华兴会;1904年5月,胡瑛、宋教仁等成立科学补习所;1904年,陶成章、徐锡麟等成立光复会;1905年8月,中国同盟会在日本东京成立。"①

的确,民族资产阶级的上层人物及其政治代表,也意识到清政府的所谓"新政"不仅没有改变清廷被动挨打的局面,也无法遏止革命形势的蓬勃发展。于是从1903年起,他们在控制的报刊上发表文章,鼓吹"立宪",试图从政体改革上另谋出路。在他们看来,日本在1906年日俄战争中的胜利,是日本君主立宪战胜俄国君主专制的结果,因此实行君主立宪的呼声一浪高过一浪。清朝一些权势很大的督抚,如直隶总督袁世凯、两江总督周馥、湖广总督张之洞、两广总督岑春煊等,都相继奏请"变更政体,实行立宪"。他们一方面是为了维护清朝封建统治,另一方面也想利用立宪保持和扩大自己的权力。为了抵制日益发展的革命形势,拉拢立宪派,加强中央集权,即使清政府的最高统治者也意识到"立宪"对于消灭国内革命

---

① 宋师亮.黑暗中的追寻——论晚清政治小说的兴起[J].湖北经济学院学报(人文社会科学版),2008(7):98.

派的重要性。慈禧太后在接见大臣时表示,"'立宪一事,可使我满洲朝基础永久确固,而在外革命党,亦可因此消灭。候调查结局后,若果无妨害,则必决意实行'……载泽在《奏请宣布立宪密折》中,强调实行立宪有三大好处:一是'皇位永固',二是'外患渐轻',三是'内乱可弭'。载泽等人的建议,深得慈禧太后的赏识,于是决定采纳。"①

清政府在最后的十几年,进行了多方面的变革,包括废除科举、创办新式学堂、鼓励留学、建设新军、修建铁路、发展实业、改革法制以及立宪等涉及中国的政治、经济、社会、文化、教育、军事、法律等广阔领域的社会改革活动。因此可以说,"清王朝在它的最后的十年中,可能是1949年前一百五十年或二百年内中国出现的最有力的政府和最有生气的社会"②,虽然这种"生气"并没有持续多长时间,清政府最终也是黯然收场,但是,失败的结局并不能掩盖种种努力背后试图拯救末世的最终指向,而应时而生的《新水浒》也就成了此种指向的最密切响应,成为当时救亡图存呼声的传声筒。

(二)救世的外在规定

如果说晚清的时局、政局只是《新水浒》等翻新小说或者说是"新小说"产生的时代氛围的话,而"小说界革命"才是其产生与发展的直接约定力量。朱秀梅认为"'小说界革命'的性质内在地规约了'新小说'的性质"③。实际上,要正确认识《新水浒》的性质还必须从认识"小说界革命"开始。

1897年康有为、梁启超、谭嗣同等发起的维新变法失败,维新人士开始意识到把救世的希望寄托在统治阶级身上是靠不住的,自上而下的政治变革仅仅是一种幻想。在对失败进行反思的过程中,梁启超认识到"中国今后之大患在学问不昌,道德沦废,非从社会教育痛下功夫,国势殆不可救。欲谋政治之根本改革,须从国民心理入手,欲改造国民心理,须从社会教育入手,社会教育主要之工具为舆论……"④于是,他们便退而求其次,救世的手段由制度的变革转换为国民素质的提升,逐渐把目光转向思想文

---

① 转引自陈旭麓.中国近代史[M].北京:中国高等教育出版社,1987:299.
② 转引自欧阳健.晚清小说史[M].杭州:浙江古籍出版社,1997:8.
③ 朱秀梅."新小说"研究[D].河南大学博士论文,2006:20.
④ 夏晓虹.追忆梁启超[M].北京:中国广播电视出版社,1997:133.

化的变革上,而承担思想文化变革的重任又落实到小说上。1898年,梁启超在《译印政治小说序》中,认为欧洲各国变革之始皆寄于小说,"往往每一书出,而全国议论为之一变……各国政界之日进,则政治小说为功最高焉"。

以梁启超为首的维新人士把小说当作提高国民素质,扭转"国势殆不可救"的灵丹妙药。在维新者看来旧小说不仅担当不了此重任,还是造成国将不国的万恶之源:

"今我国民慕科第若膻,趋爵禄若鹜,奴颜婢膝,寡廉鲜耻,惟思以十年萤雪、暮夜苞苴,易其归骄妻妾、武断乡曲,一日之快,遂至名节大防,扫地以尽者,曰惟小说之故。今我国民轻弃信义,权谋诡诈,云翻雨覆,苛刻凉薄,驯至尽人皆机心,举国皆荆棘者,曰惟小说之故。今我国民轻薄无行,沉溺声色,缱绻床笫,缠绵歌泣于春花秋月,销磨其少壮活泼之气,青年子弟,自十五岁至三十岁,帷以多情多感多愁多病为一大事业,儿女情多,风云气少,甚至为伤风败俗之行,毒遍社会,曰惟小说之故。今我国民绿林豪杰,遍地皆是,日日有桃园之拜,处处为梁山之盟,所谓'大碗酒,大块肉,分秤称金银,论套穿衣服'等思想,充塞于下等社会之脑中,遂成为哥老、大刀等会,卒至有如义和拳者起,沦陷京国,启召外戎,曰惟小说之故……"①

既然旧小说是祸国殃民的罪魁祸首,是"吾中国群治腐败之总根源",于是必须对旧小说进行革新。"故今日欲改良群治,必自小说界革命始;欲新民,必自新小说始"②,要在小说界进行革命,提倡新小说。

梁启超在《论小说与群治之关系》中,把新小说的地位抬高后,接着用大量篇幅论证小说和"改良群治""新民"的关系,即"欲新一国之民,不可不先新一国之小说。故欲新道德,必新小说;欲新宗教,必新小说;欲新政治,必新小说;欲新人格,必新小说"。

小说界革命的初衷是为政治服务,"终极目标是要重建社会秩序、开启民智"③,实现由末世到盛世转变的梦想。而《新水浒》作为当时小说界革命的产物,更应该是其理念与目的的彻头彻尾的贯彻者与执行者。因此,

---

① 郭绍虞.中国历代文论选[M].上海:上海古籍出版社,1986:210-211.
② 李华兴,吴嘉勋.梁启超选集[M].上海:上海人民出版社,1984:349.
③ 朱秀梅."新小说"研究[D].河南大学博士论文,2006:24.

创作《新水浒》的最终目的也是拯救末世。

（三）救世的应有之义

余英时在《士与中国文化·自序》中，为中国的知识分子下了这样的定义："所谓'知识分子'，除了献身于专业工作以外，同时还必须深切地关怀着国家、社会以至世界上一切有关公共利害之事，而且这种关怀又必须是超越于个人（包括个人所属的小团体）的私利之上的。"[①]晚清时期，内心凝结着"救世"情结的中国知识分子在内忧外患的双重压迫下，同样不能不踌躇满志，在对末世的思考中积极寻求救世之道。

在西泠冬青《新水浒》第一回中，梁山泊众英雄听说国家预备立宪，于是等待招安。作者借吴用之口评论道："'立宪'两字，原是泰西推行过来的治体，但有共和、专制两种……如今我中国国民程度尚低，'立宪'二字，恐怕还够不上。那些激烈改进的新党，只想三脚两步推翻'专制'两字，定要闹到民主革命地步，殊不知今日中国，实非君民共主不可。"可以看出，作者赞同改革，但并不赞成暴力革命，其实这正是作者出于对末世的思考。

1903—1911年，革命党发动了多次对清军的军事行动，与此同时，各地民变也风起云涌、此起彼伏，一度席卷全国。据当时的史料记载，从繁华城镇到穷乡僻壤，抗捐、抢米、骚乱、起义、罢工、兵变、学潮、反教等民变"几乎无地无之，无时无之"。这种破坏性极强的民变在加快清王朝崩溃步伐的同时，也加剧了晚清最后几年的社会动荡，使广大民众心力交瘁，民众中间聚集了前所未有的怨愤与不满。因此，在西泠冬青的《新水浒》中，作者对末世出路思考的结果是不赞成革命的激变。作者认为当时最好的出路是君主立宪，改良社会，从而延缓革命的爆发。于是，众英雄招安下山，走进近代社会，充当立宪国民，切实履行国民的强国义务。对体制革新、实业救国做了切实的探讨，对各行各业的未来进行了积极的尝试。对于《新水浒》的主旨，其实在作品第一回，作者就明确地点明了："《水浒》所演的一百零八个人物，其中虽有忠臣，有孝子，有侠义，然究竟算不得完全国民，况且奸夫淫妇，杂出其间，大有碍于社会风俗。所以在下要演出一部《新水浒》，将他推翻转来，保全社会。"也就是说，西泠冬青《新水浒》的写作初衷是《水浒传》的人物算不得完全国民，《水浒传》的内容有碍于社会风俗；写

---

① 余英时.士与中国文化[M].上海：上海人民出版社，2003：2.

作目的还是"推翻转来,保全社会"。"推翻转来,保全社会"显然就是说《新水浒》的写作目的是拯救当时的乱世。

如果说西泠冬青对立宪改良抱着莫大的期望,对末世到盛世的转变信心百倍的话,那陆士谔对立宪改良的结果却本能地存在着怀疑。陆士谔看到了当时"强敌外窥,会党内伺,魑魅充斥,鬼蜮盈途,朝廷有望治之心,编氓乏自治之力"的社会环境,预备立宪实有必要,但对立宪缺乏足够的信心。在统治者那里,立宪也只是他们争权夺利的工具罢了,陈振江的《简明中国近代史》第六章有"'预备立宪'骗局的破产"一节:

"随着1905年革命形势的高涨,一部分资产阶级的上层代表人物如张謇、汤寿潜等人,惧怕革命危及他们的利益而抵制革命运动,并乘机迫使清政府向他们开放一部分权力,因此,加紧了君主立宪活动。他们沟通湖广总督张之洞、直隶总督袁世凯、两广总督岑春煊等人,由他们出面奏请实行君主立宪。张之洞、袁世凯等汉族大官僚也希图通过立宪向满洲亲贵取得更多的权力,而支持立宪派的要求。慈禧太后迫于革命形势的威胁,为稳定自己的反动统治,决定玩弄'预备立宪'的骗局,以欺骗人民……一场伪立宪的丑剧开锣揭幕了。"①

民族资产阶级的上层人物及其政治代表,呼吁立宪是为了遏制革命形势的蓬勃发展,清朝一些权势很大的督抚,如直隶总督袁世凯、两江总督周馥、湖广总督张之洞、两广总督岑春煊等,都相继奏请实行立宪,一方面是为了维护清朝封建统治,另一方面也想利用立宪保持和扩大自己的权力;清政府决定实行预备立宪的本来初衷就是为了巩固清朝的皇权,可也在立宪的日期上一延再延。另外,只重其表,不重其实的维新改良又没有多大作用:

"庚子重创而后,上下震动,于是朝廷下维新之诏,以图自强。士大夫惶恐奔走,欲副朝廷需才孔亟之意,莫不曰新学新学。虽然,甲以问诸乙,乙以问诸丙,丙还问诸甲,相顾错愕,皆不知新学之实,于意云何。于是联袂城市,徜徉以求其苟合,见夫大书特书曰'时务新书'者,即麇集蚁聚,争购如恐不及……"②

---

① 陈振江.简明中国近代史[M].天津:天津人民出版社,1983:335-336.
② 冯自由.政治学[M].上海:上海广智书社,1902:3.

因此,"然吾国民程度之有合于立宪国民与否",新世界盛行的是"文明面目,强盗心肠""那知今日新法是行了,百姓依然贫乏,国家依然软弱,不过换几样名式,增几样事儿,为做官的多开条赚钱的门径",这样的社会改革还有什么作用,"早知如此,兄弟也不和着陈柬上书请变法了"。于是,陆士谔借水浒英雄各自下山经营实业,获取利润,英雄们摇身一变,纷纷下山办公司、开银行、设学堂、开夜总会,将梁山泊改造成梁山会,成为一个创业的经济实体。总而言之有三种取财之道:一是贪赃枉法、以权谋私。如宋江做议员后,借赈灾之机,挪移公款、中饱私囊。花荣以官府名义卖铁路予洋人,从中取利。时迁做侦探,收取贿赂。另有孟康做船政差使,造船浮支银两高达四十万。二是从事低级情趣的娱乐业。如陶宗旺的妓女院、扈三娘的女总会、张青和孙二娘的夜花园。三是兴办、经营实业。如汤隆、刘唐商办铁路,李立、穆弘办矿,卢俊义独自承办铁路,三阮经营渔业公司等。最后评比便以孟康、扈三娘为胜。从这一出出利欲熏心的丑剧中,我们可以看出作者对实施宪政的种种弊端的无情揭露,表明了作者对当时一系列的革新持悲观态度。但是在作者忧愤心态的背后,不正反映了中国古代文人探索末世之道、救亡图存的急切心情吗?因此,陆士谔作另一部《新水浒》其最终目的也正如在其小说《新三国》中所言,"推翻转来,保全社会"(陆士谔《新三国》第三十回),陆士谔的《新水浒》也是以"救世"为宗旨的。

总而言之,两部《新水浒》都是在当时维新改良,求新求变的时代氛围中,立足现实,着眼未来,曲折地表达"去旧从新,强我种族""推翻转来,保全社会"的时代要求,传达维新改良者的救世心声。

水浒小说以水浒故事,也就是一个农民起义故事为母题,小说的作者们也深信农民起义并不能从根本上彻底改变封建专制社会黑暗腐朽的面貌,但这并不妨碍他们对专制社会黑暗腐朽的现实问题如何解决进行思考,这些深怀"救世"情结的古代文人在麻醉别人以及自我麻醉的过程中,"于是就寄希望于君主英明,寄希望于清官和侠客,寄希望于改良,寄希望于乌托邦和桃花源。然而这一切希望,归结起来,就是希望出现一个统治者贤明豁达,人民安居乐业的太平盛世"①。

第三节 水浒小说救世道路的探究

一、理学家的救世设计——《水浒传》

理学在其诞生的宋代便受到统治阶级的青睐,在元代被奉为官学,在明代建国之初又受到皇帝朱元璋的大力提倡,《水浒传》的题材来源历经宋、元两代,在元末明初累积成书,其删改者、写定者在创作的过程中,不免受到理学的影响。《水浒传》的作者在救世道路的探索上深深烙有理学家治世思想的影子。

(一)格君心之非

理学家认为世道的盛衰是一个日益陵替的过程。"邵雍制定了'元'、'会'、'运'、'世'等时间概念来说明天地万物的发生、发展、衰落、灭亡的过程"②,朱熹也认为"物久自有弊坏"③,意思是,无论是社会、文化,还是一个朝代,作为物的一员,有盛就有衰,大致的规律无不如此。

《水浒传》开始,作者从残唐五代的干戈纷争写起,"五代残唐天下干戈不息,那时朝属梁,暮属晋,正谓是:'朱李石刘郭梁唐晋汉周,都来十五帝,播乱五十秋'。"至宋太祖平定中原,"一旦云开复见天",天下才得以安定,但是,宋朝同样没有摆脱这种世道陵替的循环。历经太宗、真宗,到了仁宗皇帝的时候,尽管"文有文曲,武有武曲""玉帝差遣紫微宫中两座星辰下来,辅佐这朝天子",致使"天下太平,五谷丰登,万民乐业,路不拾遗""三登之世"后,紧跟着便发生了大瘟疫,"军民涂炭,日夕不能聊生",也由此发生了三十六员天罡、七十二座地煞星下降人世,这真是"岂知礼乐笙镛治,变作兵戈剑戟丛"。值得说明的是,这些天罡、地煞并没有随着下降人世而马上祸乱人间,而是又历经英宗、神宗、哲宗,到了徽宗的时候,才真正"哄动宋国乾坤,闹遍赵家社稷",宋朝天下才出现末世的光景。作者这样

---

① 赵启安.试论《荡寇志》意象意境层和思想意义层的不确定性及启示[J].临沂师专学报,1996(5):68.
② 卢子震.理学基本理论概说[M].石家庄:河北教育出版社,2005:137.
③ 黎清德.朱子语类[M].王星贤,点校.北京:中华书局,1986:3208.

安排,就把三十六员天罡、七十二座地煞星下降人世、扰乱人世、致使社会分崩离析的责任从宋徽宗身上推开,意思是导致社会混乱的根由在宋徽宗之前就已经埋下了,罪不在宋徽宗。这也正验证了理学家的观点,世道的盛衰是一个日益陵替,由盛到衰,由治到乱的过程,不是哪一个人就能决定的,正如作品中所说,"细推治乱兴亡数,尽属阴阳造化功"。

世道陵替除了与"气运""定数"有关,理学家并没有否定人心人力的作用,理学家认为:"天下之治乱系乎人君仁不仁耳"①,认为世道变化的总体规律无法改变,但是身处乱世,要积极地"治乱",在乱世人的积极努力并非一无是处,理学家把治天下的希望首先寄托于君主身上。朱熹说:"天下之事千变万化,其端无穷,而无一不本于人君之心者,此自然之理也。"②君正则国家定,君心出现偏差则国家就有可能出现混乱。

《水浒传》中,作者就反复强调正是因为宋徽宗"君之心"被奸臣蒙蔽,才导致人心思乱、强盗遍地、民不聊生,社会得不到有效治理的,这一点几乎成为梁山英雄们的共识。宋徽宗虽然"浮浪子弟门风帮闲之事,无一般不晓,无一般不会,更无一般不爱,即如琴、棋、书、画,无所不通,踢球打弹,品竹调丝,吹弹歌舞,自不必说",但这些并不是至关重要的缺陷,在英雄们看来,如果有贤臣良相的辅佐,宋徽宗成为圣明之君并不难,更何况宋徽宗本人"自即位以来,用仁义以治天下,行礼乐以变海内,公赏罚以定干戈。求贤之心未尝少怠,爱民之心未尝少洽。博施济众,欲与天地均同,体道行仁,咸使黎民蒙庇",并不是不求上进。如"忠义堂石碣受天文,梁山泊英雄排座次"一回中,宋江认为:"皇上至圣至明,只被奸臣闭塞,暂时昏昧。""宋公明神聚蓼儿洼,徽宗帝梦游梁山泊"一回中,皇帝对奸臣的建议,虽然"沉吟良久,欲道不准,未知其心意。欲准理,诚恐害人",但最终还是"被奸臣谗佞所惑,片口张舌,花言巧语,缓里取事,无不纳受"。其实,连辽国的欧阳侍郎也知道,如今宋朝童子皇帝"被蔡京、童贯、高俅、杨戬四个贼臣弄权,嫉贤妒能,闭塞贤路,非亲不进,非财不用"。鲁智深形象地说:"只今满朝文武,多是奸邪,蒙蔽圣聪,就比俺的直裰染做皂了,洗杀怎得干净?"连宋徽宗本人也自叹:"败国奸臣坏寡人天下。"正是因为奸臣当权,

---

① (宋)程颢,程颐. 二程集·外书[M]. 王孝鱼,点校. 北京:中华书局,1981:390.
② 竹杰人. 朱子全书[M]. 上海:上海古籍出版社,2002:590.

君心受到蒙蔽,下情不能上达,社会才治理不好,可以说,这种思想贯穿作品的始终。

事实上,这一认识既是我们正确理解宋徽宗这一人物形象的关键,为什么作者一面对宋徽宗不无微词,一面又弱化史实,把宋徽宗塑造成至圣至明、神圣不可侵犯的天子;也是《水浒传》"只反贪官不反皇帝"的思想性根源,为什么《水浒传》强调"乱自上作",但重心却放在"官逼民反",与奸臣的斗争上。

为了改变这种现状,必须"格君心之非""治道亦有从本而言,亦有从事而言。从本而言,惟从格君心之非,正心以正朝廷,正朝廷以正百官"①。也就是说,要想方设法,不让皇帝受蒙蔽,去掉君主心中的坏念头,只有皇帝做到了正心诚意,才能正朝廷、正百官,天下方能够长治久安。为此,一方面必须打击皇帝身边的奸臣,"以正百官",同时,要努力使下情上达,"正心以正朝廷"。

梁山两次和朝廷派来的大军作战。当童贯带领的十万大军,被打得落花流水而奔逃之际,宋江却"不肯尽情追杀";当继之而来的高俅,其十三万军马又被打败之际,宋江也是"急教戴宗传令,不可杀害军士"。更有甚者,当朝廷不少将军以至高俅本人也被活捉上山之后,宋江甚至大吹大擂,设宴相请,自己"持盏擎杯",表示"安敢叛逆圣朝",只是企求"赦罪招安"。可见宋江领导的梁山义军的目的并不是要推翻赵宋政权。在此同时,宋江领导的梁山义军,尤其是对"清官"如宿元景还赞扬不迭。因此,宋江虽然消灭了祝朝奉、曾长者等全家,杀死了无为军的黄文炳、高唐知州高廉、青州知府慕容彦达等朝廷命官,但是这些人都是远离皇帝的地痞恶霸、贪官污吏,都是害群之马。杀了这些人,既能解除广大人民的痛苦,也利于政权的长治久安,这未尝不可看作是宋江在替皇帝"以正百官"。

在采用武力"以正百官"的同时,宋江也丝毫没有放松试图通过下情上达这种方式格君心之非。天罡、地煞在梁山终于聚齐,一百零八位英雄异姓一家,亲如兄弟,虽然宋江的招安之语在聚会仪式上就受到某些英雄的反对,但宋江并没有改变初衷,而是在随后的不久,在"拿得莱州解灯上东京去的一行人"时,便计划实施自己的意图。宋江即使以看灯为由进京,

---

① (宋)程颢,程颐.二程集·遗书[M].王孝鱼,点校.北京:中华书局,1981:165.

也遭到吴用的反对,但是"众人苦谏不住,宋江坚执要行"。虽然宋江没有贸然入城,先让柴进、燕青入城探路,但是两人一入城,柴进就设计进入皇宫探听消息,宋江进城后,见到写有"歌舞神仙女,风流花月魁"的烟月牌,得知是李师师家后,宋江马上反应过来,"莫不是和今上打得热闹的",随即唤燕青,让燕青安排,宋江要与李师师见一面,这意岂在看灯?"六六雁行连八九,只等金鸡消息。义胆包天,忠肝盖地,四海无人识",虽然通过李师师使下情上达的计划因李逵的闯入落空,但是从整个过程我们就可以看出,宋江试图使皇帝得到实情,能够不被奸臣蒙蔽,从而做出招安旨意的愿望。梁山在两赢童贯、三败高俅,势力足可与朝廷匹敌之时,再入东京,又是通过李师师,由燕青向皇帝直陈梁山与朝廷争战的是是非非,致使天子也"嗟叹不已",最终在上朝时,怒斥童贯与高俅,"都是汝等不才贪佞之臣,枉受朝廷爵禄,坏了国家大事",在宿太尉的帮助下,招安成功。

(二) 君臣共治

天下的盛衰"本于人君之心",在奸臣当权,君心已经受到蒙蔽,社会得不到有效治理的情况下,为了治理国家,要从"本"出发,要"格君心之非",要正本清源,排除奸邪的干扰,让民情畅通,使皇帝诚心诚意地投入到治理社会的丰功伟业之中,力求社会的长治久安。"格君心之非"需要皇帝的自省自察,也要借助外力。"夫以海宇之广,亿兆之众,一人不可以独治,必赖辅弼之贤,然后能成天下之务,自古圣王,未有不以求任贤为先者也。"[①]天下如此之广,人口如此之多,仅仅依靠皇帝一人治理是不可能的,历代的圣王也都是把任用贤臣作为治国之先,让贤臣、贤相与自己共治天下。因此,要君臣共治。

君臣共治,既有对君的要求,也有对臣的要求。由于皇帝的特殊身份,理学家们对帝王自发地"格其非心"并没有抱太高的期望。因此,君臣共治更多的还是对臣的要求。"臣之于君,竭其忠诚,致其才力,用否在君而已"[②],要求臣一定要忠诚,要忠于皇帝,并且要竭尽其力,尽自己最大所能与皇帝共治天下。

在《水浒传》中,宋江就符合理学家所说的与皇帝共治天下的臣的标

---

① (宋)程颢,程颐. 二程集·遗书[M]. 王孝鱼,点校. 北京:中华书局,1981:522.
② (宋)程颢,程颐. 二程集·粹言[M]. 王孝鱼,点校. 北京:中华书局,1981:1242.

准。宋江的一生是忠于皇帝的一生,"宁肯朝廷负我,我忠心不负朝廷";宋江的一生也是尽其所能,替皇帝"治国平天下"的一生,"中心愿,平虏保民安国";宋江在"替天行道",消灭外患,平定内乱,勤勤恳恳为皇帝、为国家奉献一生的过程中,无论是否受到皇帝的任用,无论身处逆境还是顺境,无论在野还是在朝,始终心忧天下,"不怨天,不尤人",可谓真正做到了"用否在君而已"。

宋江"自幼曾攻经史,长成亦有权谋",并且怀有"扫除四海之心机",是一个深受儒家经典熏陶,有理想、有追求,渴望效忠朝廷的人。即使被逼上梁山后,他也一直设想自己"暂占水泊,权时避难""暂居水泊,专待朝廷招安,尽忠竭力报国",并不与朝廷为敌。宋江与武松分手时,不仅劝武松接受招安,还希望武松能够撺掇鲁智深、杨志也接受招安;宋江在赚徐宁上山、动员呼延灼等人伙时,也表达了自己的忠心,希望能够得到皇帝的招安。同时,他并不只是在固守中等待,而是积极经营,千方百计地实现自己的意图,正如尊师杜贵晨先生所言:"他一面率众与山下的敌对势力斗争,一面在做内部的'整顿'。'整顿'什么呢? 一是整合组织,千方百计拉各种人才上山;二是整合思想,随时随地向部下灌输招安路线。宋江是一步一步地把梁山上人的思想整顿、引导到'忠义'的路上来,引向招安之路。"①为了招安成功,宋江上走宿元景、下走李师师的门路,致使下情上达,忠义之愿得到实现。当辽国的欧阳侍郎说破当时形势,连吴用都劝宋江安排退路时,宋江丝毫没有瞻前顾后,忠义之志矢志不渝。哪怕在饮了药酒之后,还担心李逵在自己死后重新造反,坏了"忠义"之名,而忍痛把心爱的兄弟李逵药死,真是"宁肯朝廷负我,我忠心不负朝廷"。可以说宋江的一生完全履行了理学家臣对君要"竭其忠诚"的要求。

同样,宋江的一生又是尽其最大能力,替君治理国家、为君分忧的过程。在梁山时,"不劫来往客商,不伤害人性命",专门打击豪强,消灭奸邪,"替天行道",这真是"处江湖之远则忧其君",在"天子恩泽不能到达的地方尽自己所能以救朝廷之失"②。在招安的过程中,与政府军作战点到为止,因为他素怀归顺之心,所以"不肯尽情追杀",并不以攻城略地为主

---

① 杜贵晨.《水浒传》的作者、书名、主旨与宋江[J].南都学坛,2008(1):53.
② 孙争春,兰保民.痴情与梦幻——《水浒传》新解[J].烟台师范学院学报,1999(4):51.

要目的。宋江一伙虽然也消灭了祝朝奉、曾长者等全家,杀死了黄文炳、高唐知州高廉、青州知府慕容彦达等朝廷命官,但这些都是贪官污吏、害群之马,杀了这些人,对广大人民来说可以解除一定的痛苦,对皇帝来说未尝不利于国家的长治久安。招安成功,宋江取得了作为臣的资格,梁山英雄获得救世的许可证,于是马上打出"护国""安民"来替换"替天行道"的旗帜,理直气壮地走上救世的大道。"辽国郎主,起兵前来,侵占山后九州边界,兵分四路而入,劫掳山东、山西,抢掠河南、河北",如果说征辽是因为国家主权受到威胁,是外患,那么接着灭田虎、王庆,平方腊则是因为殃民,是内乱,"百姓日夜惊恐,城外居民,四散的逃窜""掳掠淫杀,惨毒不忍言说""累被方腊不时科敛。但有不从者,全家杀害""累被方腊残害,无处逃躲此间百姓,俱被方腊残害,无一个不怨恨他"。结果辽国被打得俯首称臣,田虎、王庆、方腊则被完全消灭。宋江在消除外患、平定内乱的一次次斗争中实现着作为臣的本分,尽最大的能力与皇帝共治天下,替皇帝分忧解难,争取国家的和平与安定。

为了实现君臣共治,或者说为了使君臣共治名正言顺,梁山众英雄就必须由盗贼转化为臣民。《水浒传》写招安一方面是因为时代的原因,在宋代社会长期"积贫积弱"的局面下,"宋代统治者不像其他朝代的统治者那样,只是把招安作为镇压手段的一种补充,而是认认真真地把招安作为一项安定内乱的基本方针予以实施"①,因此当时社会上流传有"仕途捷径无过贼,上将奇谋只是招"和"若要官,杀人放火受招安"的俚语;另一方面实在是实现君臣共治的必然要求。招安后,梁山众英雄一下子转变为皇帝的臣民,因此,以臣的身份平辽、灭方腊才言之有理,行之可信。

(三)求贤才

君臣共治天下,目的是要尽可能地防止小人当道、皇帝偏听独任、奸臣误国。而这一切实现的前提则是要有堪当重任的臣与皇帝共治天下,因此,人成了最主要的因素。君臣共治天下的观点就包含了选用天下贤臣,求贤才的内涵。程颐说:"天下之事,岂一人所能独任?必当求天下之贤智,与之协力。得其人,则天下之治,可不劳而致也;用非其人,则败国家之

---

① 王齐洲.四大奇书纵横谈[M].济南:济南出版社,2004:119.

事,贻天下之患。"①为了国家的长治久安,要得天下贤智之人,集思广益,而一人独任就有可能导致偏听偏信,甚至使小人得志,败坏国家,民不聊生,导致祸端。"天下之治,由得贤也;天下不治,由失贤也"②,就是这个意思。"天地生一世人,自足了一世事。但恨人不能尽用天下之才,此其不能大治"③,把能否尽用天下之才作为天下能否大治的前提,可见其对人才的重视。由此,二程把求贤作为治世之道的三大要素之一。"治道之要有三:曰立志、责任、求贤。"④认为选拔贤才是治理国家的重要一环,要使国家得到治理,必须尽用天下之才,使贤者在其位,各司其职,各尽其能。

《水浒传》中最大的贤才就是宋江,求贤才首先就是求宋江。宋江成为国家有用之臣的经历可谓一波三折:宋江杀阎婆惜后官司缠身,首先想到三个地方可以躲避:"小可寻思,有三个安身之处。一是沧州横海郡小旋风柴进庄上。二乃是青州清风寨小李广花荣处。三者是白虎山孔太公庄上。"虽然宋江对晁盖几人有救命之恩,此时也已经知道他们在梁山为王,但是宋江并没有考虑到梁山躲避;在"石将军村店寄书,小李广梁山射雁"一回中,宋江主张:"自这南方有个去处,地名唤作梁山泊。方圆八百余里。中间宛子城、蓼儿洼。晁天王聚集着三五千军马,把住着水泊。官兵捕盗,不敢正眼觑他。我等何不收拾起人马,去那里入伙?"可一封父亲病危的家书又让宋江舍弃众兄弟奔家而去,又一次拉开了与梁山的距离;在发配过程中,更是以自己的性命要挟,誓不上梁山;在浔阳酒楼上,睹物伤情,酒后题下反诗,在生与死的抉择中才不得不上了梁山。但是,在梁山站稳脚跟后便一心一意等待招安,投靠朝廷;在打与谈的曲曲折折中,历经三次招安才成功,宋江终于被拉上与君共治天下的道路。于是,招安之后,宋江等随即踏上消灭外患、平定内乱的救世之路。最后宋江衣锦还乡,甚至死后被封为"忠烈义济灵应侯",朝廷为之盖庙宇,建祠堂,皇帝御笔亲书"靖忠之庙""年年享祭,岁岁朝参"。宋江成为国家有用之臣的道路虽然曲折,但是作者最终并没有埋没这位忠心耿耿的人才,而是让宋江人尽其能。从宋江曲折的人生经历上就可以看出,作者不拘一格,千方百计选

---

① (宋)程颢,程颐.二程集·易传[M].王孝鱼,点校.北京:中华书局,1981:960.
② (宋)程颢,程颐.二程集·文集[M].王孝鱼,点校.北京:中华书局,1981:513.
③ (宋)程颢,程颐.二程集·遗书[M].王孝鱼,点校.北京:中华书局,1981:2.
④ 同②1218.

贤才、用贤才的思想。

"水浒之众,皆大力大贤有忠有义之人"①,除宋江以外,其他一百零七位兄弟同样也是贤才。《水浒传》中的英雄好汉各有所长。文有吴用、朱武,武有林冲、关胜;马军有呼延灼、秦明,步军有武松、李逵,水军有张顺、李俊、阮氏三兄弟;刻印有金大坚,书写有萧让,医疗有安道全,兽医有皇甫端;等等。可谓汇集了各行各业的优秀代表。"天下岂少有用之人哉?待无用之者耳。"②因为是乱世,皇帝被奸臣蒙蔽,贤才得不到合理任用,于是作者便借宋江,不遗余力地选用天下的贤才,诱惑英雄上梁山,甚至逼迫英雄上梁山,最后连同被官府逼上梁山的好汉一起,接受招安,投入到"治国平天下"、拯时救世的事业中。

我们不妨以宋江赚取卢俊义上山为例。宋江赚取卢俊义上山后,要让卢俊义坐头领的位子,理由是宋江觉得自己有三件不如卢俊义处:"第一件,宋江身材黑矮,员外堂堂一表,凛凛一躯,众人无能得及。第二件,宋江出身小吏,犯罪在逃。感蒙众弟兄不弃,暂居尊位;员外生于富贵之家,长有豪杰之誉,又非众人所能得及。第三件,宋江文不能安邦,武不能附众,手无缚鸡之力,身无寸箭之功;员外力敌万人,通今博古,一发众人无能得及。员外有如此才德,正当为山寨之主。他时归顺朝廷,建功立业,官爵升迁,能使弟兄们尽生光彩。"值得一提的是,宋江赚取卢俊义上山的目的并不是让卢俊义能够为梁山出多少力,他首先想到的是将来,招安以后,卢俊义能够更好地为朝廷"建功立业"。从这些细微之处就可发现,《水浒传》之所以千方百计求贤,唯恐遗漏,还是为了求取天下的贤人与皇帝共治天下。

实际上,理学治世思想的世道盛衰、君臣共治、求贤才等观点是相互联系的。世道虽然是一个日益陵替的过程,但理学家并没有否定人的主观能动性,在乱世要积极治世,这就要求皇帝有治世之心,要君心正。为此,必须"格其非心",需要皇帝自身努力的同时,也需要治世之能臣能够与君主共治天下,君臣共治。君臣共治天下,也就必须有优秀的贤能之士辅佐君

---

① (明)李贽.忠义水浒传序[G]//朱一玄,刘毓忱.水浒传资料汇编.天津:南开大学出版社,2002:172.
② (明)李贽.忠义水浒回评[G]//朱一玄,刘毓忱.水浒传资料汇编.天津:南开大学出版社,2002:178.

主,如未得其人,则君臣共治只是一句空话,这就又需求贤才。程颐指出:"帝王之道也,以择任贤俊为本,得人而后与之同治天下。"①认为求得贤俊之才,与君主共治天下,这才是帝王之道,只有这样,盛世才会长久,末世才会推后,世道的陵替才会延迟。可见,三种观点互相联系,环环相扣。

《水浒传》作为一部累积型成书的作品,在漫长的成书过程中,作品本身积淀、凝聚了下层知识分子以及广大民众的历史观、思想观,反映了社会不同阶层、不同人群的观念意识与思想追求,因此《水浒传》内容博杂,儒、释、道无所不包。但是理学政治哲学化的本质以及理学家挽颓救弊的内在要求与水浒故事救世倾向性的暗合,使我们能够明显看到《水浒传》中理学治世思想的影子。

二、布衣文人的救世梦想——《水浒后传》

作为布衣文人的陈忱,对下层老百姓的悲惨遭遇感同身受,不满意《水浒传》"魂聚蓼儿洼",社会依旧千疮百孔、毫无变化的结局,于是搭建了一个众英雄海外建国,君明臣贤,君臣一心,风调雨顺,老百姓安居乐业的梦想。可以说,在这个美好的梦想里,作者的救世理念得到了全面体现。

(一) 杀尽奸佞

在作者幻想的暹罗国中,国主马赛金"秉性却过于仁柔,缺少才略",与"优柔不断,姑息为心"的宋徽宗有几分相似,奸臣共涛更是"与中国的蔡京、高俅一般品类,遗臭万年",与妖僧恶魔勾结,为了篡夺王位,施符设咒,迫害大臣,谋弑国王,其实这与宋朝的情形并无二致。小说第一回说徽宗皇帝,"天资高朗,性地聪明,诗词歌赋,诸子百家,无所不能,无所不晓。若朝中有忠直的臣宰赤心谏导,要做个尧舜之君,却也不难。"但正是"偏用蔡京为相,引进了一班小人,如高俅、童贯、杨戬、王黼、梁师成之辈,都是阿谀诡佞,逢君之恶,排挤正人,苛削百姓;所做的事,却是造艮岳,采化石纲、弃旧好、挑强邻,纳贿赂、任私人、修仙奉道、游幸宿娼,无一件是治天下的正务,遂至土崩瓦解,一败涂地",把宋朝败国的缘由直接指向奸臣当道。

社会的黑暗、人民生活的难以维持首先是因为官宦鹰犬的贪得无厌、对老百姓的搜刮无度。乡宦丁自燮"累任升至福建廉访使,拜在蔡京门下,

---

① (宋)程颢,程颐.二程集·经说[M].王孝鱼,点校.北京:中华书局,1981:1035.

为人极是奸狡,又最贪财,绰号巴山蛇。在任三年,连地皮都刮了来"。而新任常州太守吕志球,"与这丁廉访同年,又是两治下,况且祖父一般的奸佞,臭味相投,两个最称莫逆。说事过龙,彼此纳贿",丁自觉守制在家,思量"终不比做官银子来得容易,清淡不过,想在渔船上寻些肥水",于是,与吕太守讲过,颁下告示,严禁在马迹山一带捕鱼,违者送官究治,"将大雷山为界,竟占了一大半的太湖",那太湖是三州百姓的养生之路,却道是他的放生湖,若要打鱼,必要领他的字号水牌,平分渔利,私自起税,百姓苦不堪言,"拗他不过,只得顺从了"。

在《水浒后传》中,陈忱继承《水浒传》官逼民反的思想,认为众英雄走上反抗的道路同样是由于奸臣的逼迫。如得知梁山泊旧伙哨聚登云山造反后,蔡京、杨戬大惊,"奏过天子,行文各县'凡系梁山泊招安的,不论居官罢职,尽要收管甘结'"。梁山旧伙形成以登云山、饮马川、太湖为根据地的三股势力后,蔡京、童贯等害怕众英雄报仇雪恨,以至哪一天降临到他们头上,极度的恐慌与不安使他们一定要把众英雄杀之而后快,于是派张雄、郭京率大兵前往镇压。登州毛孔目,原为前传中陷害邹渊、邹润的土豪恶霸毛太公之孙,不仅强占扈成价值不菲的犀角、香珀等洋货,还准备到太守那诬陷孙立、孙新、顾大嫂他们,与登云山邹润交通,这也迫使他们走上反抗的道路。用李应的话说就是:"朝廷昏暗,奸党专权,把我兄弟们害得零落无多,还逼得一个不容。"

奸佞不仅是逼迫英雄造反的祸首,还是祸国的罪魁。童贯、高俅、蔡京、杨戬、梁师成、王黼都是阻碍抗金、通敌卖国的巨贼,而几乎所有的劣绅、恶霸都与这六贼牵扯在一起,如张干办是蔡京的亲信;而杨戡是杨戬的兄弟;冯舍人是冯彪之子,冯彪则是童贯的心腹;王宣尉是王黼的公子;巴山蛇、汪豹都投于蔡京的门下⋯⋯这些人狼狈为奸,妒贤嫉能、贪得无厌、误国欺君,所作所为直接加速了金国的入侵、宋朝的亡国。如童贯引李良嗣入京,献联金抗辽之策,结果引狼入室;王豹以献上黄河隘口为进身之阶,引十万金兵渡河;郭京向金人投降做了知县⋯⋯最终如太学生陈东所奏:"蔡京父子为宰相二十余年,妒贤嫉能,贪婪无厌,误国欺君;高俅、童贯皆一介小人,攀附蔡京,致身显爵,朋党弄权;王黼、杨戬扰乱朝纲,擅开边衅;梁师成结怨于北,朱勔贻祸于南。此数贼者,同流合污,败坏国政。"童贯不纳赵良嗣狂言去夹攻辽国,金人无衅可乘,哪见得国破家亡?

正是因为宋朝败国的缘由是奸臣当道,陈忱清醒地认识到这一点,所以,他吸取《水浒传》中梁山英雄除恶不尽,最终还是被奸臣所害的教训,力主杀尽天下奸佞,使他们没机会祸国殃民。在《水浒后传》原序中,陈忱肯定"宋江为盗跖之后身,横行江淮间,官军莫敢婴其锋,替天行道,即《春秋》之别名也。"认为宋江倡导"替天行道"的义举,如同孔子作《春秋》,具有"使乱臣贼子惧"的意义。认为"《后传》之作,补末了之绪余,如《春秋》之有左丘明、公羊、谷梁也。"①他创作《水浒后传》就是要继承《水浒传》"替天行道"的做法,让残余的水浒英雄在奸臣的胁迫之下再次聚合,肩负起铲除乱臣贼子的重任,他认为"朝中不拔眼中钉,雷阳枯竹沾新泪",表达出为了国家的稳固与安定,必须要铲除国贼。在《水浒后传》中,我们就看到了上下合力、惩奸除恶的大快人心的场面。李纲与府尹聂昌商议,暗中派勇士王铁杖,至驿站刺杀王黼、杨戬、梁师成,一行三人终于成了勇士王铁杖的刀下鬼;第二十七回"渡黄河叛臣显戮,赠鸩酒奸党凶终"叙蔡京、高俅、童贯、蔡攸四奸贼被削职发配,李应、燕青等途中巧遇,陈忱一改高俅自然死亡的事实,虚构出梁山英雄会审奸臣的"盛宴":

喝手下斟上四大碗。蔡京、高俅、童贯、蔡攸满眼流泪,颤笃笃的哪里肯接。李应把手一挥,只听天崩地裂发了三声大炮,兵士齐声呐喊,如震山摇岳。这里两个服侍一个,扯着耳朵把鸩酒灌下。不消半刻,那蔡京等四人七窍流血,死于地下。众好汉拍手称快,互相庆贺。

赵良嗣、王朝恩投顺金朝,复为向导,高宗大怒,御笔批道:"赵良嗣构成边衅,使二帝蒙尘;王朝恩权奸遗孽,追朕海上,大逆不道。先打八十御棍,扭解回京,凌迟处死。"最终,两人被打得"皮开肉绽,死而复苏"。从坚决打击奸臣的行动中表现出作者对恢复天下太平必须铲除奸臣的清醒认识,作者认为只有除掉奸臣,国家才有可能走上安定、健康发展的轨道。

(二)依民行道

暹罗国在受到威胁时,能用的武将只有吞珪一人,在吞珪战死后,就面临治无能臣、战无良将的情况,治国重任只能落到李俊等平民英雄身上。国王马赛金与李俊诸人开城纳款,令其驻守金鳌岛,并招花逢春为驸马,正是在他们的齐心协力下,挫败了奸臣共涛谋反的阴谋,击退了倭兵的侵扰,

---

① 转引自刘靖安.论《水浒后传》的创作意图[J].安阳师专学报,1983(3):19.

平息了三岛的叛乱,迎来了社会的和谐与安定。作者借宋徽宗之口也点出"可见天下贤才杰士,原不在近臣勋戚中"的事实,金将斡离也大发感慨,死义者"南朝唯李侍郎一人"。依靠君主、权臣是不可能实现救世的目的的,从陈忱的诗作中我们也可以看出这种思想:"遗民不识中兴主,犹唤康王是九哥"(《康王寺》)、"武安骄贵客如云,势位相凌忿窦君。不值一钱程不识,也来激怒灌将军"(《咏史》)、"余杭山水役精魂,末世才人眼界昏。憔悴感恩依尚父,可怜尚父是朱温。"(《阅罗隐诗》)君主昏庸懦弱,并不是能够中兴的主子,大臣贪权夺利,一旦有变,纷纷变节投降,因此,救世还需要真正的草泽英雄,"忠义之言行只能出自历经生活磨难的下层人士"①。在《水浒后传》第一回,作者申明:"看官不知,大凡忠臣义士,百世流芳,正史稗乘为他立传著谋,千古不泯,如草木之有根荄,逢春即发;泉水之有源委,遇雨则流。宋江一片忠义之心,……为后世有志者劝!"显然,《水浒后传》继承《水浒传》的"忠义"思想,但《水浒后传》的"忠义"与《水浒传》的"忠义"有明显不同,作者借阮小七之口对宋江进行批评:

若依我阮小七见识:当日不受招安,弟兄们同心合胆,打破东京,杀尽了那些蔽贤嫉能这班奸贼,与天下百姓伸冤,岂不畅快!却反被他算计得断根绝命!如今兄弟们死的死了,散的散了,孤掌难鸣,还做得什么事!

这显然与《水浒传》中宋江一心招安为臣,与皇帝共治天下,"宁可朝廷负我,我忠心不负朝廷"的愚忠不同,《水浒后传》中的梁山英雄是"草泽中的真英雄",救世的责任要靠这些普普通通的下层人士来完成,《水浒后传》表达了作者依民行道的理念。在作品中,作者表达了乱世不重用这些英雄的感慨。第二十四回"献青子草野全忠,赎难人石交仗义",宋徽宗在金营"眉头不展,面带忧容",在燕青表明身份后,宋徽宗是"猛然想起",说:"原来卿是宋江部下。可惜宋江忠义之士,多建功劳,朕一时不明,为奸臣蒙蔽,致令沉郁而亡。朕甚悼惜!"在取了一枚青子纳在口中后,也止不住自叹:"朝内文武官僚,世受国恩,拖金曳紫,一朝变起,尽皆保惜性命,眷恋妻子,谁肯来这里省视?不料卿这般忠义!"第二十七回"渡黄河叛臣显戮,赠鸩酒奸党凶终"中也感叹:"若留得宋公明、卢俊义在此,目今金兵犯界,差我们会拒敌,岂至封疆失守,宗社丘墟?"

---

① 易永姣.《水浒传》三种主要续书的思想文化意蕴[D].湖南师范大学硕士论文,2007:26.

陈忱在作品中还以无可辩驳的事实,说明在乱世中草泽英雄救世的现实性。如异族入侵,在民族生死存亡的关头,"多少巨族世家,受朝廷几多深恩厚泽,一见变故,便改辕易辙,公德称功,依然气昂昂为佐命之臣",活跃在抗金斗争第一线的还是梁山众英雄。呼延灼奉命守护黄河隘口,他洞析双方情势,金兵如果渡过黄河,东京便"危如累卵",他也深知"恐众寡不敌,守御不住",但他依然带领两个儿子慷慨赴命。与他同守隘口的汪狗里通翰离不,以自己的利益为中心,劝说他此次防守"败则死,胜无功",不如为自己着想归顺金朝,呼延灼严厉地驳斥了汪狗的投降谬论,表示自己"身受国恩,当以死相报,有功无功,在所不效",表现出抗战到底的坚强意志和以身报国的牺牲精神。黄河隘口全线崩溃后,金兵蜂拥而入,官军抵敌不住,老将军王进只剩得五六百人,却不顾自身安危,忠于职守,扎营于四冲之地,严查奸细,力图相机而动,表现出忠勇报国的高尚品格。牡蛎滩高宗被追得走投无路,在紧急关头仍是梁山英雄出面相救。这些事实都表明,正是在这些普普通通的草泽英雄身上,寄托了作者救世的理想。

(三)复古崇礼

如果上述两条是治标的话,那么怎样才能治乱世的本呢?作者认为,只有复古崇礼,社会才能长治久安,人民生活才能幸福,复古崇礼才是治理乱世的根本。

中国社会就是以伦理为特征的社会,《孟子·滕文公上》云:"人之有道也,饱食、暖衣、逸居而无教,则近于禽兽。圣人有忧之,使契为司徒,教以人伦——父子有亲,君臣有义,夫妇有别,长幼有序,朋友有信。"中国社会就是靠传统的伦理道德维持着社会秩序,凝聚着全国各族人民的力量。但是封建社会的衰落腐朽和商品经济的迅猛发展,以及明代中后期心学对个体的重视、对情的过度张扬,这些都在某种程度上导致了人们欲望的放纵,贪权、贪财、贪色,正是贪欲的泛滥,才彻底击溃了整个封建社会的伦理秩序,导致了社会的分崩离析。

张干办到梁山旧地想寻宝发财,最终激怒阮小七起事;毛孔目横吞海货,导致扈成、顾大嫂、孙立兄弟走上反抗道路;巴山蛇截湖征税,引发李俊群雄海外建国。汴京困危已久,国家危在旦夕,而大臣李邦彦、张邦昌等妒贤嫉能,不恤国计,恐李纲成功,乘间阻挠;大将汪豹见金军势大,献上杨林隘口以为进身之阶,导致黄河天险顷刻即败,金军长驱而入;王漏受朝廷高爵厚禄,国家一旦临难,却与元帅粘没通融,希图金人攻破汴京,掳二帝北去,议立他为中国之主;名将姚平仲年轻气盛,为着与老种经略相公争夺"蛮触上一丢儿功名,陷害了二万人的性命";刘豫为权伪立齐帝,妄自尊大,兴造宫殿,建设百官,成立伪政权;丞相共涛贪图江山富贵、玉芝公主千娇百媚,使暹罗国顷刻陷入战乱;郭京贪花荣妻妹之玉貌,引出乐和避难遇故旧,一步步走向反抗道路;万庆寺的和尚贪淫好杀,筑密室暗藏妇女,金兵南来,反戈一击,捉拿战败的宋朝军士到金营领赏,引金兵来攻山寨。

  贪欲还带来了社会的腐朽堕落。陆祥为了独吞不义之财,在张德家中,把一起作恶的张德剁作几块,放在床底的酒缸中,张德之妻不但不报官,反而合心与陆祥卷银私奔。贪欲蒙蔽了人的良知,为了钱财,陌生人之间可以相互勾结,朋友之间可以相残,夫妻之间可以反目,邻里之间可以互相陷害。作者不止一次地借书中人物之口抒发内心对世道陵替的感慨,对世风沦夷深为不满。第十六回胡撇古"我这柳塘湾远近闻名,极是老实的。客货丢在船里,再不敢动。就是剩下物件,凭你几时来讨,就送还他。如今世态不同了,新出几个后生,不干好事。我老了,不去撑船;便是儿子,叫他务农,免后边做出事来,干连受累。"第十八回,闻焕章道:"如今世上人转眼相负。"不能不让人感慨"世态炎凉,转眼相负"。通过这些事实,可见作者针对世风激变的现实社会的愤恨。

  陈忱认为是贪欲造成天下大乱,遗民王大经也说:"乱生于求,求生于欲,多所欲则多所求。"①正是因为世风的沦夷,君主昏庸,官绅贪婪,才给金人造成可乘之机,使"夷狄处上"。因此,为了拯救这个社会,必须去除贪欲,而要去除贪欲,陈忱认为必须复古崇礼。《荀子·礼论》曰:"人生而有欲,欲而不得,则不能无求,求而无度量分界,则不能不争。争则乱,乱则穷,先王恶其乱也,故制礼义以分之,以养人之欲,给人之求。使欲必不穷乎物,物必不屈于欲,两者相持而长,是礼之所起也。"认为礼就是用来制欲的,礼通过对人欲望与现实的调节,维持着社会的平衡与安宁。在作者理想的暹罗国中,我们可以看出,正是在礼制的作用下,暹罗国君臣同心,上下有序,社会安定团结。

  在君主的任用上,以德者居之,燕青说:"今暹罗统系已绝,大将军你又

---

① 谢正光,范金明.明遗民录汇辑[M].天津:南京大学出版社,1995:633.

不是暹罗国旧时将相,只因花驸马面上,算作亲戚,岂如世受国恩一般?天下者,天下人之天下,非一人之天下。贤明继世,多有杰起。尧舜之时,不传于子,而传于贤。大将军即宜听受。"用儒家"仁政而王"的理论说明李俊登位不是篡位,"混江龙在梁山,上中之才,何以得南面称雄?古来豪杰,起于徒步多矣,如王建呼贼王八,钱婆留起于盐徒,不可胜纪,安见李俊不可为暹罗国主?"

在国家的日常治理上,第三十四回众人请李俊登居国位,李俊推托,主张众弟兄各主其事,享奉国母垂帘听政。燕青道:"家有主,国有王,必要一人统理,方得国治家和……一寨之中,尚且纪纲法度不可紊乱,况暹罗是个大国,出号施令,朝聘礼仪,送往迎来,兵机粮饷,讼狱刑名,文明礼乐,庶务繁多,非同小可,岂容政出多门,十羊九牧?且垂帘听政是不得已之事,国无长君,不足弹压臣僚,故权时出此。试看吕太后、武则天多遗讥后世。"即使兄弟和睦,也要以礼制法度为先,蔡奡在《水浒后传读法》中认为《水浒后传》众英雄"为人处事合乎天理人情"。

在对百姓的治理上,除了用明文规定去控制人的行为外,还需要用礼来调控人的情感欲望。《礼记·坊记》曰:"礼者,因人之情,而为之节文,以为民坊者也。""节"是指节制,"文"指情感,"节文"就是要节制人的情感,使人情发之,既不太过,也不会不及,不会因情感得不到正常的发泄而产生冲突、秩序受到破坏。正是以礼制为依据,燕青劝国君选妃后又推己及人:"男女之欲,谁人无之?我等兄弟们少年时都负气使酒,习学枪棒,把女色不放在心上。又为官司逼迫,上了梁山,后来征讨四方,无暇及此","见我等各完配偶,心中未必不起念头。以己之心,度人之心,宜妙选名门,使各谐淑偶,以慰众心,以固邦本"。劝说国主推恩与众功臣完婚,同时又劝告国主遍选名门望族,与中土来的文武各官,只要门当户对,两相情愿,便可自相婚配,使兵民相安,主客相忘,"内无怨女,外无旷夫",引出举国上下成婚配的盛况,暹罗国成为儒家理想中的文明礼乐世界。

从暹罗国上下有序、欢乐祥和与宋朝纲常废弛、社会动荡的对比中,我们就可以看出,只有复古崇礼,才能调节人的情感和融合各种人际关系,才能维持君臣、父子、兄弟、夫妻之间的正常关系,才能控制人的欲望和行为,社会才不会混乱,人民才不会跟着遭殃。为了更好地说明复古崇礼的正确性,陈忱还借姚平仲去除贪欲前后的变化,用事实进一步说明。第二十三回姚平仲一把功名念头放下,顿觉遍体清凉,"这身躯今日才是我的了!若在富贵场中,不是鼎镬,便是斧锧。要甚分茅胙土!要甚荫子封妻!不如餐霞吸露,养汞调铅,才是英雄退步也。"

三、草泽英雄的救世思考——《后水浒传》

赃官奸臣永远是人们的最恨,《后水浒传》与《水浒传》《水浒后传》一样,都主张毫不留情地打击奸臣。《后水浒传》中,众英雄生擒贺太尉,并且活剥了董敬泉;马霳闯入相府后,是边杀边骂,"坏宋家、弄奸害好、贼撮鸟秦桧"。值得一提的是,《后水浒传》还首次把打击的范围扩大到皇帝,作者不仅反赃官更反皇帝,皇帝也在武力反击的范围之内。

首先,从众英雄起义的动机看。在《水浒传》中,以宋江为首的梁山英雄大多数是被贪官污吏逼上梁山的,但是,九天玄女授予宋江的法旨是"全忠仗义为臣,辅国安民,去邪归正",因此,尽管《水浒传》中,宋江等英雄对皇帝不无微词,但是臣的地位就决定了他们只能只反贪官,不反皇帝,对皇帝一直是忠心不二的。《水浒后传》中,作者尽管喊出了"天下者非一人之天下",但是,作者最为关注的还是老百姓的正常生活,于是,众英雄在中国"耐不得奸党的气"就跑到海外,在他们的乌托邦中建设想象中的幸福家园,对政权在谁手表现得并不强烈。《后水浒传》中杨幺造反与他们不同,他的造反目的非常明确,就是要以武装斗争的形式与当时的皇帝作对,图谋自己的事业。杨幺一直"想做番事业",即使在流放途中,他也怀着审时度势、乘时而动、建功立业的抱负,"我今此去,一则找寻根源,二则识访英俊,三则览天下之形势,兼看宋室如何,以图日后事业,才是英雄本色""兼览形势,觅一可为之地"。面对宋朝衰微、人心思乱的现实,英雄完全可以乘机建功立业,如马霳所说:"当此分崩离析之时,正哥哥伸宿志之日也。"而杨幺本人也认为:"大宋既可失金,我杨幺宁不据此洞庭以自强固?"同样,其他英雄走上所选择的道路也是有意图谋,非为贪官污吏的一时逼迫。袁武"满腔热血,无处洒滴,只流落江湖,往来自傲",感慨之余,认为自己一定要抓住机会,建立功业,"不意近见天象有征,已知宋运不常,当有星移斗转之势,不分疆立限不已,若不趁此时,烈烈轰轰,霸得一方,占得一土,做些事业,亦枉为男子"。郑天佑见世事日非,也自叹:"若只在此卖酒,怎能发迹?要做些事业,又恐不能。"天雄山的游六艺、腾云也是如此说:"宋室不久,将来群雄割据。我二人不胜心动,一时恐怕做不来。"生活在最底层的人是这样,"家不丰而自足,无所求人,身不荣而自尊,人皆企仰"的孙本,在面对人心惶惶的末世,也表达了不愿碌碌无为的心声:"因思昔年习成武艺,在沙场中立得寸功,指望显名,峥嵘头角,不意命中偃蹇,遭本官妒忌,险致丧身。后得脱罪,在府中做了节级下役。又不意有缘,得与娘子配合,哥儿已是五周。若只处此,可谓荣辱无关,平安有幸矣。但我当此壮年,力挽千钧,胸存豪侠,不能冲霄奋翮,日在牢狱中检点罪囚。虽施小惠,常行小德,只不过称善于人而已,怎能使我吐气扬眉?是以有此叹息!"可见,杨幺众英雄走上反抗道路的最主要原因,还是身处末世,想乘机做些事业,这显然是有心图谋,主动地与皇帝作对。

其次,从对《水浒传》宋江接受招安的反思来看。在第二十七回"不约同大闹开封府,义气合齐上白云山"中,众英雄大闹开封府,救出杨幺,杨幺以为"实不亚当时梁山好汉劫救宋江",而杨幺又是宋江转世,因此,在这里,作者也有意把杨幺与宋江对比,但杨幺与宋江已经有了本质上的不同。王摩问杨幺道:"方才哥哥说出梁山泊好汉劫救宋江。只这宋江,哥哥可学他么?可说俺兄弟晓得。"杨幺也立起身说道:"宋江的仗义疏财,结识弟兄,便可学得。宋江的懦弱没主见、带累弟兄遭人谋害,便不可学他。"意思是宋江性格上的优点,比如对待兄弟讲义气、济危扶困,这些可以学,但是,对宋江认不清主昏臣奸的形势,一味追求招安为臣,以致连累众兄弟被害,这些地方就不能学。因此,杨幺与宋江已经有了明显的不同。等到杨幺明确回答,决不学宋江招安时,王摩这才同众兄弟拜杨幺,"王摩听得大快,忙来扶定杨幺",请杨幺坐第一把交椅,从这点来看,众英雄也是主张反对皇帝的。杨幺进一步说:

宋江没主见,是不能挽回君相。若果有圣君贤相,孰不愿为忠良?我今定见,因见宋室不用好人,专信奸佞;丰乐楼前女子生须,京都道上男儿诞子;地裂山崩,灾祸迭起。此乃上天示警,君臣犹不知悔。我今心存杀奸戮佞,要做一番事业,使他警悟悔过,方才遂心。故此每结弟兄,必戒他勿欺良善,只劫夺奸佞之人。我初被解,人即劝我脱走,却因寻访生身,兼览形势,觅一可为之地。今一路看来,实无地可能展手。

杨幺进一步批判了宋江没有主见的做法,招安并不能"挽回君相",因为,如果君为明君,相为贤相的话,还用得着造反吗?"孰不愿为忠良"。

正因为主昏臣奸,所以必须要"杀奸戮佞,要做一番事业",用武力手段"使他警悟悔过"。也许,杨幺造反的目的仅仅是"使他警悟悔过",并不以与皇帝争天下为目的,但是,为了达到这个目的,必须要反皇帝,而不是像宋江那样,看不清形势,一味待招安,只能连累众兄弟,自己也免不了被杀的下场。

最后,从对皇帝的认识上看。有人以为彩虹桥上客即青莲室主人,也即小说的作者,为《后水浒传》写的序言就体现了作者本人对皇帝的认识,这篇序言开头便说:"天下犹一身也,天下之在一君,犹一身之在一心也。一心不能自主,则元气削弱,邪气妄行,遂使四肢百骸不臃即肿,虽有良医,莫能救其死。"这里作者把国家和君主的关系比作人身和人心的关系,如果心不行,身体肯定好不了,即使有良医,也无可救药,因此,君主对国家治乱兴衰起着主导作用。接着,作者便以徽、钦二帝为实例进行说明,徽、钦二帝:

无治世之才,任用奸佞,以致金人自北而南。一身尚无定位,岂有余力及于群盗?故前之梁山,后之洞庭,皆成水浒,以聚不平之义气。至于走险弄兵,扰乱东南半壁。

正是因为徽、钦二帝"无治世之才,任用奸佞"才导致了社会的动荡。然后作者又以"贪秽之夫,不良之宵小"造成的洞庭众英雄起义为例,杨幺刺配、孙本报仇、邰元杀人……最终,"一时冤鸣若雷,怨积成党,突而噬肉焚林。岂不令鳌足难支,天维触折哉",让人们思考,"请一思之,是谁之过欤",不言而喻,造成星星之火终燎原局面的原因正是皇帝的昏庸,以致奸佞横行,其过在君。当金兵南下,国运日衰之际,"正如人之半身,气血已枯,萎如槁木。而只一手一足,尚不知惜,犹听信谗谀,日移日促,希图一日之安,即至沉晦丧亡",在这种情况下,还不悔悟,作为皇帝"不悔自无才之失算也"。在序言的最后,作者明确指出杨幺等起义英雄"皆抱孙吴之雄才大略,设朝廷有识,使之当恢复之任,吾见唾手燕云,数人之功,又岂在武穆下哉",正是因为皇帝"不德,使一体之人,皆成敌国",错在皇帝。

在作品中,众英雄对皇帝的认识也是如此,杨幺认为"国家丧亡,实因主昏",把皇帝当作一切祸国殃民的根源,"主昏则奸佞生,主若不昏,满朝尽是忠良,虽有天意亦可挽回"。杨幺率众齐聚君山岛,兵强马壮,在官军不敢正视的情况下,突然提出"主昏则奸生"的主张,并且当面规劝皇帝。

当然,这不是与皇帝妥协,正如杨幺所说:"我今去临安打听,正要行吾大志,岂肯受制于人。"杨幺此行的目的也是"心疑作事不专,未见力行不果"罢了。从"不敢草率自尊,遗讥后世。是以悄入临安,私观君臣作用"的话语中,可以看出,杨幺就是抱着反皇帝的目的,此时不"称王定号"只是时机不到,因此,杨幺的面谏皇帝更有下最后通牒的意思。而现实中的皇帝也确实是一个昏君,"日拥吴姬,酒于酒色;将西湖为行乐之场",更甚者,担心徽、钦二帝还朝后自己无法再当皇上,便不图恢复失地;为了免除"日逼之忧",就采取了秦桧"只须南自南、北自北,无侵逼之患,大事定矣"的建议,重用秦桧这样的奸臣。

因此,《后水浒传》中,作者认为,要改变末世的混乱,必须要反贪官,更要反皇帝。

四、封建卫道者的救世之路——《荡寇志》

与其他水浒小说作者不同,俞万春作为封建统治阶层的身份以及亲自参加镇压农民起义的经历,就决定了他对乱世思考的落脚点只能是为了封建政权的稳固,而出发点只能是尊王灭寇。因此,俞万春的救世之路带有封建卫道者的色彩。

(一) 镇压起义、杀尽贪官

俞万春深感《水浒传》这部小说"邪说淫辞,坏人心术,贻害无穷"[1],其"盗言孔甘,乱是用彰"[2],以致当时"人心大坏",盗贼满地,社会动荡不安。为了结束《水浒传》的不良影响,他要创作《荡寇志》,也就是《结水浒传》,主张杀尽天下的盗贼,来破宋江"忠义"的伪言,"使天下后世深明盗贼忠义之辨,丝毫不容假借"[3]。

在《荡寇志》中,农民起义与封建政权之间永远是针锋相对的,起义者被杀是唯一的结局,毫无商量的余地。如第七十一回"猛都监兴师剿寇,宋天子训武观兵",因为"后宫诞生皇子""恩赦各犯",童贯此时乘机向皇上

---

[1] 忽来道人.荡寇志引首[M]//高玉海.古代小说续书序跋释论.北京:中国社会科学出版社,2007:71.
[2] 俞龙光.荡寇志识语[M]//高玉海.古代小说续书序跋释论.北京:中国社会科学出版社,2007:76.
[3] 同[1].

谏言,希望对梁山泊宋江"缓征,以养天和",但是天子不同意,认为宋江与一般罪犯不同,"梁山泊宋江屡次抗敌天兵,罪大恶极,律无从宥。使其稍有可恕,朕亦何必为此已甚",也就是说,对宋江一伙要坚决剿灭。第九十四回"司天台蔡太师失宠,魏河渡宋公明折兵",皇帝得知是宋江派人刺杀招安的天使后,皇帝便"一口上方剑在至德殿上",下旨说:"再有敢奏招安梁山泊者,立斩不赦。"下了坚决荡平梁山的死命令。

作品实际描写的也是如此。梁山三十六天罡、七十二地煞无一逃脱朝廷的斧钺,在与朝廷的作战中全部被杀,无一幸免。

卢俊义为张伯奋、张仲熊协擒;吴用为康捷擒获;公孙胜为陈希真擒获;关胜中傅玉飞锤,回寨病故;林冲与王进战后身故;秦明为颜树德斩讫;呼延灼为辛从忠斩讫;花荣为陈丽卿射死;柴进为盖天锡擒获;李应为云天彪斩讫;朱仝为邓宗弼擒获;鲁智深中伤,疯狂身故;武松在秦封山打仗,力尽自毙;董平为金成英、韦扬隐斩讫;张清为陶震霆斩讫;杨志为李成斩讫;徐宁为任森斩讫;索超为云龙乱箭射死;戴宗为康捷擒获;刘唐为毕应元、孔厚、庞毅擒获;李逵为唐猛、召忻、高梁协擒;史进为哈兰生擒获;穆洪为召忻、高梁协擒;雷横为张应雷擒获;李俊为真祥麟、范成龙、唐猛协擒;阮小二、小五、小七为云天彪将佐擒获;张横、张顺为苟桓擒获;杨雄为真大义乱箭射死;石秀为真大义斩讫;解珍为栾廷芳斩讫;解宝为祝万年斩讫;燕青为欧阳寿通斩讫;朱武为云龙擒获;黄信为陈丽卿擒获;孙立为栾廷玉斩讫;宣赞为哈兰生擒获;郝思文为沙志仁、冕以信协擒;韩滔为傅玉斩讫;彭玘为毕应元射死;单廷珪、魏定国均为闻达擒获;萧让为刘广擒获杖毙;裴宣为王进擒获;欧鹏为栾廷玉、栾廷芳协擒;邓飞为栾廷玉斩讫;燕顺为李宗汤擒获;杨林为栾廷玉斩讫;凌振在郓城县炮炸自毙;蒋敬为云龙斩讫;吕方为云龙擒获,解赴都省正法;郭盛为陈丽卿擒获,解赴都省正法;安道全患病身故;皇甫端为刘广斩讫;王英、扈三娘均为陈丽卿斩讫;鲍旭为刘麟擒获;樊瑞为陈希真擒获;孔明为欧阳寿通斩讫;孔亮为陈丽卿斩讫;项充为刘麒斩讫;李衮为真祥麟斩讫;金大坚为刘广擒获杖毙;马麟为栾廷芳斩讫;童威为韦扬隐斩讫;童猛为李宗汤斩讫;孟康为傅玉斩讫;侯健为闻达斩讫;陈达为风会斩讫;杨春为云天彪斩讫;郑天寿死山泊头关闸下;陶宗旺为闻达斩讫;宋清投井自尽;乐和为王天霸斩讫;龚旺、丁得孙均为陈丽卿斩讫;穆春为沙志仁、冕以信斩讫;曹正为李成斩讫;宋万为哈芸生射死;杜迁为冕以信斩讫;薛永为哈兰生斩讫;施恩为庞毅斩讫;李忠为李成擒获;周通为云龙斩讫;汤隆为王进斩讫;杜兴为范成龙斩讫;邹渊、邹润中飞虎寨地雷死;朱贵为傅玉擒获;朱富为王进斩讫;蔡福为金成英斩讫;蔡庆为杨腾蛟斩讫;李立为任森擒获;李云为邓宗弼斩讫;焦挺为金成英擒获,解赴都省正法;石勇在郓城县就擒;孙新为陈丽卿、真祥麟斩讫;顾大嫂为陈丽卿斩讫;张青为祝永清擒获;孙二娘为陈丽卿擒获;王定六、郁保四均为杨腾蛟斩讫;白胜为孔厚拿获,死沂州府狱中;时迁为康捷擒获,解赴京师正法;段景住为庞毅擒获。通计忠义堂贼目,或斩戮,或擒获,或病故,得一百单七名,惟有盗魁宋江一名在逃未获。

宋江也在夜明渡被贾忠、贾义擒获送给了张叔夜,除战死者之外,一百零八位梁山首领的剩余者"一齐绑赴市曹,凌迟处死,首级分各门号令",至此,梁山盗贼才算完全剿灭。从梁山起义最终的结局,以及杜兴、石秀、王矮虎等人被杀的残忍上都可以看出俞万春对造反者的痛恨程度。

俞万春同之前水浒小说的作者一样,也主张反对贪官污吏,但《荡寇志》中的赃官却有着共同性,那就是与梁山相互勾结串通。蔡京为了女儿、女婿的安危,放弃剿灭梁山的大好形势,借故退兵,后来屡次为梁山通风报信,混淆皇上视听;童贯与梁山暗地往来,屡次在皇上面前为梁山进言。但这些人的最终结局却是:蔡京通梁山事泄后,"天子大怒,一面将蔡京拿交刑部,一面便敕种师道督领锦衣卫抄扎蔡京家私,一面敕提仪封县盗案,交三法司会审";第一百二十三回"东京城贺太平诛佞,青州府毕应元荐贤",童贯私通梁山事泄后,"圣上传旨,将童贯家私尽行抄没,第三日,三法司汇奏童贯罪状,天子便传旨,将童贯绑赴市曹正法";第一百三十二回"徐虎林捐躯报国,张叔夜奉诏兴师",陈东"应直言之诏"后,皇上传张叔夜、贺太平进宫,与两人相商后,"便传旨将梁师成、李彦、朱勔、王黼尽行正法。张叔夜陈说高俅劣迹后,便立即将高俅拿下,发配沧州"。与梁山私通的赃官没一个有好下场的,表面上是说贪官污吏可恨,但作者真正的意图还是想表达"更可痛恨者,莫于宋江一类造反乱世的匪人"[①]。

---

① 段春旭.中国古代长篇小说续书研究[D].福建师范大学博士论文,2004:91-92.

(二) 整饬道德、君明臣贤

"海内升平日久,人心思乱,患气方深,仲华独隐然忧之"①,社会已是乱世,俞万春认为"大丈夫生于今日,正当拨乱反正之时",为了社会秩序的稳定,人民生活的安定,"在《荡寇志》中,俞万春精心描绘了理想政治的蓝图,设计了理想人格模式"②。

为了改变"人心思乱"的现实,矫治社会的弊端,使社会风气得到转变,俞万春认为整饬道德就是一条切实可行的路。第八十一回"张鬐智稳蔡太师,宋江议取沂州府",写云天彪的住所内,"正中间供一幅关武安王圣像,又供一部《春秋》",他本人还写了《春秋大论》一编,而云天彪又是"城楼上端坐着一位天神,丹凤眼,卧蚕眉,赤面长髯,青巾绿袍……"作者有意识地把云天彪描述成像关羽那样的大忠大义之人,足见作者对《春秋大论》的重视。事实上,此后小说中也多次宣扬云天彪的《春秋大论》。第九十回"陈道子草创猿臂寨,云天彪征讨清真山"中,写云天彪在闲暇时,与属下军官开讲《春秋大论》,结果"不问贤愚,无不感动。天彪讲到那剀切之处,多有听了流泪不止的。不到数月,马陉镇上军民知礼,盗贼无踪"。《孟子·滕文公下》曰:"世衰道微,邪说暴行有作,臣弑其君者有之,子弑其父者有之。孔子惧,作《春秋》。""孔子成春秋而乱臣贼子惧。"《庄子·天下》曰:"春秋以道名分。"《春秋》一书,致使上下有序,尊卑有别,社会秩序才不至于混乱。云天彪通过讲演《春秋大论》,就能达到这种效果。第一百十二回"徐槐求士遇任森,李成报国除杨志",众人都以为李成降梁山,但是云天彪却坚信:"非也,吾料李成决不出此。他从我年余,《春秋》大义闻之熟矣,何至今日昧心。"云天彪从李成跟随自己一年多的时间,已经把《春秋》大义熟记于心,凭此就断定李成决不会降敌,足见《春秋大论》的作用,李成不仅没有降敌,而且乘机还把杨志杀了的事实,也验证了《春秋大论》正人心的作用。第一百三十九回"云天彪进春秋大论,陈希真修慧命真传",云天彪"于退朝之暇""补缉参订",对《春秋大论》做进一步的完善后,"恭呈圣览",张叔夜、贺太平、盖天锡、陈希真等人都还为之写了序言,最后"天子传谕颁布天下""天下士子无不钦佩,家家传诵不朽"。这

---

① (清)俞蟉.荡寇志续序[G]//朱一玄,刘毓忱.水浒传资料汇编.天津:南开大学出版社,2002:87.

② 易永姣.《水浒传》三种主要续书的思想文化意蕴[D].湖南师范大学硕士论文,2007:76.

又是借小说中《春秋大论》通行于天下的描写，表达作者希望通过整饬道德改变乱世的梦想，在作者看来，如果社会中的人能够受到道德教化，都热心于《春秋大论》大义的探讨，那么就不会有乱世贼子，社会就不会混乱。

不可否认，《荡寇志》中也有官逼民反的内容，如陈希真与林冲一样，也是被高俅所逼才上了猿臂寨；祝永清被差官逼得走投无路，迫不得已而降陈希真；刘广被高封逼得无处容身，只好落草为寇。但是，"贪官污吏干你甚事？刑赏黜陟，天子之职也；弹劾奏闻，台臣之职也；廉访纠察，司道之职也。义士何职，乃思越俎而谋"。陈希真一伙虽然开始也没得到认可，但是他们与梁山已经完全不同，"论起先，却也似乎强盗。但我这强盗，与众不同，从不抗杀官兵，从不打家劫舍，现在勤力王家，再救蒙阴，蒙朝廷钦赐忠义勇士名号，又蒙钦赐都监、防御等衔，刻下又拟恢复兖州，以为进身之地。如此举动，却非强盗之所能为"。也就是说，官逼民反不是选择的理由，社会的和平最终要靠君明臣贤。

《荡寇志》中，皇帝被描述成"圣明神武，睿断严明"的天子。首先表现为虚心纳谏，赏罚严明。第九十二回"梁山泊书讽道子，云阳驿盗杀侯蒙"，皇帝有功即赏，对云天彪晋封三级，加都统制衔。听了种师道之言，不仅不准蔡京所奏，而且对其"大加申斥，几欲治太师参奏不实之罪"。第九十四回"司天台蔡太师失宠，魏河渡宋公明折兵"，皇帝听了郭天信"日中有黑子，是大臣欺蔽君王之象，恐宰辅侵权"的话后，马上"深疑在太师身上，恩礼渐渐衰薄"，在得知宋江刺杀天使的事后，更是"当唤入太师，大加申斥"。第一百十一回"陈义士献馘归诚，宋天子诛奸斥佞"，云天彪自收降清真山之后，朝廷大加褒宠："云天彪升授登、莱、青都统制，加忠武将军衔"，赏陈希真，赦免苟桓、苟英的罪。而对童贯忠奸不分则大加训斥，蔡京通梁山事泄后，"天子大怒，一面将蔡京拿交刑部，一面便敕种师道督领锦衣卫抄扎蔡京家私，一面敕提仪封县盗案，交三法司会审"。第一百二十二回"吴用智御郓城兵，宋江奔命泰安府"，高俅奉差误事，辜恩溺职，天子便将高俅贬了三级，削去太尉之职。第一百二十三回"东京城贺太平诛佞，青州府毕应元荐贤"，童贯私通梁山事泄后，圣上传旨，将童贯家私尽行抄没，第三日，三法司汇奏童贯罪状，天子便传旨，将童贯绑赴市曹正法。另外，皇帝还能勇于承担责任，并积极改正，奋发有为。第一百三十二回"徐虎林捐躯报国，张叔夜奉诏兴师"，方腊被平后，皇帝认为正是自己："凉德藐躬,抚驭失道,以致盗贼蜂起,生灵涂炭,此皆朕之罪也……咸知朕悔悟自新之意。"陈东"应直言之诏,挺身上疏",皇帝闻有谏"甚喜",后传张叔夜、贺太平进宫商讨后,便传旨将梁师成、李彦、朱勔、王黼尽行正法。张叔夜陈说高俅劣迹后,便立即将高俅拿下,发配沧州。第一百三十九回"云天彪进春秋大论,陈希真修慧命真传",皇帝总结此前天下大乱的教训,"意欲查明从前各盗占踞深山穷谷之处,再行勘明基址,随地制宜,设官备兵。如有后起宵小,俾知国法森严,无从聚迹。且兵为民之卫,足兵亦政之大经。朕意欲着云天彪前往各地,相机办理,务期章程尽善而止"。

　　皇帝圣明是国家兴旺、政权稳固的前提,那么与皇帝的圣明对应,贤臣良相则是国家政权得以大治的基础,二者相辅相成,相得益彰。在《荡寇志》中,无论在野还是在朝,都不乏这样的贤臣良相。在位之臣如云天彪,讨刘广,大义灭亲,忠心耿耿;收降清真山,剿灭梁山,战功赫赫;闲暇之余,大讲《春秋大论》大义,宣传伦理教化,品德可谓一流。徐虎林考虑郓城"若无人出身犯难,以作砥柱,东京未可知矣",因此,与别人"畏恶此缺,若果要调,都愿告病"相反,徐虎林当机立断,"禀见上司,请补此缺"。上任后,积极处理政务军务,招募义勇,积极筹划,使郓城变得兵强马壮;当面训斥卢俊义,使盗贼为之心寒,几生投降之念;智识贾虎政,求贤用贤,最后为剿匪大业、为国捐躯。同样是官逼,同样是落草为寇,但在野之臣如陈希真一伙"我等自此后,凡是官兵来战,只深沟高垒,可以守得,不许与他对敌。若梁山泊来,便同他厮杀",对朝廷忠贞的信念从来没有动摇过,在他们的感召下,在野的仁人志士都能够洁身自好,坚定信念,等待为臣为相的那一天。祝永清迫不得已身入草莽,但他一再表白:"今万不得已伏处草莽,苟延残喘,未敢忘朝廷累世厚恩,效宋江之为也。"在位之相如张叔夜、贺太平等对内要与奸臣斗争,刚正不阿;对外要领兵打仗,尽职尽责,重才用才,忠心耿耿。太学生陈东则不顾自身安危,"应直言之诏,挺身上疏",致使梁师成、李彦、朱勔、王黼被正法。

　　整饬道德,上下有序,尊卑有别,盗贼不起,社会才不会乱。君明臣贤,上下齐心协力,造反者才会被剿灭,才会出现四海升平、万民乐业的太平盛世。

(三)科技兴兵、实业强军

　　管子与俞万春两人都生活于硝烟四起、战火不断,统治政权摇摇欲坠的历史时期,身处末世,中国古代文人与生俱来的救世情结促使这些有识之士自觉地关注军事与经济问题,寻找拯时救世之道。江墨林认为:"《管子》的军事经济思想,就是适应这一客观要求应时而生的。"[①]"于古今治乱之本,与夫历代兴废之由,罔不穷其源委"[②]的俞万春在道光壬寅年英军入侵时,更是直接向军门献策,详细陈述攻战守卫的器械,并著述《骑射论》《火器考》等书籍。两个人所处时代的相似,以及彼此心性的暗合,使我们相信俞万春应该受到管子的影响。实际上,在俞万春的小说《荡寇志》中,我们可以明显看出管子军事经济思想对此书的影响。

《管子·参患》中说:"故凡兵有大论,必先论其器。"对武器装备高度重视,而且认为"备具胜之原"(《幼官》),完善而精良的武器是取得战争胜利的根本保证。因此,管子相信"审器而识胜"(《兵法》),在一般情况下,通过仔细考察敌对双方武器装备的优劣,便可以判断出战争的胜负。"备具胜之原"(《幼官》),如果在武器装备方面胜过敌人,能够做到"器无敌",那么在战争中取胜就有了把握。

《荡寇志》中,除了传统的武力、器械的拼斗之外,新的火器与精巧的军事器械足以让人眼花缭乱。如"渡河,并不用船只桥梁,在水面上来去如飞,正不知是何故"的飞桥;"走到分际,拨脱了捩子,那法条轮便牵动盘肠索,拽得轴轮飞旋,玛瑙尖锋撞着钢条,火星四迸,火药燃发"的钢轮火柜;"轰雷掣电之威,倒海排山之势"的奔雷车;"四面进打,雷轰霆击,不问人马,皆成齑粉"的飞天神雷,另外如攻城铁穹庐、地雷、火箭、陷地鬼户等不胜枚举。从对先进武器装备乐此不疲的描述中,就可以看出俞万春对武器装备的重视,以及发自内心地希望依靠科技兴兵的主张。

为此,俞万春与管子一样认为先进武器装备对战争的胜负起着重大作用,最典型的例子就是由于奔雷车的使用,交战双方的战争局势因之改观。白瓦尔罕投奔梁山,并带来了奔雷车,虽然奔雷车还是中华吕公车的形式,但经过白瓦尔罕的改造,"那车发动了,分明是陆地狴犴,果有轰雷掣电之威,倒海排山之势"。宋江看后也禁不住对众人道:"攻新柳城时,白家兄

---

① 江墨林.《管子》的军事经济思想[J].军事经济研究,1990(4):83.
② (清)俞龘.荡寇志续序[G]//朱一玄,刘毓忱.水浒传资料汇编.天津:南开大学出版社,2002:515.

弟若在,何惧刘慧娘哉!"在两军交战中,"那知那车山崩岳倒价拥来,拒马、蒺藜全不济事""但见火铳到时,尸骸粉碎;矢石落处,血雨纷飞。那神臂弓的羽箭,八尺长短,横射来,遇着人马,五六七八个的平穿过。官兵如何抵敌得,都弃甲抛戈,叫苦连天,各逃性命。那胡琼已中火铳,连人带马死在阵里"。奔雷车如此厉害,云天彪焉有不败的道理,连云天彪本人也险些被擒,在陈丽卿、云龙的救护下才得以全身而退,军队却"三停折了两停,带伤者无数,失去器械马匹的更不必说",云天彪禁不住感慨,"这车不知何名,便是吕公车,亦无此厉害"。野云渡一战,在奔雷车的帮助下,宋江止住了连败的战事,并随即取得了赤松林大战的胜利,在奔雷车面前,之前战无不胜的云天彪、陈希真等只能狼狈而逃,最终被围在了二龙山,希望完全寄托在刘慧娘能够想出破解奔雷车的计策,除此之外,别无他法。从作品的描述中,足以看出在俞万春的意识中,先进的武器对战争的胜负起着多么大的作用。管子在《兵法》中说:"器械功则伐而不费。"精良的武器装备可以减少士兵的伤亡,使取得胜利的可能性更大一些,如果用滥恶不利的武器装备去和敌人厮杀,那就如同赤手空拳与敌搏斗,注定是会失败的,"有人而无甲兵而无食,谓之与祸居"(《揆度》)。《参患》中说:"兵不完利,与无操者同实;甲不坚密,与俴者同实;弩不可以及远,与短兵同实;射而不能中,与无矢者同实;中而不能入,与无镞者同实。"武器落后与敌人交战,无疑等于将自己的士兵拱手送人,"器滥恶不利者,以其士予人也"。因此,管子主张"求天下之精材,论百工之锐器"(《幼官》),必须"求天下之良工",任用能工巧匠,学习先进技术,改进、研发先进的武器装备。

《荡寇志》中,第一个能工巧匠是刘慧娘。刘慧娘做的飞桥,"不备船只,不搭浮桥",士兵却快速地通过了魏河,这让宋江、吴用二人颇感惊讶,陈希真的兵来去自如,迫使梁山产生了退兵之念;刘慧娘制作的"钢轮火柜",使祝永清后退之中,炸死了邹润,炸毁了城墙,飞虎寨轻松失而复得;刘慧娘根据诸葛亮的木牛流马做成了能上阵厮杀的青狮兽;她的"新法连弩"是在旧法的基础上进行加工改造而成的,而效用却得到大大提高;刘慧娘用盐卤浸泡丝绳网防止了"火鸦"的袭击。有刘慧娘在,陈希真如虎添翼,打起仗来得心应手,如果刘慧娘不在,战事便变幻莫测,可以说,刘慧娘一人就能左右着战争的胜负。如刘慧娘得病期间,梁山的奔雷车得以横行无忌,战无不胜,梁山不仅止住了连败的趋势,还接连取得了野云渡、二龙山战事的胜利,杀得官兵"弃甲抛戈,叫苦连天,各逃性命",连云天彪都自叹:"天亡我也!"而刘慧娘一旦病愈,随即创造出了飞天神雷,破了奔雷车,陈希真才敢出寨迎敌,并取得了久违的一场胜利。同样又是因为刘慧娘创造出陷地鬼户,才破解了奔雷车的所向披靡,"拒马、蒺藜"都禁不住的态势使对手束手就擒。因此,刘慧娘这样的"良工"成了陈希真阵营中的核心人物,得到一致的重视与重用。

在《荡寇志》中,俞万春意识到不仅要寻求、重用刘慧娘这样本土的"良工",还要求得异族之"良工",向西方学习,要中学为体、西学为用,做到"师夷长技以制夷"①。

《管子·地图》篇中,管子说:"凡主兵者,必先审知地图……举错知先后,不失地利,此地图之常也。"非常强调地图在战争中的重要作用,"详知地图视为军中主帅的首先要务之一"②,《荡寇志》第一百二十回"徐青娘随叔探亲,汪恭人献图定策"中,陈希真想要攻打梁山,汪恭人向其赠送梁山地图,并说:"舍间图有两本,一本乃是画家山水,无补实用",意思是西洋图才对了解梁山机关设置有实际作用,因为"原来这西洋画法,写山水最得真形,一草一木,一坡一塘,尺寸远近,分毫不爽"。在随后攻打梁山的战争中,正是得益于此图,陈希真等官军才得以攻入梁山腹地,出兵才常常出其不意,让梁山好汉摸不着头脑,轻松取得胜利。

异族之"良工"就是"大西洋欧罗巴国人氏"的白瓦尔罕。白瓦尔罕"中等身材,粉红色面皮,深目高鼻,碧睛黄发,戴一顶桶子样浅边帽,身披一领大红小呢一口钟,像杀西洋画上的鬼子",虽然为异族,但是因为制作的奔雷车厉害,宋江观看后,称其为兄弟,并禁不住对众人道:"攻新柳城时,白家兄弟若在,何惧刘慧娘哉!"对其表达了由衷的赞赏。事实上,梁山凭借着白瓦尔罕的奔雷车,给云天彪的政府军造成了前所未有的重创,正是因为有了白瓦尔罕,梁山才取得了胜利。第一百十七回"云天彪进攻蓼儿洼,宋公明袭取泰安府",白瓦尔罕被云天彪俘获,因为白瓦尔罕"用奔雷车伤害官兵无数",所以云天彪下令将其处死,但因为他是一名"良工","此人尚有一技可用",这才被免死罪,并得到刘慧娘的赏识,"把白瓦尔罕

---

① 魏源.魏源集[M].北京:中华书局,1976:207.
② 姜国柱.中国军事思想简史[M].北京:新世界出版社,2006:90.

带到自己帐里,先令他拜见了云龙,命手下人替他换下了湿衣服,赐酒食压惊",并以"先生"称之。随后,白瓦尔罕为刘慧娘翻译出了《轮机经》,刘慧娘是"喜不自胜,重赏白瓦尔罕,另立一帐,拨人去扶侍他,手下人都称白教授,不呼其名",可见作者对"良工"的重视程度。

依靠先进的技术,依靠掌握先进技术的"良工",制造先进的武器,取得战争的制胜权,可以说,俞万春深得管子军事思想的真谛。

先进的武器对战争胜负确实有着重大的影响,但这不是决定战争胜利的唯一因素,如果"国贫兵弱,战则不胜,守则不固"(《治国》)。为了取得战争胜利还要国富兵强,这就必须要发展经济,"甲兵之本,必先于田宅"(《侈靡》)。如果"国无蓄积",民无余财,则不能强兵,只能处于被动挨打的地位,"野不辟,民无取,不可以应敌,内不可以固守"(《权修》)、"众有遗苞者,其战必不胜;道有损瘝者,其守必不固""民饥不可使战"(《八观》),都是同一个意思。管子之所以这样认为,是因为他看到了战争耗费物质财富巨大这一事实,"故凡用兵之计,三惊当一至,三至当一军,三军当一战。故一期之师,十年之蓄积弹;一战之费,累代之功尽"(《参患》)。因此,管子认为强军必须发展经济,物质财富要胜过敌人,才有可能在战场上打败敌人,"为兵之数,存乎聚财……是以欲王天下,财不盖天下,不能王天下"(《七法》)。

在《荡寇志》中,为了减少军队的消耗,增强军队的经济实力,俞万春想了很多办法,可以说是千方百计,如云天彪被困青州时,军饷缺乏,俞万春就采取了义捐的方式,通过哈兰生等地方名流的踊跃捐助,云天彪才得以渡过难关;祝永清攻打猿臂寨时,因为对方防守严密,短时间内难以取胜,为了减少消耗,祝永清就调动地方官兵,就地汇支钱粮,并发动军民共守,减少军饷支出。但是仅靠节约并不是解决问题的长久之计,为了彻底解决军队消耗过大、经济没有保障的困境,在《荡寇志》中,陈希真就采取农业、商业强军的措施。

管子认为,欲"王天下",必须"国富而粟多",为此,就必须加强农业生产。"众民、强兵、广地、富国,必生于粟也"(《治国》)、"地之守在城,城之守在兵,兵之守在人,人之守在粟"(《权修》),只有生产足够的粮食,军队才能持久作战,才可守可战,"有蓄积则久战而不鼠"。相反,如果军队缺乏足够的粮食,则"兵弱而士不厉","兵弱而士不厉,则战不胜而守不固;

战不胜而守不固,则国不安突"(《七法》)。

　　陈希真与宋江同样是落草为寇,但在《荡寇志》中,陈希真并没有像《水浒传》中的宋江那样通过打家劫舍解决军饷,而是见青云山周围有肥田数千顷,于是,马上夺过来,招抚流民耕种,使军粮充备,用农业强军;等到梁山被剿灭后,梁山水泊被填平,云天彪与毕应元、范成龙、孔厚等人同去踏勘,"天彪叫范成龙丈量了地亩,便命吊提从前梁山泊渔户租税册子,交与范成龙核算"后,便"命那班居民开垦地亩,又为他们相度地势,经理沟渠。不数年间,良田万顷",足见其对农业的重视。

　　另外,管子还提出了"四民分业定居"论。按经济活动的特点,管子把他们分为士、农、工、商四大社会集团,认为"士、农、工、商四民者,国之石民也"(《小匡》),把商业同士、农、工并列,这既反映了新兴自由工商业者存在的事实,也表现出对工商业者社会地位的尊重,与之相适应,管子还强调要"加强政府对工商业者和山林川泽的管理"①。

　　在《荡寇志》中,俞万春重视商业,而且与农业一样,把商业也作为强军的一项切实可行的措施。第九十回"陈道子草创猿臂寨,云天彪征讨清真山",刘慧娘望气发现青云山有白银,且在开采银矿时发现白银下面还有白垩,于是,陈希真便任命侯达为磁窑总局头目,与同乡数十人一起烧制磁器,"各处销售""添助军饷""又令侯达提调窑器,私通客商,发去各路销卖,官府几番也禁止不得",陈希真亦兵亦商。正是由于商业的蓬勃发展,商业转而为军事服务,结果猿臂寨不动用官府军饷就做到了"兵粮充足",军事实力大大增强。

　　在梁山被剿灭后,天子自查自纠,意识到加强山林川泽以及工商业管理的重要性,于是,天子道:"朕意欲查明从前各盗占踞深山穷谷之处,再行勘明基址,随地制宜,设备官兵……着云天彪前往各地,相机办理,务期章程尽善而止。"随后在云天彪的治理中,虽然也意欲把梁山前面的水泊填平,实际上这样做,"改为田亩,其租税正与渔户相当",最终"水泊未经填塞,仍听百姓捕渔为业"。另外,云天彪在巡查到青云营时,"查得青云营有磁窑一局",云天彪下令磁窑"先归青云营征收租税,后划归沂州府兰山县征收,今将各窑户编查清楚,特设巡检一员,督理窑务,官名理窑巡检。

---

① 张力.管仲评传[M].成都:四川大学出版社,2005:268.

余俱悉照旧章,无须更改。"《荡寇志》中,作者意识到工商业强军的重要性,但也注重管理,对山林川泽的勘查、驻兵等未尝不可看作是对工商业弊端的未雨绸缪。

当然,作为特定时代的文人,俞万春的思想肯定是驳杂的,对一切优秀的中国传统思想也注定是兼容并蓄的,但是从上面的分析中可以看出,《荡寇志》科技兴兵、实业强军的举措应该是受到了管子军事经济思想的影响。

五、维新改良者的救世之路——《新水浒》

(一)求新求变

在晚清,"大家既知清室不可兴国治,提倡维新爱国,因此也有许多人,利用小说形式,从事新思想新学识贯输,作启蒙运动"[①]。尽管西泠冬青与陆士谔究竟是改良人士还是革命人士,我们无从得知,但其"启蒙运动"都是以改良政治作为切入点,把改革社会的重任赋予小说,在两部《新水浒》中就是鼓吹君主立宪,实行社会改革,体现了作者求新求变的拯时救世之道。

在西泠冬青的《新水浒》中,作者借宋江之口说道:"今日如今诸位到来,并非商议山中军事,一则我们众弟兄,既然合了天数,在此聚义,不可谓不盛,但终年草窃,究属非计;天既给我们独立自强性质,必须要顶天立地,替国家做一番大事业出来,才不负我们平生之志,若仍就偷安苟且,得过且过,将来必无立足之所,岂不负己负国么?"宋江能够在兴盛之时,居安思危,并且表达出不愿偷安度日,要轰轰烈烈大干一场,在作品中的表现就是:吴用创办女学堂,编教科书,改革教育,培养人才;张顺创办渔业公司;阮氏兄弟办渔团;雷横训练新式警察;乐和教授新音乐;汤隆造铁路谋铁路事业;柴进在上海租界办招待所;石勇办邮局;安道全化验各种伪制戒烟药;魏定国试办电气灯;单廷圭创设自来水公司;制造局凌振做工头。虽然众英雄"各干各事,或是陆续下山,见有可为即为,总以个人自治",但是他们最终要达到的目标则是"合群爱国为宗旨,造一个花团锦簇新中国出来"。梁山英雄改掉旧时强盗习性,"各修人格,各尽义务""善为工的,就去为工;有善务农的,就去务农;有善经商的,就去经商。为工的需要发明

---

① 阿英.晚清小说史[M].北京:人民文学出版社,1980:4.

工业上新制造，为农的需要发明农业上新种植，为商的需要发明商业上新机关"，众英雄各尽其能，各尽其才，一变而天下新。

在陆士谔的《新水浒》中，梁山英雄敞开山门，走出梁山，到全国各地各行业中各显其能，"经营各种新事业"。临行前，众英雄在梁山成立了梁山会，选举宋江为会长，卢俊义为副会长，萧让为书记，吴用为庶务长，花荣等八人为庶务员，蒋敬为会计。根据梁山会规定：在各人所得利益中，二成作为会费，二成作为公积，余六成作为本人薪金。蒋敬与时迁合伙，开办"忠义银行"；扈三娘开夜总会；侯健在江州办起军衣场；金大坚开设书铺；李立、李俊组织矿务保存会，办起揭阳岭矿务公司；汤隆、刘唐从事铁路业，并被推为铁路总理和协理；张顺经营渔业公司，下设发行、制货、捕鱼三个部门，还有渔巡队；吴用办教育，整顿学堂，创办《呼天日报》，燕青为访事员，萧让为新闻记者；卢俊义单独修筑一条从大名到白沟的铁路；张青、孙二娘开夜花园；武松在清河举办运动会。因为陆士谔对立宪本能地存有怀疑，"那知今日新法是行了，百姓依然贫乏，国家依然软弱，不过换几样名式，增几样事儿，为做官的多开条赚钱的门径"，"然吾国民程度之有合于立宪国民与否"，但是，陆士谔也看到了"强敌外窥，会党内伺，魑魅充斥，鬼蜮盈途，朝廷有望治之心，编氓乏自治之力"的现实，在这种情况下，清廷预备立宪，目的无非是要改革当时的社会弊端，对此，作者也是支持的。因此，作者把当时的社会描述成"文明面目，强盗心肠"，蒋敬与时迁开办的忠义银行，违法经营，破产时受害的也是普通储户；郑天寿开办的新式女学也是乌烟瘴气；扈三娘开的夜总会实质上是一个赌窝；花荣以官府名义卖铁路于洋人；时迁做侦探，收取贿赂；孟康做船政差使，造船浮支银两，等等，连宋江也借办天灾筹赈公所之名，行假公济私之实，总之，梁山英雄无不以利计，"商界盛行的是杀人不见血的鬼蜮伎俩，恐咱们的杀人不翻眼的强硬手段，未必定占优势""我们梁山会会员此番下山，于社会上倒也颇有益处，这些文明假面具，都被我们揭穿"，因此，作者对立宪改革的怀疑，意不在否定变革，而是让后来者认清形势，不要为清廷立宪的变革盲目乐观罢了。

（二）重视实业

在晚清当时的时局下，"改革弊端，富国新民，就成为人们普遍的社会心理"①，为了富国新民，人们已经意识到工农商的重要性，传统的重农抑

---

① 郭延礼.中国近代文学发展史[M].济南：山东教育出版社，1991：1146.

商的政策开始受到有识之士的强烈批判,有人认为正是因为对商业的不重视,才致使"既无可守之道,又无可守之资,中国商务日形困乏"①,郑观应甚至认为"习兵战不如习商战"②,"商与工的关系,是晚清人讨论的另一个热点,工商互补是他们普遍的认识"③。在《新水浒》中,对于君主立宪的社会改革,作者就表达了重视工农商等实业的想法。

在西泠冬青的《新水浒》的第一回,作者借卢俊义说道:"目今世界除这些工农商外,别无可以立身之地,文字是最靠不住的。官场是国民的公业,如果没有工农生利,这公业也做不成了。将来国家总要从工农上做起,方能立得住脚跟。"作者在章后的评话中写道:"工农在今日为中国当务之急,富强之基,基础在此,不从此做起,如何立得定脚。俊义所言,真是救急良药。"第六回"孙二娘兴办女学堂,顾大嫂演说天足会"中,孙二娘以吴用足智多谋,在现代社会却落得只能编书度日为例,说明"立宪时代最重视实业,除了实业以外,全然都靠不住",表达了作者实业富国强国的设想。在小说内容中,众英雄招安下山,充当立宪国民,履行强国义务,尽管有周通"强聘女学生"等不雅内容,但众英雄的事业基本上是欣欣向荣,如张顺的渔业,汤隆的铁路业等。另外,从附录的乙集目录,如第二十一回"改监狱二蔡入都,开铁厂汤隆赴汉";第二十二回"魏定国试办电气灯,单廷圭创设自来水";第二十四回"孟康制造铁甲舰,徐宁教演来福枪"中,也可以看出作者重视工商业、实业强军的思想。

在陆士谔的《新水浒》中,作者要表现社会的"文明面目,强盗心肠",因此,梁山英雄虽然从事行业有别,但大多数都是"得寸进尺,得尺进尺。敲骨吸髓,唯利是图",以此成为后人的"前车之鉴",使之"有所警戒",作者这样写的初衷以及这样做的结果事实上"于社会上倒也颇有益处"。而且作者在文中毕竟描述了汤隆、刘唐办铁路,李立、穆弘办矿,卢俊义自承办铁路,三阮创建渔业公司等实业,并且在最后的评比中,让卢俊义名列最优等。其中在汤隆、刘唐二人办铁路,"成效卓著,声名洋溢",二人辞职时,"害得他们费掉无数工夫,开了无数的会,奔走了无数的路,消耗掉无数

---

① (清)蒋良骐.东华录[M].北京:中华书局,1958:5102.
② 郑观应.盛世危言[M].沈阳:辽宁人民出版社,1994:238.
③ 杨国明.晚清小说与社会经济转型[M].上海:东方出版中心,2005:9.

的纸墨费、邮票费、电报费,这处开会,那处发电,彼处通函,函电交驰,文牍旁午,无非是挽留我们两个。学界留我,商界留我,绅界留我,同乡的京官留我,公司的股东留我",并且"汤、刘存,铁路存;汤刘去,铁路亡;铁路亡,江州亡;江州亡,中国亡",足见铁路业的重要性,说明在作者内心深处,也意识到实业对一个地方、一个国家的重要性。

(三)独立自主

在民族危亡关头,西学成了救世的灵丹妙药,当时的中国人已经把西学当作了一根救命稻草,"要救国,只有维新;要维新只有学外国",成为朝野上下的共识。但是甲午战争的失败、洋务运动的破产,人们在反思中也逐渐意识到,一国之富强,更需要本国人的独立自主,自力更生。

在西泠冬青的《新水浒》中,官府明令禁鸦片,"直隶那个督院,又自最恶恨鸦片的。便施出猛烈手段,雷厉风行起来",但是戒烟之人吃了戒烟药后,"不但一时戒不下,倒反另外生出病来",请外国医生化验,但是"连外国医生说的话都作不得准,因为此种丸药有他外国品物在内",而且"如今洋势通天,他们哪一桩事不来包庇",因此,只有靠自己,"上海有个热心志士考察出一种鹅郎草来,可以戒烟"。

陆士谔的《新水浒》反映的是清政府于1908年开始实行九年预备立宪计划后的社会情况,小说中的情节与当时政治和社会生活密切相关,因此,陆士谔对君主立宪社会改革中独立自主、自力更生重要性的认识比西泠冬青更为深刻。第十三回"铁叫子痛诋演剧会,金大坚开设新书坊",揭阳岭的山矿卖给了金国人,但是金国人两年的时间里"并不曾掘过一块泥,动过一块石",却"硬占了山头,把山的四周,都圈入界线,山上筑着洋房,山口都用了本地的十几个泼皮守着,不准本地人上山樵采",为此,李立、李俊、穆春、张横组织成立"揭阳岭矿务保存会",一定要金国废除合约,争取自办,并得到整个揭阳镇人的支持。

两部小说中的这些情节流露出作者共同的思想倾向,"如在对外国资本主义经济的侵入上基本上是持一致的抵抗态度"[①],在这共同的思想倾向背后,未尝不是作者对强国之路的思考。

---

① 刘海燕.《新水浒》与清末民初的《水浒》批评[J].漳州师范学院学报(哲学社会科学版),2001(4):41.

第五章 水浒小说的人物形象

在相当长的历史时期内,典型人物形象被认为是一部文学作品成败优劣的最重要的价值取向。甚至有人认为"一部中国小说发展史,几乎可以看成是人物形象演变的历史"①。塑造典型环境中的典型人物成为文学创作的最高境界和目标,在世界优秀文学遗产中,从那些不朽的经典名著几乎无一不成功地塑造了典型人物的事实看,这种认识并没有错。因此,对水浒小说人物形象的认识就成为理解水浒小说的重点之一。

第一节 水浒小说人物形象研究综述

水浒小说是以水浒故事也就是宋江起义为题材的小说,其所描绘的诸多人物中,英雄侠士的人物形象无疑是作者用笔最勤,也最为光彩动人的。《水浒传》中,一百零八位英雄被誉为"诵义负气,百人一心。有侠客之风,无暴客之恶"②,而晚清《新水浒》中,杀人放火的强盗却变成了维新改良的积极支持者,成为政治的宣传工具,了解水浒小说人物形象演变的过程,无疑对我们正确认识水浒小说发展、演变的轨迹,不同作家的精神风貌与美学追求都是大有裨益的。

在水浒小说人物形象的研究中,当前主要以《水浒传》中的人物形象研究为主,其他水浒小说中的人物形象则少有人问津,可谓冷热不均。不仅仅如此,即便是《水浒传》中的人物形象研究也存在这样那样的不足。例如主人公宋江的形象备受研究者重视,但不乏认识上的错误。而同样是小说中重要人物的燕青却被莫名其妙地忽视,形成在小说中重要,在研究中并不重要的奇怪现象。另外,水浒小说是以杀人放火、攻城略地、惩奸除

---

① 戴嘉树.人物形象是小说的灵魂[J].集美大学学报(哲学社会科学版),2004(1):90.
② (明)天都外臣.水浒传序[G].朱一玄,刘毓忱.水浒传资料汇编.天津:南开大学出版社,2002:168.

恶为主要内容,基本上是排除女性的,但是水浒小说却写了大量的女性。水浒小说研究作为一类小说历时性的研究,我们不妨以两位男性英雄宋江、燕青,以及女性整体形象作为认识的突破口,在历时性的研究中争取对水浒小说的人物形象有一个整体性的认识。

一、宋江形象研究综述

清人金圣叹曾慨叹:"读此一部书者,亦读一百七人传最易,读宋江传最难也。盖此书写一百七人处,皆直笔也,好即真好,劣即真劣。若写宋江则不然。骤读之而全好,再读之而好劣参半,又再读之而好不胜劣,又卒读之而全劣无好矣。"①宋江是水浒小说《水浒传》中的主要人物,对于宋江形象的认识自《水浒传》产生后就因人而异,众说纷纭。从时代的因素看,每一个时代都有自己的认识,并且任何一个时代的认识也不会成为放之四海而皆准的真理。因此,对于宋江形象的认识,分歧不断也是在情理之中。20世纪80年代以后,研究者逐步摆脱阶级分析的方法与立场,解放思想、实事求是,积极用新的理论、方法对《水浒传》进行认识与研究,对宋江形象的评价也更加客观与准确。但是,这并不等于我们对宋江的认识就能够得到统一,实际上,对宋江形象的认识仍难统一,分歧仍存。概括地说有以下几种观点:

(一) 忠义者

忠就是忠于皇帝,忠于宋朝;义就是对弟兄们义。忠义说在众说中占据主流,持赞成态度的研究者最多。例如,欧恢章认为《水浒传》中的宋江既忠也义,宋江忠君的本质是"忠于封建的纲常和法度",而义则是"利他"②。袁行霈主编的《中国文学史》中也认为宋江"作为小说中的第一个主角,就是忠义的化身。他的性格在既矛盾又统一的忠和义的主导下曲折地发展。"③符晓黎认为《水浒传》中的宋江是"典型的封建时代的忠臣义士

---

① (清)金圣叹.水浒传回评(三十五回)[G].朱一玄,刘毓忱.水浒传资料汇编.天津:南开大学出版社,2002:263.
② 欧恢章.对宋江形象的再认识[J].重庆师院学报(哲学社会科学版),1987(2):38.
③ 袁行霈.中国文学史(四)[M].北京:高等教育出版社,1999:48.

的形象"①。梁文娟则从分析"孝义黑三郎""及时雨""呼保义"这三个绰号入手,分别从家庭伦理、人际交往、社会道德的角度概括了宋江的性格,认为宋江是"于家大孝、仗义疏财、济人危困和忠君报国,是忠义的楷模"②。持此种观点的研究者认为《水浒传》中的宋江就是忠义形象的典型。

(二)起义领袖

宋江无论是在历史记载,还是在《水浒传》中,首先都是一位不折不扣的起义军的领导者,因此,宋江是一位农民起义领袖的说法在众说中仍然占有重要一席。吕致远认为宋江不仅是一位农民起义的领导者,还是一位颇具"领导艺术"③的起义军领袖。史瑞玲认为梁山取得重大的战事胜利都与宋江有关,作为领导者的宋江"侦察谍报、兵力部署、里应外合、声东击西、无中生有等等,无不巧妙得体,极尽兵略运筹之能事",对宋江上梁山后的卓著战绩给予了充分肯定。刘吉鹏也认为宋江是一个出色的领袖,"为众好汉指明了方向,率领大家共赴大义"④。周甲辰先生在《一个超悲剧人物的审美意蕴——宋江典型性格解读》⑤一文中认为宋江是起义的领袖。值得一提的是,虽然王齐洲认为:"从宋江的思想和行动来考察,宋江绝不是农民起义的领袖;宋江和高俅的斗争,正如毛主席指出的那样,是地主阶级内部这一派反对那一派的斗争,宋江是地主阶级革新派在山林草泽中的代表人物。"⑥但他同时又指出宋江是"地主阶级革新派在山林草泽中的代表人物",也就是说,王齐洲否定的只是宋江领导的农民起义的性质,并没有否定宋江是起义的领导人,因此,宋江还是一位领袖,只是不能认可宋江是农民起义的领袖罢了。

---

① 符晓黎.从草莽英雄到忠臣义士——试论宋江形象演变的主要过程[J].浙江传媒学院学报,2002(3):57.
② 梁文娟.《水浒传》中宋江的忠义观念[J].文学教育(上),2008(1):86.
③ 吕致远.知人善任,仁义为本的宋江——水浒人物论之十[J].郑州大学学报(哲学社会科学版),1992(6):77.
④ 刘吉鹏.从刘备、宋江形象的塑造看《三国演义》《水浒传》作者的英雄观[J].临沂师范学院学报,1996(5):42.
⑤ 周甲辰.一个超悲剧人物的审美意蕴——宋江典型性格解读[J].零陵师范高等专科学校学报,2000(1):58-61.
⑥ 王齐洲.《水浒传》是描写农民起义的作品吗[C].水浒争鸣:第1辑.武汉:长江文艺出版社,1982:125.

(三)吏胥强人

在《水浒传》中,宋江刚出场时身份就是一个小吏,并且"文史经通,刀笔纯熟",不是一般的小吏,因此,"吏胥强人"说也是众说中的一种。最早提出这种说法的是廖仲安,他在《再评宋江》①一文中指出,宋江是一个"吏道纯熟,刀笔精工"但又"身份卑贱,升官无望的吏胥"。曾永辰认为,《水浒传》"作者塑造宋江的最成功之处,倒是突现了他作为小吏的神姿与气质"②。鸣骐也认为宋江有着"卑恭谨慎、处世圆滑、善用心机、城府深藏、不择手段的官场习气,接人待物上皮里阴阳、虚与委蛇、暗耍手段"③。持这种观点的研究者认为,宋江是一个圆滑世故、老谋深算的吏胥强人。宋江身属衙门、充当爪牙,但又不甘沉抑;依靠权谋成为有威信的强人首领后又瞻前顾后,不敢彻底进行反抗,结果害人害己。

(四)多重性格者

持这种观点的研究者如叶舒宪认为宋江"既是忠君报国、行侠仗义的英雄,是伦理道德的楷模,也是助纣为虐,充当屠杀梁山英雄的刽子手"④。曲家源也认为《水浒传》中宋江"一时表现气度宏大、壮志冲天,转眼之间又卑躬屈节、贪生怕死"⑤。赵小雷认为,"纵观宋江的一生,作为其行为内在动力的,就是封建士大夫的报效朝廷和建功立业的正统观念。宋江的矛盾是主观愿望与客观现实的矛盾,而不是主观愿望本身的矛盾"⑥。唐富龄、于天池等研究者也持此种观点。其实持这种观点的人的内部也存在争论,有人认为宋江的复杂性格其本身就是矛盾的,也有人认为宋江的复杂性格是统一的。尽管争论不一,但他们都承认宋江性格是多重的这个前提。

对宋江形象的研究,还有"阴谋家与投降派"说、"理想化形象"说、"悲剧形象"说等,与上述主要观点相比,虽各有一定支持者,但影响力毕竟小

---

① 廖仲安.再评宋江[J].文学遗产,1985(2).
② 转引自应坚.近几年《水浒》研究综述[J].文史哲,1989(2):101.
③ 鸣骐.英雄无计悲途穷——试论宋江形象发展的内在逻辑[J].枣庄师范专科学校学报,1996(4):7.
④ 叶舒宪.论宋江的多重思想性格及其形成原因[C].水浒争鸣:第3辑.武汉:长江文艺出版社,1984.
⑤ 曲家源.宋江《水浒传》里的理想"完人"[J].山西师大学报(社会科学版),1992(4):57.
⑥ 赵小雷.宋江忠义观新论[J].西北大学学报,1995(1):93.

得多,在此不一一赘述。

对宋江形象的研究除《水浒传》外,还涉及《水浒后传》《荡寇志》《新水浒》等水浒小说。其中,也许因为《新水浒》"在人物塑造上,艺术典型化不够"①,对于其中的宋江形象无人论及,但是,对《后水浒传》中宋江的形象还是有研究者进行了研究。

刘兴汉认为《水浒传》中塑造的宋江是个不怎么成功的起义领袖的形象,而《后水浒传》中塑造的杨幺(宋江转世)便是一个较为成功的起义领袖的形象,并且杨幺和宋江的最大不同之处,就是"他摒除了宋江的愚忠思想和懦弱、动摇的性格,不赞成,也没有走受招安的道路"②。林辰在《第一部写杨幺起义的小说——罕见孤本〈后水浒传〉》③一文中,观点几与刘兴汉相同。易永姣在《〈水浒传〉三种主要续书的思想文化意蕴》一文中,对杨幺的外貌、能力、性格、起义的目的、忠义思想等方面进行了论述,认为《后水浒传》中的杨幺是"宋江形象的重塑"。④ 段春旭认为《后水浒传》中宋江转世的杨幺与《水浒传》相比,忠君观念发生了变化,杨幺"不像宋江那样有着固执的忠君观念",并且"还隐约地表达了'有志图王'的心态"⑤。与对《水浒传》中的宋江褒贬不一相反,对《后水浒传》中的杨幺,众位研究者的观点基本一致,都对杨幺的各个方面进行了肯定。

从上面的分析可以看出,尽管有研究者对《后水浒传》中宋江的形象进行了研究,但与《水浒传》中宋江形象的研究相比不可同日而语,研究的重心更多集中于与《水浒传》中宋江形象的比较上。

二、燕青形象研究综述

《水浒传》中的燕青容貌昳丽,心灵机巧,虽然出场较晚,但是在《水浒传》中是塑造得较为出色的艺术形象之一,这已经成为研究者的共识。也许因为有主要人物宋江的存在,总体来说,对燕青的研究并不是很受研究者重视,对其形象的评价一直也是有赞有贬。

---

① 郭延礼.中国近代文学发展史[M].济南:山东教育出版社,1991:1160.
② 刘兴汉.《后水浒传》三题[J].东北师大学报(哲学社会科学版),1991(2):70.
③ 林辰.第一部写杨幺起义的小说——罕见孤本《后水浒传》[J].明清小说研究,1985(2).
④ 易永姣.《水浒传》三种主要续书的思想文化意蕴[D].长沙:湖南师范大学,2007:41-51.
⑤ 段春旭.中国古代长篇小说续书研究[M].上海:上海三联书店,2009:170.

在阶级决定一切的时代,因为《水浒传》中燕青与宋江的关系,以及燕青在招安过程中立下的特殊功劳,研究者从宋江是投降派的论调出发,自然就把燕青看作宋江的帮凶。如陆永基认为《水浒传》中燕青是宋江"求招安、搞投降的一个得力帮凶"。①

特别是20世纪80年代后,研究者对燕青的评价一般围绕其功绩、性格特点、身份、称号展开,因为每个研究者侧重点不同,所以评论也不尽相同。

对燕青的形象持否定意见的研究者,如曲家源从燕青的身份出发,认为燕青"第一个特征是一身奴性。他不是卢俊义的一般仆人,而是一个对主人忠心耿耿,把主人的荣辱、得失、安危看得比自己的尊严和生命都宝贵,因而深得主人器重,被称为'我那一个人'的特等奴仆。机伶乖觉是燕青形象的第二个主要特征"②。把燕青的奴性放在第一位,而机灵乖巧的特点放在从属的地位。乔思尽管也认为"燕青绝对是一位极其尽忠尽力的仆人",也承认燕青的奴性,但是他同时也认为燕青的身份是变化的,在《水浒传》中,燕青"完成的是一个从'忠主'到'自由'的跃进"③。

对燕青形象持肯定意见的研究者,如欧阳健认为燕青"不仅是市民理想中的英雄,而且是真正打上了市民阶级的生活体验的烙印,倾注了市民群众的强烈敬慕之情的现实的英雄"。④ 白艳红、张金辉两位研究者也认为燕青"风流倜傥,与众不同,忠心耿耿,智勇双全多才多艺,功绩显赫",⑤对燕青的能力以及其对梁山事业的贡献做出了肯定。胡昌国、吴长忠从燕青的性格特点出发,认为燕青最主要的特点就是机灵乖巧,"机智灵巧,是燕青性格的主要特征"⑥。顾瑞雪更是对燕青大加称赞,认为燕青"与宋江、卢俊义等人比较,燕青对现实的认识更加准确""与武松、鲁智深相比,燕青显得机巧、心灵""与李逵相比较,燕青更加智慧灵巧""与漂流海外的李俊相比,燕青又显示了他的了身达命,知机在先""燕青即是作者的理想

---

① 陆永基.宋江的帮凶——燕青[J].苏州大学学报(哲学社会科学版),1975(4):86.
② 曲家源.论浪子燕青[J].青海师范大学学报(社会科学版),1989(4):78.
③ 乔思.强悍的悖论——浅析梁山好汉自我毁灭的原因[J].黑龙江社会科学,2007(2):85.
④ 欧阳健.卢俊义·燕青论[J].天津师院学报,1981(4):63.
⑤ 白艳红,张金辉.梁山上的另类英雄——《水浒传》中燕青人格形象解析[J].希望月报,2007(7):18.
⑥ 胡昌国,吴长忠.论燕青[J].郑州大学学报(哲学社会科学版),1981(4):76.

人物所在——既有功于梁山事业,又能够知机在先而做到避祸全身"①。张云娟从"浪子"与"一丈青"的考辨中认为燕青号称"浪子",虽然在《水浒传》中并没表现出浪迹,但作为源头上的燕青实际上是"有过浪迹行为的"②。陈松柏则仅局限于《水浒传》,认为燕青"形体美,有才情,武艺高,无贪心",把这样一个"心如铁石"的人叫作"浪子","这浪子不仅不浪,还是一位不近女色、顽强抗敌的英雄"③。

如果说对《水浒传》中的燕青,研究者还不无微词的话,那么对《水浒后传》中的燕青,研究者则称赞有加了。李忠昌认为《水浒后传》把《水浒传》中燕青的智与巧充分发挥,"燕青已从一个忠仆成长为一位忠勇双全、智勇兼备的军师与大将军了"④。陈松柏认为《水浒后传》中的燕青尽管没有《水浒传》中的小乙哥那般可亲可爱,但《水浒后传》中的燕青是以"智勇卓绝的智囊、帅才、帝王师的身份出现在《水浒后传》中,成了作者精心打造的'本传第一出色人物'"⑤。袁秋实认为"《水浒后传》在保留前传强调燕青机巧伶俐性格的基础上,继续发展了他忠诚、机警、谨慎的特征,并以忠君爱国为刻画和渲染的核心"⑥。

三、女性形象研究综述

对于《水浒传》女性形象的研究,是从20世纪80年代开始的。大致说来有三种观点。

最早也是最有影响的观点是聂绀弩先生在《中国古典小说论集》中提出的,认为"《水浒》全部都是轻视妇女的",可以说是《水浒传》中妇女观评论并且是否定评论的开始。此后,马瑞芳在《女性意识在三国水浒中的空前失落》中说《水浒传》是"以'女人是祸水'为主旨",而且认为所有的女

---

① 顾瑞雪.燕青,水浒英雄的另一类人生——兼论《水浒传》作者对水浒英雄出路的思考[J].安徽文学,2009(9):225-227.
② 张云娟."浪子"与"一丈青"辨——从燕青赞语看《水浒传》成书的一些问题[J].水浒争鸣(第十辑),2008.
③ 陈松柏.燕青形象的嬗变[J].明清小说研究,2005(1):61.
④ 李忠昌.论《水浒后传》的审美价值——兼与《水浒传》比较[J].社会科学战线,1990(4):290.
⑤ 陈松柏.燕青形象的嬗变[J].明清小说研究,2005(1):65.
⑥ 袁秋实.陈忱遗民思想研究[D].北京:首都师大学,2008:45.

性都是"以淫乱、庸俗、粗野为突出特点的丑化女性的形象"①。许鸿翔、阮双利认为作者的妇女观是非常"陈腐"②的。黄一梅指出:"《水浒》是一曲英雄的颂歌,有些英雄的造就是建立在牺牲女性、束缚女性、歧视女性、损害女性的基础上的,是男尊女卑社会的缩影,也是作者世界观的反映。"③唐萍、严锐在《从比较中看〈水浒〉女性形象及作者的妇女观》中指出:"施耐庵在《水浒传》中创造了一个男人的世界,精雕细写了男性的英勇威猛",而对于女性的描写,可见"作者鄙视女性!带有封建阶级烙印的妇女观"④。陶莉认为《水浒》在整体上是贬低女性的⑤。对潘金莲、阎婆惜、潘巧云,喻斌认为她们是《水浒传》女性中的"邪恶势力",是应该被"无情诛杀"⑥的。以上研究者对《水浒传》中的女性形象都持否定态度,直到今日,这种观点仍得到一部分学者的认同。对于《水浒传》中仅有的三位女英雄,有些研究也并不完全肯定。对孙二娘、顾大嫂、扈三娘三个女英雄形象的分析,聂绀弩认为:"连女英雄都没什么本事,唯一像有点本事的扈三娘,却被林冲擒来,由宋江作主嫁给'屁股烧'王矮虎了!"⑦;"这三个女英雄形象的塑造,总让人感到不是那样的血肉丰满,栩栩如生""有如平面,缺乏立体感""远不如《水浒》中描写的男子汉那样见心灵,见性格,有血有肉,如闻如见"⑧;还有人认为她们是"充分男性化了的女性""她们本质上与男性没有多少区别",她们的命运只能是"悲哀"⑨的。"总体说来,这一组外貌、言语粗野,行为可怖的人物除了服饰之外,没有一丝女性气息,名为女性,实即男子""《水浒》这一组女豪杰形象固然惊世骇俗,却不近情理,完全背离了生活实际,而严重失真的形象无论如何不可能给人们

---

① 马瑞芳.女性意识在三国水浒中的空前失落[J].东方论坛,1994(4):22.
② 许鸿翔,阮双利.《水浒传》是一部阴阳失调的书[J].大连大学学报,1999(5):66.
③ 黄一梅.《水浒》里的女人[J].当代矿工,2003(1):51.
④ 唐萍,严锐.从比较中看《水浒》女性形象及作者的妇女观[J].甘肃高师学报,2005(2):13.
⑤ 陶莉.失落的世界《三国演义》和《水浒传》女性描写的比较[J].宁德师专学报,2004(3):35.
⑥ 喻斌.水浒妇女观浅探[J].郧阳师专学报,1992(3):39.
⑦ 聂绀弩.中国古典小说论集·序[M].上海:复旦大学出版社,2005:3.
⑧ 孙亚英.从《水浒》中三个被杀的女性看作者的妇女观[J].社会科学,1986(2):68.
⑨ 魏崇新.《水浒传》:一个反女性的文本[J].明清小说研究,1997(4):143.

带来美感"。① 由此可见,对这三个女英雄的评价,大多数研究者并不持肯定态度。

也有一些研究者提了不同的看法。他们认为《水浒传》作者的女性观中既有糟粕,也有精华。杨逢泰在《从〈水浒〉的女性形象看作者妇女观的复杂性》中认为:"作者的妇女观,从总的倾向看是封建的,落后的;但具体到作者笔下的妇女形象又是复杂的,作者对他笔下的妇女有褒有贬,并不全部表现为轻蔑态度,认为妇女都没有什么本事。"②对潘金莲表示了同情。马成生认为作者的妇女观是"精华与糟粕共存"③的,对女性形象分门别类,区别对待,因此赞扬、同情、丑化兼有。崔莹的观点与之相似,认为《水浒传》中的女性观可分为三类:"热情歌颂女英雄、同情弱女,揭露强权对女性的蹂躏,揭露恶妇的丑陋嘴脸。"④杨萍在《漫说〈水浒传〉中女性的悲剧》中认为"作者由于世界观的局限和受其所处社会道德观的影响,在塑造女性形象时,不免流露出封建的妇女观,但在那种特定历史时期、历史环境中还是给女性以极大的同情和关注"。⑤ 王庆芳在《〈水浒传〉妇女描写之我见》中认为作者"赞成妇女的节烈,以同情的笔墨褒扬之;他憎恶淫妇、娼女、虔婆,以指责的笔锋贬斥之"。⑥ 龙耀明在《〈水浒传〉的婚姻爱情观》一文中认为作者创作三个淫妇形象的真实意图就是"写出封建包办婚姻制度给男女造成的悲剧"。⑦ 刘相雨等在《〈水浒传〉的女性景观》中认为潘金莲、阎婆惜、潘巧云,"她们或与丈夫缺乏感情,或与丈夫同床异梦,她们都想追求婚姻之外的补偿,结果落得个身首异处的下场。她们婚姻的失败,固然有她们个人的因素,但最根本的原因却不在于此,而在于不合理的封建制度,特别是婚姻制度,这种不合理的制度造成一个又一个女性的悲剧"。⑧ 总体来说,这一类学者即使对《水浒传》中的女性不无微词,但并

---

① 谭桂英,周健.评《水浒》中的女性形象塑造[J].暨南学报,1999(3):3.
② 杨逢泰.从《水浒》的女性形象看作者妇女观的复杂性[M].王基.诸家汴梁论水浒.郑州:中州古籍出版社,1993:245.
③ 马成生.水浒通论[M].杭州:浙江古籍出版社,1994:216.
④ 崔莹.论《水浒传》作者的女性观[D].新疆师范大学,2006.
⑤ 杨萍.漫说《水浒传》中女性的悲剧[J].长春师范学院学报,1995(3):63.
⑥ 王庆芳.《水浒传》妇女描写之我见[J].鄂州大学学报,1998(1):45.
⑦ 龙耀明.《水浒传》的婚姻爱情观[J].衡阳师范学院学报,1997(1):60.
⑧ 刘相雨.《水浒传》的女性景观[J].济宁师专学报,2000(1):11.

没有彻底否定《水浒传》作者的女性观,而是认为优劣并存。

还有一种观点则是完全肯定《水浒传》中的女性观。喻斌在《〈水浒〉妇女观浅探》中认为:"《水浒》的妇女观不但不是消极的,而且是积极的,革命的",并且"超前地达到了解放妇女的思想高度"。① 李献芳认为《水浒传》"塑造了三位英雄形象,将美好的品质和聪明才智赋给她们,反映了作者的社会理想和进步的历史观、妇女观"。② 汪远平认为"作者以赞许的目光,热烈的感情,粗犷有力的笔触,浓墨重彩地描绘出她们的动人形象,尤其是鲜明地突出了她们性格特征和叱咤风云的英雄业绩"。③

对于除《水浒传》以外的水浒小说中的女性形象,虽然关注的研究者并不多,但是他们的观点却完全一致地肯定了水浒小说中的女性形象。

刘相雨在《论〈水浒后传〉〈后水浒传〉〈荡寇志〉中的女英雄形象》④一文中,对《水浒后传》《后水浒传》《荡寇志》中的女性形象分别进行了论述,他认为《水浒后传》中的女性与《水浒传》相比,女性的外貌、性格、意识、行为方式等都发生了变化,说明"《水浒后传》中的女性观有了进步";《后水浒传》中,作者不仅把女英雄写得漂亮,更加"突出了女性气质和女性特点,描绘出了一个女性细腻的感情生活",并且"择偶标准也透露出一种新的时代气息";在对《荡寇志》中女性形象的认识上,作者认为"《后水浒传》虽然成功地塑造了一位女英雄屠俏,但是女英雄的数量毕竟太少,还不足以与小说中的男英雄相提并论。《荡寇志》则塑造了一系列成功的女英雄形象,她们与男英雄并驾齐驱,平分秋色,在某些方面甚至超过了男性"。从作者的论述中我们可以看出,作者认为《水浒后传》中的女性形象尽管与《水浒传》还有着很大的关联,但是在性格等方面已经发生了变化;《后水浒传》则基本上摆脱了《水浒传》的影响;《荡寇志》则完全塑造了一系列成功的女英雄形象。刘相雨以外的研究者都把目光投向了《荡寇志》中女性形象的研究上。马瑜认为《荡寇志》中陈丽卿、刘慧娘两位女子都塑造得容貌美丽,智慧突出,性格更接近女子,与《水浒传》相比,"对于女子的

---

① 喻斌.《水浒》妇女观浅探[J].郧阳师范高等专科学校学报,1994(4):41.
② 李献芳.《水浒传》中三英雄女性说略[J].山东教育学院学报,2002(5):60.
③ 汪远平.漫说《水浒》里妇女形象的塑造[J].东北师大学报,1984(1):53.
④ 刘相雨.论《水浒后传》《后水浒传》《荡寇志》中的女英雄形象[J].菏泽学院学报,2006(3).

看法是有了一定的进步。这些女性使得文章变得生动起来,活泼起来,丰富起来"①。段春旭认为《荡寇志》中的陈丽卿是一个娇憨豪爽、泼辣天真的美妇侠女,而刘慧娘则足智多谋,两人一武一文的形象塑造"本身就是对封建道德观念的否定"②。易永姣在其硕士论文中认为:"从人物设置来看,俞万春突破了男女权威、重男轻女的传统定式,把女性塑造成美的精灵,智的化身,率性天真,能主宰自己、鼎助男性成就大业的命运之神,展现出明朗、英雄、神奇的女性世界,体现出道家'重阴阳,等男女'思想"、"《荡寇志》却不忌讳写纯真的女人。在小说中女英雄感情细腻,秀雅温柔,充满爱的魔力,她们娇柔、细腻、率真的心性冲淡了战争的阴霾,使得残酷激烈的战地生活变得色彩斑斓和富有人情味"③。唐海宏认为"陈丽卿有了如同男子一般的豪爽可爱之处"④。可以说研究者对《荡寇志》中的女性形象以及作者的女性观给予了全方位的肯定。

第二节 宋江形象的演变

宋江已经成为水浒故事的标志,很难想象如果没有宋江,水浒故事究竟会是什么样。因此,宋江无疑也是水浒小说人物谱系中的重中之重,认识宋江对于理解整个水浒小说都有着重大的意义。

在第一部水浒小说《大宋宣和遗事》中,宋江遗留了强盗的"勇悍狂侠"之风,当他看到阎婆惜与吴伟私会时,"怒发冲冠","将起一把刀",把他们两个都杀了,而且在墙上写诗一首,以杀人为荣,并主动上梁山落草。元人陈泰在《所安遗集补遗》中说:"宋之为人,勇悍狂侠。"从中我们可以看出,在《大宋宣和遗事》中,宋江身上还有历史的影子,免不了强盗习气,格调也不高。《大宋宣和遗事》对宋江的记载比较简单,只言片语,我们很难勾勒出宋江的全貌,在此我们不去细究,而把重点放到其他水浒小说中。

---

① 马瑜.荡寇志的接受与解读[D].天津:天津师范大学,2003:19.
② 段春旭.古代长篇小说续书研究[D].福州:福建师范大学,2004:95.
③ 易永姣.《水浒传》三种主要续书的思想文化意蕴[D].长沙:湖南师范大学,2007:89-92.
④ 唐海宏.《水浒传》续书研究[D].西宁:青海师范大学,2009:60.

一、孤独的殉道者

《水浒传》中宋江形象的研究,历来众说纷纭,有以其是农民起义"英雄"或是"投降派"者,有以其是"忠义"的化身或是两重甚至多重性格人物者,也有以其是"一位精明审慎的政治人物"[1]者。虽各有所据,但总体看来,或失之于偏颇,或流于空泛,都未能准确说明宋江这一人物的基本性格特征。而《水浒传》研究如果不能对宋江形象有准确把握,也就难得有真正深入。准确地说,宋江作为士人的典型,和屈原一样,是一个虽不为朝廷以及身边的人所理解,但为了追求士人的自身价值与理想而献出生命的孤独的殉道者。

(一)士人的理想追求

历史记载中的宋江为三十六人之首,"勇悍狂侠"[2],但经"书林""儒流"写入《水浒传》以后,这个人物成了彬彬有儒者风的士人。这表现在书中写他"自幼曾攻经史、长成亦有权谋"(第三十九回)、"刀笔精通,吏道纯熟;更兼习爱枪棒,学得武艺多般"(第十八回),符合孔子所说"推十合一为士"[3],士人要有多种能力的要求;"于家大孝,为人仗义疏财""每每排难解纷,只是赒全人性命。如常散施棺材药饵,济人贫苦,赒人之急,扶人之困"(第十八回)、"仁义礼智信皆备"(第二十一回),符合士人讲究修身的道德规范;"中心愿"始终是"平虏保民安国"(第七十一回),符合士人"变'天下无道'为'天下有道'"[4]的政治情操。作为典型士人的宋江始终以道自任,把拯时救世、恢复良好社会秩序当作自己一生的追求。

在实现自己理想的道路选择上,宋江主要希望封建体制内的机遇能够降临,从而依附于朝廷实现自己的理想,最终做到"封妻荫子"(第十二回)、"青史上留名"(第八十五回),所以发自内心地不想上梁山。宋江杀阎婆惜后想到的是到柴进、孔太公、花荣三处躲避,并没有想到梁山;在发配途中,宋江为了拒绝梁山好汉上梁山的邀请有时不得不以死相逼;即使

---

[1] 周荣.宋江新说[J].皖西学院学报,2003(6):92.
[2] 陈泰.所安遗集补遗[G].朱一玄,刘毓忱.水浒传资料汇编.天津:南开大学出版社,2002:49.
[3] 转引自桂馥.说文解字义证[M].济南:齐鲁书社,1987:44.
[4] 余英时.宋明理学与政治文化[M].桂林:广西师范大学出版社,2006:311.

上了梁山,宋江满脑子想的也是招安,正如杜贵晨师所言:"他一面率众与山下的敌对势力斗争,一面在做内部的'整顿'……随时随地向部下灌输招安路线。宋江是一步一步地把梁山上人的思想整顿、引导到'忠义'的路上来,引向招安之路。"①为了促成招安,宋江上走殿前太尉宿元景,下走京城妓女李师师的门路,尽管对奸臣高俅非常痛恨,但第八十回高俅被张顺等人活捉到梁山后,宋江还希望通过高俅促成招安。等到招安成功,在政权体制内可以实现自己的追求时,宋江便积极地投入到"平虏保民安国"(第七十一回)的斗争中,因此,宋江对宿太尉能为梁山争取到征辽的机会十分感激,认为:"某等众人,正欲如此与国家出力,立功立业,以为忠臣。今得太尉恩相力赐保奏,恩同父母。"(第八十三回)出征方腊则是宋江主动请求宿太尉在皇帝面前请奏的。宋江积极地投入到消除外患、平定内乱的斗争中,实现着他拯时救世、争取国家和平与安定的理想追求。

当然,在生命受到威胁的情况下,为了逃命,宋江还是上了梁山,表面上看与朝廷构成了对立面,但作为梁山首领的宋江仍然坚持士人的理想追求,拯时救世、争取国家和平与安定的理想并没有改变。例如,宋江命令梁山军队"不劫来往客人""不杀害人性命"(第六十五回),专门打击豪强,消灭奸邪,替天行道;在受招安的过程中,与政府军作战只是点到为止,这是因为他素怀归顺之心,所以"不肯尽情追杀"(第七十七回),不以攻城略地为主要目的;宋江一伙虽然也消灭了祝朝奉、曾长者等全家,杀死了慕容彦达等朝廷命官,但他们认为这些都是贪官污吏、害群之马,杀了这些人,既可以解除广大人民一定的痛苦,又有利于国家的长治久安。宋江在梁山的所作所为,正如有的学者所说,是"在天子恩泽不能到达的地方尽自己所能以救朝廷之失"②。可见,即使上了梁山,宋江仍是以人间秩序的整体为最大关怀,尽自己最大能力,拯时救世,重整社会秩序。

宋江始终以道自任,而道作为士人的安身立命之所,其对士人必须通过政治权力行道的道路规划,就决定了宋江"忠"的内在品质及其在政治体制内实现理想的主导性,这就不免与宋江所处的环境时常发生矛盾,加之宋江对道的原则过于迂直与执着,自然造成了宋江不为朝廷、梁山好汉

---

① 杜贵晨.《水浒传》的作者、书名、主旨与宋江[J].南都学坛,2008(1):53.
② 孙争春,兰保民.痴情与梦幻——《水浒传》新解[J].烟台师范学院学报,1999(4):51.

理解的孤独。

(二)不为朝廷与梁山好汉理解的孤独

宋江一直苦守并为之奋斗不止的理想,既不为朝廷所了解与接受,又不为梁山兄弟所理解与拥护,从而这正如弗洛姆所说:"人之所以孤独是由于他是独特的存在,他与其他人都不相同,并意识到自己的自我独立的存在。当他依据自己的理性力量独立地去判断或做出抉择时,他不得不是孤独的。"①书中有关宋江之孤独的描写,具体可分为两个方面:

1. 不为朝廷理解的孤独

上梁山前,尽管宋江饱读诗书,"怀扫除四海之心机"(第十八回),但是碌碌无为,"名又不成,功又不就"(第三十九回),只能混迹于吏族,而且当时又是一个"为官容易,做吏最难"(第二十二回)的时代。即使宋江只是在默默等待机会,却不得不面对朝廷的误解,以蔡九知府等人为代表的朝廷依据宋江在浔阳楼醉酒后题的诗认定宋江要造反。实际上,宋江如果要造反是有一定有利条件的:首先有天象以及谣言可以利用,"近日太史院司天监奏道:夜观天象,罡星照临吴楚分野之地。敢有作耗之人……更兼街市小儿谣言四句道:'耗国因家木,刀兵点水工。纵横三十六,播乱在山东。'"(第三十九回);其次有稳固的根据地,晁盖等人已经在梁山站稳了脚跟,水泊梁山,易守难攻;最后也是最重要的,宋江有强大的号召力,梁山众兄弟多直接或间接因宋江上山,众英雄也期盼宋江能够上山。但是,宋江在浔阳楼醉酒后题诗实际上并没有造反的意思,相反是要在封建王权的体制内拯时救世,王齐洲认为:"这不是黄文炳所污蔑的造反宣言,而是要狠狠打击贪官污吏、改变现存社会秩序的政治憧憬。"②但是朝廷的不理解竟迫使宋江不得不"披乱了头发,把尿屎泼在地上,就倒在里面,诈作风魔"(第三十九回)。宋江在江湖中具备强大的号召力,但对晁盖几次上梁山的盛情邀请却毫不动心,从他劝武松通过"一枪一刀"(第三十二回)为国家建功立业的话中可以看出,宋江仍是希望朝廷的机遇能够降临,依附于朝廷为国家建功立业,宋江并无非分之想。英雄无用武之地也就罢了,真正忠于朝廷的宋江却要因朝廷的不理解面临杀头的危险,宋江内心的孤

---

① 弗洛姆.人的境遇[M].马斯洛,弗洛姆.火的潜能与价值.北京:华夏出版社,1987:106.
② 王齐洲.四大奇书纵横谈[M].济南:济南出版社,2004:140.

独可想而知。

上梁山后,成为梁山首领的宋江仍然坚持士人的理想追求,因此积极主张招安,但是奸臣当道的朝廷不愿、也不能理解一个已经与封建正统背道而驰的人会忠于朝廷。只是因为"梁山泊上立一面大旗,上书'替天行道'四字。此是曜民之术。民心既伏,不可加兵。即目辽兵犯境,各处军马遮掩不及。若要起兵征伐,深为不便"(第七十四回),这才把招安当成了权宜之计。在蔡太师、高衙内主导下的招安更不可能一帆风顺。朝廷第一次来招安,飞扬跋扈,看不到宋江来接,就大发雷霆,"该死""贼"时时挂在嘴边,连吕方、郭盛行都意识到:"是何言语?只如此轻看人!"不仅骂,还动手打人,"李虞侯拿起藤条来打两边的水手"(第七十五回)。招安失败,面对众英雄的发难,宋江只能"横身在里面拦当"(第七十五回),以自己的身体为盾牌,为了不伤害朝廷人员,甚至不惜让燕青传下"如若今后杀人者,定依军令处以重刑"(第七十九回)的命令。第二次招安,朝廷又耍弄文字上的游戏,独不赦宋江,致使梁山众英雄又反,宋江又枉费心机一场。

被朝廷招安后,宋江取得了臣的资格,在宋江看来,梁山众兄弟终于走上了正路,依附于封建王权,自己的理想也终于有机会得以实现,但朝廷不理解,宋江的状况并没有因为招安的成功得到改观。朝廷考虑到梁山"数万之众,逼城下寨,甚为不宜"(第八十二回),在招安成功之始就要把梁山军队分调各处,童贯更是建议"将此一百八人尽数剿除"(第八十二回)。随着宋江为皇帝南征北战,这种状况也没有得到改善。封爵一事一拖再拖,最后只把宋江加为保义郎,卢俊义为宣武郎,其余等人封为下将军或偏将军。蔡太师恐正旦节朝贺时天子见到梁山军队,从而重用,便只让宋江、卢俊义两个有职人员随班朝贺。破辽归来,朝廷对梁山英雄赏赐极薄,而且禁止梁山英雄入城。征方腊回来,众英雄已经伤之八九,但是奸臣仍然设计要置宋江于死地。

可见,自始至终,奸臣当道的朝廷不理解宋江,也容不得宋江的存在。

2. 不为梁山好汉理解的孤独

作为以道自任的士人,在人生道路的选择及政治主张上,宋江自然会按照士人的标准,这势必造成思想上"忠"与"义"、行动上招安与反招安的冲突。无论哪一方面都是把宋江当作江湖好汉的梁山英雄难以理解的,这又造成了宋江不为梁山好汉理解的孤独。

首先，宋江杀阎婆惜后成为逃犯，即使做个安稳的小吏也不可能了，成为逃犯后的宋江仍然不上梁山，梁山好汉对此并不理解。在梁山英雄看来，平时与江湖好汉交往甚密的宋江由此可以完全解放出来，义无反顾地上梁山，但是晁盖等人三番五次地邀请，宋江却不愿上梁山；大闹清风寨后，青州慕容知府申将文书去中书省，要起大军来征剿，在众人无策时，这一次是宋江首先想到上梁山，与此前晁盖等人三番五次地邀请而被拒相比，可谓判若两人。但是一封父亲病故的家书，又让他以尽孝为由舍弃众兄弟奔家而去。宋江回家后，被官府捉拿，宋江却是"挺身出官"，自投罗网，并说："官司见了，倒是有幸。明日孩儿躲在江湖上，撞了一班儿杀人放火的弟兄们，打在网里，如何能勾见父亲面？"（第三十六回）被官府捉住，不后悔反而庆幸自己因此不能与众兄弟落草，这的确使江湖好汉难以理解；被押解去江州的路上，经过梁山时，刘唐早已在此等候，要迎接宋江上山，在梁山好汉看来，成为罪犯后的宋江此时上梁山应该是终偿所愿。但宋江不仅不让杀两个公人，连带的枷锁都不让打开，众好汉自然也是不解的。实际上，危险加身时，宋江的确想到过反上梁山，但反上梁山就意味着与道的远离，因此，作为士人的宋江始终忠于朝廷，决不希望走上反朝廷之路。这也就是为什么宋江回家后被官府捉住反而感到庆幸；刘唐迎接宋江上山时，为了表明自己的不上梁山之志，宋江连枷锁都不让打开。事实上，在梁山好汉看不到的情况下，宋江并不介意把身上的枷锁除掉，如在穆家庄投宿时，对两个公人去掉枷锁的建议，宋江"当时依允，去了行枷"（第三十七回）。当然，宋江的心思却瞒不住吴用，宋江不得不感慨："只有先生便知道宋江的意。"可惜知宋江者仅吴用一人而已。

其次，在生命受到威胁时，宋江上了梁山，成为梁山头领的宋江积极主张招安，对宋江的这一主张梁山好汉同样不理解。梁山好汉中有一部分人如李逵、鲁智深、武松等对朝廷的昏庸无能有清醒的认识，对朝廷已经绝望，他们心中充满革命的精神，一心要与朝廷对抗，因此旗帜鲜明地反对招安。第七十一回重阳节菊花会上宋江唱道："望天王降诏，早招安。"武松听了，叫道："今日也要招安，明日也要招安去，冷了弟兄们的心！"李逵睁圆怪眼，大叫道："招安、招安！招甚鸟安！"并踢碎了桌子。鲁智深也提出了反对意见，认为奸臣当道，招安没有用。招安的过程中，梁山好汉的步调与宋江并非完全一致。小说第七十五回、七十九回写两次招安。第一次招安,吴用主张让朝廷被迫招安,用武力打击朝廷,增加谈判的筹码。于是,吴用暗暗传令给水军送信,要他们"尽依我行",结果,便弄出"漏船"以及"偷御酒"等一系列事情。不仅如此,吴用还下令埋伏好,准备随时动武。招安失败后,面对宋江的指责,吴用还进行反驳:"哥哥,你休执迷!招安须自有日,如何怪得众兄弟们发怒。"怪宋江招安之心太急,众人也认为:"军师言之极当。"朝廷招安不成,在随后的战斗中,李俊、张横对宋江释放降兵降将的行为不满,于是两人捉得刘梦龙、牛邦喜后,"惟恐宋江又放了。两个好汉自商量,把这二人就路边结果了性命,割下首级送上山来"(第七十九回),先斩后奏。第二次招安,卢俊义同样劝宋江不要性急,不要亲自去接诏书,与吴用一样对招安并不抱多大热情。招安失败后,李俊、张横的不满可能成为一些英雄的共识,因为只有在宋江下达对杀人者处以重刑的号令后,"不多时,只见纷纷解上人来"(第八十回)。

最后,尽管已经接受招安,宋江及梁山好汉仍然得不到朝廷信任,面对奸臣的排斥以及随时面临的灭顶之灾,宋江丝毫不顾性命之忧,不仅自己决不再上梁山,也不许其他好汉再上梁山,众好汉自然也是不理解。第九十回写征辽归来,朝廷对梁山英雄赏赐极薄,而且禁止梁山英雄入城,六位水军首领已经意识到"我想那伙奸臣,渐渐的待要拆散我们弟兄,各调开去"(第九十回),达到分而灭之的目的;甚至连李逵都认识到,如果宋江不听从"再上梁山泊"的建议,"明朝有的气受哩"(第九十回)。但是宋江忠于朝廷之志不移。对吴用降辽的建议,宋江认为:"军师差矣。若从大辽,此事切不可提。纵使宋朝负我,我忠心不负朝廷"(第八十五回);当得知众英雄再上梁山的打算,于是宋江会集诸将,对他们说:"但有异心,先当斩我首级,然后你们自去行事;不然,吾亦无颜居世,必当自刎而死,一任你们自为。"(第九十回)为了不使梁山好汉再犯,宋江竟以死相逼。在这种情况下,宋江与梁山好汉的关系开始疏远,在别无他法的情况下,有的梁山好汉开始另寻他途。于是,先是公孙胜退隐;随即燕青劝卢俊义不果,自己一人"收拾了一担金珠宝贝,竟不知投何处去了"(第九十九回);李俊、童威、童猛等七人驾船出海,自投化外国。

可以说,宋江越是坚持自己的理想,与周围环境的冲突就会越激烈,内心的孤独就会越强烈。更甚者,奸臣是决不允许坚持士人理想与追求的宋江与他们同立于朝廷的,因此,宋江入世的努力注定是徒劳的,宋江行道的最终结局也必然是悲剧性的毁灭。

(三)悲剧性的殉道

在奸臣当权的社会中,道在其所依赖与承认的政治框架中必然与势势不两立,因此,"'道'无法得到现实保障的脆弱的理想结构意味着士在'行道'实践中无论坚持与否,都必然是悲剧性的:坚持'道'的理想就意味着'天下无道,以身殉道'的悲剧,认同'无道'的现实则意味着对'道'的背离与自身异化的悲剧"①。宋江与奸臣掌控的朝廷之间矛盾的不可调和,就决定了宋江理想的空幻性,连粗鲁的李逵都明白这样的道理,宋江又何尝不知,只不过宋江是在追求理想的道路上明知不可为而为之,如此坚持就必然导致了其殉道者的结局。

梁山好汉奉命征辽,出征之始,梁山一军校因朝廷官员克减赏劳三军的酒肉与负责给散酒肉的厢官发生争执并杀了这个厢官。明明是朝廷理亏在先,但宋江为了来之不易的实现自己理想的机会,不得不"陈桥驿滴泪斩小卒",委曲求全,杀了自己人。在军校伏死之前,宋江哭道:"我自从上梁山泊以来,大小兄弟,不曾坏一个。今日一身入官,事不由我,当守法律。"在梁山泊宋江可以做主,因此"大小兄弟,不曾坏一个",可在奸臣当道的朝廷,兄弟们的生死宋江做不了主。征辽凯旋途中,途经"秋林渡",燕青用箭射下几只秋雁。宋江认为大雁仁、义、礼、智、信五伦俱备,与梁山众兄弟无异,但大雁为"求食稻粱"辗转南北却不幸遇难,这不正是梁山众好汉的影子吗!宋江睹物伤情,"此心终有所感"(第九十回),这说明宋江已经意识到以自己为首的梁山好汉曲终人散的结局。宋江不仅对兄弟们的生死做不了主,即使自己建功立业的理想也犹如南柯一梦。第八十五回"宋公明夜度益津关,吴学究智取文安县",吴用听了欧阳侍郎劝降的话,承认"端的是有理",并劝宋江弃宋从辽,而宋江始终坚持"纵使宋朝负我,我忠心不负宋朝。久后纵无功赏,也得青史上留名。若背正顺逆,天不容恕。吾辈当尽忠报国,死而后已"。从这句话我们看出,虽然宋江还在坚持自己的理想,但并不代表不认同欧阳侍郎以及吴用的话,只是士人"以身殉道"的气节仍在激励着他尽忠报国、建功立业罢了。而当宋朝皇帝听信奸

---

① 符杰祥,郝怀杰."不得其路"的困结与"殉道"悲剧——从"道""路"分裂的角度看鲁迅对中国士人文化的现代思索[J].山东师范大学学报(人文社会科学版),2007(3):102.

臣建议,放弃宋江等梁山好汉用鲜血换来的灭掉辽国的大好机会,准予辽国投降时,宋江不得不感慨"功勋至此,又成虚度"(第八十九回),自己建功立业的壮志并不是经过自己的努力就能实现的。因此,在一次次的事实面前,宋江不能不开始担忧自身的前途以及悲痛兄弟即将离散的结局,宋江陷入巨大的精神压力和情感冲突之中。

但宋江仍是在担忧与悲痛中执拗地坚守着自己的理想。征辽归来,得知众英雄有再上梁山的打算,宋江马上会集诸将,向弟兄们表明不仅自己誓死不再上梁山,也不会眼睁睁看着弟兄们再上梁山的决心。燕青、李俊、童威、童猛等人离自己而去,即使对于众兄弟的选择,其中的一切"宋公明非不知也",在宋江看来只不过是"见几明哲,不过小丈夫自完之计"①罢了,宋江仍然看重自己的理想。随着金大坚等人被调走,征方腊一役梁山英雄死的死,伤的伤,面对众兄弟七零八落的事实,更是意味着宋江自己所理解的"此身不得善终"(第八十五回)即将应验,但心知肚明的宋江却化悲痛为力量,立誓为死去的兄弟报仇雪恨,在对叛军毁灭性的打击中固守着他的理想。

宋江明知不可为而强为之的实践与努力,就必然把他推向殉道者的路上。宋江饮了御酒感觉肚腹疼痛后,马上"心中疑虑,想被下药在酒里"(第一百回),可见宋江一直存有戒心,对自己的结局本来就不乐观。在确定自己已经饮了毒酒后,宋江想到的却是不能让潜在破坏者影响自己的追求,为此,竟骗李逵饮了毒酒,不惜把李逵也拉上了不归路。至此,宋江可算完整走完了一个士人的殉道之旅。

实际上,士人政治框架内行道的内在规定性就决定了宋江会陷入两难的境地,而宋江的可贵之处就在于明知不可为而强为之,在自身合法性都难以保障的情况下主动承担着道的责任与使命,以自己的微薄之力试图抗衡、规范他所认同的君父秩序与等级模式,追求人间的公正、合理、社会秩序的稳定,体现了人之为人的强大的理想精神追求。从这个意义上说,作为殉道者的宋江实在是一个失败的英雄。

总之,正如杜贵晨师所言,宋江是"一个充满矛盾和痛苦的灵魂,一个

---

① (明)李贽.忠义水浒传序[G].朱一玄,刘毓忱.水浒传资料汇编.南开大学出版社,2002:172.

遭遇坎坷而坚忍不拔、百折不挠的勇士,一个为名声、为理想而活着的人,一个在实际生活中和精神上的勇敢的斗士"①。宋江的士人身份与所处环境造成的不可调和的矛盾,注定了宋江孤独的一生,注定了宋江殉道者的结局。

二、毫无瑕疵的完美者

《水浒传》塑造了许多栩栩如生的人物形象,如鲁智深、武松、林冲等,这些人物形象流传广远,深为人们喜爱,《后水浒传》与《水浒传》中的主要人物宋江相比,这些人物更为纯粹,但也许正因为宋江形象的塑造确实存有遗憾与矛盾,于是《后水浒传》的作者才借助转世的方式,有意把转世为杨幺的宋江塑造成了毫无瑕疵的完美者。

(一) 人物形象

在外貌上,《水浒传》中的宋江"面黑身矮",作为梁山头领,宋江形象的闪光之处主要体现为人格的魅力,其外在形象只能算差强人意。而《后水浒传》中宋江转世的杨幺,他"身材八尺,膀阔三停。丰姿光彩,和蔼处现出许多机变;声音洪亮,谈笑来百种惊人",在外貌上,已显出迥异于宋江的英猛刚毅。

个人能力上,论武功,《水浒传》中的宋江虽为梁山第一好汉,尽管"爱习枪棒,学得武艺多般",并曾点拨孔明、孔亮,既然能点拨别人,武功最起码不能太差。再如欧鹏在同一丈青搏斗中,宋江看欧鹏"使得好一条铁枪",便"暗暗喝彩",这说明宋江即使不会用枪,但至少对枪法也应该很内行。宋江在揭阳镇赏了一个使枪棒的教师五两银子,遭到揭阳镇一霸穆弘一阵辱骂。当穆弘喝道"你这贼配军敢回我话"时,宋江不吃他那一套,道:"做甚么不敢回你话?""大汉提起双拳,劈脸打来,宋江躲了过。那大汉又赶上一步来,宋江却待要和他放对",宋江不是艺高胆大,不会这么大胆回话,并准备好动手,以武力迎敌,宋江差点儿就要"露一手"。但从作品的描写看,宋江又好像手无缚鸡之力,在县衙门前被阎婆惜扭结,便挣扎逃脱不了;清风山十来喽啰,不及厮杀宋江便束手就缚;揭阳镇上受穆弘追赶;被艄公逼着跳江,只是苦苦求饶,最后竟同两个公人抱做一块,真要跳

---

① 杜贵晨.《水浒传》的作者、书名、主旨与宋江[J].南都学坛,2008(1):52.

江。这一切,表明宋江虽说有武艺,但从没用过。钱成认为:"在《水浒传》中,宋江的武艺是理论上有,实践中无。"[1]《后水浒传》中的杨幺,与宋江一样,九天玄女也曾托梦于他,但赐给杨幺的不是天书,而是神技神勇,九天玄女曾言:"尔小子生前忠义,今上帝又赐汝托生,以完宿孽。我如今授汝神技神勇,以合天心。"杨幺自小在梦中就得到十八位将军教授武艺,又有九天玄女娘娘送的"一杆九尺长的大棍"这样的神器,因此,杨幺伏猛虎、打汤乐、救屠俏、擒黄佐,一条棍所向无敌,论武功,《水浒传》中的宋江远远不及杨幺。

智慧上,《水浒传》中的宋江尽管"自幼曾攻经史,长成亦有权谋",但是宋江轻易就被阎婆骗上当,上梁山后,宋江领兵作战的几次大型战役,清风山活捉秦明是花荣定计;打祝家庄,前两次宋江独自指挥,结果损兵折将;对阵呼延灼的连环马,屡战屡败,借助时迁盗甲、徐宁的钩镰枪才得以大胜;少华山下攻城,面对高大城墙,宋江是无计可施;征辽与兀颜统军一战,宋江轻举妄动,结果"中伤军卒,不计其数",只能大败而逃;大闹华山、攻大名府、两破童贯、三败高俅是吴用的计谋;攻打高唐州,即使凭着三卷"天书",还是"大败亏输",最后只能靠公孙胜斗法取胜;真正由宋江全权指挥并取胜的只有智取无为军一役,但其规模明显比上述战役小得多,可见宋江的智慧也是平平,不仅没有过人之处,与吴用相比,相差不止一二。而《后水浒传》中的杨幺能计降萧何黄佐;决策去八百里洞庭湖聚义;见到农民脚踏水车灌田,便发明了日行千里的大轮船,凭此驰骋在八百里洞庭,官军不敢正视。

(二)性格特点

性格上,《水浒传》中的宋江显得过于潜忍与懦弱,缺少英雄的阳刚和果断。宋江听说晁盖等劫了生辰纲,是暗吃一惊,"这是灭九族的勾当,于法度上却饶他不得";晁盖遭刘唐来致谢,他连夜打发回寨,并叮嘱"再不可来",表现出对法度的畏惧;张横在船上唱了首打劫歌,就能把宋江"吓酥软了";被赵得、赵能逼得走投无路,宋江"做一堆儿伏在神厨内。气也不敢喘"。而《后水浒传》中的杨幺,柳壤村主动力阻太尉葬坟,为了老百姓的利益,不惧贪官污吏;桃园拳打王豹,听说王豹是当地一霸时,还后悔

---

[1] 钱成.简论《水浒传》中宋江的能力[J].湖北函授大学学报,2009(3):141.

没打死他;朱仙镇打擂也是英雄豪气所使;汴京城孤身救惠娘也是主动出击;王摩等劫了秦桧的银子,杨幺闻之,心里暗想:"只是三个人,却做这般险事。杀了多人不足为奇,只这银两一时如何搬运得去?怎又去得干净,绝无形迹?真是神手段的汉子!可惜我那日在夜间,不曾认得他的面貌。"不仅不像《水浒传》中宋江听说晁盖造反后那样害怕,而且还表露出对英雄的崇拜与羡慕;看到王摩图形,又想:"这个王摩便不是金头凤,也算得个好汉,怎才做事便被人画影图形,这般捉拿,成甚模样!"一时怒从心上起,只一手扯来,就把那告示扯得粉碎,大笑一声道:"今日做了快心事,只此去吧!"众目睽睽之下,并不顾后果,表现出杨幺的英勇;第二十七回,杨幺还这样认为宋江:"宋江的仗义疏财,结识弟兄,便可学得;宋江的懦弱没主见、带累弟兄遭人谋害,便不可学他。"这就说明,杨幺在江湖扬威立名无一不是依仗自身的神技神勇,主动地与敌对势力做斗争而得。

(三) 思想特征

《后水浒传》中对宋江的形象做如此的改变是别有深意的,是在深刻认识宋江的弱点和错误之后做出的有力反拨,所谓"从前错处今分辨,以后心坚共死生"。而要达到这样的目的,仅仅对宋江的外貌、能力、性格等方面进行美化是远远不够的,还必须对宋江的思想进行彻底改变。

《水浒传》中,宋江认定皇上是"至圣至明",当今只是被"奸臣蒙蔽",因此,宋江誓死效忠皇上,"忠为君王恨贼臣"是小说的基本思想,也就是"只反贪官不反皇帝"。小说中虽然也描写了皇帝的诸多缺点,但多是以一种"恨铁不成钢"的心理来塑造这一帝王形象,并且在小说中作者也多次说明,当今圣上是"至圣至明,只是被奸臣闭塞,暂时昏昧"。宋江对皇帝忠心耿耿,即使落草也不主动与朝廷为敌,在梁山站稳脚跟后,更是积极谋求实现他招安的梦想。招安成功后便迫不及待地为皇帝"平虏保民安国",甚至最后喝下朝廷送来的毒酒后,也无怨无悔,以"宁肯朝廷负我,我忠心不负朝廷"的高姿态结束了自己"忠义"的一生,因此,在宋江心中忠君应该是不容打破的至高无上的观念。但是,宋江毕竟还是上了梁山落草为寇,而且与众英雄一起把朝廷的军队打得落花流水,并招降朝廷将领,显然是与朝廷作对,金圣叹说"既是忠义便不做强盗,既做强盗必不算忠义"并不是没有一点儿道理。另外,梁山一百零八位英雄,"八方共域,异姓一家。天地显罡煞之精,人境合杰灵之美。千里面朝夕相见,一寸心死生可同",正是凭借着"义",宋江才把众英雄团结在自己的周围,但是,宋江不顾众兄弟意愿,千方百计把众英雄拉到招安的道路上,结果受尽委屈与折磨,多数英雄在战斗中还付出了生命。宋江在饮了毒酒之后,担心众兄弟再一次造反,还把本来所剩无多的众兄弟之一,也是他最好的兄弟李逵设计害死,这又怎能是"义"者所为。为了"忠"就要害"义",为了"义"就要害"忠",宋江一生都处在左右为难的徘徊之中。"这种左右为难的特性,构成宋江性格中一个无法解脱的死结"[1],也注定了宋江"是一个价值实践者和精神孤独者"[2]。为了摆脱这种矛盾,必须对宋江"忠"与"义"之间的冲突进行改变。

在《后水浒传》中,一方面,杨幺也讲"义",甚至杨幺与起义弟兄之间的生死与共、肝胆相照的义气比宋江更为真挚、具体。第十七回"朱仙镇打擂台逞英雄,节级家赏中秋致奇祸",杨幺认为:"受人之托,见人之危,必须做了了当才是";第三十三回"何能义激柳壤村,文用智赚岳阳母",杨幺见不曾救出马霳,不胜顿足捶胸,滴泪说道:"若马霳为我杨幺而死,我杨幺岂肯偷生不救耶";第三十四回"柳壤村应风水奔杨幺,众兄弟验天时齐合伙",酒席间杨幺想起还未救出的马霳,禁不住满面惨容说道:"如今徒列珍馐,叫我怎得下咽!"说罢杨幺不觉两泪潸潸,举袖而拭。另外,杨幺为救常况,他甘冒杀人死罪,代常况坐牢;他路见官府张贴榜文,画影图形捉拿王摩,他本与王摩面貌相似,却不避嫌疑,扯碎榜文……这些都是《水浒传》里的宋江所未曾做过的,杨幺的"义"丝毫不比《水浒传》中的宋江差。

《后水浒传》中的杨幺也有"忠"心。第四回"逞武艺杨幺服众,交钱粮花茂遭殃",杨幺认识到:"目今宋君昏暗,不信忠良,专任奸邪。"但是杨幺努力有所作为的目的最初也不是为了与皇帝争江山,"我杨幺若遂志,必行戮奸除佞,使其知悔,我心始快"。第三十九回,杨幺说出自己的心声,"实欲杀奸戮佞,为忠良气吐,再能使错者能新其德,才是杨幺本念",意思是自己努力的目标并不是与皇帝争位子。第四十回"杨义勇闻朝政心伤,宋高宗遇天中作乐",杨幺听到皇帝"觅景寻欢效儿女之乐,蹈前人之丧亡"时,也感到"无能为矣",本来杨幺应该按照众兄弟事前的约定,马上返回君

---

[1] 郭英德.论宋江形象的人格内蕴[J].昌吉学院学报,2003(2):60.
[2] 冯文楼.四大奇书的文本文化学阐释[M].北京:中国社会科学出版社,2003:203.

山,"自立,以成鼎足,然后提师,扫除数处凶恶。俟金、宋有隙,徐徐进取",但是杨幺不听郭凡的劝阻,执意要入宫面谏天子。因此,杨幺也有"忠"心,但是杨幺的"忠"不是《水浒传》中宋江"宁肯朝廷负我,我忠心不负朝廷"的愚忠。《水浒传》第一回即道出宋江等人的死因:"明明杀害却是不敢,暗暗杀害却怎防得?况朝廷孤立于上,那里有许多眼睛来看他?那里有许多耳朵来听他?白折送了性命……"指出皇帝不明,奸臣当道,忠直之士含冤而死的必然。正是基于这样的认识,《后水浒传》中,杨幺从一开始就抱有图王霸业的思想,第十一回"小太岁焦山同入伙,杨义勇园内结新仇"中,杨幺说:"我今此去,一则找寻根源,二则识访英俊,三则览天下之形势,兼看宋室如何,以图日后事业,才是英雄本色。"第十六回"好夫妻拼命捻酸,热心肠两头和事",杨幺认为"目今宋室无人,奸权用事,以致豪杰散生,耗甚元气。英雄到此,必要戮佞扶忠,做番事业,方不虚生。若只图财宝、贪爱女色,岂是豪杰所为,必致遗臭于人"。因此,杨幺的"忠"是有条件的"忠",作者通过杨幺形象的塑造,提出"戮佞扶忠"的口号。如果奸佞未除,在皇帝昏聩的情况下,杨幺并不盲目地"忠"。第二十七回"不约同大闹开封府,义气合齐上白云山",王摩问杨幺还要不要学宋江时,杨幺回答:"宋江的仗义疏财,结识弟兄,便可学得;宋江的懦弱没主见、带累弟兄遭人谋害,便不可学他。"于是,第四十回,杨幺看清了皇帝昏庸、奸臣当道的现实后,最终与朝廷兵戎相见。

在《后水浒传》中,杨幺的"忠"是发展的,并不像《水浒传》中宋江那样"宁肯朝廷负我,我忠心不负朝廷"一直贯穿始终。杨幺有"忠"心,但是在皇帝昏庸、奸臣当道的现实面前,不容英雄"忠","前之梁山,后之洞庭"都是"聚不平之气",而其根源则是"种种祸端,实起于贪秽之夫,不良之宵小",也就是说,英雄的不"忠"责不在英雄个人,而在于朝廷。因此,杨幺绰号是"全义勇","义"且"勇"故谓之"全",因此,《后水浒传》中的宋江形象得到了全方位的美化。

三、阴险狡诈的小人

《后水浒传》中对杨幺的描写,作者有意继承《水浒传》中宋江好的一面,纠正其不好的一面,目的是通过美化塑造出一个标准的完美者形象。与之相反,在《荡寇志》及两部《新水浒》中,宋江的形象受到全面的诋毁,由忠义宋江一下变成了不忠不义、阴险狡诈的小人宋江。

（一）假忠假义

《水浒传》中的宋江是忠义的代名词，即使在《后水浒传》中，杨幺也不是一开始就有反心的，"若果有圣君贤相，孰不愿为忠良"，而事实上"宋室不用好人，专信奸佞"，杨幺认识到"古来忠良皆遭奸佞之手"，于是迫不得已走上与朝廷对抗的道路。在《荡寇志》中，宋江不仅不再忠义，而是直接走向忠义的对立面，成为假忠假义之人。

朝廷招安梁山，宋江表面上是感激涕零，但背后却安排人假扮陈丽卿行刺招安天使，主动破坏招安，与朝廷誓不两立。对于行刺招安天使的真相，鸣珂一开始就认为不是陈丽卿而是宋江派来的，并认为宋江"包藏祸心，其志不小。朝廷首辅，草野渠魁，皆不足以满其愿。他堂名忠义，日日望招安，只是羁縻众贼之心，并非真意"。意思是宋江决不是朝廷招安后给他个官他就满足的，宋江的本意是与皇帝一争高下。小说第一百三十八回，写张叔夜班师回朝，宋江等三十六人被押解到京城郊外的御道，城里老百姓来看热闹。小说写道："有的说：宋江是个忠义的人，被官府逼得无地容身，做了强盗，今番却又吃擒拿了。有的说：宋江是个忠义的人，为何官家不招他做个官，反要去擒拿他？内中有几个明白事体的说道：宋江是大奸大诈的人，外面做出忠义相貌，心内却是十分险恶。只须看他东抢西掳，杀人不转眼，岂不是个极凶极恶的强盗！"《荡寇志》中的宋江不仅不再忠于朝廷，而且要与朝廷争江山，争帝位。

《荡寇志》中，宋江不再忠，也不再义。无论是《水浒传》还是《后水浒传》中，宋江以及宋江转世的杨幺都与梁山众英雄亲如兄弟，"八方共域，异姓一家"，同生共死，有福共享，有难同当。可是在《荡寇志》中，众兄弟只是宋江打天下的工具，兄弟之情荡然无存。《水浒传》中，为了征辽，宋江被迫斩了杀差官的小校，但是宋江为此"大哭一场"，在《荡寇志》的第九十三回，通过梁山义军兵卒之口，我们知道，当梁山义士执行任务时，宋江要实行"押头"制。所谓"押头"，是指"凡是宋大王的心腹伴当，都要有老小做当的，名唤押头。倘若下山走泄山上机密，或投奔别处，便将押头尽斩，毫不宽贷"。可见，宋江完全以自己命令的完成为最大目的，毫无兄弟之情谊；第一百零八回，作者通过辅梁之口，也说宋江"外貌假仁假义，心地极多猜疑"；第一百三十七回，官军攻下梁山泊，宋江丢下父母、丢下众兄弟,自己逃命要紧,却被渔民贾忠、贾义抓获,宋江长叹"原来我宋江死于假忠假义之手","贾忠贾义"谐音是"假忠假义",也就是说宋江死在假忠假义手里,寓指宋江是一个彻底的假忠假义之人。

(二)阴险狡诈

与假忠假义相对应,《荡寇志》中的宋江为了与朝廷争江山,与皇帝夺帝位,而变得不择手段、阴险狡诈。

忠义堂失火,宋江自责道:"皆因我宋江一个人做下了罪孽,平日不忠不孝,以致上天降这火灾示警。倘我再不改过,还望众兄弟匡救我。"明显是为了笼络人心,但是表现得虚伪与浮浅。

宋江从侯发那里知道侯蒙奉皇帝命令要来梁山招安时,宋江是"心中大惊",但是接了书信后,镇定下来,马上"满脸堆下笑来,对众人道:'好了,我等弟兄这遭得见天日。'"忙吩咐李云将山前断金亭改作迎恩亭,搭起芦厂,悬挂灯彩,预备招安。宋江还当着侯发的面,催促加快速度,连侯发都认为时间还很充足,没必要这么着急,谁知宋江说:"太尊那知宋江的心!我等皆造下弥天罪孽,蒙兄提救,天子法外施恩。我恨不得今日便见天颜,那里还再耐得。"而实际上,宋江一心与朝廷对抗,让梁山英雄假扮陈丽卿行刺招安天使,破坏招安,并嫁祸于人,而且事实的真相连戴宗都不告诉。即使只有梁山英雄在场时,宋江也装着准备接受招安,李逵提出反对意见时,宋江对其大喝,并以斩首相威胁,难怪侯发都被骗,对宋江的忠义之心"赞叹不已"。宋江心事重重,以致酒量不如往日,面对众兄弟的疑问,宋江不是直言相告,而是笑道:"便是一来病后,二来真个欢喜得酒都吃不下去了。"其狡诈真是深入骨髓。

第一百一十二回写官军头领李成被义军捉获,宋江"纳头便拜",表示"切乞恕罪",得到的却是李成无情的揭露与大骂,梁山众头领对李成的言行大怒,而宋江居然"得计",大谈希望朝廷招安,并"与众头领丢了眼色,宋江先跪,后面众头领排排地跪下"。李成诈降,宋江竟无耻而且虚伪地说:"莫说众兄弟佩服,就是我宋江这把椅儿也得奉上。"

卢俊义在心里就直接认为"尽晓得宋江口称忠义,明是奸诈笼络"。官军扫荡梁山泊后,盖天锡审讯被活捉的金大坚,金大坚熬刑不过招认了所谓"密镌石碣"的事。金大坚说:"这是宋江想与卢俊义争位,故与吴用、公孙胜议得此法,特将卢俊义名字镌刻在第二,此碣石自卢俊义一到山泊后，就已镌定……此一事，惟有宋江、吴用、公孙胜及小人知悉，余人都不晓得。"宋江为争夺第一把交椅，是何等地挖空心思，营营以求。

《荡寇志》里的宋江成了一个十足的奸诈之徒、卑鄙小人、伪君子，在《新水浒》中也是如此。陆士谔的《新水浒》第十九回"吴学究再戏益都县，宋公明筹赈济州城"，宋江因东南水患、西北旱灾，特在州城里办理赈务，设立天灾筹赈公所。宋江假公济私，大发国难财，但表面却是一个大善人形象，"上自官吏绅士，下至隶卒娼优，没一个不晓得我师父宋大善人及时雨宋公明。那些官府，无论经略、留守、知府、知县，怎么大的官，怎么大的职，与我师父信札往来，都称他'公明三兄大善士大人'，或称'公明三兄善长大人'"。即使对自己的徒弟孔明，宋江也是假装"西北旱灾，三年不雨，人至相食，易子析骸，惨无人理；东南水患，田庐尽成泽国，浩浩荡荡，一望无涯。我一想着时，宛同身受，睡都睡不着，吃都吃不下，每于半夜三更，在床上直跳起来，恨不得飞到那边，亲给他们充了饥"，真是"从来不肯在人前说真话"，虚伪奸诈之极。

（三）脾气暴躁

在《荡寇志》中，宋江还表现出一个明显的特点，就是脾气暴躁。《水浒传》中的宋江与《三国演义》中的刘备相似，性格温文尔雅，甚至某些时候，不惜以泪洗面，比较符合传统儒家"内圣"的要求。即使在《后水浒传》中，杨幺为了兄弟间的利益奋不顾身，主动出击，这是为了表现杨幺勇武阳刚的一面，显然与暴躁不沾边，可是在《荡寇志》中宋江却成了一个脾气暴躁的人。第七十九回"蔡太师班师媚贼，杨义士旅店除奸"中，宋江对蔡京的女儿、女婿是破口大骂，在收到蔡京的书信后，宋江是"忿忿地拆信看了，双眉竖起"，大骂蔡京："蔡京奸贼，安敢欺我！"差官本来是劝宋江不要生气，谁知不等差官说完，宋江是"愈怒"，并把差官也骂了；第九十四回，看了猿臂寨的回信，宋江大怒，"气得面如喷血，手脚冰冷，不觉昏厥了去"，醒来后大骂，李逵说了几句风凉话，宋江更怒，并要斩李逵；两军对垒，宋江被陈希真气得是"怒极""脑门都气破了"；攻打蒙阴城胜利后，又被气得"三尸神炸，七窍生烟""脑门气破""急得面如土色"；第一百零五回，因为宋江、吴用受猿臂寨两路军马的牵制而不能救清真山，"恨得宋江如窗纸上的冻蝇，一头无撞处，只得好好修理城池，一面千贼万贼道的痛骂"；第一百二十四回，陈丽卿嘲笑宋江，宋江"不听则已，一听此言，不觉三尸神炸，六窍生烟",生气之下,不听花荣的劝阻,不计危险,执意杀进陈希真的兵营,连续三天陈希真不出兵,宋江是"怒气填胸,一定要大厮杀一场";第一百二十五回,宋江兵败,"急得神昏气败",面对陈丽卿的咄咄逼人,宋江是"暴跳如雷"……

第三节 燕青形象的演变

在龚开根据南宋宫廷画师李嵩所绘宋江等三十六人画像而写的《宋江三十六人赞》中,燕青名次仅次于宋江、吴学究、卢俊义、关胜、阮小七、刘唐、张清,坐第八把交椅;在《大宋宣和遗事》中燕青是智劫生辰纲的七位好汉之一,也是第一批上梁山的英雄之一;在《水浒传》中燕青莫名其妙地成了卢俊义的仆人,名列天罡之末,也是最后一批上梁山的英雄;在《水浒后传》中,燕青在暹罗国里又封文成侯,特赐"忠贞济美"的金印做了副丞相。从燕青地位的几经沉浮可以看出,燕青应该是作者着意塑造的一个人物。

一、名实不符,一个被轻视的英雄

《水浒传》中的燕青长得非常英俊且多才多艺:"唇若涂朱,睛如点漆,面似堆琼。有出人英武,凌云志气,资禀聪明。仪表天然磊落,梁山上端的驰名。伊州古调,唱出绕梁声。果然是艺苑专精,风月丛中第一名。听鼓板喧云,笙声嘹亮,畅叙幽情。棍棒参差,揎拳飞脚,四百军州到处惊。人都羡英雄领袖,浪子燕青。""不则一身好花绣,更兼吹的、弹的、唱的、舞的、拆白道字、顶真续麻,无有不能,无有不会。亦是说的诸路乡谈,省的诸行百艺的市语。更且一身本事,无人可比的。"与其他英雄身上文龙虎不同,燕青是一身花绣,与"软翠"一般,美妙绝伦,风流倜傥。对于燕青的英俊、机伶、乖觉,人们一般都无异议,燕青给人的也多是机巧、灵活,人见人爱的印象,对其才能即使有人注意到,也是浅尝辄止,燕青配角的印象可谓根深蒂固。

实际上,我们对燕青的认识一直存在名实不符的现象,与《水浒传》的作者所塑造的燕青相比,燕青是一个在很大程度上被我们看轻了的英雄。

我们不难发现,《水浒传》中,作者不厌其烦地描写人物出场的,除宋江外只有燕青,宋江是小说的第一主角,在其开场做详尽的描述无论怎样都不为过,而除宋江外,又仅对燕青的出场做如此详尽的描述,足见作者对这一形象的用意之深;早在大名府时,燕青就同高士许贯忠相交,而且"甚为相得",此举又绝非一个仆人可以为之,可见燕青之不平常;在"燕青智扑擎天柱,李逵寿张乔坐衙"一回说道:"罡星飞出东南角,四散奔流绕寥廓。徽宗朝内长英雄,弟兄聚会梁山泊。中有一人名燕青,花绣遍身光闪烁。凤凰踏碎玉玲珑,孔雀斜穿花错落。一团俊俏真堪夸,万种风流谁可学!锦体社内夺头筹,东岳庙中相赛搏。功成身退避嫌疑,心明机巧无差错。世间无物堪比论,金风未动蝉先觉。"认为燕青"世间无物堪比论",随后则说燕青"果然机巧心灵,多见广识,了身达命,都强似那三十五个",意思表达得更为直接,说燕青虽然位列天罡星的最末,但实际要比其他三十五个都强,这简直是把燕青抬举到宋江都不能比了。种种表现相信不会是作者的随意之举。

实际上,《水浒传》中的燕青完全与这样的赞美相称。早在《水浒后传·论略》中,陈忱就这样评价燕青:

"忠其主,敏于事,绝其技,全于害,似有大学问、大经济,堪作救时宰相,非梁山泊人物可以比拟也。其过人处,在劝主归隐,黄柑面圣,竭力救卢二安人母子,木夹解关胜之患难,微言启李俊之施恩,遇艳色而不动心,辞荣禄而甘隐遁,的是伟男子!①"

认为燕青虽然与梁山一百零八位兄弟为伍,但无论是才能还是禀性都完全超出梁山泊其他人物,"非梁山泊人物可以比拟也",梁山英雄中燕青应该数第一的念头在陈忱心中呼之欲出。

因此,之前我们对燕青的认识可能失之偏颇,从《水浒传》中的描写以及陈忱的评价看,《水浒传》中的燕青这一人物形象应该引起我们的重视,值得我们重新审视。

首先,对梁山事业的贡献上,燕青的功劳可与任何人比肩。面对让皇帝都神魂颠倒的李师师的燕语莺声、主动挑逗,燕青究竟心动没心动我们不得而知,但让人感动的是,号为"浪子"的燕青此时心中有一个信念,"大

---

① 陈忱.水浒后传·论略[G]//朱一玄,刘毓忱.水浒传资料汇编.天津:南开大学出版社,2002:492.

丈夫处事,若为酒色而忘其本,必与禽兽无异""怕误了哥哥大事,那里敢来承意",完成任务之志不可谓不坚,也由此可见,宋江进京谋取招安,想到要燕青陪同,重用燕青是有道理的。面对李师师对自己的好感,燕青巧妙地把李师师"拜为姊姊",不仅避开了李师师的纠缠,进而又获得了李师师的信任,使李师师愿意"今晚定教你见天子一面",借此机会,燕青用唱歌的方式,把宋江早望招安,童贯、高俅蒙蔽圣聪的实情全盘说出,使下情上达,终于从皇帝那里得到了梁山的赦书,成功为梁山大业铺平了道路。对于招安的成功,燕青可谓功不可没。

宋江率领梁山好汉南下征讨方腊,与此前争战不同,梁山大军受到方腊的顽强抵抗,众英雄死伤颇多,而将要攻打的杭州更是"城郭阔远,人烟稠密,东北旱路,南面大江,西面是湖",地理位置优越,易守难攻;"方腊大太子南安王方天定守把,部下有七万余军马,二十四员战将,四个元帅,共是二十八员。为首两个,最了得",兵强马壮,要想取胜,绝非易事。为了减少伤亡,柴进主动请缨,愿深入方腊贼巢,去做细作,"知得里面溪山曲折,可以进兵",找机会和宋军里应外合,剿灭方腊。此举虽是良策,但风险巨大,可是柴进唯一的要求是要燕青陪同,这与宋江等人进京观灯,借机走李师师的门路招安一样,关键时候还是需要燕青出马。宋江听了柴进的条件并且得知燕青此时已经来到军营时,大喜道:"贤弟此行,必成大功矣!"可见,无论在宋江还是在柴进心中,燕青就是他们成功的保证。随后,小说以大量的篇幅写柴进如何赢得方腊信任,但最后方腊与宋军大战时,小说却着重突出这样一句:"宋军望见燕青跟在柴进后头,众将皆喜道'今日计可成矣'。"可见,不仅在宋江、柴进心中,在其他兄弟心中,燕青同样是事业成功的保证,在大家看来,如果没有燕青,柴进恐怕是完不成任务的。事实上,燕青也不负众望,杀了方腊的侄子方杰,致使方腊三军溃乱,方腊败逃深山,被宋军擒获。可以说,消灭方腊,燕青立下了汗马功劳。

其次,与其他英雄相比,燕青对任何事都洞明,称得上是一个真正的智者。吴用设计骗卢俊义上山,扮作算命先生的吴用三言两语就把卢俊义搅得"寸心如割,坐立不安",卢俊义轻易地就钻进了圈套。而燕青却明察秋毫,从卢俊义要走的路线上立刻断定此算命先生是"梁山泊歹人,假装阴阳人,来煽惑主人",燕青的聪明一览无遗。吴用虽然神机妙算,但燕青的聪明机警丝毫不比其弱,且燕青自信:"小乙可惜夜来不在家里,若在家时,三言两语盘倒那先生,倒敢有场好笑。"

卢府财务总管李固野心勃勃,忘恩负义,不仅对卢家财产虎视眈眈,同时又和卢妻李氏有染。燕青对李固的"狼子野心"早有觉察。卢俊义从梁山回家时,燕青半道拦截,将此事告诉卢俊义,劝主人千万不能回家,卢俊义非但不信,反而怀疑燕青,此时,燕青不得不说:"主人脑后无眼,怎知就里?主人平昔只顾打熬气力,不亲女色。娘子旧日和李固原有私情,今日推门相就,做了夫妻。主人回去,必遭毒手!"可见,燕青对卢俊义的家务事也是心知肚明,而且对事情的起因也一清二楚。

平王庆中,卢俊义率兵攻打西京,屯扎于伊阙山谬谥谷之中,燕青劝他不宜亲自临阵,卢俊义不从,燕青说:"若是主人决意要行,乞拨五百步兵,与小人自去行事。"卢俊义不解,笑道:"小乙,你待要怎么?"燕青道:"主人勿管,只拨与小人便了。"卢俊义道:"便拨与你,看你做出甚事来!"卢俊义虽然这样做了,但还是"冷笑不止"。卢俊义虽然不解,但事实是,就是凭借燕青的先见之明,凭借卢俊义拨给的区区五百步兵,砍了树木,搭好浮桥,才使卢俊义获救,两万多士兵在敌人的火攻中得以保全。卢俊义也不得不在感谢乔道清之余"称赞燕青功劳"。

方腊已平,梁山军马班师回京,论功行赏,梁山众英雄确实到了如卢俊义所说"衣锦还乡""封妻荫子"之时,而燕青却选择了在此时归隐,此时燕青选择归隐,更加体现出燕青对世事的洞明。燕青临走之时规劝卢俊义一同归隐,卢俊义不解,认为正是功成名就之时,此时归隐"没结果",而燕青却说:"主人差矣!小乙此去,正有结果,只恐主人此去无结果耳。"面对卢俊义的不解,燕青用历史事实来说明功臣的下场:"主人岂不闻韩信立下十大功劳,只落得未央宫前斩首。彭越醢为肉酱。英布弓弦药酒。主公你可寻思,临祸到头难走。"这说明燕青在此时选择归隐并不是一时兴起,而是深思熟虑,对历史、对现实看透了的结果。卢俊义不听其劝,燕青坚定地指出:"既然主公不听小乙之言,只怕悔之晚矣。"燕青留诗四句拜辞宋江:

雁序分飞自可惊,纳还官诰不求荣。

身边自有君王赦,洒脱风尘过此生。

"雁序分飞自可惊",说明燕青选择归隐,并不是受到哪方面的压力或者某方面的诱惑,而是自己对现实有了清醒认识后采取的主动行动。更甚者,燕青的归隐并不是没有提前准备。当燕青把自己与李师师结拜,要搬到李师师家中住的事告诉戴宗时,戴宗也只是表示出担心,燕青却坚决起誓,认为:"如何不说誓,兄长必然生疑!"由此想来,在心中始终绷着防人之心不可无这根弦的燕青又怎能不借助接近皇帝的机会为自己讨一道赦书,为自己准备一条后路。如此机敏警觉之燕青,加上"身边自有君王赦",又怎能不"洒脱风尘过此生"。统治者决不允许对其构成威胁的力量存在,一旦没有了利用价值,也就到了梁山英雄灰飞烟灭之时,燕青早已看透"狡兔死,走狗烹"的历史规律,因此,私自劝卢俊义与自己一块离开官场,寻个僻静的地方,平安地度过余生,这又何尝不是中国古代士人的一种最为明智的人生选择。"知道者必达于理,达于理者必明于权,明于权者不以物害己"(《庄子·秋水》),燕青能够审时度势,急流勇退,如果没有大智慧,对世事不洞明,不知"道",恐怕不可能做到这一步。难怪作者也禁不住称赞他"知进退存亡之机",难怪有研究者也认为"作者在燕青的身上寄托了自己的人生理想"。①

　　再次,从燕青在梁山英雄心中的地位看,燕青也绝非泛泛之辈。李逵元夜闹东京之后,回梁山途中误认宋江抢了刘太公的女儿做压寨夫人,于是马上回梁山找宋江算账,但是等见到宋江,他却"气做一团,那里说得出",倒是燕青不慌不忙,将缘由始末讲给宋江听,同时不忘表达自己的看法,流露出自己对宋江的信任。燕青把事情的来龙去脉讲得一清二楚,既缓和了当时的紧张气氛,也相当于给宋江莫大的支持,我们不难想象宋江对于燕青的理解是十分感激的,对燕青的赏识和信任实在情理之中。捉拿假宋江的任务虽用不着兴师动众,但也得派个得力的人去办。因此,这个任务又顺理成章地落到燕青头上,燕青也顺利地捉到那个假扮宋江的人,为宋江洗刷了罪名。

　　宋江在菊花会上说出招安之念,引起李逵、武松等兄弟的反对,但随后宋江采取的进京谋求招安的行动,燕青就是一行四人中的一位,燕青虽然只是卢俊义的仆人,名列天罡的最后一位,从小说的诸多描写足可看出宋江对燕青的信任。

　　李逵是梁山数一数二的英雄,金圣叹评他为"上上人物",勇猛异常,

---

① 顾瑞雪.燕青,水浒英雄的另一类人生——兼论《水浒传》作者对水浒英雄出路的思考[J].安徽文学,2009(9):227.

杀人不眨眼,天不怕地不怕,但他却单怕燕青。从表面看,是因为燕青相扑天下第一,李逵奈何燕青不得,但是,李逵也曾被张顺在水里"浸得眼白,又提起来,又纳下去,老大吃亏",他为什么不服张顺呢?从小说第七十三回我们可以看出,李逵怕燕青,这种怕更多的是爱和尊敬,是因为燕青足智多谋,处理问题游刃有余,燕青在李逵气得说不出话来时,能把事情说得顺畅清楚,一个"负荆请罪"的主意既能救李逵的命,又能照顾李逵的脸面。处理任何事情燕青都能手到擒来,不能不让李逵心服口服。

柴进与燕青打入方腊的内部当细作,最后方腊与宋军大战时,众将领"望见燕青跟在柴进后头,众将皆喜道'今日计可成矣'",可见,不仅在宋江心中,在其他兄弟心中燕青也是占有重要一席,无人可替的。

最后,从天罡星名次安排也能看出作者对燕青的重视。宋江是天罡第一星,而燕青是最末星,邓晓东认为"一头一尾正好展现了作者的理想与矛盾心态"①。的确,《水浒传》中的宋江,"自幼曾攻经史,长成亦有权谋",心怀"兼济四海之志",但是在奸臣当道的社会,空有一身本事却无用武之地,宋江为了实现自己的理想不气馁、不放弃、孜孜以求,以致不为朝廷所容,不为兄弟所理解,明知山有虎,偏向虎山行,注定走上一条离多聚少、悲多喜少的不归路。作者为之赞美、敬佩的同时,也不能不暗羡燕青的了身达命、全身而退,以致在文中出现"世间无物堪比论""都强似那三十五个"等过誉之词。宋江和燕青天罡星第一位与最末一位的结合,体现了作者在皇帝昏庸、奸佞横行的社会现实下,在入世与出世的矛盾中心灵的挣扎。这种心灵的挣扎要用宋江与燕青一为天罡星星首,一为天罡星星尾的结合来体现,反过来说,这种结合不也正体现了作者对燕青的重视吗?

无论做什么事,无论在何种环境中,燕青始终都能让自己处于主动地位,都能做到游刃有余、从容不迫。但历来对燕青的评价,要么是"奴仆"②,要么是"奴才和无耻之徒"③,要么仅仅是一个"反抗者"④,即便是胡适先生,尽管认为"燕青在宋元的水浒故事里本是一个很重要的人物",

---

① 邓晓东.从燕青形象之演变看《水浒传》作者的矛盾心态[J].重庆邮电学院学报,2005(2):267.
② 曲家源.论浪子燕青[J].青海师范大学学报(社会科学版),1989(4):78.
③ 陆永基.宋江的帮凶——燕青[J].苏州大学学报(哲学社会科学版),1975(4):85.
④ 胡昌国,吴长忠.论燕青[J].郑州大学学报(哲学社会科学版),1981(4):81.

但是对《水浒传》中的燕青,他又认为"施耐庵在前六十回竟把他忘了,故不能不勉强把他捉来送给卢俊义做一个家人"①,对燕青同样莫名其妙地轻视。即使在当代,偶有人论及燕青,并认识到燕青人物的重要性,也只是只重其表不重其里,并没有真正认识到燕青的不平凡。因此,在大家心目中,燕青就一直名实不符,成为一个被看轻了的英雄,这实在值得我们对燕青这一人物形象重新审视。

二、名至实归,一个完美的英雄

《水浒传》中的燕青是一个被人看轻了的英雄,由于小说实际描写的倾向性,也难怪读者误解。燕青尽管如此有才能,论地位他是三十六位天罡星的最末位,且是卢俊义的仆人,如果说是因为出场比较晚的话,可是他的主人卢俊义却后来居上,占据第二位;燕青虽然忠于宋江、忠于卢俊义,可是他毕竟在劝主人未果的情况下,一人悄然而隐,说他不忠不义并不为过;燕青虽然是梁山英雄,可是他一身花绣,吹拉弹唱样样精通,号称"浪子",完全不符合传统英雄的标准。《水浒传》中的燕青无疑还有一些有待完善之处。经过作者的加工改造,《水浒后传》中的燕青就成了名至实归,完美的英雄。

和《水浒传》一样,《水浒后传》中的燕青依然是迟迟出场。全书共四十回,到了第二十二回他才第一次亮相,可是一出场就不同凡响:"黄柑面圣,竭力救卢二安人母子,木夹解关胜之患难,微言启李俊之施恩,遇艳色而不动心,辞荣禄而甘归遁,的是伟男子!"②在《水浒后传》中,燕青成了忠、义、智、仁的代表。

在《水浒后传》中,"忠"的最高表现即所谓"黄柑面圣",燕青冒着生命危险,深入金营,去探视被金国俘虏的宋徽宗,"献上青子百枚、黄柑十颗"。不管燕青来探视宋徽宗是什么目的,以及有什么作用,皇帝已变成俘虏,燕青还能够深入敌人腹地,来探视慰问,这就显得格外忠正可嘉了。连宋徽宗这时候都不得不自叹:"朝内文武官僚,世受国恩,拖金曳紫,一朝变起,尽皆保惜性命,眷恋妻子,谁肯来这里省视?不料卿这般忠义!可见天

---

① 胡适.中国章回小说考证[M].上海:上海书店,1980:57.
② 朱一玄,刘毓枕.水浒传资料汇编[G].天津:南开大学出版社,2002:492.

下贤才杰士,原不在近臣勋戚中。朕失于简用,以致如此。远来安慰,实感朕心。"由于王进不听燕青移营的劝告,以致军寨被破,众英雄感觉"无路可归",燕青道:"康王已即位南京,号召四方豪杰。宗泽留守东京,恢复两河。我有旧弟兄屯聚饮马川,且到那里消停几日,整旅南还,去投宗留守,以佐中兴,有何不可?"危难之际,是燕青一人苦苦支撑着全局,为国家积极奔波,真可谓鞠躬尽瘁死而后已。到达暹罗国后,燕青又竭诚为国,并诤谏李俊,希望李俊本人也要"励精图治,不宜自耽逸乐"。

燕青"竭力救卢二安人母子",尽其所有凑足800两银子,外借600两,赎回旧主卢俊义"至亲瓜葛"卢二安人母女,尽的是主仆之义;"木夹解关胜之患难",燕青赚得进出金营的木夹,于是深入叛国投敌的刘豫的大营,救出因忠谏被关押的关胜,然后又用同一块木夹,巧妙接出关胜的家眷,尽的是兄弟之义。等到关胜及其家属都被燕青救出后,关胜才明白燕青的用心,关胜感谢道:"小乙哥,你真是忠义两全,古今罕有的!"

燕青深入金营,去探视被金国俘虏的宋徽宗,金营戒备森严,"杨林是个杀人不眨眼的魔头,见了不觉毛发直竖,身子寒抖不定",而燕青"神色自若",最后从容地全身而退,杨林伸着舌头道:"吓死人了!早知这个所在,也不同你来了。亏你有这胆量!"所以说,如果燕青没有惊人的智慧与足够的胆识是做不到这一步的。燕青知道木夹的作用后,巧妙赚得进出金营的木夹,于是仅靠这一木夹,三次深入金营和刘豫统治的腹地,救出了卢二安人母子、关胜、关胜的家属,从容不迫,其机巧与智慧远非常人能及。从燕青的用兵上更能体现出其智慧:第一次是指点王进:"这里无险阻可守,是四冲之地。金兵大队不日到此,还该移营。"劝王进不要在此屯扎,结果王进没听以致战败,王进对此非常后悔,"悔不听他,为贼徒所败"。第二次是对付刘豫部下的五千人马和金将秃鲁的一千皂雕旗,燕青准确地估量敌我形势,"攻固不可,守亦甚难。我等兵卒不过三千,终日是征战,必至疲敝。倘挞懒自领兵来,断然支持不定",于是燕青决定用计应敌,激将法与地雷战配合,以致大获全胜。作者把燕青比作诸葛亮,"火攻一样同奇妙,浪子能烧藤甲军"。第三次,燕青又是发挥了木夹的作用,假传挞元帅军令,诱迫镇守黄河的金将乌禄和降将汪豹出战,杀得"乌禄的兵死的死,逃的逃,尽皆星散,无人拦阻"。第四次是"智破济洲城",救出朱仝与宋清,杀了一干恶霸、地痞与贪官。无怪乎安道全也说他"真是心灵计巧,又有胆气,便是当年吴学究也让一筹"。把他又比作智多星吴用。在《水浒后传》中,作者用一系列常人所难及的行动高度体现了燕青的大忠大义、非凡胆识、高超智慧。

燕青不仅"忠""义""智",也"仁"。燕青、杨林、卢成几人奔走,"恰遇霪霖不止,道路甚是泥泞,甚是难走,又多土寇乘机劫夺",燕青马上由己想到尚未赎回的卢二安人与小姐,"这般泥泞天气,男子尚难行,不知二安人和小姐怎地受苦哩"。挑着担子的小厮被剪径的杀害了,燕青道:"可怜!这小厮随我几年,倒也乖觉,却被人暗算死了。怎地抓出那毛贼与他报仇!"并叫卢成在庙背后掘一深坑,"把他埋了,免得暴露"。对待卢二安人、小姐、小厮,燕青都有一颗仁人之心。在《水浒后传》中,作者并没有至此而满足,燕青对所有的人都是如此。"丹霞宫三真修静业,金銮殿四美结良姻"一回,燕青认为:"阴阳和而后雨泽降,夫妇和而后家道成。""鸿业已创,大纲悉举,细目毕张,可谓具足",但实际上是"只有一件大事未曾讲起,甚为缺典",于是,暹罗国王侯将相尽成婚配。更为可贵的是,燕青还胸怀大局、体恤下情。他总结了梁山泊时期的教训:"我兄弟们少年时都负气使酒,习学枪棒,把女色不放在心上。又为官司所逼,上了梁山,后来征讨四方,无暇及此。"其实在燕青看来,"男女之欲,何人无之",于是在具备一定条件后,燕青就向新任暹罗国国王的李俊建议,"妙选名门,使各谐淑偶,以慰众心,以固邦本","是军士中无妻小的,不妨与暹罗国民家互相婚配,将见兵民相安,主客相忘"。掀起了外来将士与本土居民联姻的热潮,柴进、裴宣认为此举"正合儒者'推己及物'之道"。以致"一国之中,大半是新郎新妇,真觉气象融和,君臣同鱼水之欢,男女有及时之乐;选遍天下,再没有这样快活世界了",足见燕青的仁人之心。

凡是《水浒后传》中最重要的事业,基本上全是燕青主谋,暹罗国的建立,燕青功劳最大,所以后来在暹罗国李俊做了国王,丞相的位子不得不由奴仆出身的燕青让给门阀光荣的柴进,燕青只能做副丞相,但是燕青却特别加封文成侯,特赐"忠贞济美"的金印,足见作者对燕青的重视。

当然,人物形象的塑造容易犯动机与效果相背的毛病,如鲁迅先生所说:"欲显刘备之忠厚而似伪,状诸葛之多智而近妖"[①],陈忱塑造的形象未

---

① 鲁迅.中国小说史略[M].北京:人民文学出版社,1973:107.

免缺少了《水浒传》中的自然与现实,"从而使其变得世俗化、庸俗化"①,但是经过作者的美化,《水浒后传》中的燕青终于名至实归,成了一个完美的英雄。

第四节 女性形象的演变

在男权体制下,中国古代的妇女就一直以男人附属物的方式悲哀地生存着。但是,正如马克思所说:"每个了解一点历史的人也都知道,没有妇女的酵素就不可能有伟大的社会变革。社会的进步可以用女性(丑的也包括在内)的社会地位来精确地衡量。"②作为反映社会现实镜子的文学作品,透过作品中女性的变化,一方面我们可以认识这些作品,另一方面也可以更好地认识社会,在水浒小说中也应该如此。梁启超在《小说丛话》中说:"'天下无无妇人之小说',此小说家之格言,然亦小说之公例也。故虽粗豪如《水浒》,作者犹不能不斜插潘金莲、潘巧云两大段,以符此公例。即一百零八人之团体中,亦不能无扈、顾、孙三人。"③在水浒小说中,《水浒传》中女性无论是数量还是地位仅是男性的附庸,《水浒后传》《后水浒传》中女性便得到进一步的发展,而到了《荡寇志》与《新水浒》中,女性则完全可以与男性平分秋色。作为以反映强梁世界为主要内容,表现女性为弱项的水浒小说,其中女性形象的变化与发展,恰恰是我们正确认识水浒小说很好的突破口。

一、"红颜祸水"到巾帼英雄

《汉书·孝武李夫人》中说:"北方有佳人,绝世而独立,一顾倾人城,再顾倾人国。"④用"倾人城""倾人国"形容女子长得漂亮,回眸一笑间"佳人"可以倾倒整个城池,甚至整个国家。可是,用"倾国、倾城"形容女子长得漂亮远不如形容女人为祸端流行。"倾国倾城"褒义的一面早已被人遗

---

① 邓晓东.从燕青形象之演变看《水浒传》作者的矛盾心态[J].重庆邮电学院学报,2005(2):266.
② 马克思,恩格斯.马克思恩格斯全集(第三十二卷)[M].北京:人民出版社,1957:571.
③ 曼殊.小说丛话[M].朱一玄,刘毓忱.水浒传资料汇编.天津:南开大学出版社,2002:364.
④ 班固.汉书[M].西安:三秦出版社,2004:1763.

忘,反而"红颜祸水"一度成了四海皆准的公理。于是,在中国的各种文学体裁中,"红颜祸水"总能被人讲述得理直气壮:夏是因妹喜而亡;商是因妲己而亡朝的;周是因褒姒而亡;吴王夫差是因西施而亡;唐王朝因为杨玉环而亡;明王朝是因为陈圆圆而亡。实际上,"红颜祸水"只是男性开脱责任的借口,女人是不会有这么大力量的。在水浒小说中,我们就可以看出这种观念发展、变化的过程。

(一)"红颜祸水"观的真实体现

对于《水浒传》中作者的女性观,尽管有研究者认为:"男女之最不平等惟中国,而《水浒》之巾帼,压倒须眉,女权可谓发达矣。"①甚至"超前地达到了解放妇女的思想高度"②。但是从描写的实际来看,《水浒传》中漂亮女性往往品性不端,且是造成男性上梁山的原因,漂亮女性也都逃脱不了被残忍杀害的结局。对漂亮女性的否定实际上是作者的"红颜祸水"观在起作用。

阎婆惜"花容袅娜,玉质娉婷,髻横一片乌云,眉扫半弯新月。金莲窄窄,湘裙微露不胜情;玉笋纤纤,翠袖半笼无限意",犹如"金屋美人离御苑、蕊珠仙子下尘寰";潘金莲"年方二十余岁,颇有些颜色""眉似初春柳叶,脸如三月桃花""纤腰袅娜,拘束得燕懒莺慵;擅口轻盈,勾引得蜂狂蝶乱";潘巧云"细弯弯眉儿,光溜溜眼儿,香喷喷口儿,直隆隆鼻儿,红乳乳腮儿,粉莹莹脸儿,轻袅袅身儿,玉纤纤手儿,一捻捻腰儿,软脓脓肚儿,翘尖尖脚儿,花簇簇鞋儿";玉兰"脸如莲萼,唇似樱桃。两弯眉画远山青,一对眼明秋水润";刘高夫人"不施脂粉,自然体态妖娆;懒染铅华,生定天姿秀丽"。但就是这些漂亮的女性,心术不正,连累英雄,自己也落得个一命呜呼的下场。宋江可怜阎婆惜娘俩走投无路,出手相助,但阎婆惜却恩将仇报,以造反的罪名威胁宋江,宋江情急之下杀了阎婆惜,也终究是因为她上了梁山;潘金莲不守妇道,与西门庆勾搭,并亲手要了丈夫武大郎的命,武松为哥哥报仇,才杀了她而不得不落草;潘巧云为了达成与裴如海的奸情,便诬陷石秀,陷杨雄于不义,但最终被杀于翠屏山,杨雄与石秀两人也因此上了梁山;刘高夫人"只是调拨他丈夫行不仁的事,残害良民,贪图贿

---

① 马蹄疾.水浒资料汇编[G].北京:中华书局,1977:342.
② 喻斌.水浒妇女观浅探[J].郧阳师专学报,1992(3):41.

赂",而且恩将仇报,把曾经救她的宋江毒打一顿,而且要将其当反贼去邀功领赏。

作者在小说中直接说:"看官听说:但凡世上妇人,由你十八精细,被人小意儿过纵,十个九个着了道儿""原来这女色坑陷得人,有成时必须有败""酒色端能误国邦,由来美色陷忠良,纣因妲己宗祧失,吴为西施社稷亡。自爱青春行乐处,岂知红粉笑中枪。武松已杀贪淫妇,莫向东风怨彼苍""水性从来是女流,背夫常与外人偷"。不仅品性不好的女人是这样,即使对如林冲之妻,也有研究者认为,正是因为其生得貌美,高衙内因而"心中好生着迷",试图霸占,于是才设下奸计,使林冲误入白虎堂,因而才被刺配沧州,风雪山神庙,最终走投无路,被迫雪夜上了梁山。从林冲"立此休书,任从改嫁,永无争执"的描写来看,"林冲也急于摆脱这一'祸水'带给自己的灾祸"①。马瑞芳更是认为《水浒传》是"以'女人是祸水'为主旨"②。女人长得漂亮反而成了罪过,可见作者是认同"红颜祸水"观的。

元稹《莺莺传》中有这样一句对美女的论断:"大凡天之所命尤物也,不妖其身,必妖于人。"③正是因为《水浒传》的作者认同"红颜祸水"观,因此,《水浒传》中的英雄是不近女色的。就以三十六员天罡星来说,许多好汉尽管年轻力壮,但大多数没有妻室,对女性也不感兴趣,如公孙胜、鲁智深、武松、刘唐、李逵、史进、穆弘、雷横、阮小五、阮小七、石秀、燕青、解珍、解宝、朱仝等人都是独身。即使已婚娶者,如卢俊义、林冲、杨雄等虽有妻子,但或被杀,或自杀,未闻再娶,《水浒传》中众英雄光棍居多。要想成就一番大事业,想成为英雄,就必须远离美色,于是不近美色被视为是英雄好汉不可缺少的美德。如独火星孔亮出场时作者赞叹道:"相貌堂堂强壮士,未侵女色少年郎",把不近女色作为孔亮的突出优点;李逵梦见有人要许女儿给他,竟气得打翻了桌子;石秀对潘巧云的"风话"逗引毫不动心,并严加斥责;面对让皇帝都神魂颠倒的李师师的主动引诱,燕青是心如铁石,斩钉截铁地说:"大丈夫处世,若为酒色而忘其本,此与禽兽何异?燕青但有此心,死于万剑之下。"英雄们不仅自己不恋女色,对他人的好色之举也不

---

① 唐萍,严锐.从比较中看《水浒》女性形象及作者的妇女观[J].甘肃高师学报,2005(3):13.
② 马瑞芳.女性意识在三国水浒中的空前失落[J].东方论坛,1994(4):22.
③ 元稹.莺莺传[M]//汪辟疆.唐人小说.上海:上海古籍出版社,1978.

能容忍。梁山好汉只有一个好色的王英,就屡次被宋江嘲讽,宋江批评他说:"原来王英兄弟,要贪女色,不是好汉的勾当",又说"但凡好汉犯了'溜骨髓'三个字的好生惹人耻笑"。李逵听刘太公说是宋江抢他女儿后就信以为真,到梁山后李逵二话没说,"睁圆怪眼,拔出大斧,先砍倒了杏黄旗,把'替天行道'四个字扯得粉碎,又拿了双斧,抢上堂来,径奔宋江"。对宋江大叫:"我当初敬你是个不贪色欲的好汉,你原正是酒色之徒!杀了阎婆惜,便是小样,去东京养李师师便是大样!"独服宋江的李逵因为宋江的好色却不惜与宋江翻脸,李逵的叫骂正好暴露出他的愤怒:"不是为民伸冤、打抱不平,而是因为宋江触犯了他心中神圣的英雄信条,即不贪女色。"①其实,作者说得明白:"销金帐里无强将,丧魄亡精与妇人。"为了做英雄好汉,就必须打熬气力,不为女色所诱。因此,梁山好汉们也就只能远离女色了。晁盖"最爱刺枪使棒,亦自身强力壮,不娶妻室,终日只是打熬筋骨";卢俊义也是"平昔只顾打熬气力,不亲女色";"宋江原来是个好汉,只爱学使枪棒,于女色上不十分要紧""宋公明是个勇烈大丈夫,为女色的手段却不会"。

　　正是因为《水浒传》的作者认同"红颜祸水"观,所以在作者的笔下,女人的地位就比较低下,她们始终处于被侮辱、压迫,甚至被杀戮的边缘。一丈青早与祝家庄有婚约,并且情投意合,然而宋江为了实现"贤弟若要压寨夫人时,日后宋江拣一个停当好的,在下纳财进礼,娶一个服侍贤弟"的诺言,却自作主张将一丈青许嫁王矮虎,尽管王矮虎是个"贪财好色",连宋江本人都对其嗤之以鼻的人;宋江为了赚取秦明入伙,利用借刀杀人之计,使秦明一家老小及几千百姓的性命命丧黄泉,为了安慰秦明,宋江又把花荣的妹妹许嫁与他。女性成为英雄之间的情感纽带,女性与女性的婚姻都成为男人建功立业的筹码。《水浒传》中的女性不仅处于受侮辱、被交换的地位,对一些不洁的女性,则直接大开杀戒。宋江杀阎婆惜,"左手早按住那婆娘,右手却早刀落,去那婆惜嗓子上只一勒,鲜血飞出,那妇人兀自吼哩。宋江怕她不死,再复一刀,那颗头伶伶仃仃落在枕头上";武松杀嫂子潘金莲,"把尖刀去胸前只一剜,口里衔着刀,双手去挖开胸脯,抠出心肝五脏,供养在武大灵前。胳察一刀,便割下那妇人头来,血流满地";石秀和

---

① 陈洪,孙勇进.漫说水浒[M].北京:人民文学出版社,2000:238.

杨雄杀丫头迎儿和潘巧云,向迎儿"手起一刀,挥作两段",杨雄再"向前,把刀先挖出舌头,一刀便割",杀了妻子潘巧云,再"一刀从心窝里直割到小肚子上,取出心肝五脏,挂在松树上",又将妇人七事件分开才罢手;卢俊义杀妻,"手拿短刀,自下堂来,大骂泼妇贼奴,就将二人割腹剜心,凌迟处死,抛弃尸首",梁山好汉极其残忍地屠杀弱女子。从作者描绘得如此细致、真切来看,作者对这些女性有多么痛恨。

正是因为《水浒传》的作者认同"红颜祸水"观,对于小说中塑造的三位女英雄,尽管也有人认为《水浒传》"大胆的塑造了三位英雄形象,将美好的品质和聪明才智赋给她们,反映了作者的社会理想和进步的历史观、妇女观"①,但实际上作者同样没有给予她们相应的独立地位。

作者尽管把三位女性塑造成了绿林豪杰,并且让她们非常荣幸地位列一百单八将,但作者主要是把她们作为概念化的女人,而不是把她们作为独立、个性的个体对待的,首先,作者并没有为她们取一个像模像样的名字。"《水浒传》正是通过这种非常女人化的命名强调了三位女英雄首先是作为'女人'而存在的。"②也就是说,三位女英雄只有抽象化的意义。其次,三位女英雄仅仅是依靠她们的丈夫而存在的。从三位女英雄的出场看:三位女将出场时都是"名花有主",孙二娘、顾大嫂都是以妻子的身份出现的,扈三娘则是以女儿和未婚妻的双重身份出现。从她们在梁山泊的座次来看:王英、孙新、张青分别排第五十八、第一百和第一百零二位,一丈青、顾大嫂和孙二娘却分别排第五十九、第一百零一和第一百零三位,都是紧随她们的丈夫之后。事实上,三位女性的能力要远远强过她们的丈夫。解珍向乐和介绍他姐姐顾大嫂时说得很清楚:"我那姐姐有二三十人近他不得,姐夫孙新这等本事,也输与他。"孙二娘与张青的武功孰高孰低我们不得而知,但从小说的描写来看,孙二娘的见识明显高于丈夫,张青安排武松投奔在二龙山宝珠寺落草的鲁智深和杨志,只是"取幅纸来,备细写了一封书,把与武松,安排酒食送路",以为想投去投就是。但孙二娘却马上意识到"如今官府遍处都有了文书——到处张挂。阿叔脸上现今明明地两行金印,走到前路,须赖不过"。建议武松"只除非把头发剪了,做个行者,须

---

① 李献芳.《水浒传》中三英雄女性说略[J].山东教育学院学报,2002(5):60.
② 董阳.《水浒》女英雄的性别书写[J].福州大学学报,2009(4):80.

遮得额上金印"。设想周到,为她的丈夫张青所不及。一丈青扈三娘的武功更不必说,她骁勇非凡,枪法精熟的欧鹏、有万夫不当之勇的呼延灼占不了她半点儿便宜,郝思文以及她未来的丈夫王矮虎都是她的手下败将。既然她们都比自己的丈夫强,但在梁山的排名却比丈夫低的理由只能是因为她们是女性。从女英雄的结局看:一丈青和孙二娘都是不前不后紧随丈夫阵亡的,在打方腊的战役中,一丈青与王英夫妻二人共战郑彪,先是王英被郑彪一枪戳死,随即一丈青报仇心切,中了郑彪之计被郑彪的镀金铜砖拍在面门上落马而死。张青在与庞万春的交战中,被庞万春打死,孙二娘"见丈夫死了,着令手下军人,寻得尸首烧化,痛哭了一场",紧接着就在攻打清溪县时"被杜微飞刀伤死",也算是"夫死妇随"了。三位妇将中,唯独顾大嫂得以保全,并且得以分封为东源县君,想想其中的理由,也仅能是其丈夫孙新幸存的缘故。夫存则妻存,夫亡则妻必亡,《水浒传》真可谓将从夫的理念演绎到了极致。

(二)男性英雄的辅助

《水浒传》中的女性往往是祸水,是男性的绊脚石,"红颜祸水"的观念演绎得可谓淋漓尽致,到了《水浒后传》《后水浒传》,"红颜祸水"的观念逐步淡化,女性逐步成为男性英雄的辅助。

《水浒后传》中的女性,成了英雄们拯救与保护的对象,而她们本身也以不同的方式报答那些帮助她们的男英雄。如乐和从王宣慰府中救出了花逢春的母亲、姑姑;燕青辗转数百里从金营中赎救了卢小姐母女;呼延钰从强盗手中救出了御营指挥使吕元吉的女儿。而燕青、呼延钰最后都娶所救之女为妻。另外,作者开始有意识地修正两性对立的观念。燕青说:"五伦不可偏废,夫妇为五伦之首,尤为切要",又说:"阴阳之道,不可偏废,夫妇之伦,不可乖离。"并为《水浒传》中梁山英雄的不近女色的行为辩解:"我等兄弟们少年时都负气使酒,习学枪棒,把女色不放在心上,又为官司事逼迫,上了梁山,后来征讨四方,无暇及此。"《水浒后传》中男性英雄在燕青的提议和帮助下,一个个都欢欢喜喜结了婚,同时,《水浒后传》中描写男性上了女性的当或被女性骗了的情节大为减少,这都足以说明在《水浒后传》中,传统的"红颜祸水"观念得到改变。

但是,在《水浒后传》中,"红颜祸水"的观念仅仅是有所松动,因为在作者看来,女性即使不是祸水,对男性来言,女性也只能以身相许,做一个安分的妻子而已,作者并没有给予女性更高的地位。在《后水浒传》中,女性凭借着独有的心性与智慧,在某些地方略胜丈夫一筹,关键时候还能帮助自己的丈夫。

中秋夜赏月,许惠娘在孙本连声叹息、心胸烦闷之时,连续追问,得知孙本是因感慨时光流逝,理想得不到实现,"不能冲霄奋翮"时,许惠娘及时进行劝解:"人生困顿遭际,就如花木一般,无不因时而发。苟非其时,岂能强其挺秀吐芬。人患无大志,必致沉埋沟壑中而已。今官人有此大志存心,岂是蛰龙柙虎,为我母子作老死家庭计耶!莫若且待时来,自有机会。"许惠娘的一番话可谓聪明绝顶,有安慰,更有鼓励,难怪孙本听了"心中不觉一时快畅",说道:"娘子说话,果是中听。"黑儿与织锦勾搭,被孙本发现,孙本一怒之下,对黑儿暴打不已,又是其妻子孙惠娘进行劝解:"这两个奴才没道理,怪不得官人发怒,处处应该,我也不好十分劝得。只是作事亦不可太急。他虽萌奸意,实未成奸,若使今夜俱伤,未免使人惊疑。莫若等到天明,将他驱遣才是。至于碎坏宝杯,万物皆有无常,何足较论。"真是句句在理,如依妻子所言,哪有后来的祸患。从简单事例我们就可以看出,《后水浒传》中女性的地位不仅不再是祸水,反而成了男性英雄的有力助手,这是作者"红颜祸水"论进一步改观的体现。

(三) 巾帼英雄

在《荡寇志》与《新水浒》中,女性不再是祸水,不再是男英雄的辅助,有些女英雄成为建功立业的典范,女性与男性有了同等的地位。

在《荡寇志》中,女性成为平定梁山草寇的中坚力量,女性的地位、身份很高,可以说完全颠覆了"红颜祸水"的观念。首先,从出场回数看。《荡寇志》共70回,以女性的事件为回目的有20回,其中整整18回写女性如何为朝廷建功立业。其次,从女性身份看。女性开始担任军师、先锋、领将等重要领导职务,在战场上具有不可或缺的地位。刘慧娘采银制瓷补充军资,解决军队的军饷,避免了梁山依靠打劫补充军资的老路,也就使陈希真避免了为盗作寇,为陈希真军一次次出谋划策,救危解困,作为军队的军师,少了她真是一刻都不行,如其病重期间,梁山的奔雷车得以横行无忌,而等到刘慧娘病愈后,梁山兵才败如山倒。与刘慧娘在幕后出谋划策不同,陈丽卿则是与梁山草寇斗勇斗力的急先锋,每次战争的胜利都少不了她的英勇厮杀。她"贯弓插箭,右手倒提那枝梨花古定枪",每次都冲锋在最前面,成为打败敌人的关键。叱咤风云的梁山英雄张清、李连、林冲、武松、花荣等都是她的手下败将,云龙、祝永清、栾廷玉、风会等作者所极力标榜的男性英雄与之比试也一个个输得心服口服,自叹不如。最终,陈丽卿一人就斩获了16名梁山头领,这个战绩远非《荡寇志》中的哪个男性英雄所能及。最后,从女性英雄的结局来看。战争胜利后,女性英雄得到了前所未有的肯定,受赏的规格比较高。打兖州城,陈丽卿诰封恭人,加电击校尉,刘慧娘诰封恭人,敕赐智勇学士;攻寥儿洼取胜,云天彪将御赐的尾紫罗伞盖,迎儿媳慧娘由正门进营,并奏闻天子,拜为军师。凭功受赏,完全能军功为凭,毫无性别之见,并且对女性的肯定由封建王权中至高无上的皇帝亲自封赐,这无疑是对女性才能、地位最有力的肯定。另外,高梁氏的飞刀让武松、鲁智深、杨林等梁山将领束手无策,破蒙山更是得力于高梁氏;守新柳寨仗四位侍女的神箭得以抗拒梁山兵马的冲击;颜树德守郓城,得助于汪恭人商讨军务、徐青娘调度兵马,一在前一在后,郓城才得以保全;攻梁山多亏汪恭人献图献策、贾夫人带兵牵制后关,诸位女性虽然出场不多,但每一出场无不是为平定梁山献计献策,取得意想不到的结果。因此,在《荡寇志》中,"红颜祸水"的观念已经荡然无存,俞万春把女性完全放在与男性平等的地位,毫无性别偏见地让女性建功立业,名垂青史。

在晚清的《新水浒》中,巾帼更是不让须眉。陆士谔《新水浒》中的女英雄孙二娘、顾大嫂、扈三娘主动与男性开始争夺自主权,扈三娘在听到丈夫的回答不中自己的心意时,更是对其大声呵斥:

呸!快闭了你这鸟嘴,休只管含血喷人。须晓得人道造端于夫妇,夫妇原始于男女。当初天地生人的时候,男与女本没有什么两样,都是一般的看待,其所以配成夫妇者,乃为绵延嗣续,构造家族,不得不然,并非为有所统制,有所管辖,而始行这夫妇一道。乃目下世界的夫妻们,丈夫的待妻子,宛若奴隶一般。同生覆载之中,何人可以无学?乃做丈夫的恐怕女子有了学问,不肯……学究先生,你今日若不给我们选举权,我是第一个不答应你呢。

在第十回"郑天寿恃强占妻妹,章淑人被刺控公庭"中,郑天寿的妻妹则直接说出了"况'丈夫'两个字,并没有什么贵重,'夫'字乃男子之通称,所以耕田的叫作农夫,捕鱼的叫作渔夫,樵柴的叫作樵夫,拖车的叫作车夫,拉马的叫作马夫,以至挑担的叫挑夫,扛棺的叫扛夫,抬轿的叫轿夫,与丈夫的'夫'字有什么两样？"评定下山后的成果，顾大嫂虽然名列劣等，但三位女英雄中的其他两位，一丈青扈三娘名列最优等的第一名，孙二娘也位列优等，可见女性并不弱于男性。

在西泠冬青的《新水浒》中，第六回"孙二娘兴办女学堂，顾大嫂演说天足会"，顾大嫂则当众演说，认为女子缠足"讨男子的好看，岂不可羞"，劝女子不要迎合男人，"幸亏男子只爱的小足，倘然爱着脸上刺绣身上熨花，也就制造出来讨他欢喜不成"。扈三娘见王英旧性不改，在劝说无果的情况下，扈三娘不再是默默无闻，而是拿定主意，留学日本，打算学成后回来重整女学。

总之，从水浒小说的发展历程我们可以看出，在《水浒传》中，作者的"红颜祸水"观还是较浓厚的，作者还是用"束缚妇女的方式来保持她们的道德"①，不受束缚的女性无疑都成了祸水。到了《水浒后传》与《后水浒传》，作者开始意识到女性的重要性，"红颜祸水"观出现松动，但是此时女性并没有真正地完全解放出来，还处于辅助男性的地位。只有到了《荡寇志》与《新水浒》，女性才取得了与男性平等的地位，"红颜祸水"观才荡然无存。

二、女性意识的回归与张扬

受"红颜祸水"观的影响，在《水浒传》的作者看来，长得漂亮的女性大多品行不端，而品质好的女人一般容貌不会太好。因此，对于其中的女英雄，"作品津津乐道的只是女英雄演绎的男性特征"②，而忽略了其作为女性的特性。《水浒传》作者的这种认识在后来的水浒小说中逐步得到扭转，女性意识逐步得到回归，并得到某种程度的张扬。

（一）人物形象

女性意识的回归最明显的表现是女性形象的变化。在《水浒传》中，顾大嫂"眉粗眼大，胖面肥腰。插一头异样钗环，露两臂时兴钏镯。红裙六幅，浑如五月榴花；翠领数层，染就三春杨柳"；孙二娘"露出绿纱衫儿来，头上黄烘烘的插着一头钗环，鬓边插着些野花……下面系一条鲜红生绢

---

① 罗素.婚姻革命[M].北京：东方出版社，1988：57.
② 刘祖斌.《水浒》女性形象浅议[J].江汉大学学报，1999(4)：60.

裙,搽一脸胭脂铅粉,敞开胸脯,露出桃红色主腰,上面一色金纽""眉横杀气,眼露凶光。辘轴般蠢垒腰肢,棒槌似桑皮手脚。厚铺着一层腻粉,遮掩顽皮;浓搽就两晕胭脂,直侵乱发。红裙内斑斓裹肚,黄发边皎洁金钗。钏镯牢笼魔女臂,红衫照映夜叉精"。《水浒传》中顾大嫂与孙二娘,无论是从外貌还是从打扮上丝毫没有表现出女性的特点。扈三娘虽然"天然美貌海棠花",与顾大嫂与孙二娘相比可以说是个例外,但她"鲜花插在牛粪上",心甘情愿嫁给王矮虎,并没显示出扈三娘的作为女性的貌美有什么意义,无疑是对扈三娘貌美的嘲讽。有研究者认为《水浒传》对三位女英雄,"文本描写其化妆打扮是与作为一个女人的正常审美趣味相距甚远的,更多的是一种'丑'与'恶'"。①

《水浒后传》与《后水浒传》中的女性则开始向女人的本来属性转变,女人的外貌开始发生变化。如《水浒后传》中的顾大嫂：

纱裁衫子绿,鬓插石榴红。木轴腰肢壮,银盆面目雄。

春风虽觉满,杀气尚然横。水泊能征战,驰名母大虫。

与《水浒传》中的顾大嫂相比,《水浒后传》中的顾大嫂少了几分雄性的蛮横与粗俗,虽谈不上美丽,但至少有了女性的特点,增加了几分英武与豪爽。《水浒传》中顾大嫂面目是狰狞的,让人害怕,而《水浒后传》中的顾大嫂是让人尊敬与佩服的。《后水浒传》中女英雄的形象进一步女性化,英雄屠俏直接变成美女了：

眉不消画,有若青山;脸不傅粉,犹如白雪;唇不丹涂,却似樱桃。欢喜时如溶溶春水,发怒来似汹汹秋涛。

眉如新月样,鬓若黑云堆。分明是一位美貌佳人,却按着前生地煞。

《后水浒传》中的屠俏是《水浒传》中的顾大嫂转世,从《水浒传》中的顾大嫂到《水浒后传》中的顾大嫂,再到《后水浒传》中的屠俏,从其外貌的变化我们就可看出,至《后水浒传》,女英雄才真正呈现出女性的特点。

《荡寇志》中,陈丽卿是陈希真之女。她"天生一双大脚""窄窄袖儿,露出雪藕也似的手腕,却并不戴钏儿。肩上衬着盘金打子菊花瓣云肩,虽然蒙着脸,脑后却露出那两枝燕尾来,真个是退光漆般的乌亮",陈丽卿作

---

① 张家国.另一种丑化——以扈三娘、孙二娘、顾大嫂为考察对象[J].长江工程职业技术学院(学报版),2007(3):69.

为女英雄,虽然武功了得,性格豪爽,但作者还是让她首先具备女性貌美的特点。刘慧娘足智多谋,但外貌"生的娉娉婷婷,好像初出水的莲花,说不出那般娇艳",与陈丽卿一样貌美如花。

(二)性格特征

水浒小说中的女性形象不仅外貌越变越美,其性格也逐渐女人化。顾大嫂听说解珍被打入牢中时,立即冲动起来,叫着要去救人;当孙新说只有劫牢才能救得出来,顾大嫂立即说"我和你今夜便去";孙新说这样太鲁莽,还得找两个人来时,她马上催孙新连夜去请人;与孙立说话:"伯伯,你不要推聋装哑!你在城中岂不知道他两个是我兄弟?偏不是你兄弟?"出言毫不客气,直接干脆,不容别人回避;当孙立道:"我却是登州的军官,怎地敢做这等事?"顾大嫂说:"既是伯伯不肯,我们今日先和伯伯拼个你死我活!"并从身边掣出两把刀来要动手,用武力逼迫孙立答应,并且不容孙立商量先送妻子先行,再看虚实行事,要一块去劫牢,一块去取行李;当她想到事发后肯定要连累丈夫的哥哥时,顾大嫂就假装有病,将丈夫的哥哥夫妇都请来,然后使用激将法使之就范;在劫狱时她贴肉藏了尖刀,大叫一声:"我的兄弟在那里?"便掣出两把明晃晃尖刀来。早戳翻了三五个小牢子;她骗取祝朝奉信任,被迎入家中,"掣出两把刀,直奔入房里。把应有妇人,刀一个尽都杀了"。从对顾大嫂"有时怒起,提井栏便打老公头;忽地心焦,拿石碓敲翻庄客腿"的描写中,我们也可以看出,顾大嫂冲动暴躁的性格,与我们传统中的温柔的女性不同,倒是有男人的风范。从孙二娘"倚门迎接、笑容可掬、嘻嘻地笑、嘘出舌头、虚转一遭、拍手叫道、欢喜道、喝在一边、杀猪也似叫将起来"等动作描写中,也能显出她性格的热情大方、外向直露、敢爱敢恨。当武松假装被麻倒时,她笑道:"着了!由你奸似鬼,吃了老娘的洗脚水。"当她见店里两个汉子拖扯不动武松时,喝在一边,说道:"你这鸟男女,只会吃饭吃酒,全没些用,直要老娘亲自动手!那两个瘦蛮子,只好做水牛肉卖。扛进去先开剥这厮。"也是较男性化的。一丈青与顾大嫂、孙二娘不同,人长得漂亮,除了武艺高强外,其性格在小说中作者并没有多涉及,但是,尽管小说没有用具体的笔墨写扈三娘的凶狠,但送了她一个绰号"一丈青",对扈三娘的绰号"一丈青"的解释有多种,其中有研究者就认为一丈青是民间对一种毒蛇的称呼,或者说是一种凶器的逐步演化,因此,扈三娘称为"一丈青"是"喻其性格的泼辣难惹"①。并且,与顾大嫂、孙二娘相比,扈三娘性格中最突出的不是她的凶残,而是她的冷漠。宋江带人攻打祝家庄,扈三娘全家及未婚夫全家被杀,她竟然麻木不仁,既不伤心也不怨恨,甚至认杀父灭家之宋江的父亲为义父,成了宋江的"贤妹",此后又接受宋江的安排,心甘情愿下嫁梁山众英雄都嗤之以鼻,又是哪一方面都不能与自己匹配的王矮虎,简直就是一个没心没肺、无情无义的冷血动物,这显然与传统女性的多愁善感相悖。因此,《水浒传》"体现了女人美丽必淫荡歹毒、巾帼英雄则丑陋粗鲁的偏见之论,小说没有写出古典女性的传统之美"②。

"以强调女性气质的所谓弱点将女性降为次一等的第二性固然不对,而否定女性特点的存在,强行将女性男性化,同样是对于女性的一种污辱"③。汉代班昭在《女诫》中说:"阴阳殊性,男女异行。阳以刚为德,阴以柔为用;男以强为贵,女以弱为美。"④于是,随着社会的发展,在随后的水浒小说中,女英雄的女性意识逐步回归并得到最大限度的张扬。

《水浒后传》中顾大嫂的性格开始发生变化。《水浒传》中的她脾气暴躁、行为鲁莽,但是在《水浒后传》中她则表现得遇事冷静,从容不迫。更重要的是,《水浒后传》中的顾大嫂性别意识开始觉醒。在一次有众多女性参加的隆重宴会上,她开始感到不适应:

国母见闻妃贤达,甚是喜欢,设宴相待,请花太夫人、秦恭人、顾大嫂陪宴。公主和卢、吕二小姐甚是亲热,如平素姐妹一般。闻妃在上,国母陪坐,花太夫人依次安席,笙簧迭奏,歌舞并陈。顾大嫂道:"承国母恩诏来陪闻妃,只是我粗卤的人,反觉害丑。"国母道:"你在男子中,倒不怕羞。"顾大嫂道:"张拳弄棒,上阵厮杀,竟不晓得自己是女身。今日在筵上浑身过不得,待我吃两碗自去巡宫罢。"国母和闻妃尽皆微笑。

顾大嫂说得明白,在战场上厮杀,顾大嫂"竟不晓得自己是女身",也就是说在战场上的顾大嫂并不是作为女人存在的,可是在这次宴会上,在闻妃,公主马玉芝,卢、吕二小姐、花太夫人、秦恭人等众多真正的女性面

---

① 李葆嘉.《水浒》一百零八将绰号绎释[J].明清小说研究,1991(3):46.
② 王菊艳.《水浒传》妇女观的文化学诠释[J].嘉兴学院学报,2007(5):102.
③ 李小江,朱虹,董秀玉.性别与中国[M].北京:三联出版社,1994:495.
④ 班昭.女诫[M].北京:中华书局,1987:2788.

前,顾大嫂才感知到自己身上那种豪放不羁的野性与自己女性的性别是多么不协调。顾大嫂在宴会上觉得不适应,这正说明她的女性意识已经觉醒,已经明显把自己与男性区别开来。

《荡寇志》中的女性已经不再需要像《水浒后传》中顾大嫂那样,只有在宴会上的时候才感觉到自己是一个女人,《荡寇志》中女性的性格特点被塑造得更加丰富,作为女性的形象更加真实。陈丽卿在玉仙观进香时,遭高衙内调戏,她不像林冲妻子那样不知所措,而是对高衙内拳打脚踢,并高声喝骂"撞在我姑娘手里,连你那高俅都剁作肉酱",一个比较强悍但又带有孩子气的女性形象映入眼帘。陈丽卿率性而为,随境而发,丝毫不受约束。夺青云山时,因栾廷芳说她曾败于高封妖法,她不高兴,便要与栾廷芳比武。碍于栾廷芳是祝永清的师傅,为了不伤和气,诸将有意让她杀了敌将崔豪并交口称赞,她醒悟后马上向栾廷芳道歉,并一口承认自己孩子气。她自然、坦率,更增加了她作为女性的可爱。陈丽卿还比较率真,有一次陈丽卿与其未婚夫祝永清在一起喝醉了,祝永清走后,她沉不住气,问侍女:"你们看,我的本领比祝郎何如?"一个女兵会搂沟子,插嘴道:"姑娘强多哩,祝将军与姑娘,真是才郎配佳人,天下没有!"而陈丽卿以为是不好听的话,于是马上说道:"放你的屁!我是佳人,他是野人不成?豺狼,还有虎豹哩!"在听到父亲与别人谈到"男风"时,不通世事的陈丽卿马上就问什么是"南风",遭到父亲的呵斥,陈丽卿是一肚子的不高兴,还埋怨父亲"不省得,便问声也不打紧,不值便骂,最可恨说这种市语"。在父亲让她扮粉状时,她又是一脸的不情愿,害怕以后留下话柄。从陈丽卿放肆、任性、率直的表现中,我们看到的是一个泼辣又不通文墨的姑娘,真实可爱。对于刘慧娘,作者把她塑造成智者的同时,同样没有遗忘其女性的特点。陈希真赞赏云威的义气时说:"那云龙兄弟的武艺也好。那表人物,与二位哥哥相仿。秀妹妹好福气,得这般好老公,谁及得来?"刘慧娘听到陈丽卿说自己的未婚夫,她的表现是"被他说得脸儿没处藏,低下头去",看出刘慧娘作为女性害羞、内敛的特点。因此,在《荡寇志》中,作者不再忌讳写纯真的女人,小说中的女英雄温柔、娇美、率真,女性意识得到充分体现与张扬。

三、情的扭曲、修正与绽放

水浒小说中的女性意识走过了从泯灭到苏醒的过程,自然,最能体现女性意识的男女之情也走过了一个从扭曲到逐步修正乃至开怀绽放的过程。

（一）情的扭曲

《水浒传》中女性被视为祸水，女性被贬视，作者让沉迷于肉山酒海与刀光剑影中的英雄不近女性，因此，情欲在《水浒传》中基本上是被排斥的。《水浒传》是"否定情，肯定礼，特别是儿女之情，主张以礼节情，反对越礼忘情"①的。作者否定情但不能无视情的存在，因为作者的否定，《水浒传》中的情都以一种扭曲的形式存在。

潘金莲本为大户侍女，大户要收她，她主动反抗，向大户夫人告发大户的不轨行为，潘金莲的反抗引起大户的不满，为了报复，大户"倒赔些房奁"，把潘金莲嫁给了武大郎。武大郎"身不满五尺，面目生得狰狞，头脑可笑"，号称"三寸丁谷树皮"，自然与"眉似初春柳叶，脸如三月桃花""纤腰袅娜，拘束得燕懒莺慵；檀口轻盈，勾引得蜂狂蝶乱"的潘金莲不般配，潘金莲本人也多次向武大郎索要"休书"未果，因此，两人有夫妻之名，实无夫妻之实，谈不上感情；阎婆惜"花容袅娜，玉质娉婷。鬓横一片乌云，眉扫半弯新月。金莲窄窄，湘裙微露不胜情。玉笋纤纤，翠袖半笼无限意。星眼浑如点漆，酥胸真似截肪。韵度若风里海棠花，标格似雪中玉梅树。金屋美人离御苑，蕊珠仙子下尘寰"，自然也与"面黑身矮"的宋江不配，更重要的是宋江"是个好汉胸襟，不以这女色为念。因此半月十日去走得一遭""自此有个月不去。阎婆惜累使人来请，宋江只推事故，不上门去"，因此，两个人之间感情是可有可无；潘巧云"细弯弯眉儿，光溜溜眼儿，香喷喷口儿，直隆隆鼻儿，红乳乳腮儿，粉莹莹脸儿，轻嬝嬝身儿，玉纤纤手儿，一捻捻腰儿，软脓脓肚儿，翘尖尖脚儿，花簇簇鞋儿"，杨雄也是"生得好表人物"，本来两人属于郎才女貌，可是，杨雄也与宋江一样不以女色为念，"一个月倒有二十来日当牢上宿"。因为"红颜祸水"观的影响，作者否定了这些女人的正常感情，让她们在扭曲的感情中尽情绽放：潘金莲并不是天性淫荡之人，她不屈从于大户，勇敢地反抗表明她的内心充满了对正常爱情的渴求，但反抗大户，结果嫁给了武大郎，"一朵鲜花插在了牛粪上"，对理想的追求变成了现实的女人的噩梦；反抗武大郎又不成功，以至于连作为

---

① 臧国书.《水浒传》女性群像的类化与解读[J].曲靖师范学院学报,2002(1):56.

人的空间都受到了压迫,于是,潘金莲的情只有到市井无赖那里宣泄了。阎婆惜与张三一见钟情,而且阎婆惜也不惧怕宋江,"老娘自和张三过得好,谁奈烦采你""你不上门来倒好",在要挟宋江时,最主要的一条是"写一纸休书,任我改嫁张三",可见,阎婆惜是想和张三长相厮守,做名正言顺夫妻的,但张三毕竟属于第三者插足,阎婆惜的情的获得同样不是那么光彩。与前两例相似,潘巧云也是有情有义之人,在前夫死去两年之后还能想着他,在祭日的时候为他做功德,说明夫妻之情一直是潘巧云作为女性的内心的向往,但是从"生得好表人物"的丈夫那里却得不到正常的感情,而只能求助于一个和尚,作为女人这又是怎样的可悲与可叹!三位女性都有对爱情的追求,可是她们追寻自己爱情的道路被作者拦腰截断,或者说在作者看来,这些红颜就不能得到真正的爱情,她们只能是淫欲、放荡、不洁的代名词。对于女英雄扈三娘的爱情,在作品中更无片言只语,扈三娘只是一个默默的承受者,她的丈夫是王矮虎,还是不是王矮虎似乎没什么本质的区别,麻木如此,世上还有比对自己的未婚夫无所谓更悲哀的吗?

  在女性身上,情是如此,那在男性身上情又是如何呢?从众人称赞的林冲与妻子的感情中,我们就可以读出异味。"生命诚可贵,爱情价更高",但在林冲的夫妻之情中,似乎要大打折扣。林冲的妻子被陆虞侯骗到家中,早已在楼上等候的高衙内想趁两人单独相处的时机逼林冲妻子就犯,林冲得到使女锦儿的报信,急忙去救人,但闯入陆虞侯家的林冲是在"寻不见高衙内"之后,才关心自己的妻子,且仅问一句:"不曾被这厮点污了?"可见,在林冲心里,贞洁才是第一位的。在林冲被判发配时,意想不到的是林冲要休妻,表面上是"诚恐误了娘子青春",但作为禁军教头、英雄的林冲不会不知,在有自己保护下的妻子尚且被高衙内调戏,没了自己的保护,高衙内能放过她吗?林冲如此做,是否只是责任的逃避。于是有研究者认为"从林冲的这些言语和行为中,尤其是休书中的'任从改嫁,永无争执'一句,让我们清晰的了解到,林冲这样做只为一个目的:从自身利益出发,使自己免遭高衙内的再次陷害"①。对阎婆惜无心、对扈三娘无意的英雄宋江反而不如燕青,偏偏在李师师面前把持不住了,"借得山东烟水寨,来买凤城春色""翠袖围香,绛绡笼雪,一笑千金值。神仙体态,薄幸如

---

① 崔莹.论《水浒传》中的弱女形象[J].水浒争鸣(第九辑),2006:173.

何消得"。当然,也可以理解为宋江是为了招安做努力,但是联系宋江与阎婆惜"初时宋江夜夜与婆惜一处歇卧。向后渐渐来得慢了",李逵骂宋江"我当初敬你是个不贪色欲的好汉,你原来是酒色之徒;杀了阎婆惜,便是小样;去东京养李师师便是大样",俘获扈三娘后,"众头领都只道宋江自要这个女,尽皆小心送去",因此,说宋江在李师师面前萌发男女之情也并不是没有道理,但李师师虽为娼妓,却是御用的娼妓,宋江这个情又是多么不合时宜。即使粗鲁、野蛮之李逵,内心又何尝没有情之胎动。李逵醉酒入梦,梦见几个强盗在抢一对老夫妻的独生女儿,李逵"大怒,拔出板斧砍去",如果为了使情节延续,完全没必要加上老夫妻感激李逵救女,而要把女儿嫁给李逵一事,毕竟李逵并没有答应,而且随后又因为一个没有打死的强盗的出现,李逵"大踏步赶上来",与之战斗,随后才有了后面的故事内容。这说明李逵的内心也有男女之情的意识,可叹;李逵之男女之情要通过梦境表达出来,可悲;李逵之情却是"这样腌臜歪货!却才可是我要谋你的女儿,杀了这几个撮鸟?快夹了鸟嘴,不要放那鸟屁""只一脚,把桌子踢翻,跑出门来"的结果。因此,《水浒传》基本上就是一个扭曲了的情的世界!

(二) 情的修正

《水浒后传》中,作者已经意识到男女之情的重要性,燕青认为:"男女之欲,谁人无之",在这里"男女之欲"实际上就是指男女之情,因为燕青在随后又说道:"人伦始于夫妇,王化起于闺门。周家八百年太平之基,全在'内无怨女,外无旷夫'八个字中做出。当今要务,莫急于此。"还是强调夫妇之情对小家以及大家也就是国家和谐安定的重要意义。另外,在第四十回"荐故观灯同宴乐,赋诗演戏大团圆"中,杨林把被白石岛的首领屠崆霸占多日的方秀姑救出后,甘愿娶她为妻,而不愿意接受国王的赐婚,而且乐和也觉得杨林的选择无可非议,认为"情之所钟,也不妨碍"。可见在《水浒后传》中作者是肯定夫妻之情的。

尽管作者承认夫妻之情,但在《水浒后传》中,作者并没有具体地描述,对夫妻之情的肯定只体现出形式的意义,并没有实质性的内容。在《后水浒传》中,对屠俏与殷尚赤两个人的感情描写就比较具体了。屠俏与殷尚赤两情相悦,在两人结婚以后,感情也很好。当屠俏听小喽罗报告,殷尚赤在山下掳掠了一位漂亮姑娘,准备抬上山做小老婆时,马上醋性大发,

"一时柳眉倒竖、凤眼圆睁,大叫道:'这负义贼,恁般大胆,与他拼个死活来!'"并搬出殷尚赤在东京的感情旧账,不听父亲劝阻,怒气冲冲地去找殷尚赤算账。与殷尚赤见面后,她也不容其分辩,"负心贼做得好事,只杀你便了",就与之厮杀起来,"霎时间一对好夫妻变成了仇人",虽然两个人刀枪相见,但实际上如杨幺所言:"你们不要心慌。我看他两人虽是厮杀,却俱不下毒手,我疑内中必有缘故。"显然,两个人虽然是在一时不明真相的情况下动起了手脚,但两人毕竟是夫妻,有夫妻之情,两个人动手只是夫妻之间的一时气愤而已。当杨幺准备帮助她,举棍打向她丈夫时,她又"早将先前一段吃醋拈酸的心肠,忽换了知疼着热的好意,遂来疼护丈夫,忙舞剑合拼这人厮杀",从她与丈夫厮杀,到她帮助丈夫与别人厮杀这一转换,我们可以看出她对丈夫深深的爱。因为她爱自己的丈夫,所以她不能容忍丈夫对自己三心二意,不能容忍情感上有任何对不住自己的地方,这就是爱的自私性使然;因为她爱自己的丈夫,所以夫妻之间有什么隔阂,两人怎么闹都是夫妻之间的事,作为妻子决不能容忍别人伤害自己的丈夫,因此,在别人会伤害到丈夫时,作为妻子的要挺身相救。

夫妻之情已经得到了肯定,我们可以明显看出《后水浒传》比之于《水浒传》的进步。但是,即使是我们上面所肯定的屠俏与殷尚赤的爱情,两个人之间虽然有真情之实,却无真情之缠绵,让人体会不出爱情的美好。如屠俏对殷尚赤道:"俺们一对豪杰夫妻,全然用不着道学先生的斯文腔调,俺自去睡也。"说罢自脱衣上床,但洞房花烛夜,连温柔缠绵的爱情表达也变得如英雄处事般干净利索,总有一种让人哑然的感觉。至于太阴老母的主动逼婚更是泼辣、惊世骇俗,对爱情的追求让人敬佩,但坐产招夫、撒娇撒痴,"方才跌你两跤,却夫妻间斗耍,莫怪"的爱情追求方式实在大煞温馨、缠绵的爱情风景。

(三)情的绽放

在《荡寇志》中,情得到进一步张扬。为了使情张扬得合情合理,真实可信,作者首先要把人物塑造得真实自然。

正因为陈丽卿被塑造得真实自然,在她身上发生的情才真实可信。虽然武艺高强、性格开朗,且在得罪高衙内时也是她首先想到离家出走,但是父女两个人真的打算逃走时,陈丽卿道:"爹爹盼咐,孩儿都省得。只是母亲的坟墓,又没个亲人,托谁照看?"在听了养娘要陈丽卿帮忙浇花的嘱咐时,陈丽卿先是"暗笑",但随后又感到"凄惨","直送他出了大门,望他出了巷去,觉得鼻子一阵酸,怏怏的转来"。在真正离开家时,看到离乡背井已成定局,陈丽卿哽咽道:"早知如此离乡背井,那日不去烧香也罢。"开始后悔自己的鲁莽,表现出对家的依恋。在陈丽卿身上作者表现了浓浓的亲情、友情、爱情。

陈丽卿与父亲相依为命,对父亲非常依恋,在告别飞龙庄时,面对再住几日的挽留,她"一把拖儿的袖子",说父亲走她也要走,"活是个吃奶的孩子"。陈希真也不止一次说陈丽卿"同吃乳的孩子一般,离不得我"。当陈丽卿的先天真乙元神被高封的妖法摄去,性命难保,陈丽卿首先想到的是自己的父亲,"孩儿死不打紧,撇得爹爹怎好"。陈丽卿父女二人入住风云庄,当云龙询问强盗之事时,陈丽卿抢过话讲怎样落得黑店、怎样杀了盗贼逃出来时,与云龙一见便心怀好感,彼此称赏。"丽卿看那云龙,面如满月,唇如抹朱……生得十分俊俏。"云龙也不落眼地看那丽卿,暗想道:"此人这般文弱,倒像个好女子……"二人志趣相投,"说些剑击刺杀的勾当,十分入港。"虽然两人比武时,陈丽卿争强好胜,让云龙无招架之力,一心在武功上压住云龙,但二人比武后,云龙该喝罚酒,丽卿连忙道:"换杯热的。"关切之情溢于其言。二人相处融洽,只"听得格子门外笑语之声,丽卿、云龙兄弟两个,手给着手推门进来",几日的相处生出几许情感,两个异性之间已经生出真挚的友情。当丽卿要走时,"丽卿、云龙对面相看,都低着头不作声,颜色惨凄",云龙弹琴,"丽卿虽不善弹琴,听到那婉转凄清之处,不觉落下泪来",依依不舍。云龙把随身佩带的一口昆吾剑取来赠丽卿,想留作纪念,但丽卿不敢收,云龙于是把嵌花金钩子解下来,系在丽卿的剑上。送别的路上云龙再三叮嘱:"伯父闲暇便来舍下,不可失信。姊姊一路保重。"说罢,泪落下来,丽卿也为之流泪。上马分手后,那"云龙立马在路口,直望得希真父女不见影儿,方回马怏怏的循旧路回去"。别情伤神,在陈希真说到今后还要到云龙家时,陈丽卿爽快地说:"爹爹说还要到他家,孩儿却未必再来了。"不堪承受朋友之间的别情才是陈丽卿不愿意再来的原因吧!

自然,作为常人的陈丽卿与祝永清的爱情也被表现得淋漓尽致,刻画得细腻深刻。第八十七回"陈道子夜入景阳营,玉山郎赘姻猿臂寨",陈希真对陈丽卿说,"我往常看你的姻缘在此地,今日有了,与你寻得头好女婿",陈丽卿先是问"爹爹又要把我许与那个",并没有表示不嫁人,但是在父亲说明对象是祝永清时,陈丽卿却以陈希真就自己一个女儿为由,表示不嫁人,要服侍父亲一辈子。在父亲说明要给她找对象时,她关心的是哪一个,在父亲说出是祝永清时,她又找借口不答应,这只是女孩家害羞心态的表现罢了。在陈希真进一步劝她后,陈丽卿就爽快地答应了,"爹爹看得中,量必不错"。在两个人的拜见之礼上,陈丽卿是"仔细看那祝永清",把祝永清的长相、打扮看得一清二楚,心里还暗暗道声惭愧:"果然是个好英雄!"并称赞陈希真"真好眼力"。把青年男女第一次见对象时的动作、心理不折不扣地表现出来。

在酒后,祝永清要舞剑助兴,陈丽卿不甘落到未婚夫后面,也与祝永清共舞,在剑术上两人不分上下,陈丽卿心不甘,于是私下对刘广道:"姨夫,你撺掇我爹爹到教场里去。"一定找机会在祝永清面前显摆一下,在众目睽睽的军营里和未婚夫以比武为名,实乃表示陈丽卿对祝永清亲热、爱恋之情。在比武之后,二人踏着月色,骑着马缓缓而行,祝永清见皓月当空,一时兴发,吟了首七绝:"嫦娥捣药灵霄阙,碧海亭亭澄皓魄。犹似人间离别多,上弦才满下弦缺。"丽卿听罢,笑道:"兄弟,你对着月亮,咿咿唔唔的念诵什么?好像似读唐诗,又像说这月亮,什么上弦下弦?今夜的月亮镜子般滚圆,那里还像一张弓?"永清笑道:"对此月色,偶动心曲,胡乱口占一绝。"丽卿笑道:"我不省得什么叫做一绝两绝。"永清道:"原来姐姐不善吟咏。"丽卿道:"你不要打市语,只老实说。"永清道:"便是做诗。"丽卿大笑道:"好教诗来做我!"在担心自己"愚笨",可能引起祝永清的不满时,陈丽卿希望祝永清不要怪她,祝永清回答:"姐姐说那里话!姐姐是天上神仙,永清得侍奉左右,偌大福力,怎敢说'怪'字。"在得到祝永清肯定答复后,她笑道:"神仙早着哩,我爹爹恁般讲究,尚不得到手。"意思是祝永清你别说小瞧我不识字,你就是不小看我,我还不一定嫁给你为妻呢?而且把责任推到陈希真身上,当然这都是玩笑话,是陷入爱河之中的青年男女内心互爱之情的表达。两人一番对话,语言天真风趣,很好地体现了未婚夫妇之间,彼此仰慕,真诚交流,相亲相爱之情。

从上面的分析我们可以看出,在水浒小说中,情是一个从扭曲到逐步修正的过程,《水浒传》是一个扭曲的情的世界,到了《水浒后传》《后水浒传》,情得到重视,但表现得仍是虚无缥缈,虽然感觉触手可及,但实质相差万里,只有到了《荡寇志》,尽管小说的主人公都是天上的神将下凡,但是作者努力把她们塑造成常人,因而她们的情也是常人之情,真实而自然,至此,水浒小说中的情得到完全的修正。

第五节 人物形象演变的动因

水浒小说中的人物形象形态各异,姿态万千,有的人物形象如李逵在各部小说中的变化并不是很大,而有的人物形象的变化可以说是翻天覆地,如《水浒传》中的宋江与《荡寇志》中的宋江就迥然有别。作为整体的女性形象,也是在继承的基础上稳步推进。水浒小说是传统与时代交融的产物,同时又是在水浒小说发展史中作者与作品互动的结晶,而这两方面又恰恰是水浒小说中的人物形象演变的动因。

一、传统与时代的交融

美籍学者夏志清先生指出:"即使最为聪明的小说家,对现实的描写总不免要受到文化传统道德、宗教条件的限制,他有从传统中选择不同的因素来构成自己世界观的自由,但却不能完全扬弃那个传统。"[1]水浒小说的人物形象不可能不受传统因素的制约,因此,水浒小说的人物应该表现出一些共同性的特点。另外,也正如法国艺术家丹纳所说:"自然界有它的气候,气候的变化决定这种那种植物的出现,精神方面也有它的气候,它的变化决定这种那种艺术的出现。"[2]可见,一部文学作品不可能不受到时代的影响,其人物形象也不可能不表现出时代的差异性。正是在传统与时代的交融中,水浒小说中的人物形象才表现得如此姹紫嫣红。

(一) 传统

中国传统儒家思想最大的关怀是人间秩序的整体,也就是"天下有道",讲求士人对社会事务的参与,"治国平天下"是他们最终的人生追求。因此,中国文人从登上舞台的那一刻起,就忧道不忧贫,代表了社会的精神面貌与政治理想,能够救国救民、拯时救世、扶大厦于将倾是士人自我价值

---

[1] 夏志清.中国古典小说导论[M].合肥:安徽文艺出版社,1988:18.
[2] 丹纳.艺术哲学[M].北京:人民文学出版社,1983:9.

的实现。水浒小说的作者们,作为古代的文人,自然受到传统思想的影响,每一部水浒小说的主人公都印有救世者的影子。

《水浒传》中,宋江"中心愿,平虏保民安国"。为此,宋江一心想报效朝廷,即使仕途不顺,得不到皇帝重用,也决不落草为寇;即使被迫落草,也一意招安;即使在招安成功后,还是得不到朝廷的封官、重用,但为了国家的安定,人民能够过上太平日子,还是一心一意投入到平虏灭寇的救世道路中去;即使被赐药酒,还是"宁肯朝廷负我,我忠心不负朝廷",宁愿含冤而死。在《水浒后传》中,燕青已经喊出了"天下者非一人之天下",但面对金兵入侵,徽、钦二帝被掳,人民生活于水深火热的现实,还是冒险深入金营探主、杀奸除佞、海外建国,积极有所作为。在"折王进小乙逞雄谈,救关胜大名施巧计"一回中,从燕青以救国救民为旨,对王进进行反驳的言论中我们完全可以看出燕青救世的追求。《后水浒传》中的杨幺,完全站在老百姓的角度,主动为民征奸除暴,自觉地维护人民的利益,为了"救民倒悬",不惜暂时放弃"称王定号"。《荡寇志》中,尽管宋江已与《水浒传》中的宋江截然不同,但是与宋江形象相对应的陈希真,一心想荡平梁山,其目的还是"从此百姓安居,万民乐业,恭承天命,永享太平",拯救当时的乱世。《新水浒》中的英雄下山寻求个人的解放之路,其实又何尝不是在社会解放的过程中解放自己,他们同样是在为社会的解放寻求出路。

可以说,救世已经成为古代文人的一种情结,水浒小说的作者在内心救世情结的作用下,理所当然地把小说的主人公塑造成了救世者的形象,这是小说中人物形象共性的一个方面。同时,为了实现"士"这一特殊群体的自我价值,在中国传统儒家看来,他们必须受到一套特殊的精神训练,古代称之为"修己"或"修身"。"子路问孔子。子曰:修己以敬。曰:如斯而已乎? 曰:修己以安人。曰:如斯而已乎? 曰:修己以安百姓。修己以安百姓,尧、舜其犹病诸?"也就是说自我人格的完善是唯一的途径,"外王"必须建立在"内圣"的基础上。因此,"仁、义、礼、智、信"五德俱全,或者说成为圣人就成了他们自觉的自我追求。于是,在水浒小说中,小说的主人公要么符合传统儒家的理想人格,集中国传统的美德于一身,要么走向反面,但目的只有一个,那就是形象地昭示社会的出路。

《水浒传》中,宋江可谓"仁义礼智信皆备":平时仗义疏财,济危扶困,因此被称为"及时雨",即使落草为寇,但不劫来往客商,不害人性命,称得上仁;为了救晁盖,不惜知法犯法,与一百零七位英雄,亲如兄弟,称得上义;对待皇帝,对待朝廷命官,都待之以礼,丝毫没有僭越;知道当吏最难,提前与父亲脱离关系,作为梁山头领,能够指挥梁山兵马,取得战争胜利,千方百计使兄弟团结一致,促成招安,不能说没有智慧;每许人财物,从不失信,可谓讲信用。另外,宋江为了孝,不惜舍弃行进在投奔梁山之路上的兄弟们,哭着喊着奔家而去。《水浒后传》中,燕青"忠"的最高表现即所谓"黄柑面圣",危难之际,燕青一人苦苦支撑着全局,为国家积极奔波,真可谓鞠躬尽瘁死而后已。到达暹罗国后,燕青又竭诚为国,并诤谏李俊,希望李俊本人也要"励精图治,不宜自耽逸乐"。燕青赚得进出金营的木夹,三次深入金兵和刘豫统治的腹地,救关胜,救关胜家眷,救卢二安人母子。从泥泞天气男子尚难行想到二安人和小姐的受苦。挑担的小厮被害,燕青感到他可怜,并一定要挖深坑,"把他埋了,免得暴露"。燕青在用兵上也是技高一筹,凡是《水浒后传》中最重要的事业,基本上全是燕青主谋,暹罗国的建立,燕青功劳最大。因此,燕青与《水浒传》中的宋江一样,也是集多种美德于一身。同样,《后水浒传》中的杨幺、《荡寇志》中的陈希真等,也都是如此。《新水浒》的英雄形象虽然是反面的,但是从作者对他们的否定,我们还是能够清楚地看出作者的良苦用心。

传统思想并不全是精华,其中也有糟粕,自然,传统思想对水浒小说人物的影响有优也有劣。例如水浒小说中的女性人物形象就留有传统思想中糟粕部分的影子。《礼记·内则》规定:"男不言内,女不言外……内言不出,外言不入。"女子十岁以后就不许出门,"姆教婉娩,听从,执麻,治丝茧,织纴,学女事,以供衣服。观于祭祀,纳酒、浆、笾、豆、菹、醢,礼相助奠。""古者女师教以妇德,妇言,妇容,妇功。"在汉代,董仲舒提出了著名的"三纲"论,班固则提倡"阳唱阴随,男行妇随",班昭在《女诫·妇行》中亦对此做出阐发:"夫云妇德不必才明绝异也,妇言不必辩口利辞也,妇容不必颜色美丽也,妇功不必功巧过人也,清闲贞静,守节整齐,行已有耻,动静有法,是谓妇德;择辞而说,不道恶语,时然后言,不厌于人,是谓妇言;盥浣尘秽,腐蚀鲜洁,沐浴以时,身不垢辱,是谓妇容;专心纺绩,不好戏笑,洁其酒食,以奉宾客,是谓妇功。"《女诫·敬慎》又云:"阴阳殊性,男女异行,阳以刚为德,阴以柔为用,男以强为贵,妇以弱为美。"重阴柔,斥阳刚,完全否定女性的才能,最终目的还是让她们永远都处于柔弱顺从、男性附属物的地位。因此,在中国传统社会里,女性要么符合男性期待视野,要么仅仅供人娱乐,女性的这两种角色无疑都失去了独立自主的地位。在男权制的社会中,女性自然不自然地就扮演着男性的附属品的角色。这已经成为一种文化现象久存于人类历史之中,并成为人类的常规文化心理。

《水浒传》中,虽然作者描写了三位女英雄,但是除了在生理意义上承认她们是女性外,从性格、行为以至外貌等方面都把三位女英雄完全男性化了,她们"仍是在男性话语权威支配之下的性别书写的结果"[①],而"她们的存在就是为了凸显男性的绝对权威"[②]。《水浒后传》中,女性虽然不再如《水浒传》那样,红颜必是祸水,但是女性存在的意义好像除了以身相许,除了用自己的身体报答男性外,实质上别无其他。女性意识得到最大程度张扬的《荡寇志》,即使武有陈丽卿,智有刘慧娘,在小说中,两位女性是男性万万不及的,但作者还是要在她们的头上加上陈希真等形象,让陈丽卿、刘慧娘等女性在男人们的指挥下,冲锋陷阵,循规蹈矩,最终要完成男人生命历程中的神圣事业。在《新水浒》中,由于时代的影响,新思想、新观念盛行,一切旧的思想意识似乎都在砸碎之列,但是扈三娘面对不争气的王矮虎,好像除了一走了之外并无他法,郑天寿妻妹的爱情的实现只能是与姐夫私混,作为抗争的方式也还是为情献身这样的老路,作为男性附庸的女性,其地位又所变几何?

(二)时代

自然,文学是时代的产物,传统自然思想也要受到时代的影响,因此,水浒小说的人物形象在固守传统的基础上也会因时代的影响而发生变化。水浒故事经过了民间长期的文学积累过程,其中的英雄人物及其性格都具有了忠、义、侠等传统文化精神的独特魅力,并为人民大众所认同,但是,从英雄人物身上我们可以明显看出时代的痕迹,什么样的时代造就什么样的英雄。

宋明之际理学盛行,题材来源历经宋元两代,诞生于明初之际的《水浒传》受理学的影响颇深。作为本质是一种政治哲学化的儒学思潮,理学真

---

① 董阳.《水浒》女英雄的性别书写[J].福州大学学报,2009(4):82.
② 吴璇.从《水浒传》女性人物形象看作者的女性观[J].惠州学院学报,2008(1):48.

正的目的是"用以规范人心,重振纲纪,为君主政治的永久运转建立永恒的法则"①。正如张载在《张子语录》中所说:"为天地立心,为生民立命,为往圣继绝学,为万世开太平"②,而且"理学的'性说'从性命角度同样论证了人类社会的不平等是合理的,从而进一步论证了君主权力和君主政治制度的合理性,并强调了道德规范的绝对权威"③。因此小说的主要人物宋江,空有一身本事,即使得不到朝廷重用,甚至被朝廷逼得走投无路,也决不走上梁山;即使走上梁山,也一心招安,甚至不惜上走宿元景,下走李师师的门路,对朝廷毕恭毕敬,对自己痛恨的高俅等辈在关键时候也是又叩又拜。因为"理学家的第一志愿是'得君行道',亲自参加'平治天下'的事业"④。宋江为了实现自己的夙愿,不得不上下左右孜孜以求,但上不为朝廷所容,下不为兄弟们理解,所以只能成为屈原似的孤独的殉道者。

正如宋江的结局所警示的那样,士人的孜孜以求,为国为民鞠躬尽瘁并不一定带来相应的回报,在理学普遍受到重视的明代,曾被宋濂在太祖面前称赞"为文有才"的孟兼,也因与僧徒吴印相争,便落得先"廷杖"后"弃市"的下场,在明太祖眼里,士人也许不如一个僧徒。王阳明在受到一顿鞭打之后也终于认识到"得君行道"既是一条走不通的路,也并不是唯一的一条路,儒家"以道自任"的救世情结的实现完全没有必要硬挤那一条独木桥,在"仕"途之外另有一条"平治天下"的大道。理学的衰退,心学兴盛的态势也在水浒小说人物身上有所体现。

有遗民之痛的陈忱本身就精通经史,国破家亡的经历更促使他在朝代的轮回中警醒,于是在《水浒后传》中,陈忱借燕青之口喊出了"天下者非一人之天下"的心声。忠义固然是中国传统的美德,梁山英雄也一如既往地继承,因此,燕青等人要冒着生命危险深入金营探主,在皇帝危难之际要积极营救,在海外建国时还要奉大宋为正统,如此种种举动都是忠义之心使然。但是,此忠义非《水浒传》中宋江之彼忠义,宋江之忠义是没有任何条件的忠义,他的行为是对自己头脑中忠义的抽象的衡量标准的彻头彻尾的贯彻,而《水浒后传》中之忠义则是对历史与现实反思后的结果,梁山

---

① 傅惠生.宋明之际的社会心理与小说[M].北京:东方出版社,1997:2.
② 张载.张载集[M].北京:中华书局,1978:320.
③ 傅惠生.宋明之际的社会心理与小说[M].北京:东方出版社,1997:2.
④ 余英时.宋明理学与政治文化[M].桂林:广西师范大学出版社,2006:7.

英雄审时度势不断地修正忠义的实现途径,因为在他们看来,《水浒传》中宋江不睁着眼看的忠义只能是与国无用,与己无利,"白骨封侯亦可怜"。因此,尽管忠义也一直是他们的指导思想,但燕青探主却心静如水,我们很难设想如果把燕青换成宋江会是什么结果;梁山旧部在中原过不下去,他们能想到远走高飞,而《水浒传》中的宋江面对毒酒还是"宁肯朝廷负我,我忠心不负朝廷";在路上偶遇奸臣,他们丝毫没有犹豫,把一个个奸臣都送上了不归路,而《水浒传》中的宋江不见奸臣时对之恨之入骨,而奸臣真来到宋江的面前,又因为奸臣背后代表朝廷,宋江又只能卑躬屈膝;《水浒后传》中尽管众英雄仍奉宋朝为正统,关键时刻解救大宋皇帝于危难,并亲自到朝廷受封,但他们毕竟建立了自己的王国,如果换成宋江又该如何呢?《后水浒传》的作者不仅不同意《水浒传》中宋江的愚忠,对《水浒后传》中英雄们被动的忠也有所不满,在他们看来,宋江的愚忠只能是害人害己,而《水浒后传》中英雄们的一走了之也不是解决问题之道,为了达到救世的目标,只能是"杀奸除佞",通过主动的斗争,用武力使皇帝能够醒悟,从而使"昏者新其德"。因此,《后水浒传》中英雄们的斗争性比前两部书要强,他们从一开始就主动地谋划自己的事业,朝着救世的方向脚踏实地地前行。

  《荡寇志》产生的时代,社会已经千疮百孔,加上军事上的不堪一击迫使一些有识之士开始醒悟,在自然而然的中西对比中,他们不再夜郎自大,开始正视传统的不足。反映在《荡寇志》中,就是英雄们已经不再是仅凭着一身力气厮杀的莽汉,他们在战斗的同时要关注战争的经济基础,在战斗的过程中要讲究新技术、新武器的使用,这显然与传统的冷兵器时代的战争不同。同时,国内农民起义的风起云涌也促使他们延续着对忠义的思考,农民起义的负面影响更是让他们认为"忠义必不作强盗,强盗必不算忠义"。于是,宋江在《荡寇志》里成了阴险狡诈的小人、不忠不义之人,而猿臂寨的英雄们则与梁山完全相反,即使被逼迫也誓不与朝廷为敌,而是一有机会便为朝廷出力,并且功成之后,适时隐退,走过的道路正好与《水浒传》中梁山英雄走过的路完全相反。《新水浒》所处的时代,是全社会维新改良众口一声的时代,因此,《新水浒》中的英雄大部分都成了维新改良的体验与实践者,他们勇敢地走出梁山,投入到轰轰烈烈的社会事业的改革中,用自己的所作所为体现或反讽着时代的价值。

第五章 水浒小说的人物形象

在水浒小说女性形象的演变上也可以看出时代的影响。《水浒传》受理学影响,理学"存天理,灭人欲"的说教喧嚣一时,"小说也多理学化了"①。其中,情欲更是被理学家视为洪水猛兽,于是能否控制情欲成了检验英雄的试金石,梁山英雄多不近情,即使三位女英雄"更多的也是刚烈之美"②。英雄尚且如此,那么其他的女性形象便成了作者肆意诋毁的对象。红颜是祸水,潘金莲、潘巧云、阎婆惜等辈本来就是作为社会的弱者出场的,作者并没有把她们塑造成应该可怜且英雄应出手相救的对象,反而把她们都塑造成英雄们走上反抗道路的导火索,成了批判、恣意杀戮的对象。她们对爱情的渴求也被贴上了淫欲的标签,她们爱情的获得只能通过偷情、勾引,她们对正常感情生活的追求被完全否定,女性生命价值只能体现在理学家所要求的"从夫""事夫"的过程中,附着在"忠臣义士"一类的男人身上。《水浒传》中的女性因而没有独立的人格,她们只是工具、附庸。在这样的背景下,作家们写出的是"扭曲的文章",作品表现的是"扭曲的人格"。③

明代中后期王学兴起,程朱理学僵化统治被逐步打破,人的自我意识渐渐觉醒,思想文化开始活跃起来。后起的思想家李贽更是肯定人欲,赞美人情,主张人的平等,追求个性的发展,王阳明"心学"就是"对人的价值的强调和主体意识的弘扬"④。李贽在女性问题上,从人伦关系的角度,肯定了女性的重要作用。他在《焚书·夫妇论》中指出:"夫妇,人之始也。有夫妇,然后有父子,有父子然后有兄弟,有兄弟然后有上下。"⑤在道德婚姻问题上,他肯定情的作用,有情者终成眷属乃人之自然向往。于是,他热情地称赞寡妇卓文君不待"父母之命,媒妁之言"而与司马相如私奔为善择佳偶,认为女性对爱情的追求是合理的。作为社会神经末梢的作家们,在他们的作品中,对以李贽为代表的进步文化思潮的影响做出了敏锐而强烈的反应,女性题材的作品逐步增多,作品中情欲的描写也逐步得到人们的认可。出现了兰陵笑笑生、冯梦龙等一批具有先进思想的作家,写出了

---

① 鲁迅.中国小说的历史变迁[M]//鲁迅全集:第9卷.北京:人民文学出版社,1981:319.
② 周玉华.《水浒》女性英雄形象塑造及其意义探析[J].湖南科技学院学报,2007(7):33.
③ 李剑国.古稗斗筲录[M].天津:南开大学出版社,2004:179.
④ 宋克夫.宋明理学与章回小说[M].武汉:武汉出版社,1995:105.
⑤ 李贽.焚书·夫妇论[M].北京:中华书局,1974:252.

一些反映女性命运的作品,作品中的男女之情更加动人。

《水浒后传》《后水浒传》中,男女之情得到了肯定,女性也不再是红颜祸水,而且是人伦关系中必不可少的一环,也是男性事业上的左膀右臂。她们的外貌已经恢复到女性的本来面目,她们的性别意识已经慢慢觉醒,她们对爱情的追求也得到肯定与满足。

《荡寇志》也是借水浒题材聊以抒发自身怀抱,因而我们不应从小说内容上两部书的针锋相对,就把《荡寇志》视为反《水浒传》的文本,而应看到它反映了当时的特定历史和文人心态。尽管俞万春所处的时代还只是对西方列强的强大表示惊讶,对眼前的一切还来不及科学认识和深刻理解,但这并不妨碍他描绘出那个特定时代文人的心理。在《荡寇志》中,女性在漂亮外貌的基础上,更具备了男性所不及的聪慧,因此,刘慧娘竟成了《水浒传》中智多星吴用的克星。更重要的是在《荡寇志》中,女性的柔情与爱情在水浒小说中第一次得到张扬。只因为情的注入,《荡寇志》中的女性形象才成为一个个看得见、摸得着、精灵、鲜活的生命个体。《新水浒》中,同样是因为时代的因素,女性可以在社会中独创一份事业,可以为情不顾礼法,甚至可以漂洋过海,到过去我们认为的蛮夷之国去学习。

二、作者与作品的互动

每一部水浒小说都是作者独立创造、思考的结果,体现着作者的独特个性。而过去我们一般把《水浒传》以外的小说看作是《水浒传》的续书,认为它们产生的动因主要是受《水浒传》的影响。实际上水浒小说是不同的作者借同一水浒题材表达自己独特的心声。当然,每部水浒小说也不是凭空创作出来的,都是在继承之前水浒小说作者思想及作品艺术的基础上进行创作的,每部水浒小说产生后其作者的思想与作品的艺术又必然对其后的作品产生作用。在水浒小说乃至在文学的整个历史当中,作者与作品都是互动的,水浒小说之间作者与作品的互动自然会影响到水浒小说的人物形象。

(一)作者

《水浒传》的作者认为英雄们上梁山是官逼民反的结果,作者借宋江要表达士人拯时救世的情怀,所以与《大宋宣和遗事》相比,宋江的人物形象得到改观。宋江杀阎婆惜不再是因为与张三争风吃醋,宋江上梁山也不再是因为杀了人主动投靠梁山。杨志上梁山也不再仅仅是因为杀了牛二,在《水浒传》中主要是因为朝廷的不容。因为要表达救世的主旨,为了突出末世的特征,所以英雄们注定要大开杀戒,梁山英雄如李逵不分该不该杀,一律杀之而后快,以自己的痛快为标准。

《水浒后传》的作者陈忱是"借他人之杯酒,浇胸中之块垒",他在《〈水浒后传〉原序》中,一方面肯定了宋江"横行江淮间,官军莫敢婴其锋"的"替天行道"行为;另一方面又对宋江的言行有所非议:"惜多假仁假义,而不保其身,有以也。未若一百八人,悉为黑旋风、鲁智深、武行者、拼命三郎,则乱臣贼子何患不扩清,中原何故陆沉,二帝岂蒙尘载!"陈忱对宋江的指责,主要是针对宋江对奸臣高俅一伙,虽然心怀不满,但为了争取招安,仍对他们妥协宽容,甚至俯伏乞怜。还有就是对宋江认不清形势,盲目招安,以致害人害己、徒劳无功的不满。为此,陈忱便有意从宋江忠义却见鸩于奸党的结局中引出教训,让梁山残余英雄走出一条与《水浒传》不同的道路来,"为后世有志者劝"。于是,《水浒后传》中英雄的斗争性更强,他们不仅对奸臣恨之入骨,一定要杀之而后快,而且对昏君也毫不留情面,"那道君皇帝闻着蔡京的屁也是香的",皇帝"偏用一班小人"。因为陈忱不主张主昏臣奸的情况下盲目招安,但是"奸佞满朝,妒贤嫉能"的现实很难改变,英雄"无好结局"更多的是历史的必然,于是李俊认为自己适时而退是"幸得先见,结识几个好兄弟,得此安身立命之所,倒也快活",尽管后来英雄们还要与奸臣一如既往地斗争,但是对"鸟尽弓藏、兔死狗烹"的历史规律有了清醒认识,在他们身上已经部分地蜕掉了杀气、蛮气、粗鲁气,《水浒后传》体现了"一种带着浓浓文人情调的人的审美趣味"①。于是英雄们开始欣赏优美的景观,李俊本来要去看打鱼,但因大雪行不得,于是,李俊等人便"登缥缈峰饮酒赏雪"。顾大嫂的酒店里还摆着花瓶,"两个走进水亭里看时,一边靠着大树,绿荫摇凉;四扇槅子亭窗对着条涧,流水潺潺;小桌上供着一瓶剑叶菖蒲,几朵蜀葵花,好不清幽"。新增人物形象突出的一点是减去了粗鲁气,增加了儒雅气。李逵、鲁智深这般性格的人物不再出现。闻焕章、宋安平、花逢春,前两个人都是手无缚鸡之力的文儒之士,花逢春,则带着太多的江南文士气。他"穿紧身绣袄,拿一张弹弓,随小

---

① 王旭川.中国小说续书研究[M].上海:学林出版社,2004:233.

厮,从桃花林中走出",在以后的家庭危难中,花逢春也是束手无策,毫无主见,唯有流泪,只是靠着梁山众英雄的帮助才得以化解危难。在大开杀戒的《水浒传》中这是不可想象的。

《后水浒传》中,作者仍然延续了《水浒传》《水浒后传》官逼民反以及宋江济危扶困、除暴安良的精神,《后水浒传》中的英雄们仍然把奸臣邪佞当成他们主要的斗争对象,对他们的打击务必置于死地。同时,又因为他们对主昏臣奸的认识更为深刻,"若果有圣君贤相,孰不愿为忠良?我今定见,因见宋室不用好人,专信奸佞",因此,《后水浒传》中英雄们的斗争与之前两部水浒小说相比更为主动,更为坚决,甚至"有志图王"。此外,在小说中作者一再表达这样的观念:"只可取之奸佞贪婪,不可伤损小民以及滥杀",于是,《后水浒传》中的英雄不再像《水浒传》中的李逵那样不分奸臣还是老百姓,不管该杀还是不该杀,抡起斧头,只顾排头砍去,不像《水浒后传》中的孙新那样,对在床上"呱呱地哭"的孩子都不放过,要"斩草除根"。在《后水浒传》中,王豹被杀后,杨幺下令:"王豹作恶,我已正罪。但他占人妻女,以及田产等项,原人各自认领,只留他上传遗业供他妻小。你们日后不可记恨王豹,欺负他家。"能把作恶者与作恶者的家人分别对待,作者的观念确实与之前作者相比,进步不小。

《荡寇志》在创作精神上改变了"借他人之杯酒,浇胸中之块垒"的创作意识,而是借题发挥,表达自己的社会政治观点、哲学观点与宗教精神,即表达作者的主体精神与意识,而转向重在对原书中人物、情节或对原作主题的评论与评价。不仅在人物形象塑造上和语言描写上,表明他的立场,在情节设置上也与《水浒传》针锋相对。"《水浒传》有林冲陷入囹圄刺配沧州,终于逼上梁山,《荡寇志》有陈希真之女陈丽卿痛打高衙内闯下大祸弃家出逃;《水浒传》有宋江与阎婆惜之事,《荡寇志》有戴春与阴秀兰一事;《水浒传》有三打祝家庄,《荡寇志》有三打兖州城;《水浒传》有武松打虎,《荡寇志》有唐猛擒豹……这种写法给小说带来了严重伤害,让读者产生模仿的感觉"[1]。极力赞扬《荡寇志》的文人赵苕狂在《荡寇志考》中也不得不承认《荡寇志》"在'个性描写'上,却是万万及不上《水浒传》的"。[2]

---

[1] 马瑜.荡寇志的接受与解读[D].天津:天津师范大学,2003:10-11.
[2] 赵苕狂.荡寇志考[M].上海:世界书局出版,1935.

政治倾向性导致人物形象的变化:作者首先对梁山义军的首领宋江进行了再塑造。《水浒传》中的宋江,人称"及时雨""呼保义",有见识,有组织才干,讲信义,具有复杂性格特征。《水浒传》第八十一回燕青月夜遇道君时奏道:"宋江这伙,旗上大书'替天行道',堂设忠义为名,不敢侵占州府,不肯扰害良民,单杀赃官污吏谗佞之人,只是早望招安,愿与国家出力。"这段话十分准确地概括了梁山泊聚义宗旨,反映了宋江斗争性、革命性的一面,又反映了他渴望招安的妥协性的一面。他就是这样一个具有两重性的复杂典型,在两种倾向相互消长、反复较量之后,还是接受了招安。原著作者充分展示的是他作为领导者的军事才能和组织才能,而他作为领导者的政治手腕和谋略在书中有所淡化。俞万春则突出了宋江权术和手腕的一面,把他塑造成一个虚伪、有野心、假忠假义的形象。他"外面做出忠义相貌,心内却十分险恶",为与卢俊义争位,与吴用谋划,让金大坚、萧让伪造天降碣石,挂在嘴上的受招安原只是为拉拢弟兄。他忽惊、忽喜、忽笑、忽哭,阴晴寒暑,变幻莫测。尽管他是一个奸臣的形象,但是作者把他放在一种政治斗争的环境中进行描写,使得他的性格真实可信。因而当钦差侯蒙即将上梁山招安的消息传开以后,宋江喜上眉梢,笑逐颜开,张罗着迎接使臣的各项准备工作;骨子里却满腹狐疑,忧心忡忡,指令亲信去暗杀侯蒙,就显得自然合理了。从权力斗争的角度来说,这样的设想完全是合理的。就像无名氏《读水浒传后》中所讲:"英雄本有野心,无野心不能成为英雄。英雄者,一方有圣人性质,而一方则有盗贼性质者也。大抵圣人性质多于盗贼性质,则成帝王,盗贼性质多于圣人性质,则为流寇;帝王流寇之分,视此而已。"①

《新水浒》不是对经典的模拟,也不是通过续写名著的人物与情节以表达自己的观点、思想,《新水浒》只是借原作一个名,以"写写自家的怀抱"。因此,《新水浒》中的英雄形象与此前水浒小说中的英雄形象几无关系,而是体现了时代的特征。

(二)作品

每一部水浒小说作为一种存在,便不能不对后来的小说产生影响,尽管有的影响可能微乎其微,我们难觅其迹,但水浒小说的巅峰之作如《水浒

---

① 无名氏.读水浒传后[G]//朱一玄.明清小说资料选编.济南:齐鲁书社,1990:366.

传》,其对后来水浒小说的影响就非常明显,而且这种影响是全方位的,人物形象仅是其中的一例。

《水浒传》的结局留有回味和遐想的空间,于是便成了后来小说作者进行故事构思的由始。《水浒后传》继续了《水浒传》中宋江被害,梁山英雄四散飘零的结局。《水浒传》中宋江是忠臣,其余众英雄都是义士,但不仅不能"策功建名",反而"不得令终,负屈而死",《水浒后传》则让梁山剩余英雄"更觉轰轰烈烈,做出惊天动地的事业来,功垂竹帛,世享荣华",因此,《水浒后传》中的英雄与奸臣的斗争更加针锋相对,而且能够审时度势,在海外建国,众英雄也不再是只知战场厮杀的勇士。与《水浒传》相比,《水浒后传》中的人物排列重文轻武,文高武低。原因是梁山泊是一个倚重武艺高强的人来打天下的军事集团,而《水浒后传》所描绘的是一个需要依靠具有治国才能的人进行治理统治的集团,为了治理天下的需要,新加入义军的好汉多是一些文人,众位英雄与《水浒传》中相比,也显得较为文秀。在《水浒后传》中,对英雄正常的情欲也是肯定的,如花茂道:"他若有志,抚着儿女传延花氏一脉也好。"不自觉地想到儿女情事,在小说末尾更是给英雄安排了一场集体婚礼,与《水浒传》相比,的确"花团锦簇"。

《后水浒传》中,作者对《水浒传》众英雄的结局不满意,认为"大凡天道有个循环,气数有个劫运",于是,洞庭湖三十七位英雄则被描写为《水浒传》中三十七位天罡地煞的转世,在人物结构上杨幺、王摩、何能、贺云龙分别对应宋江、卢俊义、吴用和公孙胜,保留了梁山泊原有的领导班子,他们的形象一方面延续了《水浒传》中众英雄的特点,但是,另一方面众英雄的结局也促使两部书的人物形象有着巨大的差别。

俞万春在《荡寇志》的引言中这样说道:"这一部书名唤作《荡寇志》。看官,你道这书为何而产生?缘施耐庵先生《水浒传》并不以宋江为忠义,众位只须看他一路笔意,无一字不描写宋江的奸恶。其所以称他忠义者,正为口里忠义,心里强盗,愈形出大奸大恶也。圣叹先生批得明明白白:'忠于何在,义于何在?'总而言之,既是忠义,必不做强盗;既是强盗,必不算忠义。乃有罗贯中者,忽撰出一部《后水浒》来,竟说得宋江是真忠真义,从此天下后世做强盗的,无不看了宋江的样:心里强盗,口里忠义。杀人放火也叫忠义,打家劫舍也叫忠义,戕官拒捕、攻城陷邑也叫忠义。看官你想,这唤作什么说话!真是邪说淫词,坏人心术,贻害无穷。此等书,若容他存留人间,成何事体!"但因为《水浒传》"既已刊刻行世,在下亦不能禁止他",为了打破《水浒传》"伪言",故作《荡寇志》,"使天下所世,深明盗贼忠义之辨,丝毫不容假借",宋江就成了一位"假仁假义""祸国殃民"的小人。《水浒传》中有吴用,《荡寇志》中有刘慧娘,其智谋更胜吴用一筹;唐猛对应武松,武松打虎,唐猛打豹;陈丽卿对应花荣,一为女飞卫,一为小李广,两个人都擅长用箭;以陈希真对应公孙胜,并最终摄去了公孙胜的魂魄,而把他生擒。

《水浒传》里有些人物给读者留下了悬念,这给水浒小说作者以很大的想象余地。例如,王进虽非梁山好汉之数,却堪称《水浒传》里具有传奇性的人物,这位身怀绝技的东京八十万禁军教头受高俅逼迫而背井离乡,远走延安府,但小说对他后来的情况却毫无交代,只字未提。金圣叹也不无惋惜地说他是"神龙无尾"。为了满足人们心理的期盼,王进在《荡寇志》中再一次现身,并对自己的形象进行了演绎。

第六章 水浒小说的结构

法国叙事理论家罗兰·巴特说叙事作品都"具有一个可资分析的结构,不管陈述这种结构需要多大的耐心。因为最复杂的胡乱堆砌和最简单的组合是不可同日而语的。如果不依据一整套潜在的单位和规则,谁也不能组织成(生产出)一部叙事作品"①。小说结构作为内容与艺术的载体,体现着作者最大的匠心。因此,水浒小说结构的研究同样是水浒小说研究中重要的一环。

第一节 水浒小说结构研究综述

一、《水浒传》结构研究综述

关于《水浒传》的叙事结构,一直众说纷纭,难有定论。在其研究史上,曾有三种说法比较有影响力:一种是围绕"缀段式"讥评展开,一种是《水浒传》结构有机、无机之争,还有一种则是"板块结构"说。

对于中国古代长篇章回小说的整体结构,西方人往往予以"缀段式"的讥评。所谓"缀段式"结构,是指一连串的故事是并列关系,"这些故事或者由一个、几个行动角色来串连,或者由某个主题把它们统摄起来,它们之间不存在因果关系,因而挪动它们在小说时间和空间的位置也无伤大体"②。亚里士多德在其名著《诗学》中认为:"缀段性的情节是所有情节中最坏的一种。我所谓缀段性情节,是指前后毫无因果关系而串接成的情节。"③西方研究者对"缀段"的偏见延续到《水浒传》的结构研究上。罗溥洛在其主编的《美国学者论中国文化》中说:"108 位英雄好汉在一系列乱

---

① 伍蠡甫.西方文艺理论选编[G].北京:北京大学出版社,1987:474.
② 石昌渝.中国小说源流论[M].北京:三联书店,1994:32.
③ 转引自浦安迪.中国叙事学[M].北京:北京大学出版社,1996:57.

糟糟的互不相干的故事情节中上了梁山。"①库恩在翻译《水浒传》的时候也曾把武松、潘金莲、西门庆的故事删去不译，认为这些故事与《金瓶梅》中的完全一样，不必重复。中国古典小说一段一个事件单元，事件单元与事件单元连接，最终组成整个故事。从表面看是按照事件自然而然的演进进行铺叙，具有"缀段"的特点。因此，西方的"缀段式"讥评具有一定程度的针对性和合理性。陈寅恪在《再生缘》第四十一回评点中也认为："至于吾国小说，则其结构远不如西洋小说之精密。在欧洲小说未经翻译为中文以前，凡吾国著名之小说，如水浒传、石头记与儒林外史等书，其结构皆甚可议。"②陈寅恪显然是以西方小说的结构方式和原则作为评价中国小说的标准。但也有人包括西方人在内有不同意见，如浦安迪认为对中国小说进行"缀段式"的讥评时，"我们应该先对'缀段形式'与'统一形式'作一根本的分辨，以便阐明中国叙事文学结构的全面问题"③，认为中国古典小说从情节结构上看是有"缀段"的特征，但并不能说明中国古典小说缺乏艺术的统一性。韩南一方面承认中国小说结构低于高层次结构的水平，但又以《水浒传》为例，认为《水浒传》的结构不是随意的，有上层结构统辖。

从表面看，《水浒传》的结构在叙述技巧上缺乏情节贯穿的严谨组织，注重的是"段"与"段"之间的巧妙连接。由"段"组成的事件单元在逻辑上并无太深的联系，这也是造成"缀段式"讥评的最主要原因。然而，浦安迪认为"段"与"段"之间的巧妙连接组成全体正是中国古典长篇小说的一个特色。浦安迪在总结四大奇书表现形式上的特点和其中所蕴含的文化意蕴的基础上，把中国古典小说的结构形式定义为"奇书文体"。浦安迪的分析对我们纠正"缀段"的偏见大有帮助。但浦安迪的论述，虽然涉及结构的整体表现形式，但仍偏重于从文本自身的角度来把握小说结构，这样一种把握更符合西方叙事学关于小说结构的分析与审美，把结构仅仅看成叙事要素的集合体，这与古代小说评点家对中国小说结构"章有章法""部有部法"的整体性认识并不能完全相融，中国古典小说结构的整体性和特

---

① （美）罗溥洛.美国学者论中国文化[M].包伟民，陈晓燕，译.北京：中国广播电视出版社，1994.
② 陈寅恪.寒柳堂集[M].上海：上海古籍出版社，1980：60.
③ 浦安迪.谈中国长篇小说的结构问题[M].中外比较文学的里程碑.北京：人民文学出版社，1997：3.

征性依然没有得到体现。显然,这样的描述仍然停留在西方叙事学强调的要素层面。中西方文学在发展中具有不同的叙事传统,其实浦安迪在书的一开始就已经说明,他所说的叙事"与其说是指它在《康熙字典》里的古义,毋宁说是探索西方的'narrative'观念在中国古典文学中的运用"①。我们也没必要求全责备,浦安迪对中国古代小说结构的分析尚能提供给我们更为广泛的思考途径以及认识角度,不过这离我们对中国古代小说结构正确认识还有一段很长的距离。因此,无论是否承认水浒小说的结构具有"缀段"性的特点,都离正确认识水浒小说的结构还有一段距离。

茅盾在《谈〈水浒〉的人物和结构》中认为:"从全书看来,《水浒》的结构不是有机的结构。我们可以把若干主要人物的故事分别编为各自独立的短篇或中篇而毫无割裂之感。"②李希凡针对茅盾的观点,发表《〈水浒〉的作者与〈水浒〉的长篇结构》,他认为:"《水浒》长篇章回结构,不仅不是缺乏'有机的结构',而是具有着现实主义长篇艺术结构的主要特色,它的个别累赘、松散的地方,虽然还存留着说话讲述阶段某些原始形态的缺陷,表现了长篇章回小说刚刚形成时期的过渡阶段的特点,但这并没有完全损害它的思想艺术概括的完整性。"③这就是所谓的《水浒传》结构"有机与无机"之争。

20世纪80年代学术界关于《水浒》叙事结构模式最有代表性的观点是"板块结构"说。最早是郑云波在《论〈水浒传〉情节的板块构成》④一文中提出此说的。以后马成生教授在《水浒通论》中又做了进一步阐述,但基本观点类同:"《水浒》的作者就是设置了这第一条思想意义的线——'忠义',把全书的大'板块'与小'板块'贯穿起来。"⑤杨义在《中国古典小说史论》中也认为:"《水浒传》的叙事结构'先是折扇式的列传单元,后是群体性的战役板块'。"⑥

另外,《水浒传》的结构研究趋向于多元化后,众说层出,简直让人眼

---

① 浦安迪.中国叙事学[M].北京:北京大学出版社,1996:4.
② 茅盾.谈《水浒》的人物和结构[J].文艺报,1950(2).
③ 李希凡.《水浒》的作者与《水浒》的长篇结构[J].文艺月报,1956(1).
④ 郑云波.论《水浒传》情节的板块构成[J].水浒争鸣第四辑,1985.
⑤ 马成生.水浒通论[M].杭州:浙江古籍出版社,1996:303.
⑥ 杨义.中国古典小说史论[M].北京:人民出版社,1998.

花缭乱。孙逊认为《水浒传》的结构"是线性结构,具体表现为作品采用单线发展的线形结构形式,每个故事既有相对的独立性,同时又有一根观察线把它们贯穿在一起"①。刘孝存、曹国瑞两人认为《水浒》的结构形式更像"一把打开的折扇",姑且称为"折折扇"②结构。崔茂新通过解读《水浒传》之诗性结构,"提出小说叙事的诗性结构这一理论范畴"③。陈辽认为"长篇《水浒传》的结构,则是递进式的,由鲁十回递进到林十回,再由林十回递进到武十回,由武十回再递进到宋十回……于是《水浒传》以递进式的结构取代了单线顺序式的结构。这在我国长篇小说结构上又是一次创新"④。此外,关于《水浒传》的结构还有"环形结构说"⑤、"珠串式线型结构说"⑥、"单线组合说"⑦、"先验性结构说"⑧等。

  远离了"缀段"的争议,尤其进入中国小说研究的新时代以后,借助西方的小说研究理论,水浒小说结构的研究更为科学,研究成果倍出,众说看似都有一定的道理,却总给人以意犹未尽的感觉。这是因为众多的论断实在是以具体作品的表层直观,甚至以直观的某一部分当作全局,由于关注的局限性,虽然众说都有一定道理,实质上并没有触及水浒小说结构的核心问题。也有一些学者借鉴西方叙事学理论,从叙述时间、叙述视角等方面来谈古代小说,但是古代小说并不以情节为中心,不妨以小说起首故事又被习惯称为"引子""楔子"为例,按照西方的小说理论,小说起首故事在理论上是讲不通的。但在中国古代小说中,起首部位的事件单元在整个大故事中处于解释和支配的地位,是一系列事件单元发生的原因。它们与整个故事的联系更多的是在神理上,是有着重大意义的。杨义的《中国叙事学》、浦安迪的《中国叙事学》和韩国颖的《论中国古典小说的先验性结构》等在研究中国古典小说结构方面关注到了中国的文化意蕴对中国小说结构的影响,试图指出中国古典小说结构呈现的精神层面的独特性,可以说,

---

① 孙逊.明清小说论稿[M].上海:上海古籍出版社,1986:51.
② 刘孝存,曹国瑞.小说结构学[M].北京:光明日报出版社,1989:127.
③ 崔茂新.论小说叙事的诗性结构——以《水浒传》为例[J].文学评论,2003(3):144.
④ 陈辽.论中国古代长篇小说结构的嬗变[J].江海学刊,1995(1):151.
⑤ 朱迪光.信仰·母题·叙事[M].北京:中国社会科学出版社,2007:291.
⑥ 孙逊.明清小说论稿[M].上海:上海古籍出版社,1986:51.
⑦ 张稔穰.中国古代小说艺术教程[M].济南:山东教育出版社,1991:513.
⑧ 韩国颖.论中国古典小说的先验性结构[D].上海:华东师范大学,2007.

这些专家对中国古典小说结构的研究已经有向内部深层深入的趋向。如韩国颖认为:"先验性结构的研究视角属于文化心理层次,这一结构框架在中国古典小说的叙事结构中具有很大的普遍性,可以说,先验性的结构不仅是一种古典小说艺术的结构方式,同时从深层次上讲,是和中国传统文化密不可分的,是具有中国文化特色的艺术载体形式。"[①]但这些尝试要么偏离了初衷,仍然走向西方小说情节中心论的轨道,要么陷入传统的泥淖而不能自拔,缺乏冷静与客观的思考。

二、其他水浒小说结构研究综述

与《水浒传》结构研究构成鲜明对比的是,对于除《水浒传》以外的其他水浒小说,研究者关注更多的是其思想性,对于艺术性普遍重视不够,对于其结构的研究更是甚少。本书简述如下:

在除《水浒传》外的水浒小说中,大多数研究者认为《水浒后传》的艺术特色是最好的。在其结构上,肖鲁云认为《水浒后传》的结构是:"具体的小说叙事结构之技与'天人之道'结合,营构成整体结构。前半部分大体以朝廷'收管甘结'梁山旧党贯穿,后半部分则是在民族冲突线中铺展。与《左传》相比,虽略有逊色,但也有几个任务(人物——作者注)比较出色。作者善于在语言行动中展示人物性格。如乐和。文中善于采用对比、烘托、渲染等方法塑造人物性格。作品还有意识(地——作者注)弥补了《水浒传》中拉杂凑迫人物上山的弊端,使重新聚义的人物有一个明确的理由。"[②]肖鲁云对《水浒后传》的叙事结构做出了充分的肯定,甚至认为《水浒后传》的结构弥补了《水浒传》的不足,并在一定程度上有所超越。

刘兴汉在《〈后水浒传〉三题》一文中认为:"在作品的整体构思上,这部作品有它突出的特点:杨幺起义和宋江等人的造反本是风马牛不相及的两回事,作者巧妙地用'托生'的办法把他们连接起来……这种描写为全书定了调子,如同《儒林外史》的楔子,起到了提纲挈领、敷陈大义的作用。结尾更与开头遥相呼应。"在全书的结构布局上,《后水浒传》也有它自身的特点:"一方面汲取了《水浒》的长处,有重点描写洞庭各英雄的章节段

---

① 韩国颖. 论中国古典小说的先验性结构[D]. 上海:华东师范大学,2007:6.
② 肖鲁云. 20世纪以来《水浒后传》研究综述[J]. 安徽文学,2009(4):34.

落,描写集中,易于刻画人物;另一方面它也避开了《水浒》的短处。《水浒》前70回基本上是由各英雄的本传连缀而成,并无贯穿全书的人物或中心事件。《后水浒》则基本上以杨幺的描写为中心。杨幺的形象起到了贯穿全书的作用。全书的结构安排好比编织一条辫子,杨幺的描写是最粗的一股。这条辫子就是以杨幺这股为主干,而后陆续把其他英雄的活动编织进来。"①

对于《荡寇志》的结构,易永姣认为:"《荡寇志》以军事斗争为题材,但整个故事却是放置在一个济世降妖的文本框架中。"并且认为"这一结构并非由原著'洪太尉误走妖魔'所规定的。因为作者在第一百三十六回,审问萧让、金大坚,揭露了刻写三十六天罡、七十二地煞的石碣系宋江的诡计,所以实际上作者已经着意于打破前传的妖魔框架,而另立了一个正神收魔的结构"②。

从水浒小说结构研究的历史与现状可以看出,水浒小说结构的研究仍然集中于《水浒传》的结构研究。并且,水浒小说的结构研究仍然存在这样那样的不足,有待进一步深化。

第二节 水浒小说结构的双构性

作为中国古代长篇章回小说中的一员,水浒小说具有中国古代长篇章回小说双构性的特点。对于中国古代长篇章回小说的这种双构性特点,历来不乏研究者关注。浦安迪将叙事结构,当然主要是指明清的长篇章回小说的叙事结构,分为两个层面:一是外形结构,指大型叙事架构存在的内在形式规则和美学特征,类似结构之道;二是纹理特征,指叙事文本中段落与段落之间的细针密线,类似结构之技。③ 杨义坚定地指出,中国叙事作品结构本身带有明显的双构性,"以显层的技巧性结构蕴含着深层的哲理性结构,反过来又以深层的哲理性结构贯通着显层的技巧性结构"④。石昌渝也认为:"中国古代小说的结构,在情节外在的故事方面可分为单体式和

---

① 刘兴汉.《后水浒传》三题[J].东北师大学报(哲学社会科学版),1991(2):71-72.
② 易永姣.《水浒传》三种主要续书的思想文化意蕴[D].长沙:湖南师范大学,2007:88.
③ 浦安迪.中国叙事学[M].北京:北京大学出版社,1996.
④ 杨义.中国叙事学[M].北京:人民出版社,1997:46-47.

联缀式两类,在情节内在的线索方面可分为线性式和网状式两类。"①杨义在分析中国叙事作品结构时运用了"道"与"技"的命题,认为结构具有双构性,"结构之道用以笼罩全文,结构之技用以疏通纹理,二者的功能具有统摄和具现之别"②。王平在《中国古代小说叙事研究》中,基本上延续了石昌渝的分类标准而加以进一步总结概括,关注角度从结构之道和结构之技的关系入手,认为可以将中国古代章回小说的结构方式分为"缀段式""单体式"和"网络式"三种。③ 段庸生在《〈三国演义〉结构艺术溯源研究》中认为:"我们今天所说对于文学意义的结构包含两层意义:一是指艺术,一是指方法。作为一种艺术,是指文学作品的组织方式和内部构造,包含了作家根据塑造文学形象和表现主题的需要,运用各种艺术表现手法,把生活材料、人物、事件等加以组织和安排,已达到通过文学形象反映生活的目的。而作为一种方法,它所体现的是人类对于世界构造的理解。"④刘勇强认为:"小说的结构是多方面的艺术表现形式,既有叙述层面的整体构思,也有情节层面的谋篇布局,而叙述层面的情节结构也有多种多样的具体表现手法。"⑤韩国颖虽然认为中国古代的小说是先验性结构,但他又把这种先验性结构分为"相对含蓄和直接的两类预设方式"⑥。还有研究者认为中国古代小说的结构是由动态和静态两个层面的含义所体现的,两个层面有机结合,是小说一个完整创作过程的两个阶段,也相当于承认小说结构的双构性。

水浒小说结构具有双构性的特点。在叙述层面上,小说结构体现为对小说整体的构思,更多带有人类对世界构造理解的共同性特点,这更接近结构之道;在情节层面上,小说结构体现为对小说局部的谋篇布局,更多带有作者本人的个性特征,这更接近于结构之技。水浒小说的结构就体现出结构之道与结构之技的双构性特点。

---

① 石昌渝:中国小说源流论[M].北京:三联书店,1994:31.
② 杨义.中国叙事学[M].北京:人民出版社,1997:47.
③ 王平.中国古代小说叙事研究[M].石家庄:河北人民出版社,2001:362.
④ 段庸生.《三国演义》结构艺术溯源研究[J].明清小说研究,2003(3):39.
⑤ 刘勇强.中国古代小说史叙论[M].北京:北京大学出版社,2007:437.
⑥ 韩国颖.论中国古典小说的先验性结构[D].上海:华东师范大学,2007:14.

一、结构之道

中国人从不孤立地审视与思考人世及宇宙的基本问题,总是试图找到两者之间贯通的依据,对其进行整体性的把握。因此,"天人合一"观念虽然到了宋代才由张载明确提出,但"天人合一"的思想却由来已久,并始终是中国古代文化和哲学的基本精神。同时,"作为对世界存在与运动方式的基本认识,它广泛而深刻地影响了中国人的生活和思维表达方式,从而论事为人都注重'究天人之际',也就是寻求'天人合一'的境界。这一点对中国古代小说创作总体构思和情节布局的影响之大,远过于其他任何个别的观念和方法"①。为了达到"天人合一"的结构,中国古代小说的作者一般从三个方面进行加工创造。

(一)天人感应

正如葛兆光先生所言:"宇宙、社会与人类的一体意识与阴阳五行思想,使人们有了这样一种普遍的认识,即在天、地、人之间,凡相对称的部分都有一种神秘的联系,人们在经验的基础上把这种对称和对应的联系分别概括为阴阳与五行,由阴阳与五行以及一些次要的关系,宇宙成为一个和谐而统一的整体,各种相关的部分互相感应,感应有种种现实的征兆,有不同的招取和禳除之法……也许在当时人心目中,宇宙与人类之间的感应和联系要比现在知道的更广泛,在他们的视野中,世界是一个充满了神秘联系的整体,而人就在这个世界中。"②在中国古代小说中,所谓"天人感应",就是当人间的政治失序时,上天一定有所感应并随之有所表现,多以降谪灾异的方式加以警告。在"天人合一"与"天人感应"的关系上,黄朴民认为:"'天人合一'是'体',而'天人感应'则是'体'之'用'。换言之,即'天人合一'是'天人感应'的理论依据,而'天人感应'则是'天人合一'的外化表现。不过,两者关系中,'体'是主导的,'用'依附从属于'体'。"③中国古代小说"天人合一"的结构首先体现在"天人感应"的设计上,水浒小说自然也不例外。

---

① 杜贵晨.传统文化与古典小说[M].保定:河北大学出版社,2001:21.
② 葛兆光.中国思想史:第1卷[M].上海:复旦大学出版社,1998:158.
③ 黄朴民."天人感应"与"天人合一"[J].文史哲,1988(4):20.

在《水浒传》《水浒后传》《后水浒传》《荡寇志》中，英雄都有一个"神"与"人"的双重身份。《水浒传》中的梁山英雄是天上天罡、地煞星下凡；《水浒后传》《后水浒传》的英雄则是对《水浒传》中英雄下凡的延续；《荡寇志》中的英雄又是天上雷部神将下凡。英雄"神""人"身份的双重性，本身就形成了"天人感应"的格局，并成为解释作品中事件发生、发展的根本原因。《水浒传》中天罡、地煞星下凡是因为人间的君臣荒淫无道，致使政治失序；《后水浒传》中英雄转世是"国家之败运，气数之劫运"使然，目的也是"以完劫运，以报奸仇"；《荡寇志》中众将是"上帝敕令降生，辅佐朝廷，殄灭妖氛"。众神来到世间，身份得以人性化，在轰轰烈烈的拯时救世过程中，天意并没有离他们远去，而是时时高悬于他们的上空，成为他们的守护神。《水浒传》中的宋江每当进退无路、身处险境时，九天玄女娘娘便及时出现，给宋江指明道路；《后水浒传》中，九天玄女直接赐予宋江托生的杨幺以超人的力量；《荡寇志》中，在陈希真与公孙胜决斗的关头，又是九天玄女在关键时刻降旨撤走了保护公孙胜的神兵神将，导致公孙胜灵神出窍，最终被凌迟处死。在作品的结局上，同样没有脱离"天人感应"。《水浒传》中，梁山英雄在救世的洪流中完成历练，"天罡尽已归天界，地煞还应入地中"，众英雄各归其位，死后封神，"年年享祭"；《后水浒传》中，天罡、地煞历完劫数，直入轩辕井底，"脱去骸壳，各现本来面目"，"从今以后，不复世尘"；《荡寇志》中，猿臂寨众英雄同样在取胜梁山后，退的退，隐的隐，"已得天仙正果"，在"群魔归石碣"后，特留在"牛渚山监管"的陈丽卿也终于"升迁离恨天宫，亦永不再来了"。因此，"天人感应"的格局一直贯穿于作品的始终，是事物发生、发展的解释缘由，并成为统摄作者叙事的基本框架，构成作品统摄性的结构。因此，"天人感应"成为"天人合一"最主要的表现形式。

(二) 数理

上古先民因观天象而产生了"历数"，因祭祀而产生了"礼数"，因宴乐而产生了"律数"。"数"的概念在先民最初的认识过程中就已经产生，并成为万事万物存在的形式。《周易·系辞上》说："参伍以变，错综其数。通其变，遂成天下之文；极其数，遂定天下之象"，"数"也因之就成为人们认识客观世界的最终依据和逻辑基础。所以，"中国古代社会几乎是一个无往非神秘数字的世界"①。其实不仅在中国古代社会,早在公元前6世纪,古希腊毕达哥拉斯学派就认为数是万物之源,并可用数来说明成物。

数理就是数之理,正如杜贵晨师所言:"所谓'数理'是指文学文本中'数'作为古代哲学概念及数字作为应用于计算之'数'同时又作为哲学的符号所包含的意义。"②因此,文学数理之"数"特指中国古代社会中那些具有神秘性规律和哲学含义的"数"。它应该包括两类:一是抽象之数,如"天数""历数""劫数"等;一是具体之数,如杜贵晨师所言"三复情节"之"三""七"等。"数"含有特定的哲学意义,也就是数理,数中有理,理因数见。"理"与"数"的接合以及在文学作品中的应用,便使作品有了一种沟通天人的哲学意蕴,或者说"数"与"天人感应"一样成为国人"天人合一"观的表现方式。在文学作品中,数理就成为作品叙事结构的又一体现。

1. 抽象之数

"天数"是"数"的哲学体现,《水浒传》自始至终都笼罩在"天数"带来的苍凉氛围中。文本明确提到"天数"一词就有11处。作者或通过书中人物之口来表达天数观念,或自己站出来评论天数无常,都反映出"天数"在创作中的重要作用。《水浒传》第一次提到"天数"是在第一回"张天师祈禳瘟疫,洪太尉误走妖魔"。洪太尉看到伏魔殿的石碣背面凿着"遇洪而开"四个大字,便下令掘开石碣,导致一百零八位魔星下界。作者在此评论道:"却不是一来天罡星合当出世,二来宋朝必显忠良,三来凑巧遇着洪信,岂不是天数?"也就是说,上天与人间的相合,才致使洪太尉误走妖魔,成为《水浒传》故事的缘起,并一直统摄到天罡、地煞在梁山上聚齐,也就是作品第七十一回。而等到天罡、地煞在梁山上聚齐后,他们在忠义堂上盟誓,宋江为首誓曰:"宋江鄙猥小吏,无学无能,荷天地之盖载,感日月之照临,聚弟兄于梁山,结英雄于水泊,共一百八人,上符天数,下合人心……但愿共存忠义于心,同著功勋于国,替天行道,保境安民。神天鉴察,报应昭彰。""上符天数,下合人心",又是因为合天数,梁山英雄才迎来了他们的辉煌,一方面梁山军队得到快速增强,另一方面,梁山要受招安,招安后又要为了国家的安定南征北战。在小说的结尾,作者不止一次指出"天数将

---

① 杨希玫.先秦文化史论集[M].北京:中国社会科学出版社,1995:697.
② 杜贵晨.数理批评与小说考论[M].济南:齐鲁书社,2006:35.

尽",作为对故事结局的预示。同样又是因为天数,众将领战死的战死,归隐的归隐,最终梁山事业风消云散。可以说天数贯穿梁山事业的始终,成为梁山事业发生、发展、终结的依据,不仅如此,天数同样也是梁山108位英雄出世、入世、回归的依据。因此,天数成为沟通天人、解释小说内涵的依据,成为作品的叙事内存逻辑,构成了作品隐含的哲理性结构。

《后水浒传》第一回,作者借罗真人之口说明,《水浒传》中的梁山英雄被杀是"国家之败运与气数之劫运使然",又因为"劫数中亦有报应,报应中亦有劫数""奸人虽弄权肆恶于今,终必改头换面,受恶报于异日",最终,"魄应罡煞以消冤,气应显曜以应劫。到了冤消劫尽魄聚气升,罡煞原是罡煞,星辰仍是星辰",指出一切都是天数的缘故。于是,作品从第二回开始,就写宋江转世为杨幺,卢俊义转世为王摩……,梁山残余英雄以托生的方式纷纷来到人间,"再托生,以完劫运""以报奸仇",众英雄继续惩奸除恶,直到作品最后一回,被"真人引入轩辕井""脱去骸壳,各现本来面目",一步步实现了罗真人所说"气数""劫数"的预言。

《荡寇志》以卢俊义的梦境开始,一场莫明其妙的大火让忠义堂几为灰烬。在探讨失火原因时,宋江自责:"皆因宋江一个人做下了罪孽,平日不忠不孝,以致上天降这火灾示警。"虽然宋江说的并不是真心话,而是以假话示人,但当"梁山泊一百八人,自依天星序位之后,日日兴旺",足见天人感应的影子,天数不可违。事实上,猿臂寨一伙就是"上帝敕令降生,辅佐朝廷,殄灭妖氛"的。待逆天而行的梁山一伙被永镇太平谷后,众英雄各归其位,经历了一个从神到人,又从人到神的轮回。

2. 具体之数

再看具体之数。受原始民间信仰和术数之学的影响,一些具体的数字如"十""三""七"等都具有了"指向宇宙玄机的神秘感"[①],成为相信"天人合一"的中国人参究天地的凭借,成为把握人世的尺度。

例如数字"十"。《水浒传》是以百回或百二十回结卷,《水浒后传》是四十回,《荡寇志》是七十回。如果仅以水浒小说为例有以个体证全体之嫌的话,中国古代最为著名的长篇章回小说如《西游记》《封神演义》《三宝太监西洋记》《隋唐演义》《醒世姻缘传》《女仙外史》《镜花缘》等皆是一百

---

① (美)浦安迪.中国叙事学[M].北京:北京大学出版社,1996:51.

回。具体加数可能有差别,但它们都是数字"十"的倍数,呈现出"$10n$"的模式特点。这种模式设计就不仅仅与作品故事内容长度的需要有关,更重要的是与古人对于"十"这个神秘的特殊数字的看法有关。《周易·系辞上》云:"天一,地二;天三,地四;天五,地六;天七,地八;天九,地十。"即"十"乃"数之极",所谓"天数毕于十"也。《易经·屯》曰:"女子贞不字,十年乃字。"孔颖达疏:"十者,数之极。数极则复,故曰十年也。"《国语》:"若国亡,不过十年,数之纪也。"《说文》云:"十,数之具也。"《左传·庄公十六年》杜预注:"数满于十。"《左传·昭公七年》:"天有十日,人有十等。"《汉书·律例书》:"数始于一,终于十。"董仲舒《春秋繁露·天地阴阳》中云:"天、地、阴、阳、木、火、土、金、水,九,与人而十者,天之数毕也。故数者至十而止,书者以十为终,皆取之此也。"可见,在中国古人的观念中,"十"是一个具有全备终极之意的数字,至"十"就已经达到"天人合一"的圆满境界,这与古希腊毕达哥拉斯学派认为"十"是世界上最完美的数字,代表圆满的意思有异曲同工之妙。小说多以"$10n$"的回数结卷,就成为小说"天人合一"结构的又一实现途径。

  再如数字"三"。"三"在古代也是一个神秘数字,它被称为"完美的数字、幸运的数字、自然的始祖,是神性、尊贵和吉祥的象征"。① 古希腊哲学家毕达哥拉斯认为"三"体现了"开始、中期和终了,……具备着神性"②。中国古人认为"三"代表的是"天地阴阳即乾坤的生成"③,因此"三"是万物生成的基数,代表"三才"天地人,于是在小说中,"三"也是作者展开叙事的一个必需的结构形式。如《水浒传》中,一些英雄的经历描述、性格塑造都是在"三"的框架内完成的。鲁智深疾恶如仇、不拘小节、豪放爽直的性格都是通过"三复情节"表现出来的。鲁智深一出场,就碰到了被郑屠强骗的金翠莲。他要为金翠莲讨个说法。于是,他先三戏郑屠,然后三拳打死镇关西。随后鲁智深的人生经历也没有逃脱"三"的框架,金圣叹评鲁智深的一生道:"鲁达凡三事,都从妇女身上起,第一为了金老女儿,做了和尚;第二既做和尚,又为刘老女儿,第三林冲娘子,和尚都做不得。"再如

---

① 成友宝.神秘数字三新探[J].中南民族大学学报,2003(3):19.
② 同上.
③ 叶舒宪,田大宪.中国古代神秘数字[M].北京:社会科学文献出版社,1998:47.

林冲,为使林冲上当,卖刀人三次放话诱使林冲看刀;林冲为到达梁山泊而寻找船只,三问却得不到肯定的答复;到了梁山,王伦却要林冲在三天之内交纳投名状,否则自谋出路;为了能够留在梁山,林冲三寻投名状。一系列的"三",就把林冲坎坷、抑郁的前半生尽现于笔下,金圣叹曾评:"凡三段,皆极力写英雄失路。"以"三"结撰已经是中国古代小说最鲜明的特点,这在其他水浒小说中也比比皆是,在此不再赘述。

(三)预设

除了"天人感应""天数"或者是"劫数""历数""天命""天运"以外,诸如带有预设性的吉凶之兆、天文乾象、谶语童谣、梦兆神示、阴阳五行等作为特定的叙事方式,也是中国人传统的"天人合一"观的表现形式,即使它们并不能像"天人感应""天数"等贯穿作品的始终,但至少隐含一个人的一生或者一件事情的完整过程,对人物的命运、事件的发展做出预设,构成读者阅读时的先验感,构成作品某一阶段的叙事结构。这种对作品中人物、事件的预设方式,同样是作品叙事结构的表现形式,是"天人合一"的直观流露。得益于这种结构,作为读者,早已对结果了然于心。即使如此,读者的关注点主要是其结果如何实现,也就是结果实现的过程,读者为这种结构方式所体现的人物命运、事件发展的过程所吸引。

《水浒传》"宋公明梦授玄女法"一回中,在宋江为无法攻破辽军的太乙混天象阵发愁时,九天玄女托梦于他,为梁山军队指点迷津并预言了今后的道路:"遇宿重重喜,逢高不是凶。北幽南至睦,两处见奇功。"此后的情节发展,从此回开始一直到宋江灭方腊就完全印证了这一偈语,也就是说,九天玄女的这一偈语整整统摄了梁山好汉接受招安,以及招安后建功立业的全部过程,构成了叙事的结构。在梁山好汉取胜后撤军的归途中,罗真人承接九天玄女,对梁山队伍的命运做了预言:"忠心者少,义气者稀。幽燕功毕,明月虚辉。始逢冬暮,鸿雁分飞。吴头楚尾,官禄同归。"这段谶语的意思是因为朝廷中少忠义之人,即使梁山英雄为国家建功立业,也不会有什么好结果,最终会鸿雁分飞,烟消云散。事实就是这样,战争取胜了,可是弟兄们死的死,散的散,宋江也死于楚州。这一预言形成了整个后半部作品的叙事结构。

《荡寇志》中,作者借道士之口点出了近来流行的童谣:"山东纵横三十六,天上下来三十六,两边三十六,狠斗厮相扑。待到东京面圣君,却是八月三十六。"读完全书我们完全明白了,这个童谣竟是对全书内容的一个预设,后面的全部内容完全是对这一预设的验证,童谣统摄了全书的内容。嵇仲张公统领三十六员雷将,扫平梁山泊,斩尽宋江等一百单八人之后,民间便起了四句歌谣,叫作:"天遣魔君杀不平,不平人杀不平人。不平又杀不平者,杀尽不平方太平。"这又可看作是对这一预设的总结。

对于事件的预设是这样,对于人物命运的预设也是如此。对于宋江被判造反的导火索,一是太史院司天监的观测:"夜观天象,罡星照临吴楚分野之地。"因而认为在此地会出现作乱之人;一是街市小儿的四句谣言:"耗国因家木,刀兵点水工。纵横三十六,播乱在山东。"事实上,宋江还是一步步走上了选择的道路。智真长老给宋江的偈语是:"当风雁影翩,东阙不团圆。只眼功劳足,双林福寿全。"于是,在随后的内容中,梁山英雄一步步被奸臣陷害,宋江虽然为国家东征西战,但结果还是免不了被杀。鲁智深两番大闹山门,被逐出五台山,临别智真长老赠四句偈言:"遇林而起,遇山而富,遇水而兴,遇江而止。"预示了鲁智深前半生的命运。后来宋江随鲁智深到智真长老处卜问前程。智真长老给鲁智深的偈语是:"逢夏而擒,遇腊而执。听潮而圆,见信而寂。"又预示了鲁智深后半生的命运。事实正是,鲁智深与林冲一见如故并为他两肋插刀,在二龙山落草,后随宋江上梁山。擒夏侯成,捉方腊,听见潮信后圆寂。两个佛偈就预示了鲁智深的整整一生。《荡寇志》中因为有"到夜明渡,遇渔而终"的谶语在先,宋江到了夜明渡,被贾忠、贾义生擒,这又是命中注定。

二、结构之技

结构之技作为小说情节结构的组织,其说法可谓层出不穷、创见迭出。与结构之道相比,结构之技关注更多的是作者作为个体的独特性,千姿百态正是其理之所在,从表面看很难找出这些说法的共同性。但是,如果我们把小说追溯到中国文学叙事的源头,也就是史传文学那里,我们还是能够看出小说情节结构对史传文学组织方式的继承。

史传作为我国成熟较早的艺术形式,无论是内容还是形式都对后来的小说产生了重大影响,小说中或隐或显地都留下了史传文学的痕迹,"史传文学是中国小说的真正母体。史学对小说理论的影响更是源远流长"①，这也是不争的事实。而《史记》作为我国第一部史传文学名著，对后世文学创作的影响十分巨大，其对小说的影响更是有目共睹。最早是明代的李开先把《史记》与某部小说联系起来，而他拿来与《史记》相提并论的第一部小说就是《水浒传》。李开先在《词谑》一书中说："崔后渠、熊南沙、唐荆川、王遵岩、陈后岗谓：《水浒传》委屈详尽，血脉贯通；《史记》而下，便是此书。"②其中，《水浒传》"委屈详尽，血脉贯通"未尝不是说《水浒传》情节结构方面的特点。此后，明人袁宏道、天都外臣、李贽、叶昼，清人金圣叹、樵余等又相继发表了类同的意见，金圣叹说："《水浒传》方法都从《史记》出来。"胡应麟说："近一名士听人说，《水浒》作歌奄有丘明太史之长……信宇宙间未尝无对也。"③对我们研究《水浒传》与《史记》之间的继承关系，有颇多启发。

(一) 传记式

司马迁写人物传记，通常都是一开篇就对人物的姓名、籍贯、家世以及外貌、性格等做简括介绍，而后以较为典型的事例概述其生平事迹，在文章最后交代人物本人及其家庭的兴衰结局，并用"太史公曰"四字领起，发表作者的一番评论。俞樟华认为："自《史记》此例一开，不仅后代正史、后人传记全都视其为圭臬，而且连后代传记体的散文和小说也都争相沿用而不变更分毫。"④这种情节的组织方式在《水浒传》中也有大量体现，俞樟华认为《水浒传》是学习司马迁这种写法最热情、最认真的一部小说，此说法并不为过。

《水浒传》中凡是主要人物出场，作者全都要先介绍一番此人的姓名、籍贯、绰号、武艺。如对晁盖、宋江出场时的介绍，都洋洋洒洒，非常细致全面，让读者在第一印象中就对人物有一个简单的了解。随后，作者同样是选取其在人生道路中最主要的经历、最具典型性的事件进行介绍，使人物

---

① 刘登阁.论史学对古代小说理论的影响[J].烟台大学学报(哲学社会科学版),2000(2)：185.
② (明)李开先.一笑散[G]//朱一玄,刘毓忱.水浒传资料汇编.天津：南开大学出版社,2002：167.
③ (明)胡应麟.少室山房笔丛[G]//朱一玄,刘毓忱.水浒传资料汇编.天津：南开大学出版社,2002：190.
④ 俞樟华.《史记》与《水浒》[J].求索,1992(1)：80.

形象逐步清楚与鲜明。小说在某个英雄事迹完全结束，或者在以后的篇章中不再出现时，作者都对这个人物有一番归纳总结，在《史记》中是以"太史公曰"的形式，而在《水浒传》中则是以韵文，以篇末诗的形式进行总结。如李俊、童威、童猛等功成身退，乘船出海后，有诗曰："知几君子事，明哲迈夷伦。重结义中义，更全身外身。得水舟无系，榆庄柳又新。谁知天海阔，别有一家人。"作者对李俊等人急流勇退、全身避祸的赞许之情溢于言表。其实从全书看，《水浒传》第一回之前有段"引首"，第一百二十回结尾处有"唐律"二首，其作用差不多等于《史记》中的序、赞。在随后的水浒小说中，主要人物形象的塑造，如《水浒后传》中的燕青、李俊，《后水浒传》中的杨幺、王摩，《荡寇志》中的陈希真、陈丽卿等都采用了《史记》传记体的情节结构组织方式。

另外，《史记》以传记体写人物很注意把人物的一生写得有头有尾，对人物的命运、事件的结局做出清楚的交代，让读者读完一个人的传记后能对此人有一个完整的了解。水浒小说继承了《史记》传记体的写作方式，自然也继承了传记体的写作特点。水浒小说多以"传"命名，这也在一定程度上标明，小说一如史传，讲的是原原本本、有头有尾的英雄故事，区别仅在于史传中一个人的传记只是讲一个人的故事，而小说是讲许多人的故事，是许多人传记的联合。因此，在水浒小说中，人物的经历、结局，通常都有明确交代。《水浒传》中，三十六天罡、七十二地煞出世、入世的原本始末作者都有清楚的交代，众英雄的人生经历、最终结局清清楚楚、丝毫不乱，任意列举一位英雄，都经历了一个有始有终的完整的人生历程。在《水浒后传》中，作者不仅没有忘记把《水浒传》无意交代的栾廷玉、王进和张青店中的头陀重新交代清楚，而且在小说最后，还延伸一笔，把对白石岛之战有功的方明的女儿这样的角色的结局都交代得一清二楚，真是不留丝毫疑问与读者。

金圣叹说："《水浒传》一个人出来，分明便是一篇列传。"[①]的确，读完《水浒传》觉得全书尤其前七十回很像是《史记》的七十列传。实际上不仅是《水浒传》一本书，每一部水浒小说在情节结构的组织方式上，都明显师

---

① （清）金圣叹.读第五才子书法[G]//朱一玄，刘毓忱.水浒传资料汇编.天津：南开大学出版社，2002:220.

法《史记》单传、合传、类传和附传等传记体的写作方式。陈忱在《水浒后传论略》中评述《水浒后传》的情节时，曾自我标榜道："有一人一传者，有一人附见数传者，有数人并见一传者，映带有情，转折不测，深得太史公笔法。"

（二）并列式

《史记》体大思精，是由一百三十篇组成的一部完整著作。但是它的各篇之间又有相对的独立性，单独拿出某一篇来读也是完全可以的。《史记》中的个人传记一般主要介绍一个人的主要事迹，在合传中主要介绍两到三个人的事迹，虽然一百三十篇合为一书，但传记与传记之间的彼此联系却是松散的、不紧密的。我们既可以把陈胜、项羽、刘邦、韩信、张良、萧何等人物传记合起来，看作是群雄反秦、楚汉相争等中原逐鹿、风云变幻的历史，也可以把它们看作一篇篇独立的传记、一位位英雄的生命史。即使其中增一篇或减一篇，甚至把某一篇的顺序提前或推后，对于全书结构并无大碍。在《史记》影响下的长篇小说有相当一部分名为长篇，实同短制，韩兆琦认为："中国长篇小说的结构深受《史记》的影响，往往成为一种可拼可合的组合形式。"①在传与传之间的关系上，体现出并列的关系，体现出相对的独立性，《水浒传》结构"板块说"盖源于此。

《水浒传》从第三回到第七回是写鲁智深，从第七回到第十二回是写林冲，从第十回到第十六回是写智取生辰纲，从第二十回到第二十三回是写宋江，从第二十三回到第三十二回是写武松，后来我们习惯称之为"宋十回""武十回""林十回"等。早在明代袁无涯就说："纪事者提要，纂言者钩玄，传中李逵已有题为'寿张传'矣，如鲁达、林冲、武松、石秀、张顺、李俊、燕青等，俱可别作一传，以见始末。"②茅盾也说："《水浒传》的结构不是有机结构，我们可以把若干主要人物的故事分别编为各自独立的短篇或中篇而无割裂之感。"③即使对以后的水浒小说的结构特点少有人注意，但无论是《水浒后传》《后水浒传》《荡寇志》，还是《新水浒》，小说中人物形象的塑造仍然是采用传记体的写作手法，以人为经，以事为纬，一个人的人生经

---

① 韩兆琦.史记与我国古代小说[J].渭南师专学报，1996（1）：23.
② 袁无涯.忠义水浒全书发凡[G]//朱一玄，刘毓忱.水浒传资料汇编.天津：南开大学出版社，2002：134.
③ 茅盾.谈《水浒》的人物和结构[J].文艺报，1950（2）.

历就相当于一个人的自传,而人与人之间,也可以说是英雄的自传之间并没有必然的联系。不仅如此,《水浒后传》中以登云山、饮马川以及李俊的金鳌岛为中心,完全可以分为三个并列的故事系统。因此,水浒小说在情节结构的组织上的确采用了史传的写作方式。

当然,水浒小说人物传记之间这种并列的关系并不是说它们之间不存在丝毫的因果联系,实际上,人物传记之间的组合是为了共同的目的。例如金圣叹说《水浒传》的叙事结构是"百川归海式"。"百川"即每一位英雄豪杰逼上梁山的不同道路,"归海"即"撞破天罗归水浒,掀开地网上梁山"。每一个人的单传,都是为了组合起众英雄的一部列传,最终是为了完成众英雄齐上梁山的写作目的;《水浒后传》众英雄的单传是为了联合到一块后,达到海外共建暹罗国的夙愿;《后水浒传》则是用众英雄的人生经历表明"国家之败运与气数之劫运";《荡寇志》则是为了让人深明"盗贼、忠义之辨,丝毫不容假借";《新水浒》则是借用梁山英雄个人的社会经历验证社会改革的过程。因此,尽管水浒小说人物传记之间是并列的,但它们的指向却是统一的。

(三)勾联式

所谓勾联式,就是由一个人物的故事引出另一个人物的故事。这是大多数小说在人与事之间的联系上,作者比较重视的一种结构形式,也是水浒小说采用较多的一种结构形式。

《水浒传》中,王进受高俅的迫害,被迫逃出东京,在逃亡的路上,因母亲生病寻求借宿的地方,借机引出了史进,于是王进的故事逐步转向以史进为主的故事,王进的故事基本上结束,在《水浒传》中,至此甚至对王进再无一语,其结局不了了之;随后史进因与土匪来往,事发后与王进一样被迫逃亡,在路上又引出了鲁智深,随即故事的主要内容转向鲁智深,于是便有了拳打镇关西、大闹五台山、倒拔垂杨柳等鲁智深的故事;随着鲁智深故事的发展,又引出了林冲,于是鲁智深的故事便趋向终结,林冲的故事又成了重心;林冲的故事发展到一定阶段又引出了杨志的故事;等等。基本上是一个人的故事发展到一定程度,走向终结后马上引发另一个人的故事,一个接续一个。

《水浒后传》写阮小七的故事,直接模仿《水浒传》。《水浒传》中王进因得罪高俅被迫逃亡,而《水浒后传》中则是阮小七得罪张通判,与王进一样不得不与母亲踏上逃亡之路。《水浒传》中由王进的故事引出史进的故事,而《水浒后传》中引出的是扈成的故事,追述当年扈家庄被灭后扈成的经历之后,引出被毛孔目夺去货物的经过;然后由两个人再引出顾大嫂夫妻二人;由顾大嫂夫妻二人再引出登云山的孙润……最后写到众英雄与李俊等人海外寻事业。这算是李俊系统的发展经过;还有李应系统。先是由安道全的故事逐步引出闻焕章、金大坚、萧让、戴宗……众兄弟聚齐,"聚登云山两寨朝宗,同泛海群雄辟地",最终两个系统的英雄海外相聚融为一体。在《后水浒传》与《荡寇志》中,小说的作者在情节结构的设计上也大量采用勾联式。

在这种结构中,前后紧连的人物在故事发展转换的过程中,一般会有两种情况。一是随着后一个人物的出现,前一个人物的影响仍然存在。如我们所举《水浒传》与《水浒后传》的例子,《水浒传》中的王进,在引出史进并教会史进武艺后再也没有出现,但随后发生的史进的种种故事,都有王进的作用与影响。没有王进的指导,便不会发生史进"大闹史家村"的善举。鲁智深拳打镇关西、大闹五台山、大闹桃花村都与史进无关,史进暂时隐去,但随后两人却又在赤松林重逢,在瓦罐寺两人共同杀了强徒,两个人分别后才发生了鲁智深"倒拔垂杨柳"的故事。从中我们可以看出,两个人的故事是交织的,并不是完全独立,只是相对独立。还有一种则是一个人物在引出另一个人物后便不再出现,两个人物之间没有任何影响。这在《新水浒》中表现尤为明显。《新水浒》中,一个人物的主要事迹介绍完后,一般从几个人的谈话中引出下一个人物,故事自然转到这个人物身上,而此前的人物便悄然退去,且在以后的故事中不再出现。

第三节 水浒小说结构的功能

水浒小说以结构之道、结构之技两种复杂的形态组合着小说的叙事与情节结构,因此,水浒小说的结构一方面作为为小说服务的艺术手段,另一方面结构自身又蕴藏着作者对世界、人生及艺术的理解,是作品本身最大的隐义所在。

一、结构具有诠释功能

"子不语怪、力、乱、神"可以说是中国人的传统,尽管金圣叹曾说作为最突出的水浒小说的《水浒传》"不说鬼神怪异之事",但事实上,《水浒传》不仅言鬼神怪异之事,梁山好汉扯起替天行道的大旗的客观事实更是不容置疑的犯上作乱,以至于至今,仍有人相信《水浒传》就是写一群犯上作乱的强盗的书。作为古代的文人,写一部大书肯定意不在写强盗,这应该是醉翁之意不在酒,事实上金圣叹也直言《水浒传》乃《庄子》《史记》之流。于是,水浒小说的作者对水浒故事题材的选择表面上与中国文化传统相悖,但通过水浒小说的结构设置,我们就能看出水浒小说作者的匠心独运。

事实上,水浒小说中的梁山好汉(在《荡寇志》中是猿臂寨好汉)在作者心目中不是打家劫舍的土匪,不是与朝廷争夺天下的叛逆者,而是英雄,是万世楷模,是上天旨意的代表。众英雄身份的转变得力于梁山英雄事业的正义性和他们精神追求的不朽性,而这一切的转变最终要依靠水浒小说"天人合一"的结构来实现。在水浒小说中,"天人合一"通过"天人感应""数理""预设"等方式构建全书,认定天道与人世的呼应关系。于是,世间充满野性的杀伐,以及梁山英雄对社会秩序的极大破坏便因为是天意如此便具备了合理性,表面的悖论取得了终极合理的解释。数千年来人们对犯上作乱者的传统认识不仅被彻底推翻,"乱自上作"开始成为人们的共识。不仅如此,历史上明明为强盗的梁山好汉在小说中却具备了传统儒家思想的精神内核,他们的行为也被看作是曲线尽忠的另类表达。

另外,水浒小说的结构还是沟通平民与士人文化的桥梁。水浒小说是以水浒故事也就是以宋江为首的梁山好汉起义造反故事为题材的小说,很多研究者也一直从小说的题材出发,认为《水浒传》是写农民起义的小说。但是小说的性质并不能由小说的题材所决定,《水浒传》以及其他的水浒小说意也不在写农民起义,这从作者对《水浒传》中真正具有农民起义特点的方腊起义的态度就可看出。作为造反者的梁山好汉成为小说的主体,主要是因为他们承担着文本的整体价值取向与深层次文化意蕴,这个价值取向与深层次文化意蕴一如既往还是士人对"道"的追求。而造反者能与"道"相联系原因就在于水浒小说"天人合一"的结构。在天意的笼罩下梁山好汉的所作所为就变成了对"道"的追求。因此,"歌颂李逵与赞扬孔子表面虽异,其理实同,二者都作为'道统'的承担者而与无道的'政统'相对立"①。所以,水浒小说仍然是古代士人文化的象征,尽管这种意义的生成模式并不相近,但是其暗含的深层次文化意蕴与古代士人文化之旨趣却息息相通。这也就是为什么金圣叹会认为《水浒传》与《史记》《庄子》并无二致的原因。

二、结构形成巨大的叙事张力

张力本是物理学上的一个概念,特指物体内部各部分之间的作用。在小说中,作品的叙事张力是指某些因素推动着结构线索、单元和要素向某种不得不然的方向发展,形成一定的叙述势能。

水浒小说以"天人合一"的叙事结构统摄小说的全部故事,"在中国传统文化的思想体系中,超现实的生存环境观念与对大宇宙无限的遐想必然带来控引天地、错综古今的审美取向追求以及方法的运用,促使传统文人去极力捕捉和表现重大物质对象,向人们展示更为宏大的、没有限制的文学世界"②,因此,小说的作者在进行情节布局和安排时大都采用了天—地—天的宏大布局,赋予小说人物亦神亦人的复杂身份,小说以"天界"的氛围为起首,以主人公在"人世"的活动为主体,以主人公功德圆满,回归"天界"为结局。通过这种结构布局,小说内容得以合理安排与协调并成为推动情节发展的动力,形成巨大的叙事张力。

例如《水浒传》,开篇先写洪太尉"误走妖魔"。洪太尉奉旨到江西信州龙虎山请张天师祈禳瘟疫是由"天人感应"所规定的,"世道"陵替,天降瘟疫,以至于要请张天师祈禳瘟疫,最终导致妖魔降世,所以,三十六天罡、七十二地煞的出世是"天人感应"的结果。与此相对应,洪太尉"误走"了天间的妖魔,而高俅"逼走"了人间的英雄,"天道"与"世道"紧密呼应。"误走"是妖魔从天间逃离,而"逼走"是英雄在人世间的聚齐,一放一聚都统摄于"天人感应"的框架之下。"这种开端不仅潜伏着深刻的历史哲学,而且潜伏着深刻的结构哲学,给其后的叙事以气势浩大、迂回曲折的余地。"③

---

① 李春青.《水浒传》的文本结构与文化意蕴[J].齐鲁学刊,2001;27.
② 王达.天人合一思想对中国古代长篇小说创作影响的文本比较研究[D].兰州:兰州大学,2007;5.
③ 赵雷.《水浒传》的叙事结构与"神理"[J].枣庄学院学报,2006(1);34.

这种"天人感应"的结构框架在其后的叙事文本中反复出现,一直统贯全篇。如在"天人感应"的统摄之下,"七星聚义"与"智取生辰纲",可以说是"误走妖魔"这一内容叙事张力的直接延续,等到"梁山泊英雄排座次"一回,其所蓄积的叙述势能才算释放完毕。小说随后的内容正好与此前相反,天罡、地煞由世间到天上聚齐,这一过程同样没有离开"天人感应"规定的叙事所向。作为"天人感应"的直接体现,九天玄女在小说中出现两次。"还道村受三卷天书,宋公明遇九天玄女"一回,九天玄女直接称呼宋江为"星主",宋江身份的点明就隐指第一回的洪太尉"误走妖魔",同时在"天人感应"的框架下,又势必连接着"受天文排座次",可谓承上启下。在这个过程中,九天玄女又一次露面,传授宋江破九宫八卦阵之法,临别留言"保国安民,勿生退悔。天凡有限,从此永别。他日琼楼金阙,别当重会。汝宜速还,不可久留",这既是对此前梁山英雄"保国安民"的肯定,又隐指天罡、地煞在天上聚齐的日期指日可待,可以说隐括了后文的全部内容。作为"天人合一"的又一体现,小说中出现数量较多的预设,无论是对人还是对事,每一预设都统领着一个人的一生或一生中某一段的完整经历,或一个事件的完整过程,自然而然给叙事带来张力。如九天玄女托梦于宋江,为梁山军队指点迷津并预言了今后的道路:"遇宿重重喜,逢高不是凶。北幽南至睦,两处见奇功。"这一预设隐括了从"吴用赚金铃吊挂"到打田虎、王庆、方腊的内容。鲁智深被逐出五台山时智真长老赠送的四句偈言"遇林而起,遇山而富,遇水而兴,遇江而止"则完全包含了鲁智深前半生的内容;而"逢夏而擒,遇腊而执。听潮而圆,见信而寂"的偈言又包含了鲁智深后半生的命运,可以说两个偈言就统领了鲁智深完整的一生,规定了小说叙事的内容与方向,形成叙事的张力。因此,这种由"天人合一"的神秘宇宙意识所支配的叙事结构统摄着小说的全部故事,给小说的叙事带来巨大的张力。

从情节结构的组织看,《水浒传》前半部分以个人传记为主,其中林冲、武松的形象最为完整,多以十回为结构,形成后来有名的"林十回""武十回"之说,这些个人传记大部分可以完全独立存在,带有板块的特点。小说后半部分直接是独立的事件板块,叙述集体行动,可分为两赢童贯、三败高俅、征辽、平方腊等板块。受史传文学的影响,在叙事上讲究事件的完整、过程的圆满,符合人们听故事的习惯,因此看起来是相对独立并且松散的,但是,这些相对独立板块的设置首先要服从主题的需要,立足于小说布局的整体需要,因此,板块结构的作品往往具有表层和深层两层主题,其表层主题由相对独立的、自足的故事体现,其深层主题则由板块的关联体现。而且,"板块结构挑战了传统叙事结构的线性逻辑、封闭性语境、戏剧性文本以及受众长期养成的观影习惯。板块结构艺术是充满张力的叙事艺术"①。

三、结构使作品圆融性增强

文人对水浒故事的参与,最为引人注目的变化就是给故事本身带来了一种整体意识,使作品圆融性增强,这可以从《水浒传》的版本演变中看出来。比如天都外臣《忠义水浒传序》提到,古本有"灯花婆婆"故事作为"引首",但是以灯花婆婆的故事作为一部书的引子,是尾大不掉的。于是,后来便被"误走妖魔"天人感应的故事替代,使作品圆融性增强。实际上"非破裂而重圆融,则是中国叙事方式的精蕴之所在"。②

这种圆融意识是与中国传统哲学"天人合一"的宇宙观一脉相承的,"天人合一"思想作为古人的一种主导观念,强调天地交泰、天人合德,强调人与天、人与神、人与命运、人与自然的和谐相处,设想天道运行的大宇宙和人间治乱的小宇宙丝丝相通并相互感应,这种观念反映投射在文学艺术的创作中,就是要求作品的结构"天造地设"③,强调作品圆融的审美构造,刻意探寻追求超拔圆融的美学境界。"天人合一"的结构就使水浒小说具有了圆融性的特点。

水浒小说的圆融性特点首先表现为前后呼应、首尾关合的结构模式。水浒小说中英雄的入世为人是因为天意,经历过人世的历练之后,同样是因为天意出世为神,例如《水浒传》因为"天人感应",108位天罡、地煞必要出世,于是才有了"洪太尉误走妖魔",而在天罡、地煞完成历练,魔性退去后,天罡归天、地煞入地,这些故事的结局都回归到了它们的起点。整个故事首尾照应,往复回环,从大的方面说绝无未了之憾,整体结构很像一个

---

① 刘进.充满张力的叙事艺术——电影板块结构论[J].电影文学,2008(1):8-10.
② 杨义.中国古典小说史论[M].北京:中国社会科学出版社,1995:270.
③ 罗贯中.三国演义[M].毛宗岗批评.济南:齐鲁书社,1991:22.

"圆"。

水浒小说的圆融性特点还表现为小说圆圆相套的结构形态。如果说前后呼应、首尾关合是一个大圆的话,但仅有这一个圆,而缺少与这个大圆呼应的小圆,对于一部大书来说仍然显得松散,很难称得上整部书圆融为一体。水浒小说则体现了圆圆相套的一种圆融的叙事追求途径和方式,水浒小说大圆中套着小圆,小圆既是独立的个体,又是大圆不可分割的部分,表现为圆圆相套的形态。如《水浒传》一百单八天罡与地煞降世、完聚是一个大圆,透过这个大圆我们还可以看到两个层次稍低的小圆,一个是山林间小聚义到梁山泊大聚义,也即天罡、地煞在人世间聚齐的过程之圆,另一个则是在此之后受招安征辽、征方腊走向悲剧结局,也即天罡、地煞从人到神的身份回归之圆。正是后叙两个具有前后关联的小圆共同建构了《水浒传》最外层写英雄从完聚到离散的大圆。

水浒小说的这种圆融性特点由小说"天人合一"的结构所规定,同时也要求小说情节结构的组织方式与其相配合。作品的圆融性不仅体现在作品的总顺序上,而且还体现在作品各层次的联络交织、完整统一上。在水浒小说中,除了有能够首尾相衔的起始、终结以外,中间还有若干关锁予以配合、照应,注重叙事方式及情节、人物设置的一一对应关系等。金圣叹的《读第五才子书法》指出:"《水浒传》七十回,只用一目俱下,二千纸,只是一篇文字,中间许多事体便是文字起承转合之法",说的就是情节结构的组织对作品圆融性的影响。

水浒小说多以"诗起诗结",注重起首诗、结尾诗在整个事件单元中的含义相似性和它们的暗示、导引、解释作用,从而使作品呈现出一种对称、圆融的整体美。例如《水浒传》篇头诗:"天下太平无事日,莺花无限日高眠。"金圣叹批道:"好诗。一部大书诗起诗结,天下太平起,天下太平结。"[1]正如金圣叹所评,全书首尾照应,显然组成了一个圆。而作品的实际内容正是大圆中套小圆,圆圆相套,形成了圆圆相套、浑然圆融的特点。在人物、情节的设置上,水浒小说也讲究一一对应。作品开始大多讲水浒英雄入世的内容,最后要写英雄"归天"的内容。《水浒传》中,第一回是高俅害王进,而最后一回是高俅害宋江;第一回写宋徽宗是个"浮浪子弟",

---

[1] 金圣叹批评.水浒传[M].济南:齐鲁书社,1991:31.

作品最后宋徽宗"梦游梁山泊"的梦都是在妓女李师师的枕头上做的,可谓始终如一;在小人物的设置上也是如此,林冲被刺配,负责押解的是薛霸、董超,而梁山英雄最后一个被刺配者卢俊义,负责押解他的仍是薛霸、董超……

  亚里士多德曾说:"美与不美,艺术作品和现实事物,分别就在于美的东西和艺术作品里,原来零散的因素结合成为一体。"①整体是一种美,在整体的基础上达到超拔圆融更是美中之美,正像有人所说的那样,圆融是一个高贵的词。水浒小说的结构使作品体现出圆融性的特点,在某种程度上,这也是我们从古代小说经典文本中读出韵味深长的哲理意蕴的原因所在。

---

① 转引自李燃青.论毛宗岗的小说美学[J].宁波师专学报,1986(3):39.

第七章 水浒小说的情节

在中国古代小说中,情节是塑造人物形象与刻画人物性格的主要手段。杜鹏程在《关于情节》一文中认为:"文学创作中,除了主题思想,就数选择情节最为重要了。"①情节对小说价值的高低起着举足轻重的作用,因此,情节研究就成为水浒小说研究中必不可少的一环。

第一节 水浒小说情节研究综述

一、《水浒传》情节研究综述

(一)肯定性评价

在对《水浒传》的情节肯定性的评价中,金圣叹是集大成者。金圣叹在李贽批评《水浒传》的基础上,对《水浒传》情节的研究更加全面与细致,并使后人难以望其项背。具体来说,金圣叹在《水浒传》的评点中涉及以下与情节相关的内容:

1. 情节的惊险性

金圣叹认为是否具有惊险性是衡量作品艺术成就高下的一个标志。在《水浒传》第四十一回回评中金圣叹说:"夫天下险能生妙,非天下妙能生险也。险故妙,险绝故妙绝;不险不能妙,不险绝不能妙绝也。"《水浒传》的情节就具有惊险性,因此金圣叹为之大加赞扬,如《水浒传》第六十一回写董超、薛霸在押解卢俊义的路途中要害其性命,正当薛霸手起棍落时,被燕青一箭相救;当燕青为再救卢俊义不得不去梁山求救时,又几乎被杨雄、石秀打死。对这样的情节设计,金圣叹称之为"一险初平,骤起一险;一险未定,又加一险,真绝世奇笔也"。

---

① 转引自吴功正.小说情节谈[M].北京:文化艺术出版社,1985:2.

2. 情节的曲折性

曲折性也是小说情节美的标志之一，金圣叹说："文章之妙，无过曲折。诚得有百曲千曲万曲、百折千折万折之文，我纵心寻其起尽以自容与其间，斯真天下之至乐也。"正是以此为标准，金圣叹高度评价《水浒传》情节曲折的特点。如对于《水浒传》第二十七回"快活林"的情节论评，金圣叹认为："读第一段并不谓其有第二段，读第二段更不谓其还有第三段，文势离奇屈曲，非目之所尝睹也。"

3. 情节的完整性

《水浒传》的情节还具有完整性的特点，金圣叹说："写大风者，始于青萍之末，盛于土囊之口。吾尝谓其后当必重收到青萍之末也。"就是认为《水浒传》的情节具有起始、高潮、尾声一个完整的过程，强调《水浒传》情节完整性的特点。具体到《水浒传》中，每一大事件发生前，还会有"弄引"的情节，金圣叹在《水浒传》第三回回评中写道："每欲起一篇大文字，必于前文先露一个消息，使文情渐渐隐隆而起，犹如山川生云，乃始肤寸也。"就是说《水浒传》的每一个大的事件发生之前，往往会在一些情节中露出一点端倪，预示后面事情的发生；高潮过后就是结尾，即风"盛于土囊之口"以后要收到"青萍之末"，但是事件要逐渐平息，为此结尾过后还会采用"獭尾"，"一段大文字后，不好寂然便住，更作余波演漾之"。如此，每一个大的情节都前有"弄引"，后有"獭尾"，中间有起始、高潮、结尾，这几个方面共同组成一个事件发展的完整过程。

4. 情节的节奏性

在《水浒传》情节的组织与安排上，金圣叹注意到小说不同风格、情调情节的组合搭配，从而使情节节奏富有变化的特点，并对此进行了赞扬。如第二十三回的回评中金圣叹写道："上篇写武二遇虎，真乃山摇地撼，使人毛发倒卓。忽然接入此篇写武二遇嫂，真又柳丝花朵，使人心魂荡漾也。"第四十一回宋江遇九天玄女得天书事，金圣叹评："上文神橱来捉一段，可谓风雨如磐，虫鬼骇逼矣。忽然一转，却作花明草媚，团香削玉之文。如此笔墨，真乃有妙必臻，无奇不出矣。"

5. 情节与性格的辩证关系

在中国古代小说理论发展史上，金圣叹是第一个把性格与情节联系在一起，研究它们之间的辩证关系的。金圣叹在《水浒传》的评点中认为小说的情节与人物性格是"文生情，情生文"的辩证关系。如《水浒传》第九回写到林冲因天冷打算到老军所说的二里外的市井买酒吃，金圣叹批道："语意妙。正不知文生情，情生文也。"这里"文"是指小说的情节；"情"是指小说中人物的性格。所谓"文生情"，是指小说中人物的性格要通过情节体现出来；所谓"情生文"，是指小说中人物性格的内存属性推动新的情节产生。林冲因天气寒冷，打算外出买酒，这是"文生情"；因外出买酒而夜宿山神庙等故事的发生则是"情生文"。金圣叹的"情文相生"的理论，改变了过去研究者孤立地看待小说情节与人物性格的特点，指明了小说中人物性格与情节的相互联系、相互促进，深刻揭示了人物性格与情节的辩证关系，这是金圣叹的功绩所在。

6.情节的真实性

所谓情节的真实性，就是要求情节的设置合情合理，让人感觉到艺术的真实。金圣叹认为《水浒传》的情节设置具有真实性。如第六十五回写梁山好汉攻打大名府，"梁中书见不是头势，带领随行伴当飞奔南门，南门传说道，一个胖大和尚抡动铁禅杖，一个虎面行者掣出双戒刀，发喊杀入城来。梁中书回马再到留守司前。"金圣叹评道："从东门走南门，而必至南门方知有寇，其于情事，岂有当乎？只须传说，便复回马，不必定至南方，妙绝，妙绝。"金圣叹认为梁中书未到南门，半路听见传闻便往回跑，既符合当时人慌马乱的特定情境，又符合梁中书犹如惊弓之鸟的特定心理状态，因此这个情节的设置是真实的。为了达到情节真实性的要求，金圣叹还以《水浒传》的特定情节为例，认为小说的情节设置要合乎社会生活的情理、符合读者的欣赏心理，并使小说的巧合、偶然因素合情合理。

金圣叹对《水浒传》的情节研究比较全面，很多内容如情节与人物性格的关系、情节的完整性、情节的节奏性都是李贽没有涉及的。后来的研究者在论述《水浒传》的情节时也多以金圣叹的回评为基础，对其中的一个或几个方面进行延伸与细化，在内容宽度与理论的深度上并没有超越金圣叹。当然，金圣叹对《水浒传》情节的评价毕竟还是主观随意性的评价，缺乏严密的论证，还不是严格意义上的研究，并且金圣叹对《水浒传》情节的一些不足之处也缺乏明确的认识。

(二)否定性评价

在《水浒传》的情节评价中也存在一种否定的声音。持这种声音的研究者认为,尽管《水浒传》的情节有着巨大的艺术魅力,但也存在不足之处。其实,早在明代李贽就持这样的观点,如其在第六十五回的回评中写道:"此回文字极不济。那里张旺便到李巧奴家?就到巧奴家,缘何就杀死他四命?不是,不是!即王定六父子过江,亦不合便撞着张顺。张顺却缘何不渡江南来接王定六父子?都少关目。"①李贽认为这一情节的内容太过偶然,难以让人相信。另外,在第六十六回、七十回、七十六回等的回评中,李贽表达了同样的观点。随着《水浒传》情节研究的深入,研究者对《水浒传》情节的不足之处的研究也越来越详细。主要有以下几个方面:

1. 情节失实

对《水浒传》"武松打虎"这一情节,刘玉书、夏曾佑都认为失实。刘玉书说:"打虎武松之双手按虎之项而踢之,虎负痛力疾,前爪抓地成渠云云。但虎之性情,余固不知,虎之形状,见之审矣。其前后爪皆可遍及周身,常以爪搔其首,若按其项,则两臂必被抓伤,虎爪甚利,木可穿,石有痕,况人乎?虎之通体如猫,曾见人按一猫之项,转瞬间手与腕血肉狼藉矣。"②夏曾佑也认为:"武松打虎,以一手按虎之头于地,一手握拳击杀之。夫虎为食肉类动物。腰长而软,若人力按其头,彼之四爪均可上攫,与牛不同也。若不信,可以一猫为虎之代表,以武松打虎之方法打之,则其事之能不能自见矣。"③两人认为,小说虽然讲究艺术的真实,但是在武松打虎的方式上实在是违背常理,因此,这一情节失实。在《〈水浒传〉情节指瑕》一文中,阳建雄认为:"史进途经渭州时,就遇上了鲁智深。于赤松林再度相遇时,距渭州分别还不到半年,鲁智深在与史进交手几十个回合之后竟然没有认出史进来,情节设置颇不合情理。"④另外,武松徒手能打死老虎,却在面对酒店中的一条黄狗时竟表现得如此狼狈;武松喝酒的这家酒店位于山东东北的青州地面,时值"冬月天道",依常理而言,小溪应该已被冰封住了,但酒店旁的小溪却还有"一二尺深浅的水";在攻打祝家庄时,钟离老人一直

---

① 李贽.水浒传回评[G]//朱一玄,刘毓忱.水浒传资料汇编.天津:南开大学出版社,2002:180.
② 刘玉书.常谈[G]//朱一玄,刘毓忱.水浒传资料汇编.天津:南开大学出版社,2002:329.
③ 夏曾佑.小说原理[G]//朱一玄,刘毓忱.水浒传资料汇编.天津:南开大学出版社,2002:338.
④ 阳建雄.《水浒传》情节指瑕[J].社会科学辑刊,2001(3):250.

陪石秀在自己家里说话,直到杨雄被抓住之后才与石秀一同从屋子里出来,可当石秀问他屋外到底发生了什么事时,他居然把杨雄被抓之经过说得头头是道。诸如此等,阳建雄认为都是作者的臆造,明显是失实的。

2. 情节雷同

李渔在《闲情偶记》卷三中说:"务使心曲隐微,随口唾出,说一人,肖一人,勿使雷同,弗使浮泛,若《水浒传》之叙事,吴道子之写生,斯称此道中之绝技。"显然,李渔认为《水浒传》是不存在雷同现象的。但也有研究者表达了相反的看法。如陈东林就认为:"《水浒传》在故事情节的描写方面……最明显的弊病就是有的时候故事情节雷同。……在描写卢俊义被董超、薛霸押送的故事中,其主要的和基本的故事情节,几乎与押送林冲时的故事情节如出一辙。只是林冲是被鲁智深救下,而卢俊义是被燕青救下,在救人的方式略有不同而已。"[1]仍是在《〈水浒传〉情节指瑕》一文中,阳建雄认为《水浒传》的战争情节、朝廷军官之落草情节,宋江等"逼"卢俊义、秦明、朱仝、安道全等到梁山落草的情节等也具有千篇一律、流于程式化、雷同的毛病。

3. 情节逻辑前后不一

一般来说,小说的情节与人物形象的塑造是统一的,情节的转换应该符合人物形象塑造的内在要求,但有研究者认为,《水浒传》中小说情节出现了逻辑前后不一,甚至自相矛盾的情况。武松要投奔二龙山,宋江在路口与之分别时,武松说:"哥哥怕不是好情分,带携兄弟投那里去住几时。只是武松做下的罪犯至重,遇赦不宥,……便是跟着哥哥去,倘或有些决撒,须连累了哥哥。……只是由兄弟投二龙山去了罢。天可怜见,异日不死,受了招安,那时却来寻访哥哥未迟。"从这句话看出,武松虽明知道自己犯下重罪,但心里一直存有招安之念,这在梁山众英雄中也是最早产生招安的想法的。可是当宋江在菊花之会上踌躇满志地写下了一首《满江红》词露出招安之念时,却是武松第一个表示不满:"今日也要招安,明日也要招安去,冷了弟兄们的心!"在《〈水浒传〉情节指瑕》一文中,阳建雄就认为:"武松对于招安的态度为什么会发生一百八十度的大转变呢?小说并

---

[1] 陈东林.《水浒传》的故事情节存在雷同的毛病[J].南京理工大学学报,2006(3):59.

未进行交代,造成了情节上的前后矛盾。"①小说第三回明明写鲁智深"不识字"的,但从第六回鲁智深看山门的牌额、第八十九回鲁智深读智真长老写的偈语、第八十九回写颂子看鲁智深是识字的,阳建雄认为这也是前后不一致的。

4. 巧合手法牵强

为了追求小说的传奇效果,就不能不借助一些巧合,《水浒传》的故事情节中就大量使用了巧合的手法,"表现出'无巧不成书'的小说特色"②。总体上说,《水浒传》故事情节中巧合手法的运用是成功的,增强了故事的传奇色彩,带给读者更高艺术水准的审美娱乐。但也有研究者指出,某些情节巧合手法的运用太过勉强,远未达到艺术的真实。

对燕青上梁山搬兵救卢俊义途中巧遇"梁山之人"一事金圣叹曾提出过质疑:"燕青一路自上梁山,梁山一路自来打听,则行路之人又多多矣,梁山之人如之何而知此人之为燕青,燕青如之何而知此人为梁山之人也。"③在《〈水浒传〉情节指瑕》一文中,阳建雄认为"第三回关于鲁达在代州雁门县十字路口巧遇金老之情节缺乏必要的伏笔照应,让人一看就觉得是在造假""第五十一回'插翅虎枷打白秀英'中之巧合不合情理,很难让人信服"。

另外,汪远平指出"《水浒》性格刻画与情节安排的艺术处理也存在一些弊端。作品的后半部分写得比较呆板,许多人物淹没在一般化的事件中,缺乏生动有力的性格刻画……这也就失去了情节的推进力,再也难以见到许多深刻的性格刻画和生动的情节了"。④

尽管有的学者指出了《水浒传》的情节存在一些不足之处,并且言之有据,合情合理,但瑕不掩瑜,些许不足之处并不妨碍《水浒传》成为一部伟大的小说。更何况,世界本来就不存在完美的事物。

---

① 阳建雄.《水浒传》情节指瑕[J].社会科学辑刊,2001(3):251.
② 张国风.话说水浒[M].桂林:广西师范大学出版社,2009:238.
③ 金圣叹.《水浒传》回评[G]//朱一玄,刘毓忱.水浒传资料汇编.天津:南开大学出版社,2002:296.
④ 汪远平.《水浒》的性格刻划与情节安排[J].湖南师院学报(哲学社会科学版),1954(2):69.

二、其他水浒小说情节研究综述

在过去,水浒小说无一例外地被认为是《水浒传》的续书,因此,在这些小说的情节研究中,除了对这些小说的情节做出优劣的主观评价之外,还有一项研究内容就是探讨这些小说哪些情节模仿了《水浒传》。

(一) 对《水浒传》情节的模仿

高玉海在《明清小说续书研究》中认为:"《水浒后传》(以下简称《后传》)摹拟《水浒传》的地方颇多:原著以石碣村揭开梁山起义的序幕,《后传》则以石碣村阮小七祭奠已故梁山英雄为缘起;原著中高俅因记恨王进之父仗势陷害王进,逼其母子逃至延安府,《后传》则写蔡京府的张干办因记恨去梁山招安时受辱而倚势欺压阮小七,逼其母子逃至登云山;原著写宋江在浔阳江险些被谋财害命,后来在浔阳楼酒醉误题反诗,《后传》则写蒋敬在江州被渔户所骗,在浔阳楼感旧题词;原著中宋江让人假扮秦明进行造反,进而赚其上山,《后传》则写扈成让人假扮黄信,施反间计而逼其入伙;原著有高廉公报私仇,欲谋害柴进,后柴进为狱卒所救,《后传》有高源借征缴银两谋害柴进,柴进又为节级救出;原著有武松血溅鸳鸯楼,《后传》有穆春喋血双峰庙;甚至忠义堂的石碣与《后传》的飘渺峰石板,梁山泊的朱贵酒店与《后传》里登云山脚下的酒店都极为相似……"①

刘兴汉在《〈后水浒传〉三题》一文中认为:"《后水浒传》的情节安排与人物描写确有不少地方模仿《水浒》,是按《水浒》的格局'套'出来的。如马霫这个人物很容易使我们想到李逵,殷尚赤、孙本、都元等人的故事也很容易使我们联想到宋江、林冲、卢俊义等人的遭遇。但也并非处处依样画葫芦。就情节安排来说,作品开头写的杨幺打虎就足见作者的匠心。"②

对于《荡寇志》,鲁迅在《中国小说史略》中评价"书中造事行文,有时几欲摩前传之垒"③。高明阁也指出:"《水浒传》有'武松打虎',《荡寇志》就写'唐猛捉豹';《水浒传》有'王婆贪贿说风情',《荡寇志》就描写'莺歌巷孙婆诱奸',《水浒传》有'青面兽北京斗武',《荡寇志》就有'陈丽卿斗

---

① 高玉海.明清小说续书研究[M].北京:中国社会科学出版社,2004:65-66.
② 刘兴汉.《后水浒传》三题[J].东北师大学报(哲学社会科学版),1991(2):72.
③ 鲁迅.中国小说史略[M].齐鲁书社,1997:120.

箭射花荣'"①。高玉海在《明清小说续书研究》一书中也指出了《荡寇志》诸多情节对《水浒传》进行模仿的特点。王旭川也认为"在情节设计上，《结水浒全传》常常做出与《水浒传》相似的题目，如陈希真三打兖州城，就与《水浒传》中宋公明三打祝家庄名称相似"②。

(二)对情节优劣的评价

如果认为这些小说都是《水浒传》的续书,在情节设置上有意模仿《水浒传》,有研究者认为这些情节的设置乃至自身都有不足之处。如马瑜认为俞万春在情节设置上与《水浒传》针锋相对,"《水浒》有林冲陷入图圄刺配沧州,终于逼上梁山,《荡寇志》有陈希真之女陈丽卿痛打高衙内闯下大祸弃家出逃；《水浒》有宋江与阎婆惜之事,《荡寇志》有戴春与阴秀兰一事；《水浒》有三打祝家庄,《荡寇志》有三打兖州城；《水浒》有武松打虎,《荡寇志》有唐猛擒豹……这种写法给小说带来了严重伤害,让读者产生模仿的感觉"③。黄人在《小说小话》中也说:"《荡寇志》警绝处几欲驾耐庵而上之,……而一百八人之因果虽针锋相对,未免过露痕迹。"高玉海以"黄统制遭枉归山"等情节为例,认为《水浒后传》在模仿《水浒传》时"显然忽略了许多生活细节真实的原则,尽管有些场面写的也很热闹,却难以令读者信服其'真'。"④在《明清小说续书研究》中,高玉海又以《水浒传》中"武松打虎"这一情节为例,认为《后水浒传》《荡寇志》中对这一情节的模仿"颇有东施效颦的味道"⑤。

当研究者抛开续书研究的思维,独立地看待这些小说时,有研究者对这些小说的情节做出了中肯的评价。胡适评论《水浒后传》,谈到燕青冒险进金营看望宋徽宗并向其献黄柑这一情节时,认为:"这一大段文章真是当得'哀艳'二字的评语！古来多少历史小说,无此好文章;古来写亡国之痛的,无此好文章;古来写皇帝末路的,无此好文章。"⑥对这一情节进行了充分肯定。对于《荡寇志》,郑振铎认为:"全书中最好的一段,最足动人的

---

① 高明阁.《荡寇志》对《水浒传》的反扑[J].明清小说研究,1985(2):215.
② 王旭川.中国小说续书研究[M].上海:学林出版社,2004:239.
③ 马瑜.荡寇志的接受与解读[D].天津:天津师范大学,2003:10-11.
④ 高玉海.假作真来真亦假——论《水浒传》两种续书的艺术缺失[J].中国文学研究,2001(1):58.
⑤ 高玉海.明清小说续书研究[M].北京:中国社会科学出版社,2004:68.
⑥ 胡适.中国章回小说考证[M].上海:上海书店,1979:174.

一段,是希真逃难,遇云威道故的一件事。……其情境的挚热很可使人感泣。"①在《荡寇志的接受与解读》一文中,作者认为前代历史小说和英雄传奇小说里,很少涉及情欲的描写,特别是对英雄人物的爱情的描写。作者总是避免其在情感上与女性有什么瓜葛,但是在《荡寇志》中,不仅出现了描写爱情的情节,还有了描写男女柔情的情节,因此,"《荡寇志》可以说是记录了一个历史前进的步伐"。②

第二节 水浒小说情节的"常外之奇"

"奇"最早是由老子提出来的,他说:"以正治国,以奇用兵。"后来人们把"奇"这一哲学范畴借用到文学批评的领域,使之成为人们经常使用的审美范畴,并逐步"被概括为中国古代叙事文学的根本审美特征的概念"③。自然,水浒小说就有奇的审美特征。在中国古代叙事文学中,"奇"主要是指"常外之奇",常指平常或者说是人的日常生活,所以,"常外之奇"追求的是理论上或者理想上的真实,以满足读者的好奇欲为目的。"常外之奇"的内涵是多方面的,其中重要一点就是情节的"常外之奇"。在刘文德看来,《水浒传》的"奇""主要是指故事情节的奇"④。事实上,不仅是《水浒传》,水浒小说最大的审美特征也是追求情节的"常外之奇"。

一、以曲为奇

在水浒小说中,作者善于发挥想象,设置逶迤曲折的故事情节,使读者的欣赏期待不时遇到阻力,出现波折,甚至预料落空,从而在意想不到的结果出现时,能够使读者感到阵阵意外的惊奇,达到以曲折的故事情节让读者感到惊奇的艺术效果。

(一)出人意料

为了突出情节的曲折,最简单的一个方法就是避免情节的简单、直叙,

---

① 郑振铎.水浒传的续书[J].文学周报,1929(3).
② 马瑜.荡寇志的接受与解读[D].天津:天津师范大学,2003:21.
③ 杨桂青."奇":中国古代叙事文学的根本审美特征[J].南京大学学报,2003(4):90.
④ 刘文德.千曲百折奇不失真——谈《水浒》情节的艺术特色[J].河北师范大学学报,1984(4):43.

而是把情节设置得弯弯曲曲,越曲越奇,使读者难以预料。

《水浒传》第十回写林冲想留在梁山,当时的梁山首领王伦为了委婉地赶走林冲,想出了让林冲纳"投名状"的主意,如果在规定的三天时间内完不成,林冲便不能留在梁山。虎落平阳被犬欺已经很郁闷了,可无奈之下下山杀人的林冲在第一天竟是空等,一天的时间里一个人也没从山下经过。接下来,有经验的读者一般会预料第二天有可能还是没人经过,林冲不得不再空等一天,让林冲留在梁山的希望降到最低,然后在最后一天才有人经过,让林冲顺利完成任务。如果作者编织故事的能力稍微弱一些,也有可能就在第二天,就是林冲等得不耐烦的时候,总算有人从此经过,林冲与此人发生交手,从而顺利完成王伦交给的任务。事实上第二天确实有人经过,可让读者很难想到的是第二天从此经过的是一个三百多人的团队。这几乎是与林冲开了个玩笑,即使有人经过,林冲又能如何。时间来到了第三天,也就是王伦规定的时间的最后一天,这一天有人经过应该是定局,否则林冲留梁山一事戛然而止,有头无尾,作者编故事的技法相信不会拙劣到如此地步。事实上第三天不仅有人经过,而且还是独身一人,这一下林冲该如愿以偿了吧。可让读者再一次难以预料的是,这个人见了林冲"撇了担子,转身便走",林冲连与他打个照面的机会都没有,那汉子"闪过山坡去了露了露头却退回去了",林冲即使想动手也来不及。似乎一切希望都已破灭,林冲也不得不自叹:"你看我命苦么!等了三日,方能等得一个人来,又吃他走了。"小校只能安慰林冲:"虽然不杀得人,这一担财帛,可以抵当。"可谁不清楚,王伦要的是"投名状"并不是财帛,仍不死心的林冲还要"再等一等"。但有刚才的一幕,还会有人从此经过吗?可出人意料的是,林冲的"再等一等"不仅等来了人,出乎所有人意料的是这个人不等林冲来抢夺,反而是主动要来斗林冲。只见那人挺着朴刀,大叫如雷,喝道:"泼贼,杀不尽的强徒!将俺行李那里去?洒家正要捉你,这厮们到来拔虎须!"飞也似的跃将来,要与林冲争斗。总的来说,整个情节一波三折,频频出人意料。金圣叹称之为"特特为此奇拗之文"。(《水浒传》第十回评)正是从情节的出人意料出发。金圣叹还高度评价《水浒传》第二十七回"快活林"的情节处理,称"读第一段并不谓其有第二段,读第二段更不谓其还有第三段,文势离奇屈曲,非目之所尝睹也"。

情节设置得若断若续,曲折萦纡,不能不让读者感到意外,心绪波动、叹奇叹妙。

（二）逐步跌顿

采用逐步跌顿的方法，同样能够使故事情节曲折，让人称奇。故事情节的出人意料只是让读者知道第一步，不知道第二步，对故事情节的发展难以有先见之明。而故事情节的跌顿则是让故事情节一步一跌，一跌再跌，鲜明地朝着读者不愿看到的方向发展，在读者的希望几乎完全破灭的尽头，情节的结局豁然开朗，读者紧张的期待得以释然，从而在离奇的情节背后，感慨故事情节的奇异。

《水浒传》第五十三回写梁山好汉入狱去救被囚禁的柴进。生死存亡的关头，把柴进尽早并且顺利救出来是这次行动的最大目的，可随着任务的执行，却偏偏一步步偏离目标，朝着坏的方向发展。金圣叹认为这一项任务凡作三番跌顿，"入监不见柴进是第一跌，下井摸着骸骨是第二跌，摸着叫唤不应是第三跌。"（《水浒传》第五十三回夹批）第一个跌顿，到监狱里找不到柴进，柴进是死是生便存有疑问，如果柴进还活着，即使不能发出呼喊这样的信号，但也不至于怎么找也找不到啊。看来，活着救柴进出狱的希望不免大打折扣；第二跌顿，下井后摸着骸骨。找不着柴进，可能是因为没找对地方，至少还有活着的希望，但下井后却摸到了骸骨，不可否认，摸着的骸骨有可能是柴进的，也有可能不是柴进的，但就在大家非常专注地搜救柴进的行动中，突然摸到了骸骨，有谁能不倾向于认为柴进已经死亡？第三跌顿，摸着叫唤不应。第二跌顿之后，如果还有人抱有最后一线希望的话，但摸着叫唤不应，无疑等于正式宣布了柴进的死亡。因为只有在两种情况下才有可能摸着叫唤不应，一是受伤极重，一是已经死亡。可无论这两种情况中的哪一种成立，都等于说这项任务彻底失败了。故事情节至此，可谓已经跌顿到极点。就在读者已经完全心灰意冷之时，柴进微弱地发出了声音，于是纠结在读者心头的紧张情绪立刻烟消云散，至此读者才完全释怀。整个情节可谓一个跌顿接一个跌顿，出人意料，又在情理之中，情节曲折离奇，让人惊叹。

（三）欲避先犯

相同情节的铺排纯粹是无意义的重复，只能让人生厌。为了使故事情节显得曲折，一般需要避免重复、雷同、类似等现象。但如果有意地设置内容上重复或者类似的情节，重要的是写出这些情节的不同，在看似重复中写出变化,这无疑更能显示情节的妖娆多姿,更能体现情节的曲折。在水浒小说中,有的作者把两处或几处情节写得极相似,极重复,甚至到了无法变化的境地,然后再于不变中求变化、重复中求新生,写出同中的不同,以"犯"达到"避"的目的,从而使情节更显曲折,也就是金圣叹所说的"不辞险道,务臻妙境。"(《水浒传》六十一回夹批)

  《水浒传》中有武松打虎、李逵杀虎两个情节,内容看似重复,但作者却能从同中写出异。武松打虎是酒后,而且是仓促应战,但武松是个精细之人,因此,武松打虎完全符合章法,不慌不忙,有先有后,动作的选择合情合理,丝丝入扣;而李逵打虎是因自己的娘被吃了,情急之下,报仇心切,加之李逵又是个粗鲁之人,因此,与武松打虎相比,李逵打虎就显得没有章法,一切随意愿而为,纯是胆大。如虎未归洞,李逵便钻入老虎洞内,虎在洞外,李逵便赶出洞来,出发点就是为了以最直接、最痛快的方式杀死老虎,以平心头之恨,相信这都是武松不会做的事。作者正是抓住了两人的这些不同之处,在都是杀虎,看似重复的情节中写出了两人的不同之处,让读者感慨故事情节设置得奇妙。如金圣叹所评:"二十二回写武松打虎一篇,真所谓极盛难继之事也。忽然于李逵取娘文中,又写出一夜连杀四虎,一篇句句出奇,字字换色。若要李逵学武松一毫,李逵不能;若要武松学李逵一毫,武松亦不敢。各自兴奇作怪,出妙入神,笔墨之能,于斯竭矣。"(《水浒传》第四十二回回首总评)

  与《水浒传》中武松打虎这一情节类似的还有《水浒后传》中杨幺打虎、《荡寇志》中唐猛打豹。杨幺在躲过老虎的两扑后便"转身抢进一步,用两手死按住了虎项,腾身骑跨,跳上虎背",任那老虎"乱窜乱奔,杨幺只按稳坐稳,紧闭双目任他奔窜",老虎驮着杨幺"奔走了几重峻岭,越过了数处山冈",直至三百里外的长沙赤亭县,后来考虑竟由于"奔驮得骨苏身软,四肢力尽筋麻,咽喉出火"而死。杨幺却"一时得了安稳,竟呼呼的伏地睡着"了;唐猛打豹是与豹子抱在一起,相持许久,豹子被"唐猛钢牙啃伤颈脖"后,被人用长矛刺死。杨幺打虎与唐猛打豹可谓都仿武松打虎,但总体说来,每个人都有每个人的打法,每只虎或者豹也都有不同的死法,同中有异,异中有同,有意为奇,从而让人称奇。

二、以巧为奇

  情节的巧是指有些故事情节通过作者巧妙的设置,本来不应该发生的故事却合理地发生了。因此,巧的故事情节也是让人称奇的。巧包含两个方面:一是巧合,也就是发生概率本来比较小的事情却自然而然地发生了;二是巧计,指通过智力手段使不可能的事情变为可能。无论是巧合还是巧计,都是使不可能的事情变成现实,从而使读者不得不为之惊叹与惊奇。

(一)巧合

水浒小说中巧合情节的设置比比皆是。

《水浒传》中鲁智深在菜园里使禅杖,恰巧引得从此经过且有一墙之隔的林冲的注意,林冲观看了一段时间,由此衙内才有机会调戏林冲的妻子;因为林冲的叫好,才会有英雄惜英雄的缘分,才会有后来鲁智深、林冲两人的结为兄弟。第十八回,杨志失了生辰纲潜逃时,因为身上没有盘缠,不得不到一家酒店去白吃,从而与店主发生斗殴。可万万料不到,这个店主恰巧是林冲的徒弟曹正;第二十二回,宋江在柴进庄上喝酒,因去净手,同样是巧合,踩了火锨柄,更巧的是把火掀到一个大汉脸上,这个大汉恰巧又是武松,由此两个人才得以相识。不久,宋江与武松天各一方,本来相会之日无期,可又在意料之外,武松所打的人孔亮又是宋江徒弟,而此时,孔亮正把宋江请到自己家里来暂避"杀惜"之祸,因此两个人在此相遇又在情理之中了;第三十回,石勇寄书与从未见过面的宋江,恰巧他与宋江同在一家店喝酒,并为了一个座位发生冲突,也由此使石勇结识了宋江,并交付了书信;第三十八回,宋江在浔阳酒楼的墙壁上题诗,却恰好被好事的黄文炳看到;第五十三回,李逵与戴宗去蓟州寻找公孙胜,苦无结果时却因为李逵吃面与一老人争吵,从而得到了公孙胜师父罗真人的消息,由此意外地找到了公孙胜。

《水浒后传》第二回,阮小七丢了母亲,扈成被人抢了货物,两人相遇到酒店吃饭,却又巧合地到了顾大嫂与孙新开的酒店;第四回阮小七与孙新上登云山,打劫过路货商时没想到负责押送的却是鬼脸儿杜兴;第九回乐和遇童威、第十四回安道全遇金大坚、第十九回呼延灼遇徐宁之子等,都是机缘巧合。

《后水浒传》第十回邰元一人入黄府报仇,被众人围住,恰在此时常况杀了进来,并与邰元顺利地离开了黄府;第十四回,殷尚赤访瑶琴多日都没有结果,却被一只朝着殷尚赤叫个不停的乌鸦指引着找到了瑶琴。

《荡寇志》第一百十六回,范成龙等人捉参仙未果,眼看慧娘性命不保,可就在这时候徐溶夫的老师陈念义到来,使事情有了转机。

巧合情节的设置,不仅能节约小说篇幅,使情节迅速转入故事发展的主要轨道,而且一定程度的巧合情节,使概率较小的故事得以发生,自然会引发读者惊奇的感慨。

(二) 巧计

水浒小说中的巧计也不在少数。与数量相比,巧计带给读者惊奇的艺术享受要远远大于巧合。

《水浒传》中最著名的巧计就是"智取生辰纲":负责押运生辰纲的是杨志,杨志武功高强、胆大心细,此次押运又是在重新得到梁中书的重用之后,杨志对梁中书充满感激之情,因而把这次任务看成是在朝廷谋得一官半职,取得封妻荫子的好机会,晁盖等人如果用武力夺取生辰纲绝非易事,甚至极有可能不会成功。但晁盖等人充分利用一切可能的条件,巧用妙计,如探囊取物一般就把生辰纲弄到了手,不能不让读者感慨计策的巧妙。晁盖等人考虑到天气炎热,杨志等人赶路辛苦,如果有酒解渴,在确定安全的情况下,杨志等人很有可能买酒解渴;杨志尽管心细,但是晁盖等人更是技高一筹,先自喝第一桶酒,证明酒无毒,并出乎一般人想象地又在第二桶里舀了一瓢喝,证明第二桶里的酒与第一桶一样也是没有问题的,进一步坚其心;杨志重新被任用后不可能完全得到梁中书的信任,因此,与押送人员存在牵制与被牵制的关系,在要不要休息、要不要买酒喝这些事上两方都存在矛盾。晁盖等人软硬兼施,计策的运用一环扣一环,酣畅淋漓。杨志即使再胆大心细,哪有不中计之理?就这样,不费吹灰之力,十万生辰纲就颇有喜剧色彩地成了晁盖等人的囊中之物,打劫变成了轻松式的表演。正是巧计的使用,使我们并不感叹结局的大悦人心,而是感慨过程的让人称奇。

《后水浒传》第八回,黄金与月仙设计要害邰元,两人做了具体分工:先是月仙与邰元开玩笑,说邰元"腰边暗藏银两,日日在外同人吃酒,烂醉回来,只撇我在家清冷",然后解下了邰元的包肚,并乘机将解下的包肚的底处挑开,邰元肯定没在意。底处被挑开的包肚装入珍珠后,自然丢得一干二净,黄金则派人跟在邰元后面拾取从包肚里流出的珍珠,致使邰元即使发现珍珠丢了也无从找寻,就这样,邰元糊里糊涂地吃了官司。

《荡寇志》中的慧娘有赛诸葛之称,因此在战争中慧娘多次设计与梁山展开斗争,每次的军事斗争几乎就是慧娘与吴用之间计谋的较量。除此之外,还有形形色色的妙计,如第九十三回,为套出天使遇害真相,毕应元设下的苦肉计;第一百十九回,为了使秦明被卢俊义怀疑为投敌,徐槐设下了反间计……

在陆士谔的《新水浒》第五回中,王氏为了与武三鬼混,竟把私盐放入被掏空的番瓜内,鼓动丈夫李福全出外贩卖,能想出如此妙计已经不一般了,可谁知道想出如此妙计的王氏竟然暗地里报知差役,致使李福全出门就被抓,原来这条计策正是借刀杀人之计,真可谓天衣无缝;第十五回、第十六回单聘仁等人的骗术也称得上别出心裁;第十八回,智多星吴用的妙计使益都县人哑口无言。正是这些巧计的使用,才让读者感觉到小说情节之奇。

三、以险为奇

在惊险情节中,矛盾冲突随着情节的发展逐步尖锐化、白热化,就在接近爆炸的临界点,人物的处境危险之极,人物的命运本应该产生最坏的结果,但到头来往往就是在最后的一刹那,人物经受住了考验,一个微不足道的人物或一件可有可无的事件的发生致使整个事件乾坤顿转,改变了几乎必然的趋势,人物的命运又回到正常的轨道。在短时间内读者的心情完成了由紧张到轻松的转变,从而不得不惊叹情节设置的奇妙。

(一)一险胜似一险

一险胜似一险,就是编织具有连续性、递进性的惊险情节,用惊险情节的数量与质量积聚惊险的效果。《水浒传》第三十六回"没遮拦追赶及时雨,船火儿夜闹浔阳江",宋江在揭阳镇上私赏卖艺的薛永得罪了穆氏兄弟,可谁知两人晚上投宿时竟自投罗网,偏偏投宿到穆氏兄弟家,而且当时穆氏兄弟正在寻找宋江报仇,宋江处境可谓堪忧。幸好在被穆氏兄弟发现之前宋江得知底细,两人决定逃走,可谁知半夜跳墙逃走时,竟慌不择路跑到了江前,前面有大江挡路,后面又有穆氏兄弟的紧追,处境危险;在无路可选择的情况下,宋江不得不沿着大江逃,可谁知没跑多远又被横港挡住,这才真算得无路可逃,只能等着被捉,两人的处境又险一分;幸运又一次降临,两人逃到船上后,惊吓还没退去,可谁知船家又认识穆氏兄弟,既然认识,按常理船家自然不会帮宋江与薛勇两个陌生人,船应该是要回去的,看来怎么逃也逃不出穆氏兄弟的手掌心,宋江等人的处境眼看就没有什么转机;出乎预料,船不仅没摇回去,而且到了江心,穆氏兄弟就再也没办法追了,在这种情况下本来安全了,可谁知船家又要劫财,并不想留活口,刀就架在脖子上,近在咫尺,这一次真的除了被水淹死、被刀砍死,反正都是要死,已经别无选择,宋江等人处境的危险可谓到了无以复加的地步。可就在这看似毫无转机的情况下,李俊驾船经过机缘巧合地救了宋江,宋江转危为安。整个过程可谓一险胜似一险,金圣叹对此惊险情节的处理更是赞不绝口道:"此篇节节生奇,层层追险。节节生奇,奇不尽不止;层层追险,险不绝必追。真令读者到此心路都休,目光尽灭,有死之心,无生之望也。"(《水浒传》第三十六回回首总评)金圣叹还把此篇的情节设置总结为七追,认为这样的情节设置,使人物"脱一虎机,踏一虎机""令人一头读,一头吓,不惟读亦读不及,虽吓亦吓不及",在这种一险胜似一险的连续冲击下,这种情节设置取得的惊奇效果便不言而喻了。在《水浒传》第六十四回回首总评中,金圣叹把张顺赴江南请安道全所遇到的一系列的事件归结为"八可骇",在层出迭起的八次惊险情节中,一波未平,一波又起,使整段文字高潮迭起,让读者应接不暇。再如第六十一回燕青救卢员外,后又身陷险境的惊险情节,金圣叹批:"薛霸手起棍落之时,险绝矣,却得燕青一箭相救;乃相救不及一纸,而满村发喊,枪刀围匝,一二百人,又复擒卢员外而去。当是时,又将如之何?为小乙者,势不得不报梁山。乃无端行劫,反几至于不免。于一幅之中,而一险初平,骤起一险;一险未定,又加一险,真绝世之奇怪笔也。"(《水浒传》第六十一回回首总评)

《水浒后传》第三十三回,本来高青与和合儿说好要里应外合,以便攻破城墙,可不承想和合儿刚把高青吊上去,"刚跨上垛口,解下索子,巧巧革雕、共涛巡察到来",高青只能装作百姓,朝外站着;更让人担心的是,革雕还看出这甲里神情有异,意识到可能有奸细,无疑高青的危险又加重了一分。事实上这仅是虚惊一场。

(二)急事用宽笔

在惊险情节中,作者有意识地用细腻的笔法描写较为平和的内容,通过细致的交代、详细的描写,有意延缓惊险结果的发展过程,在缓与急的对比中,加深读者的紧张与刺激情绪,从而使情节的惊险效果更加突出。

《水浒传》第三十九回写宋江、戴宗在江州被判死刑。宋江、戴宗两人的生命存亡于一线,对如此惊险的情节,作者却出奇地有耐心,用宽笔描绘,娓娓而谈,迟迟不写行刑时刻的到来。蔡九知府听了黄孔目的建议后,要等到第六日才问斩宋、戴二人。终于等到第六天,作者却不直奔主题,而是从行刑前的琐事写起。先是打扫法场,饭后士兵、刽子手点名……一样一样慢慢道来,不慌不忙。宋江与戴宗到了法场上,小说中写道"只等午时三刻,监斩官到来开刀",形势看上去要紧张起来,可作者偏偏不直接写午时三刻到来,犯人问斩,而是写众人看犯由牌、法场周围的观看者的争执等。通过漫长的文字和缓慢的节奏,读者的心一直纠结着,这本身又增强了情节的惊险性,同时又让如此的刺激和快感尽可能地延续。对此情节,金圣叹在回首总评中做了细致的分析,并批道:"写急事不得多用笔,盖多用笔则其事缓矣。独此书不然,写急事不肯少用笔,盖少用笔则其急亦遂解矣。"(《水浒传》第三十九回回首总评)同样,金圣叹在分析了《水浒传》第六回中高衙内二戏林冲之妻和林冲买刀两个情节之后,指出《水浒传》在情节构思上"每写急事,其笔愈宽""叙极忙事,偏用极婉笔"的特点。

(三)惊险停悬

在情节最惊险的时候骤停,也就是金圣叹所说的"住得怕耳",也是惊险情节设置的一个技巧,在水浒小说中多发生于每一回结束的时候。在最惊险的时候骤然而停,就扩展了惊险性的延续空间,使惊险性得以延续,不仅可以吸引读者继续阅读,而且可以在停顿中引起读者对情节做深入思考。

《水浒传》第七回写林冲被诬陷发配沧州,在野猪林被两个公人绑在树上,"薛霸便提起水火棍来,望着林冲脑袋上劈将来,可怜豪杰束手就死。正是:万里黄泉无旅店,三魂今夜落谁家",无论林冲武艺如何高强,被人烫伤了脚在先,又被人绑在树上在后,要结果他的性命可以说是轻而易举,林冲没有不死之理。读者至此会想,这一回林冲大概没有生路了。可能有些读者会想到林冲作为《水浒传》的主要人物之一,大约还不至于死,但是把林冲置于如此非死不可的地步,读者还是会为林冲着实捏一把汗。第十五回写杨志失却生辰纲,感到走投无路,寻思自杀,他撩衣破步,望着黄泥冈下便跳,金圣叹批道:"岂有杨志如此,只是作者要住得怕耳。"(《水浒传》第十五回夹批)第六十一回写董超、薛霸押解卢俊义上路,途中要害他性命。正当薛霸手起棍落之时,第六十一回的内容戛然而止,卢俊义死还是没死,这对读者来说是一个疑问,惊险的内容势必延续到下一回。金圣叹特别重视每回书结尾的惊险,他甚至提出,即使无险可凑,也应该:"故特幻出一段,以作一回收场耳。"(《水浒传》第十四回夹批)金圣叹把这种种惊险情节设置的技巧称为绝世奇笔,称作者为真正的才子。

四、以幻为奇

张无咎言:"小说家以真为正,以幻为奇。然语有之:'画鬼易,画人难。'《西游》幻极矣,鬼而不人,第可资齿牙,不可动肝肺。《三国志》人矣,描写亦工,所不足幻耳。然势不得幻,非才不能幻。"①指出幻的实现受一定条件的限制,但幻的最大特点或者目的是要达到奇,因此,幻应该是隶属于奇的审美概念。以幻为奇就是指通过幻具备的超现实内容和夸张的艺术表现手法的奇异性特点,使读者在云谲波诡、神鬼莫测、迷心眩目的虚幻中收获意想不到的惊奇。水浒小说就有这样的特点。

(一)梦幻

《水浒传》中提到的梦幻有十四次,其中仅宋江一人的梦幻就有六个,如宋江梦见九天玄女,梦见晁盖、张顺等,其中写得最为详细的是梦见九天玄女。第四十二回,宋江打江州回家后被官府缉拿,宋江躲到还道村玄女庙中,最后见到了坐在九龙床上的九天玄女。"头绾九龙飞凤髻,身穿金缕绛绡衣。蓝田玉带曳长裙,白玉圭璋擎彩袖。脸如莲萼,天然眉目映云环;唇似樱桃,自在规模端雪体。犹如王母宴蟠桃,却似嫦娥居月殿。正大仙容描不就,威严形象画难成。"宋江喝了"三杯仙酒",吃了"三枚仙枣",拜受了三卷天书,更奇妙的是梦醒后"手内枣核三个,袖里帕子包着天书。摸将出来看时,果是三卷天书。又只觉口里酒香",不仅是宋江感觉到"这一梦真乃奇异,似梦非梦!若把做梦来,如何有这一书在袖子里?口中又酒香?枣核在手里?说与我的言语都记得,不会忘了一句?不把做梦来,我自分明在神厨里,一跤攧将入来来,有甚难见处。想是此间神圣最灵,显化如此,只是不知是何神明",就是读者也感到其中的虚幻缥缈。不久之前还为宋江的性命担忧,转瞬间却被带到梦幻般的世界,读者完成一个似真似幻虚幻世界的旅行,让人称奇。《水浒后传》第十四回,闻焕章在安道全来

① 转引自黄霖.中国历代小说论著选[M].南昌:江西人民出版社,1982:179.

之前就梦到天医星到来,自会治好其女儿的病。而事实上,梦境真的成为现实,天医星安道全如期而至。

(二)神鬼

水浒小说的人物或为正神被贬,或为妖魔下凡,因此,作品中大量充斥神鬼等虚幻性的描写。《水浒传》中西岳华山的陈抟士、龙虎山的虚靖天师、公孙胜的师父罗真人等都是神仙式的人物。龙虎山上的虚靖天师与白额毛大虫和吊桶大小、雪白的大蛇为伴,不出山门却知晓天下事,或驱除瘟疫或镇妖除魔都是手到擒来;公孙胜的师父罗真人则能用三块手帕送公孙胜等三人分别到唐州和蓟州,一阵恶风就把李逵吹入云里,投到蓟州府监狱里。第九十五回,梁山军马被乔道清追赶,却被"弥弥漫漫""似东洋大海"的妖水挡住了逃路,正当宋江要自刎之时,"生得奇异,头长两块肉角,遍体青黑色,赤发裸形,下体穿条黄裈,左手报一个铃铎"的土神出现,救了梁山军马。《荡寇志》中陈希真等人也都是天上雷部神将下凡。

《水浒传》第六十八回宋公明夜打曾头市,史文恭"正走之间,只见阴云冉冉,冷气飕飕,黑雾漫漫,狂风飒飒,虚空中一人当住去路,史文恭疑是神兵,勒马便回,东南西北四边都是晁盖阴魂缠住"。第二十六回武大死后,武松从东京回到阳谷县,晚上在武大家,半夜睡不着,说:"我哥哥生时懦弱,死了却有甚分明。"话还没说完,灵床下已经冒出冷气来,武大从灵床底下钻出来,还告诉兄弟自己死得苦。张顺死后,他的魂魄还能够附到张横身上,并跑到宋江面前,诉说自己死后的行踪,"因在涌金门外被枪箭攒死,一点幽魂,不离水里飘荡。感得西湖震泽龙君,收做金华太保,留于水府龙宫为神。今日哥哥打破了城池,兄弟一魂缠住方天定,半夜里随出城。出见哥哥张横,在大江里,来借哥哥尸壳,飞奔上岸,跟到五云山脚下,杀了这贼,一迳奔来见哥哥"。

(三)法术

水浒小说中的人物大部分是军队的首领,公孙胜、高廉、樊瑞、辽国统军贺重宝、乌龙岭的包道乙、郑彪、高封、陈希真……这些人都擅长用法术,因此战事斗争中,这些人积极地用法术求得战争的胜利就变得非常自然,战场上斗法的内容就成了水浒小说虚幻性情节的重要组成部分,并成为增加小说情节传奇性必不可少的内容。

《水浒传》第五十四回公孙胜与高廉斗法,高廉"取下那面聚兽铜牌,把剑去击。那里敲得三下,只见神兵队里卷起一阵黄砂来,罩的天昏地暗,日色无光。喊声起处,豺狼虎豹,怪兽毒虫,就这黄砂内卷将出来",公孙胜"在马上早制出那一把松纹古定剑来,指着敌军,口中念念有词,喝声道:'疾!'只见一道金光射去,那夥怪兽毒虫,都就黄砂中乱纷纷坠于阵前。众军人看时,却都是白纸剪的虎豹走兽,黄砂尽皆荡散不起",高廉法术逊公孙胜一筹。高廉准备逃走,"口中念念有词,喝声道:'起!'驾一片黑云,冉冉腾空,直上山顶。只见山坡边转出公孙胜来,见了,便把剑在马上望空作用,口中也念念有词,喝声道:'疾!'将剑望空一指,只见高廉从云中倒撞下来。侧首抢过插翅虎雷横,一朴刀把高廉挥做两段"。第九十六回,公孙胜与乔道清斗法术,两人先是幻化出一条黄龙与一条黑龙在半空中相斗,接着乔道清又唤出青龙,公孙胜唤出白龙,最后乔道清又唤出赤龙,五条龙搅作一团,在空中乱舞,难分高低。在这种情况下,公孙胜把麈尾化成大鹏上前助阵,最终打败了乔道清幻化的龙。《水浒后传》第三十四回,萨头陀与公孙胜同样是用法术争高低,萨头陀"口中念念有词,一阵鬼兵,都骑虎豹从空飞下,径奔前来,公孙胜掣出松纹古定剑一指,喝声:'疾!'有两员大将,神威四射,俱执降魔杵,把鬼兵打散"。《荡寇志》第八十五回,高封用"混海天罗"的法术困住了陈丽卿并伤了陈丽卿的真元,几乎要了她的命。随后一回,高封又与慧娘斗法,但因不是慧娘的对手,被慧娘设计捉住。

另外,水浒小说中还有其他虚幻性的描写,如天意、宿命、怪异等,如曾头市风折军旗预示着晁盖牺牲、秋林渡燕青射燕意味着梁山好汉的结局。正是这些内容增强了情节的传奇性,激起了读者的阅读兴趣。

第三节 水浒小说情节的"常内之奇"

水浒小说的审美特征以常外之奇为主。常外之奇是从非常世界,准确地说是从理性、理想中追求现实的真实性,从近乎夸张的艺术手法中获得传奇的美感,事实上,小说当中的生活与实际的现实总有一层隔膜,甚至彼此是疏远的。明中叶以后,人们的审美观念发生了变化,有的小说作者开始从日常的平凡生活中,从目之见、日常起居中寻找奇。如凌濛初的《初刻拍案惊奇》序云:"今之人但知耳目之外,牛鬼蛇神之为奇,而不知耳目之内,日用起居,其为谲诡幻怪,非可以常理测者固多也。"①在《二刻拍案惊奇》序中则直接主张"无奇之奇"的审美观点:"昔日小说好奇失真,错在'知奇之为奇,而不知无奇之所以为奇,舍目前可纪之事,而驰骛于不议不论之乡'。"②笑花主人在《今古奇观》序中也提出了真奇出于庸常的命题:"夫蜃楼海市,焰山火井,观非不奇;然非耳目经见之事,未免为疑冰之虫。故夫天下之真奇者,未有不出于庸常者也。"③这种审美观念在水浒小说中也有所体现,并且随着时代的发展,这种审美观念的变化趋势越来越明显。

一、常人常事之奇

水浒小说中的好汉都是些草莽英雄,随着历史前进的步伐,英雄的身份没有变化,英雄的本事我们常人仍然难以企及,但是后来的英雄越来越让人感觉到英雄的真实,英雄与常人的距离并没有那样遥不可及。英雄与常人反差之小反而更让我们感觉到英雄之奇。

(一) 常人

《水浒后传》中,扈成早已忘掉了灭门之仇,积蓄了一担钱财后,他的人生目标就是要不远千里,回家重整家风,娶房妻小,接续宗祠。虽然这只是一个念头,事实上最终也没实现,但扈成的这个想法无疑表明,《水浒后传》中的英雄与《水浒传》中的英雄相比,已经更接近于常人。英雄不再以事业为先,而只是想娶妻生子,接续宗祠,实现一个普通人的现实理想,且英雄的理想是如此平凡,标准降低,实出读者的预料。《后水浒传》中的杨幺尽管被描述成忠、义、勇这样的完人,但有些情节的描写,作者却是努力想把他塑造成常人。《水浒传》中的李逵最崇拜宋江,宋江要杀他,他都心甘情愿。可宋江除了在江州城里,不分情由地给过李逵银子外,并没有对李逵特殊关照。相反,宋江对李逵时常训斥,如菊花会上李逵因为反对宋江招安的主张而踢碎了桌子,宋江大喝:"这黑厮竟敢如此无礼,左右与我推去斩讫报来!"最甚者,宋江在临终前,担心李逵在自己死后造反,竟把李逵从润州骗来,让他喝下了毒酒。李逵究竟为什么这样服宋江,《水浒传》

---

① 凌濛初.初刻拍案惊奇[M].上海:上海古籍出版社,1982:1.
② 凌濛初.二刻拍案惊奇[M].北京:现代教育出版社,2005:2.
③ 丁锡根.中国小说序跋集[C].北京:人民文学出版社,1996:793.

的作者并没有给我们可信的理由。在《后水浒传》中,第三十四回"众弟兄验天时同聚义"中,杨幺被推选为首领,庭前敲鼍鼓,堂下献珍馐,其他的弟兄都吃得欢欢喜喜,可杨幺忽停下酒杯不饮,满面惨容,说道:"今日若有马窿在席,不知他怎般快活,要说几句疯话儿笑耍。如今徒列珍馐,叫我怎得下咽!"说罢眼泪直流。第四十回"小阳春闻朝政心伤,宋高宗遇天中作乐"中,杨幺与郭凡入临安城观看,留马窿在客房,回来路上杨幺经过许多酒店,但他只推说腹中不觉饥馁,不肯入内,空走了一日,挨饿回来,真实原因只是为了不忍心撇下马窿。俗话说,英雄不拘小节,可就是这样被描绘成忠、义、勇完人的杨幺却能注意小节,而且与马窿在一起看重的也仅仅是两个人在一起高兴,为此,杨幺竟一定要有饭同吃,宁可挨饿,这样的情节,实属作者的奇想。

《荡寇志》中的陈丽卿是天上雷神下凡,但是在战场外,作者把她描写成了最为普通且真实的一名女性。除掉英雄的光环之后,她更是一个常人,长得漂亮,"窄窄袖儿,露出雪藕也似的手腕,却并不戴钏儿。肩上衬着盘金打子菊花瓣云肩,虽然蒙着脸,脑后却露出那两枝燕尾来,真个是退光漆般的乌亮"。陈丽卿有年轻人未经世事的冲动,遇到高衙内调戏自己,便毫不手软,痛打高衙内,当父亲陈希真担心高太尉"早晚便来生事"时,陈丽卿不假思索,口出狂言:"便是高俅亲来,我一箭穿他一个透明窟窿。"陈丽卿自小失去母亲,与父亲相依为命,关键时候表现出孩子对父亲的依恋。在风云庄云威要留陈丽卿在庄上多住几日,陈丽卿不愿意,"一把拖住老儿的袖子",道:"我不,我要跟着爹爹走。""我爹爹在这里,我便在这里。"

《水浒传》中,梁山好汉离家逃走时,对背井离乡好像并没有太多的感伤,女英雄扈三娘即使在自己的家人被李逵杀得一干二净,自己的兄弟下落不明时也没有什么情感的表示,但《荡寇志》中的陈丽卿逃出城来时,却回头看了看自己从未离开过的家,生出背井离乡的愁绪,"回头看了看那箭园、亭子、厅房,又看了看屋宇,止不住一阵心酸,落下泪来",更让人想不到的是,在乡愁面前,一直没感觉到自己做错的陈丽卿开始知道后悔了,"早知如此离乡背井,那日不去烧香也罢"。她也有小孩爱玩、争强好胜的天性,即使在逃跑的路上也闲不住,"挂了梨花枪,握着那张鹊华雕弓,抽一枝箭搭在弦上,看见虫蚁儿便去射。不论天上飞的,地下走的,树上歇的,但不看见,看见便一箭取来"。在路上遇到强盗也是如此,如在飞云浦遇到强盗,陈丽卿"一把拉住了老儿,道:'爹爹,你不要去,这几个贼男女,把与孩儿杀了罢!'"当陈希真叫她在江湖上不要轻敌时,她拉着老儿道:"我不,我只要自己一个人去! 杀不过时,你再来帮我。"在风云庄与云龙比武时,被云龙稍胜一点儿便压不住争强好胜的天性,使出浑身解数,几乎失手伤了云龙。她也有小脾气。夺青云山时,因栾廷芳说她曾败于高封妖法,引得她不高兴,于是马上就要与栾廷芳比武。栾廷芳碍于是祝永清的师傅,为了不伤和气,栾廷芳屡屡退让。当诸将有意安排让陈丽卿杀了敌将崔豪并一致对陈丽卿交口称赞后,陈丽卿才猛然醒悟。当陈丽卿醒悟后便马上向栾廷芳道歉,承认自己孩子气。陈丽卿是一个真实、普通的女性,为此,作者才构思了表现陈丽卿孩子气、爱哭鼻子、爱玩的情节。

(二) 常事

在《大宋宣和遗事》与《水浒传》中,作者把笔墨倾向于非常之人、非常之事,可在以后的水浒小说中,作者开始注意写普通的人与事,努力在常事中发掘非常之处。

《水浒后传》第三十六回,在两军交战过程中,突然插入屠岠怕老婆,写军事将领的家务事。屠岠被老婆追得"上路飞跑",可见了方明后嘴上还不认输,说:"少不得杀了他,同你女儿快活。"在现实生活中,惧内可谓常事,为了面子,惧内之人心里怕嘴上不服也合情合理,可怕老婆的竟是凶恶的屠岠,普通的事发生在并不普通的人身上,这便构成了奇。《荡寇志》中的慧娘号称赛诸葛,她的聪明、智慧可以在战场上得到尽情发挥,可在现实生活中,她就是一个普通的女性。第一百十六回,慧娘出嫁前,父母不放心,对慧娘千叮嘱万吩咐:"你诸事须要保重,那孝顺公姑、敬重丈夫的话,我屡次教过,今亦不必再说了。"第一百三十九回,梁山被消灭后,陈丽卿回到京城的家,一家人在箭园上摆宴,这时祝永清想到两人在猿臂寨演武厅上步月饮酒的事,陈丽卿也禁不住感慨,"真是光阴如箭,日月如梭,今夜月亮同那年的一般"。慧娘骑木马、乞七巧;徐青娘与汪恭人内室契谈等细节,让读者逼真地感受到女性日常生活的真实和女英雄的常人心性。《新水浒》更是直面现实生活,写尽下层人窘迫生活中的人生百态。陆士谔《新水浒》第四回,李福全因为无米下锅想与自己的舅舅借钱过日,第一次不好意思张嘴,第二次终于张开嘴了,谁知自己的舅舅却不仅不帮忙,反而拿李福全挑卖私盐说事:"况且你昔日原有好好儿的生意,自己不要做,才干那挑卖私盐的营生。如今想想,究竟好不好呢?"不帮李福全的忙虽然不应该,但联系李福全干挑卖私盐的始末,挨舅舅的教训也不为过。第五回"林教头仗义救福全,戴院长愤世骂官场"中,戴宗认为现实世界"文明面目,强盗心肠",以议论的形式揭穿社会的实质,反映了生活于其中的人们的苦难。

二、常言常行之奇

(一)常言

在《水浒传》以后的水浒小说中,小说人物之间的对话也更加生活化,突出人与人之间亲情的流露,这在《荡寇志》中表现得尤为明显。《荡寇志》在描写血腥的厮杀搏斗的同时,通过人与人之间善意的对话,处处洋溢着让人感叹不已的人间真情。既有父母与子女之间的对话,又有夫妻之间的对话,都至纯至真。如当云威听到陈希真介绍他未来的儿媳是如此聪明的一个人时,不禁大喜,而且回过头对自己的儿子云龙说:"你还不上心学习,将来吃你浑家笑。"云威盛情挽留陈丽卿在风云庄多住几日,但陈丽卿执意要跟着父亲走,陈希真笑道:"祖公公看,活是个吃奶的孩子。既不肯在这里,须放了手。"两位父母表面上是对自己的孩子不满,实际上正是对他们的欣赏。还有朋友之间的开玩笑,如第九十回,陈丽卿见到云龙,便和他开玩笑:"你那个浑家,我从千军万马里救出来,你却怎生谢我?"当云龙私下问陈丽卿自己的对象长得什么样时,陈丽卿和他又开玩笑:"不用记挂,比我好得多哩!他玲珑剔透的心肝,那似我这般愚笨。可惜我恐姨夫见怪,不然,我该硬抱了他出来与你看了,好放心。"数量最多的是陈希真与陈丽卿之间的玩笑话。第七十二回,当陈丽卿说不惜舍命要与高俅硬碰硬时,陈希真说道:"你舍得命,我须舍不得你,我年过半百,只望着你,将来得个好女婿,我便有靠。"显然这只是陈希真与女儿开玩笑,但却透露出父女两人相依为命的情感。第一百十一回,陈希真要去京城,陈丽卿不放心要同陈希真一块去,陈希真笑道:"一路平坦道路,有甚不放心。你又不是吃奶的孩子,跟我去做甚!"

(二)常行

在《水浒传》中也有自然风景的描写,甚至也有英雄赏景的情节。如"李逵梦闹天池,宋江兵分两路"一回,在众人查看此时下的雪究竟是否真如萧让所说的或五或六时,李逵鼻中冲出一阵热气,把那雪花儿冲灭了,众人因此大笑。惊动了宋先锋,宋江走出来说道:"我已分付置酒在宜春圃,与众兄弟赏玩则个。"写到英雄赏景,但只是寥寥数语。可在以后的水浒小说中,英雄赏景的故事情节越来越多。《水浒后传》第二回,顾大嫂在十里牌接待孙新,在与众兄弟饮酒之际,李俊提议大家:"这般大雪,那湖光山色,一发青旷,我们何不登那缥缈峰饮酒赏雪,也是一番豪举。"《水浒后传》第九回,许义请李俊做的第一件事就是散步,并说:"此是清水澳……颇有些景致。"同一回,在闻焕章款待安道全时,一日腊尽回春,大雪初霁。闻焕章道:"桥边那树梅花渐开,我同道兄到门外一看何如?"安道全欣然而出。两个人就站在桥上,"疏影暗香,自甘清冷。屋后山岗积雪如银。二人背着手玩赏"。《后水浒传》第十七回,杨幺虽然是罪犯,被两个押差押解,但到了汴京城,看到汴京城十分繁华富丽,三人第二天专门游玩了半日,观看城中景致。《荡寇志》中陈希真父女逃难,陈丽卿看到山明水秀的风景,甚是欢喜,道:"爹爹,想孩儿在东京长大,却不能时常游览。虽有三街六市,出门便被纱兜儿厮蒙着脸,真是讨厌。那得如此风景看!"陈希真道:"你也爱山水么?"陈丽卿道:"这般画里也似的,如何不爱!"忽到一处池塘,当中一条长堤,堤的两旁都是袅袅的杨柳。池塘对面那一岸,却有一村人家。父女二人纵马上了长堤,那两边柳树遮蔽着日光,十分清凉。陈丽卿仰面叹道:"那得如此长堤,直到沂州府,岂不大妙!"

三、常理常情之奇

(一) 常理

《大宋宣和遗事》《水浒传》深受理学的影响,两部书中表现的道理是理学之理,与常理还有一段距离。例如,《水浒传》的作者对长得漂亮的女子就有一定偏见,几乎美女都是品行不端之人。长得漂亮的女英雄扈三娘却嫁给了好色的王矮虎,读者无不以此为憾。水浒英雄多是不近女色之人,近女色的王矮虎也多让其他英雄瞧不起。但是按照正常的逻辑,美女配英雄才符合常理,即使英雄也应该有七情六欲。这种观念在以后的水浒小说中得到扭转,《水浒后传》中最后两回,水浒英雄各有婚娶,作者还别出心裁地创造了集体婚礼的形式,在《后水浒传》中,屠俏与殷尚赤是郎才女貌,《荡寇志》中的慧娘与陈丽卿也各自嫁与了如意郎君。另外,《水浒传》中王矮虎娶了扈三娘为妻但好色之心仍是不改,见到郡主琼英出阵,王矮虎是"挺枪飞抢琼英",丝毫不顾扈三娘就在身旁,在交战过程中更是"拴不住意马心猿,枪法都乱了",最后被琼英刺中左腿,几乎被擒,可以说见了美女连命都不要了。作者这样写王矮虎是为了紧扣其好色的本性,但未免不合常理,敌我双方你死我活的打斗中,应该还是保命重要些。《后水浒传》中的殷尚赤曾经也好色,但自从吃了美女张瑶琴的亏后,便吸取教训,再不为美女所动,更办不出不顾自己妻子感受的事。正如他自己所说:"兄弟向日原有好色之心,只因受了一个哥哥的教训,再无他念。况且又得了屠俏为妻,已是心满意足。"(第十六回)

常理还表现在作者进步的思想观念上。如对女子感情出轨的态度的变化上,《水浒后传》中杨林碰到一个已婚女子与她的表哥私奔,那妇人道:"那人姓施,是奴的表兄,丈夫出外经纪。奴被婆婆打骂不过,私自要他领到娘家去,不是逃走。"杨林道:"分明与表兄通奸逃出,还要抵赖,我们饶你,不扯见官。你快些回了家去。"这与《水浒传》"黑旋风巧捉鬼,梁山泊双献头"一回中李逵不仅杀死了奸夫王小二,还认为狄太公的女儿"偷了汉子",也该杀,完全不同。《后水浒传》第三十九回,杨幺攻破城池后下令:"王豹作恶,我也正罪。但他占人妻女,以及田产等项,原人各自认领,只留他上传遗业供他妻小。你们日后不可记恨王豹,欺负他家。"冤有头,债有主,决不牵连无辜,这也与《水浒传》中动不动要杀得干净利索,斩草除根不同,也更合乎常理。

(二) 常情

男女之情乃人之常情,可在《水浒传》中,因为理学的影响,男女常情受到了抑制,即使有梁山好汉成亲,也仅是一笔带过。而在《水浒后传》第三十九回,正如燕青所言:"阴阳之道,不可偏废;夫妇之伦,不可乖离",考虑到因为战事而对男女之事有所忽略,在燕青的建议下先有"金銮殿四美结良姻",进行了集体婚礼,并随即推及全国,使一国之中,"大半是新郎新妇,真觉气象融和,君臣同鱼水之欢,男女有及时之乐"。《后水浒传》第六回,花茂被押解长沙府的途中被吕通解救,可逃跑中因为花茂"腿脚一时发疼,半步也移闪不动",在逃跑无望的情况下,花茂想到的是自己的老婆、孩子。"你去寻着柏坚,说我张氏母子知道。只说我年灾月厄,大限到来,也不容人久住。他若有志,抚着儿女传延花氏一脉也好。"危难之际,英雄想到的也是儿女之情,连花茂自己都感觉到:"我花茂做了半生汉子,怎到此想起儿子事来!"可正是儿女之事才是人之常情,才更加真实。《荡寇志》中作者更不忌讳英雄多情,小说中男女真情的流露更为普遍。陈希真将陈丽卿许配给祝永清,祝永清是"欢喜得一夜睡不着",更让人想不到的是他在高兴之余想道:"久闻女飞卫的英名,但不知他的性格何如,若武艺虽好,性子娇悍,也属无趣。"而等到重阳节这天两人拜见时,陈丽卿"仔细看祝永清",非常满意,祝永清则"偷眼看丽卿,真是画儿上摘下来的一般,怎不欢喜",前时的疑惑才算打消。第一百九回,陈丽卿与云龙的军队合兵一处,来到城边,云龙抬头看到慧娘,问陈丽卿城上那位女将军是谁,当得知是自己未来的妻子时,云龙"大喜,便目不转瞬的向那城上看得仔仔细细"。作者在男女真情中注入爱的观念,对人生伴侣容貌、性格、才能的要求,表现出对美满婚姻的自我要求,这完全符合人的自然本性,乃人之常情。《荡寇志》中陈希真在风云庄见到了云龙,见他长得一表人才,武功又好,于是就萌发了把陈丽卿嫁给他的念头。为人父母看到自己比较满意的人,产生这样的想法也是人之常情。

第四节　水浒小说情节的艺术功能

一、情节为作品主题服务

情节的取舍、加工的依据只能是主题的需要,有什么样的主题就应该有与之相适应的情节。水浒小说展现给我们的是强梁的世界,但作者意不在于描写梁山英雄脱离体制束缚后的自由、无法无天有多让人羡慕;不在于通过对社会秩序的混乱、人民生命没有安全保证的描写中,加剧对当时社会的憎恨,从而产生缔造新社会的迫切愿望。水浒小说是古代文人救世情结表达的载体,因此,在情节与主题因果关系的把握与探索上,水浒小说重要情节的设置其目的就是突出救世的宗旨。

《水浒传》中,梁山队伍里有统治阶级的高级军官,有普通的百姓,涉及社会的各个阶层。他们上梁山的原因也不尽相同,有的是因为统治阶级的逼迫,如林冲;有的却是因为梁山英雄的逼迫,如朱仝;有的是因为自己的个性以身试法,如鲁智深……这些英雄有共同的本性,那就是忠义,尽管不同的英雄在程度与侧重上可能稍有差异,但这些英雄忠义的本性并没有因为上了梁山就发生改变。宋江上了梁山后,不止一次地表明自己忠于朝廷的立场,即使朝廷将领走上梁山也决不是要与朝廷作对,如呼延灼听了宋江"等朝廷见用,受了招安,那时尽忠报国,未为晚矣"的言辞后,沉思了半晌,叹了一口气,跪在地上道:"非是呼延灼不忠于国,实慕兄长义气过人,不容呼延灼不依。原随鞭镫。事既如此,决无还理。"在他们看来,即使上了梁山也是一样忠义,一样能够报效国家。因此,作者的真正用意是想为乱世指明一条出路,我们可以从宋江两次遇九天玄女的情节中找到答案。宋江上山之后,作者接着安排了一个"宋公明遇九天玄女"的情节。玄女授予宋江的法旨是:"替天行道,为主全忠仗义,为臣辅国安民,去邪归正。"宋江刚刚上山,作者便安排他去见九天玄女,通过九天玄女给宋江,实际上也是给梁山的所有造反者指出了一条出路。在这条道路中,忠义是必需的,同时还要有功于国、于民,在"辅国安民"的道路上完成自己人生的转换,在作者看来这才是"去邪归正"之路。这一情节的安排,体现了作者对梁山英雄及当时社会出路的思考,清楚地表明了古代文人救世的情怀。宋江第二次见九天玄女,九天玄女先是对宋江"忠义坚守,未尝少怠"做出了肯定,同时还是希望他能够"保国安民,勿生退悔"。

  一样的乱世,《水浒后传》中的英雄同样没有立足之地,老百姓同样生活在压迫之中,社会的出路究竟在哪儿？作者仍然不住地思考。在"燕青探主"的情节中,宋徽宗认识到"朝内文武官僚,世受国恩,拖金曳紫,一朝变起,尽皆保惜性命,眷恋妻子,谁肯来这里省视？不料卿这般忠义！可见天下贤才杰士,原不在近臣勋戚中,朕失于简用,以致如此。"作者借宋徽宗之口说出了重用天下贤才杰士的重要性。在李应等人杀蔡京众奸臣一节中作者又认识到正是奸臣的逼迫,朝廷才容不得贤人,以致天下分崩离析。至此,作者意犹未尽,又创造性地设置了李俊海外建国的情节。暹罗国也不是与现实社会隔绝、生活安乐的地方,这里也充满了奸诈、杀戮,但只要是君明臣贤,上下齐心,最终这里还是成了世外桃源。这就相当于是作者用一则实例指出了乱世的出路。

  《后水浒传》中,以杨幺为代表的英雄与老百姓的感情越来越深。杨幺外出时错把老虎当成别人家遗失的牛,马上想到的是"若被人牵去,也值百十贯文,又没了耕种替力";见老百姓的猪被夺后痛哭的情景,打算一定要为老百姓把猪夺回来,为了老百姓,处决了夏不求,打跑了贺省,不惜走上反抗的道路。为了"救民倒悬",杨幺不同意"称王定号",因此才有了第三十九回去临安打探情况一节。即使结果很让杨幺心寒,但他并没有按最初的打算,立即返回洞庭,"安心以成鼎足",而是决心当面规劝,促皇帝悔悟。尽管最终杨幺没有把反抗进行到底,但是这些情节都足以说明,杨幺拯救世人的本意。

《荡寇志》的作者看到了农民起义的劣根性,在小说中否定农民起义的情节层出不穷。梁山队伍所到之处,仓库钱粮,都被打劫一空,抢掳子女头口,不计其数。对待老百姓也是心狠手辣,"呼延灼便传军令,尽洗嘉祥、南旺两处的百姓,以报昔日背叛之仇。可怜那两处的军民,不论老幼男女,直杀得鸡犬不留一个""众百姓抛儿弃女,自相践踏,各逃性命,哭声震天""只见满地男女老少的尸骸纵横,血流成渠"。正是看到了农民起义的罪恶,为了拯救世人,以陈希真为首的猿臂寨才与梁山势不两立,抛却个人恩怨,拯时救世成了当务之急。如杨龟山因为奸臣当道,本来立志不出山,但是看到蔡京信中"先生无意功名,独不哀山东数十万生灵之命乎"一句话,杨龟山便"当时应允"。

在维新改良以救乱世的晚清,立宪似乎成了救命的最后稻草。在西泠冬青、陆士谔两位作家分别所著的《新水浒》中,梁山英雄纷纷下山,来到新社会中各施所长,经营实业。西泠冬青对立宪改良抱着莫大的期望,对末世到盛世的转变信心百倍,而陆士谔对立宪改良的结果却本能地存在着怀疑,预备立宪虽有必要,但他认为在统治者那里,立宪也只是他们争权夺利的工具。因此,在西泠冬青的《新水浒》中,无论是雷都头初练警察队,还是兴渔利张顺设公司、造铁路汤隆揽利权、办渔团三阮尽义务……一切都显得欣欣向荣。可在陆士谔的《新水浒》中,水浒英雄同样是在银行、渔业、铁路等行业大显身手,结果却是乌烟瘴气,正如陆士谔所说,是"文明面目,强盗心肠"。尽管结果大相径庭,但这些情节的设置却体现了两位作者相同的初衷,那就是积极探讨救世之路。

二、情节为人物性格塑造服务

情节是按照一定的逻辑,根据主题的需要,把人物关系、人物行动所构成的整个生活事件的发展过程,进行描写和展示出来。因此,小说的情节往往与人物,特别是人物性格密切联系在一起。高尔基说:"文学的第三个要素是情节,即人物之间的联系、矛盾、同情、反感和一般的相互关系——某种性格、典型的成长和构成的历史。"①情节和性格的关系是辩证统一关系:情节是表现人物性格的艺术手段,情节要表现性格;性格是情节设置的依据,性格决定情节。两者是相辅相成,互为作用的。但总体来说,情节的设置必须为人物性格的塑造服务。一方面,情节要多层次、全方位地表现人物性格;另一方面,情节还要展现人物性格的发展变化。

水浒小说的作者善于通过若干个丰富多彩、扣人心弦的情节,塑造个性鲜明的人物形象。《水浒传》之所以取得巨大成功,金圣叹就认为无非是其写出了一百八个人的独特性格。只有把人物置于复杂的情节中进行考验,才能让人物在克服困难中表现出他们的性格。如《水浒传》中宋江的领导才能,通过指挥攻打难以战胜的祝家庄得到初步的体现;武松惊人的胆略与武勇就是通过徒手打死老虎、斗杀西门庆等艰危情节表现出来;石秀的大义大勇的品格就是在他不顾个人安危,只身跳楼劫法场的情节中得到有力的表现。金圣叹认为"不遇盘根错节,不足以见利器"(《水浒传》第四十六回回评),说的就是这样的道理。《荡寇志》中陈希真与陈丽卿父女二人同样被奸臣逼迫,不得不流落天涯。小说第八十八回"演武厅夫妻宵宴,猿臂寨兄弟归心"中,祝万年认为"愚弟兄不合都是大宋臣民,断无在此地之理",希望陈希真能够把祝永清交给自己,然后同去隐于江湖。陈希真道:"将军,天下那有这等好所在? 如有,希真也愿随往。"陈希真也在避难不得的前提下上了猿臂寨,但陈希真在猿臂寨立足,并没有像《水浒传》中的梁山英雄一样,以梁山作为抗衡政府的根据地,而是"凡是官兵来战,只深沟高垒,可以守得,不许与他对敌。若梁山泊来,便同他厮杀",就是坚决不与朝廷为敌,不与朝廷抗衡,这与梁山不同。同时,陈希真又不许猿臂寨抢劫,"攻城抢劫的勾当,我情愿死也不做",而是派专人开采矿山,经营商业,自力更生解决军饷问题。陈希真与宋江都认为自己忠义,但正是从这些情节中,我们看到两人忠义的不同。

人物性格对情节的设置具有指导作用,不同的性格应该设置不同的情节。人物的性格也是会发展变化的,作者要为不同性格的人物创造不同情

---

① 高尔基.论文学[M].北京:人民文学出版社,1978:335.

节的同时,还要设置一连串不同的情节,体现人物性格的变化。《水浒传》中的林冲是禁军教头,地位高,生活优越,因此在小说开始时,他的性格是忍辱苟安、逆来顺受。当妻子受到调戏,林冲抓住那个人刚要打时,一看是高衙内,便"先自手软"了,不仅自己不敢打,还自欺欺人地对前来相助的鲁智深说:"原来是本官高太尉的衙内,不认得荆妇,时间无礼。林冲本待要痛打那厮一顿,太尉面上须不好看。"林冲的这种性格就决定了他不会像鲁智深那样酣畅淋漓,该出手时就出手,三拳打死镇关西。这也就决定了林冲得知妻子被好友陆谦骗到家中,安排高衙内与其接近时,不是找罪魁祸首高衙内算账,而是"把陆虞候家打得粉碎"后,"拿了一把解腕尖刀,径奔到樊楼前去寻陆虞候",把所有的过错都算到了陆谦身上。即使被陷害误入白虎堂后,也只是服服帖帖带上枷锁,前往沧州服刑,而不能像鲁达那样,走投无路时,上山当和尚又有何妨。"林教头风雪山神庙,陆虞候火烧草料场",当林冲心头最后的幻想破灭之后,他的性格不得不发生改变,由此前的懦弱一跃变为坚决与刚强,因此,体现林冲反抗性的情节逐渐增多。如第十九回,林冲早已认识到王伦是个"落第腐儒,胸中又没文学",不配做山寨之主,加之他又因妒忌,不肯留晁盖等人在梁山,于是,林冲该出手时就出手,毫不手软地杀了王伦;正是因为林冲已经对统治阶级彻底绝望,在朝廷决定招安时,宋江得知大喜,林冲却认为:"朝廷中贵官来时,有多少装幺,中间未必是好事。"

三、情节本体的审美价值

在艺术欣赏中,读者跟着作者的步伐从一个艺术胜境跨入另一个艺术胜境时,都希望欣赏的兴趣得到加强,审美期待能够得到满足,这就要求小说的情节必须具有审美的价值,否则难以保证读者有兴趣继续读下去。法国18世纪启蒙主义作家伏尔泰曾说:"情节必须是动人的,因为一切的心灵都要求受到感动。"[1]说明情节本体必须具有审美的价值。

绝大多数时候,世俗生活中的欲望、痛苦、压抑常常使读者难以满足于日常生活的轻描淡写。对于每一个醉心于那些超越日常生活范围的事物的读者,小说的情节越具有传奇性,想象与现实越是不同,对他们产生的吸

---

[1] 伏尔泰.论史诗[M]//西方文论选(上卷).上海:上海译文出版社,1979:322.

引力就越大,他们的审美期待才越有可能得到满足。汤显祖在《点校虞初志序》中认为:"以奇僻荒诞、若灭若没,可喜可愕之事,读之使人心开神释、骨飞眉舞。"①所以,水浒小说曲、巧、险、幻等常外之奇的审美特征本身就具有巨大的审美价值。情节的曲折变化,能收到不断引人入胜的奇效。金圣叹说:"文章之妙,无过曲折。诚得有百曲千曲万曲、百折千折万折之文,我纵心寻其起尽以自容与期间,斯真天下之至乐也。"惊险的情节有一个突出的优点,就是它对读者有巨大的吸引力。艺术作品要把它的内容有力地传达给读者,首先必须吸引读者。一部使人读之生厌的作品,不管它的题材何等重要、思想如何深刻,也是很难发挥社会效益的。惊险情节迎合人们的好奇心理,能够激发读者的阅读兴趣,从而更加强烈地感染、更加深刻地影响读者。所以说,"不险则不快,险极则快极也"。(《水浒传》第三十六回夹批)"夫天下险能生妙,非天下妙能生险也。险故妙,险绝故妙绝,不险不能妙,不险绝不能妙绝也。"(《水浒传》第四十一回回首总评)只有让读者处于较长时间的惊吓中,才能带来强烈的刺激和快感,收到异乎寻常的艺术效果。每回书收束处的惊疑之笔,具有一种特殊的艺术魅力,它不仅可以吸引读者手不释卷地继续读下去,而且可以在停顿中引起读者对情节做深入思考。

从审美心理层面看,具有常外之奇审美特征的情节在读者的心中容易产生极大的张力与热能,致使读者的想象世界与现实世界明显发生差异。在邻近的两个或多个情节之间,由于张力的程度存在一定的反差,就产生了奇、常,升、降等效果,读者正是在这种前后转化中产生惊奇之感,从而得到审美的愉悦。

《水浒传》中写武松的十回,情节曲折变幻。作者先是安排了有声有色的打虎情节,让武松以力与勇的雄姿出场,并让其因打虎这一情节做了都头、兄弟相逢。没想到嫂嫂潘金莲不良,致使武松的哥哥被杀,在告官不通的情况下,武松私审并手刃了潘金莲,杀死了西门庆。这些情节曲曲折折,震人心魄。成为罪犯的武松又为施恩所用,醉打蒋门神,再现打虎雄风,并从囚犯成为官府的座上客,可随即又成为罪犯。为了一吐心中恶气,武松大闹飞云浦,血溅鸳鸯楼,最后投奔二龙山。武松的经历,就是一部英

---

① 转引自黄霖.中国历代小说论著选(上)[M].南昌:江西人民出版社,1982.

雄的传奇,一生开开合合、起起落落,既有星移斗转,也有翻云覆雨,让读者深陷其中而不能自拔。在关于武松的情节安排上,作者还注重张弛结合,有刀光剑影、尸横当场,也有风平浪静、鸟语花香,艺术氛围不断变化。武松打虎这一情节可谓生与死的较量,不是武松死就是老虎亡,两者的争斗昏天黑地,读者的心已经提到嗓子眼,但打虎的情节告一段落后,接下来却是武松遇兄,认识了漂亮的嫂子潘金莲,作者的文笔开始细腻,内容转向市井男女。至此,武松打虎时读者紧绷的神经可以说是已经松弛下来,情节壮美的风格也开始转向优美,但紧接着又是手刃自己的嫂子,斗杀西门庆,场面血腥残酷,刚转入不久的世俗温馨荡然无存,有的只是不寒而栗、阴霾满天。金圣叹评"上篇写武二遇虎,真乃山摇地撼,使人毛发倒立。忽然接入此篇,写武二遇嫂,真又柳丝花朵使人心魄荡漾也……耐庵偏接笔而出,吓时便吓杀人,憨时便憨杀人"。情节冷热相间,变幻无常,有急有缓,可以说能紧紧抓住读者的心。

情节超出常规的传奇性对读者有吸引力,但常规之内的体现生活真实性的情节对读者同样有魅力。《今古奇观·序》中说:"天下之真奇,未有不出于庸常也"。① 明以后的创作者看到了平中有奇,认为这才是"天下之真奇"。如果一味地追求常外之奇,反而造成失真,于是他们开始转向现实生活,追求真实的新奇。《水浒传》以后的水浒小说逐步侧重于日常生活细微、真切的描写,从日常生活中发现奇。对一般的读者来说,可能这些生活中的奇平时对他们来说熟视无睹,但一经作者的发掘,自然就会吸引住他们。

《水浒传》的作者受到"万恶淫为首""色是祸媒人"等封建观念的影响,这可从小说的不少诗句中得到验证,如"酒色端能误国邦,由来美色陷忠良。纣因妲己宗祧失,吴为西施社稷亡。自爱青春行处乐,岂知红粉笑中枪。"因此在梁山的世界里,只有酒山肉海与刀光剑影,而没有男女真情的交融与愉悦。随着人们审美观念的变化,作者不可回避地在作品中浸入人之本性,描写社会现实中人之七情六欲的内容逐步增多,在《荡寇志》中,亲情、友情、爱情更是随处可见。正是因为作品表达了人性,小说中的人物形象才成为一个个鲜活的个体;正是因为作品中人性的流露,不同时

---

① (明)抱瓮老人.今古奇观[M].上海:上海古籍出版社,2005.

代、阶级的读者才易于接受并产生共鸣，才会被作品吸引。陈丽卿与云龙二人谈话投机、志趣相投，于是二人比武后云龙被罚酒时，丽卿连忙道："换杯热的。"对云龙的关切之情溢于言表。正因为两人相处得融洽，陈丽卿要走时，两人恋恋不舍，"丽卿、云龙对面相看，都低着头不作声，颜色惨凄"，云龙弹琴，丽卿"听到那婉转凄戚之处，不觉落下泪来"，两人互赠礼物，云龙再三叮嘱："伯父闲暇便来舍下，不可失信。"说完也流下泪来，并一直望得希真父女不见影儿，才循旧路回去。陈希真将陈丽卿许配给祝永清，祝永清欢喜得一夜睡不着，想道："久闻女飞卫的英名，但不知他的性格何如。若武艺虽好，性子娇悍，也属无趣。"合卺之日，偷眼看丽卿，真是画儿上摘下来的一般，好生欢喜，自忖道："天下世间哪有这等人物，我今日莫非当真撞着神仙了！"两人酒后到演武厅上，互相展演本领。到了晚上，两人在月色之下吟诗、互诉衷肠，一副恩爱的模样。云龙到了猿臂寨，也是私下向陈丽卿打听："你那表妹到底怎样一个？"对爱情的表达大胆直接。

结　　语

　　水浒小说是以水浒故事为题材的小说作品,是不同时代的作者对水浒故事的加工与创造。水浒小说有一个逐步发展、成熟乃至多样化的过程,并在这个过程中逐渐具有了类型化的特征。

　　通过对水浒小说题材、主旨、人物、情节、结构等内容的研究,我们看清了不同时代不同水浒小说思想与艺术上的继承与创新,以及水浒小说演变过程中的共性与个性及其规律。同时这又促使我们从母题学、中国传统文化的角度纵向、全面、系统、深入地研究水浒故事,诠释水浒故事的独特魅力。我们认识到水浒题材被不同时代的不同作者青睐,水浒小说之所以层出不穷、经久不衰,一个重要的原因就是,水浒故事的内涵与民族的传统精神的暗合,文人们借历史的一点根由,聊表感慨,抒发心怀。

　　另外,水浒小说研究是在《水浒传》续书研究的基础上进行研究视角的转换,希望能在当前的小说研究中起到抛砖引玉之效,这实际上已经开拓了新的学术增长点,势必影响到新时期的文学研究与建设。

参考文献

一、小说作品

[1] 无名氏.新刊大宋宣和遗事[M].上海:中国古典文学出版社,1954.

[2] 施耐庵,罗贯中.水浒传[M].北京:人民文学出版社,1984.

[3] 施耐庵.水浒传[M].金圣叹批评本.济南:齐鲁书社,1991.

[4] 陈忱.水浒后传[M].上海:上海古籍出版社,1981.

[5] 青莲室主人.后水浒传[M].哈尔滨:黑龙江人民出版社,2004.

[6] 俞万春.荡寇志[M].北京:人民文学出版社,1981.

[7] 西泠冬青.新水浒[M].哈尔滨:黑龙江人民出版社,1997.

[8] 陆士谔.新水浒[M].哈尔滨:黑龙江人民出版社,1997.

二、著作

[1] 胡适.中国章回小说考证[M].上海:上海书店,1980.

[2] 胡适.中国哲学史大纲[M].北京:东方出版社,1996.

[3] 鲁迅.鲁迅全集[M].北京:人民文学出版社,1981.

[4] 何满子.水浒概说[M].上海古籍出版社,1993.

[5] 郑振铎.郑振铎全集[M].石家庄:花山文艺出版社,1998.

[6] 余嘉锡.宋江三十六人考实[M].北京:作家出版社,1955.

[7] 严敦易.水浒传的演变[M].北京:作家出版社,1957.

[8] 何心.水浒研究[M].上海:上海古籍出版社,1985.

[9] 马幼垣.水浒二论[M].北京:三联书店,2007.

[10] 马成生.水浒通论[M].杭州:浙江古籍出版社,1994.

[11] 余英时.宋明理学与政治文化[M].桂林:广西师范大学出版社,2006.

[12] 余英时.现代儒学的回顾与展望[M].北京:三联书店,2004.

[13] 萨孟武.水浒传与中国社会[M].北京:北京出版社,2005.

[14] 梁启超.梁启超文集[M].北京:燕山出版社,1997.

[15] 王阳明.王阳明全集[M].上海:上海古籍出版社,1992.

［16］朱一玄,刘毓忱.水浒传资料汇编［Z］.天津：南开大学出版社,2002.
［17］马蹄疾.水浒书录［M］.上海：上海古籍出版社,1986.
［18］葛兆光.中国思想史［M］.上海：复旦大学出版社,1998.
［19］曹德本.中国传统思想探索［M］.沈阳：辽宁大学出版社,1988.
［20］李泽厚.中国古代思想史论［M］.北京：人民出版社,1986.
［21］赵尔巽.清史稿［M］.北京：中华书局,1998.
［22］脱脱,等.宋史［M］.上海：上海古籍出版社,1986.
［23］宋濂,等.元史［M］.阎崇东,等校点.长沙：岳麓书社,1998.
［24］张廷玉,等.明史［M］.长沙：岳麓书社,1996.
［25］孟森.明清史讲义［M］.北京：中华书局,1981.
［26］罗烨.醉翁谈录［M］.上海：古典文学出版社,1957.
［27］孟元老.东京梦华录注［M］.北京：中华书局,1982.
［28］吴自牧.梦粱录［M］.济南：山东友谊出版社,2001.
［29］杨宪邦.中国哲学通史［M］.北京：中国人民大学出版社,1988.
［30］北京大学中文系.中国小说史［M］.北京：人民文学出版社,1978.
［31］阿英.晚清小说史［M］.北京：人民文学出版社,1980.
［32］欧阳健.晚清小说史［M］.杭州：浙江古籍出版社,1997.
［33］萧相恺.宋元小说史［M］.杭州：浙江古籍出版社,1997.
［34］齐裕焜.明代小说史［M］.杭州：浙江古籍出版社,1997.
［35］齐裕焜.中国古代小说演变史［M］.兰州：敦煌文艺出版社,2002.
［36］郭延礼.中国近代小说发展史［M］.济南：山东教育出版社,1991.
［37］游国恩,等.中国文学史［M］.北京：人民文学出版社,1963.
［38］欧阳代发.话本小说史［M］.武汉：武汉出版社,1994.
［39］胡士莹.话本小说概论［M］.北京：中华书局,1980.
［40］萧欣桥,刘福元.话本小说史［M］.杭州：浙江古籍出版社,2003.
［41］汪涌豪.中国游侠史［M］.上海：复旦大学出版社,2001.
［42］罗立群.中国武侠小说史［M］.沈阳：辽宁人民出版社,1990.
［43］王海林.中国武侠小说史略［M］.太原：北岳文艺出版社,1988.
［44］陈山.中国武侠史［M］.上海：三联书店上海分店,1992.
［45］王立.武侠文化通论［M］.北京：人民出版社,2005.
［46］红苇.体验江湖［M］.上海：上海三联书店,2003.

[47] 李亦园.人类的视野[M].上海:上海文艺出版社,1996.

[48] 邢兆良.墨子评传[M].南京:南京大学出版社,1993.

[49] 牟宗三.生命的学问[M].桂林:广西师范大学出版社,2005.

[50] 陈平原.千古文人侠客梦[M].北京:新世界出版社,2002.

[51] 王立.中国文学主题学——母题与心态史丛论[M].郑州:中州古籍出版社,1995.

[52] 魏源.老子本义[M].北京:中华书局,1986.

[53] 魏源.魏源集[M].北京:中华书局,1976.

[54] 王建华.谭嗣同传[M].合肥:安徽人民出版社,1997.

[55] 竹杰人,等.朱子全书[M].上海:上海古籍出版社,2002.

[56] 陈振江.简明中国近代史[M].天津:天津人民出版社,1982.

[57] 陈洪,孙勇进.漫说水浒[M].北京:人民文学出版社,2000.

[58] 孙楷第.中国通俗小说书目[M].北京:人民文学出版社,1982.

[59] 袁行霈,侯忠义.中国文言小说书目[M].北京:北京大学出版社,1981.

[60] 石昌渝.中国古代小说总目[M].太原:山西教育出版社,2004.

[61] 宁稼雨.中国文言小说总目提要[M].济南:齐鲁书社,1996.

[62] 杨希玫.先秦文化史论集[M].北京:中国社会科学出版社,1995.

[63] 黄霖.中国历代小说论著选[M].南昌:江西人民出版社,1982.

[64] 郭绍虞.中国历代文论选[M].上海:上海古籍出版社,1986.

[65] 丁锡根.中国历代小说序跋集[M].北京:人民文学出版社,1996.

[66] 王旭川.中国小说续书研究[M].上海:学林出版社,2004.

[67] 高玉海.明清小说续书研究[M].北京:中国社会科学出版社,2004.

[68] 高玉海.古代小说续书序跋释论[M].北京:中国社会科学出版社,2007.

[69] 段春旭.中国古代长篇小说续书研究[M].上海:上海三联书店,2009.

[70] 李忠昌.古代小说续书漫话[M].沈阳:辽宁教育出版社,1993.

[71] 伍蠡甫.西方文论选[M].北京:人民文学出版社,1964.

[72] 伍蠡甫.西方文艺理论选编[M].北京:北京大学出版社,1987.

[73] 黑格尔.美学[M].北京:商务印书馆,1979.

[74] 夏志清. 中国古典小说导论[M]. 合肥:安徽文艺出版社,1988.
[75] 罗素. 西方哲学史[M]. 北京:商务印书馆,1963.
[76] 浦安迪. 中国叙事学[M]. 北京:北京大学出版社,1996.
[77] 荣格. 心理学与文学[M]. 北京:三联书店,1987.
[78] 赵景深. 中国古典小说戏曲论集[M]. 上海:上海古籍出版社,1985.
[79] 宁宗一. 中国小说学通论[M]. 合肥:安徽教育出版社,1995.
[80] 林辰. 明末清初小说述录[M]. 沈阳:春风文艺出版社,1988.
[81] 聂绀弩. 中国古典小说论集[M]. 上海:上海古籍出版社,1981.
[82] 张锦池. 中国古典小说心解[M]. 哈尔滨:黑龙江人民出版社,2000.
[83] 陈松柏. 水浒传源流考论[M]. 北京:人民文学出版社,2006.
[84] 佐竹靖彦. 梁山泊——《水浒传》一○八名豪杰[M]. 韩玉萍,译. 北京:中华书局,2005.
[85] 傅惠生. 宋明之际的社会心理与小说[M]. 上海:东方出版社,1997.
[86] 王齐洲. 四大奇书与中国大众文化[M]. 武汉:湖北教育出版社,1991.
[87] 王齐洲. 四大奇书纵横谈[M]. 济南:济南出版社,2004.
[88] 卢子震. 理学基本理论概说[M]. 石家庄:河北教育出版社,2005.
[89] 黎靖德. 朱子语类[M]. 王星贤,点校. 北京:中华书局,1986.
[90] 程颢,程颐. 二程集[M]. 王孝鱼,点校. 北京:中华书局,1981.
[91] 冯文楼. 四大奇书的文本文化学阐释[M]. 北京:中国社会科学出版社,2003.
[92] 石昌渝. 中国小说源流论[M]. 北京:三联书店,1994.
[93] 孙逊. 明清小说论稿[M]. 上海:上海古籍出版社,1986.
[94] 朱迪光. 信仰·母题·叙事[M]. 北京:中国社会科学出版社,2007.
[95] 杜贵晨. 传统文化与古典小说[M]. 保定:河北大学出版社,2001.
[96] 杜贵晨. 数理批评与小说考论[M]. 济南:齐鲁书社,2006.
[97] 王平. 中国古代小说叙事研究[M]. 石家庄:河北人民出版社,2001.
[98] 王恒展. 梁山泊与《水浒传》[M]. 济南:山东文艺出版社,2004.
[99] 王平. 中国小说文化研究[M]. 济南:山东教育出版社,1996.
[100] 杨义. 中国叙事学[M]. 北京:人民出版社,1997.
[101] 刘勇强. 中国古代小说史叙论[M]. 北京:北京大学出版社,2007.

［102］朱贻庭.中国传统伦理思想史［M］.上海：华东师范大学出版社,1989.

［103］王学泰,李新宇.水浒传与三国演义批判［M］.天津：天津古籍出版社,2004.

［104］鲁德才.中国古代小说艺术论［M］.天津：百花文艺出版社,1987.

［105］张锦池.中国古典小说心解［M］.哈尔滨：黑龙江人民出版社,2000.

［106］马积高.宋明理学与文学［M］.长沙：湖南师范大学出版社,1989.

［107］谭桂林.长篇小说与文化母题［M］.长沙：湖南师范大学出版社,2002.

［108］吴光正.中国古代小说的原型与母题［M］.北京：社会科学文献出版社,2002.

［109］叶郎.中国小说美学［M］.北京：北京大学出版社,1982.

［110］黄书雄.文学鉴赏论［M］.北京：北京大学出版社,1998.

［111］赖力行.中国古代文学批评学［M］.武汉：华中师范大学出版社,1991.

［112］刘世德.中国古代小说研究［M］.上海：上海古籍出版社,1983.

［113］王增斌,田同旭.中国古代小说通论综解［M］.北京：中国文联出版公司,1999.

［114］陆学明.典型结构的文化阐释［M］.长春：吉林教育出版社,1993.

［115］陆星儿,陈可雄.美的结构［M］.重庆：重庆出版社,1983.

［116］孙绍振.美的结构［M］.北京：人民文学出版社,1988.

［117］丁椿寿.文章结构比较论［M］.贵阳：贵州人民出版社,2002.

［118］吴应天.文章结构学［M］.北京：中国人民大学出版社,1989.

三、论文

(一)学位论文

［1］李哲洙.《三国演义》、《水浒传》的叙事艺术［D］.北京：北京大学,1998.

［2］田若虹.陆士谔小说考论［D］.上海：华东师范大学,2003.

［3］高日晖.《水浒传》接受史研究［D］.上海：复旦大学,2003.

［4］马瑜.荡寇志的接受与解读［D］.天津：天津师范大学,2003.

[5] 王婧之.延续·超越——论明代水浒戏曲对小说《水浒传》的改编[D].上海:华东师范大学,2004.

[6] 杨志平.陈忱研究[D].上海:华东师范大学,2005.

[7] 朱秀梅.新小说研究[D].开封:河南大学,2006.

[8] 崔莹.论《水浒传》作者的女性观[D].乌鲁木齐:新疆师范大学,2006.

[9] 张同胜.《水浒传》诠释史论[D].济南:山东大学,2007.

[10] 王达.天人合一思想对中国古代长篇小说创作影响的文本比较研究[D].兰州:兰州大学,2007.

[11] 韩国颖.论中国古典小说的先验性结构[D].上海:华东师范大学,2007.

[12] 易永姣.《水浒传》三种主要续书的思想文化意蕴[D].长沙:湖南师范大学,2007.

[13] 袁秋实.陈忱遗民思想研究[D].北京:首都师范大学,2008.

[14] 戚珊珊.试论元代水浒戏与《水浒传》之间的相承关系——以宋江形象为例[D].青岛:中国海洋大学,2008.

[15] 唐海宏.《水浒传》续书研究[D].西宁:青海师范大学,2009.

(二)期刊论文

[1] 郑振铎.水浒传的续书[J].文学周报,1929(3).

[2] 茅盾.谈《水浒》的人物和结构[J].文艺报,1950(2).

[3] 汪远平.《水浒》的性格刻划与情节安排[J].湖南师院学报,1954(2).

[4] 李希凡.《水浒》的作者与《水浒》的长篇结构[J].文艺月报,1956(1).

[5] 陈中凡.试论《水浒传》的著者及其创作时代[J].南京大学学报,1955(1).

[6] 洪克夷.宋元时代的水浒故事[J].杭州大学学报,1978(3).

[7] 潘运告.宋元《水浒》故事与《水浒》——试论《水浒》的忠君思想[J].武汉大学学报,1981(6).

[8] 胡昌国,吴长忠.论燕青[J].郑州大学学报(哲学社会科学版),1981(4).

[9] 欧阳健.卢俊义·燕青论[J].天津师院学报,1981(4).

[10] 刘文德.千曲百折奇不失真——谈《水浒》情节的艺术特色[J].河北师范大学学报,1984(4).

[11] 汪远平.漫说《水浒》里妇女形象的塑造[J].东北师大学报(哲学社会科学版),1984(1).

[12] 高明阁.《荡寇志》对《水浒传》的反扑[J].明清小说研究,1985(2).

[13] 林辰.第一部写杨幺起义的小说——罕见孤本《后水浒传》[J].明清小说研究,1985(2).

[14] 廖仲安.再评宋江[J].文学遗产,1985(2).

[15] 孙亚英.从《水浒》中三个被杀的女性看作者的妇女观[J].社会科学,1986(2).

[16] 黄朴民."天人感应"与"天人合一"[J].文史哲,1988(4).

[17] 曲家源.论浪子燕青[J].青海师范大学学报(社会科学版),1989(4).

[18] 夏梦菊.水浒演变史新论(下)[J].新疆师范大学学报,1990(1).

[19] 李忠昌.论《水浒后传》的审美价值——兼与《水浒传》比较[J].社会科学战线,1990(4).

[20] 李葆嘉.《水浒》一百零八将绰号绎释[J].明清小说研究,1991(3).

[21] 刘兴汉.《后水浒传》三题[J].东北师大学报(哲学社会科学版),1991(2).

[22] 蔡翔.救世与厌世——中国文学中的"归位"模式[J].文艺评论,1991(5).

[23] 朱宏达.论墨家精神[J].杭州大学学报,1992(3).

[24] 曲家源.宋江《水浒传》里的理想"完人"[J].山西师大学报(社会科学版).1992(4).

[25] 张锦池."乱世忠义"的颂歌——论"水浒故事"的思想倾向[J].江汉大学学报,1991(1).

[26] 郭振勤.从生成史略论《水浒传》的主题[J].汕头大学学报(人文科学版),1993(3).

[27] 吕致远.知人善任,仁义为本的宋江——水浒人物论之十[J].郑州大学学报.1992(6).

[28] 马瑞芳.女性意识在三国水浒中的空前失落[J].东方论坛,1994(4).

[29] 陈辽.论中国古代长篇小说结构的嬗变[J].江海学刊,1995(1).

[30] 赵小雷.宋江忠义观新论[J].西北大学学报.1995(1).

[31] 杨萍.漫说《水浒传》中女性的悲剧[J].长春师范学院学报,1995(3).

[32] 张强.复仇:《水浒》的原始意象[J].明清小说研究,1996(3).

[33] 苗春德,程凯.孔子的忧患意识、参政意识和教育救世思想[J].湖南大学学报,1996(4).

[34] 魏崇新.《水浒传》:一个反女性的文本[J].明清小说研究,1997(4).

[35] 徐海宁.古代水浒故事的主题演变探析[J].东岳论丛,1998(4).

[36] 王振星.《水浒传》神话解读[J].大庆高等专科学校学报,1998(3).

[37] 王庆芳.《水浒传》妇女描写之我见[J].鄂州大学学报,1998(1).

[38] 谭桂英,周健.评《水浒》中的女性形象塑造[J].暨南学报,1999(3).

[39] 孙争春,兰保民.痴情与梦幻——《水浒传》新解[J].烟台师范学院学报,1999(4).

[40] 许鸿翔,阮双利.《水浒传》是一部阴阳失调的书[J].大连大学学报,1999(5).

[41] 刘祖斌.《水浒》女性形象浅议[J].江汉大学学报,1999(4).

[42] 林岗.叙事文结构的美学观念——明清小说评点考论[J].文学评论,1999(2).

[43] 刘登阁.论史学对古代小说理论的影响[J].烟台大学学报,2000(2).

[44] 阳建雄.《水浒传》情节指瑕[J].社会科学辑刊,2001(3).

[45] 李春青.《水浒传》的文本结构与文化意蕴[J].齐鲁学刊,2001(4).

[46] 高玉海.假作真来真亦假——论《水浒传》两种续书的艺术缺失[J].中国文学研究,2001(1).

[47] 刘相雨.《水浒传》的女性景观[J].济宁师专学报,2000(1).

[48] 王村.试论《水浒》系列中忠奸斗争的主题[J].西北第二民族学院学报,2001(2).

[49] 戴云波,葛传彬.《水浒》故事演变与农民起义[J].复旦学报,2001(3).

[50] 王丽娟.20世纪水浒故事源流研究述评[J].中州学刊,2003(3).

[51] 周荣.宋江新说[J].皖西学院学报,2003(6).

[52] 杨桂青."奇":中国古代叙事文学的根本审美特征[J].南京大学学报,2003(4).

[53] 崔茂新.论小说叙事的诗性结构——以《水浒传》为例[J].文学评论,2003(3).

[54] 刘宝村.为学、议政与救世——晚明东林党人的议政之风及其治学精神[J].江淮论坛,2004(1).

[55] 丛彬彬,俞挺.浅谈《水浒传》的忠义观念与道释思想[J].丽水师范专科学校学报,2004(3).

[56] 陈松柏.燕青形象的嬗变[J].明清小说研究,2005(1).

[57] 苟波.道教与神魔小说[J].世界宗教研究,2005(2).

[58] 赵炎才.清末时人自动赴义的道德救世情怀[J].天府新论,2006(1).

[59] 杜贵晨."九天玄女"与《水浒传》[J].济宁师范专科学校学报,2006(5).

[60] 胡全章.作为小说类型的晚清翻新小说[J].南阳师范学院学报,2006(5).

[61] 林骅."小说救国"的时代潮音——清末民初古典小说名著续书述评[J].厦门教育学院学报,2006(1).

[62] 陈东林.《水浒传》的故事情节存在雷同的毛病[J].南京理工大学学报,2006(3).

[63] 卢明.《水浒传》主题正气论[J].菏泽学院学报,2006(6).

[64] 陈文新.论《水浒传》题材及价值内涵的多元性[J].菏泽学院学报,2006(3).

[65] 刘相雨.论《水浒后传》《后水浒传》《荡寇志》中的女英雄形象[J].菏泽学院学报,2006(3).

[66] 符杰祥,郝怀杰."不得其路"的困结与"殉道"悲剧——从"道""路"分裂的角度看鲁迅对中国士人文化的现代思索[J].山东师范大学学报,2007(3).

[67] 乔思.强悍的悖论——浅析梁山好汉自我毁灭的原因[J].黑龙江社会科学,2007(2).

[68] 杜贵晨.《西游记》的迷踪与密谛[J].济宁学院学报,2007(4).

[69] 唐安.阳明心学与明代中期的社会生活[J].贵州社会科学,2007(5).
[70] 杜贵晨.《水浒传》的作者、书名、主旨与宋江[J].南都学坛,2008(1).
[71] 杜志娟.试论《水浒传》对中国传统文学题材的整合[J].内蒙古民族大学学报,2008(1).
[72] 宋师亮.黑暗中的追寻——论晚清政治小说的兴起[J].湖北经济学院学报,2008(7).
[73] 吴泽泉.晚清翻新小说创作动因探析[J].云南社会科学,2008(6).
[74] 罗彦民.救世:庄子"无为"思想的终极目标[J].船山学刊,2008(2).
[75] 董阳.《水浒》女英雄的性别书写[J].福州大学学报,2009(4).
[76] 张同胜.论《大宋宣和遗事》在思想和结构上的民族特色[J].菏泽学院学报,2010(1).